青森県下北郡東通村

尻労安部洞窟 I

——2001〜2012年度発掘調査報告書——

奈良貴史・渡辺丈彦・澤田純明・澤浦亮平・佐藤孝雄 編

六一書房

尻労安部洞窟近景(南から)

旧石器時代の石器

旧石器時代の動物遺体

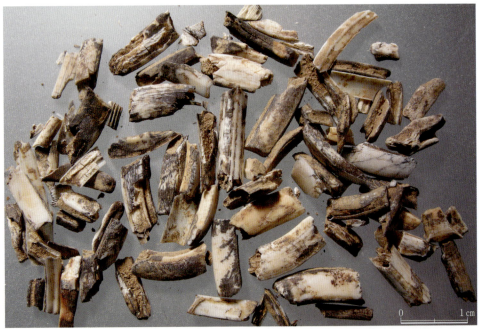

旧石器時代の動物遺体の主体であったノウサギ属の歯(一部ネズミ類の歯も含む)

例　言

1. 本報告書は，青森県下北郡東通村大字尻労字安部 39-3 に所在する尻労安部洞窟において，2001 年から 2012 年にかけて実施した発掘調査等の成果を収録したものである。ただし，第 4 章 2 項 2 節「洞窟堆積物から検出された示準テフラ」においては，2013 年発掘調査から得られたデータも使用した。

2. 本洞窟の発掘調査は，以下に示した研究助成等をうけ，尻労安部洞窟調査団（団長：慶應義塾大学阿部祥人）による学術調査として実施した。

   【文部科学省科学研究費補助金】
   2002・2003 年度（基盤研究 C，課題番号：14510431）
   「下北半島石灰岩地帯における洞窟遺跡の発掘調査」（研究代表者：阿部祥人）
   2009～2011 年度（基盤研究 B，課題番号：21320147）
   「旧石器時代洞窟遺跡における人骨の探求とその生活跡の調査」（研究代表者：阿部祥人）
   2009～2012 年度（基盤研究 A 海外学術調査，課題番号：21251009）
   「ユーラシア北東部における後期旧石器時代人の適応行動に関する総合的研究」（研究代表者：佐藤孝雄）

   【慶應義塾松永記念文化財研究基金】
   2002・2003 年度「下北半島における洞窟遺跡の調査」（研究代表者：阿部祥人）
   2004・2005 年度「下北半島石灰岩地帯における洞窟遺跡群の調査」（研究代表者：阿部祥人）
   2006・2007 年度「下北半島石灰岩地帯における洞窟遺跡群の調査」（研究代表者：阿部祥人）

   【慶應義塾学事振興資金】
   2004 年度「下北半島における石灰岩洞窟遺跡の継続的調査」（研究代表者：阿部祥人）
   2006 年度「下北半島における石灰岩洞窟遺跡の継続的調査」（研究代表者：阿部祥人）
   2008 年度「石灰岩洞窟遺跡の調査・研究」（研究代表者：阿部祥人）

3. 尻労安部第 1 洞窟における 2001 年から 2012 年までの発掘調査面積は 50 m^2 であり，以下に第 2 洞窟・第 3 洞窟の試掘も含む各年度の調査期間と発掘面積を示した。

年度	期間	内容
2001 年度	8 月 8 日～12 日	（ 5 日間　分布調査・第 1 洞窟試掘約 2 m^2）
2002 年度	4 月 27 日～30 日	（ 4 日間　分布調査）
	8 月 1 日～12 日	（12 日間　第 1 洞窟発掘　約 8 m^2・第 3 洞窟試掘　約 1.5 m^2）
2003 年度	4 月 29 日～5 月 3 日	（ 5 日間　第 2 洞窟試掘　約 3 m^2）
	7 月 31 日～8 月 12 日	（13 日間　第 1 洞窟発掘　約 12 m^2）
2004 年度	7 月 31 日～8 月 12 日	（13 日間　第 1 洞窟発掘　約 10 m^2）
2005 年度	8 月 17 日～29 日	（13 日間　第 1 洞窟発掘　約 8 m^2）
2006 年度	7 月 31 日～8 月 12 日	（13 日間　第 1 洞窟発掘　約 8 m^2）
2007 年度	7 月 31 日～8 月 12 日	（13 日間　第 1 洞窟発掘　約 7 m^2）

2008年度　7月30日～8月12日　（14日間　第1洞窟発掘　約12 m²）
2009年度　7月29日～8月12日　（15日間　第1洞窟発掘　約 6 m²）
2010年度　7月30日～8月13日　（15日間　第1洞窟発掘　約13 m²）
2011年度　7月26日～8月10日　（16日間　第1洞窟発掘　約15 m²）
2012年度　7月29日～8月11日　（14日間　第1洞窟発掘　約12 m²）

4．本書は，基本的に発掘調査の参加者が分担執筆し，それぞれの執筆部分末尾に文責を付した。

5．掲載写真のうち，基本的に発掘調査時の写真は阿部祥人が，遺物写真は事実記載担当者がそれぞれ撮影をおこなった。

6．本書で用いる方位は日本測地系による座標北を示し，レベル高さは海抜である。

7．本報告書では，国土地理院発行の「尻屋崎　1:50,000」・「尻屋　1:25,000」地形図，日鉄鉱業株式会社作成（大同航測株式会社・株式会社多摩航測調整）の1:5,000地形図を使用した。

8．本洞窟の出土遺物，記録類は慶應義塾大学民族学考古学研究室において保管している。

9．本報告書刊行以前に，調査団により2012年までの調査成果を基にして以下の学会発表等がなされているが，本報告書の記載内容を正とする。
【2002年】
阿部祥人・奈良貴史・渡辺丈彦「東通村安部遺跡（岩陰遺跡の調査）」平成14年度青森県埋蔵文化財発掘調査報告会　青森県総合社会教育センター
【2003年】
阿部祥人・奈良貴史・佐藤孝雄・渡辺丈彦・高田　学「東通村安部遺跡（岩陰遺跡の調査）」平成15年度青森県埋蔵文化財発掘調査報告会　青森県総合社会教育センター
【2004年】
阿部祥人・奈良貴史・佐藤孝雄・鈴木敏彦・渡辺丈彦・高田　学「青森県下北半島における石灰岩洞窟遺跡の調査―後期更新世の遺物群の検出をめざして―」第8回動物考古学研究集会　慶應義塾大学
江田真毅・吉冨えりか・佐藤孝雄「青森県下北郡・尻労安部洞窟遺跡の鳥類遺体について」第8回動物考古学研究集会　慶應義塾大学
阿部祥人・奈良貴史・佐藤孝雄・渡辺丈彦・高田　学「東通村安部遺跡（岩陰遺跡の調査）」平成16年度青森県埋蔵文化財発掘調査報告会　青森県総合社会教育センター
【2008年】
阿部祥人・奈良貴史・渡辺丈彦・澤田純明・田中　亮「安部遺跡（尻労安部洞窟）」平成20年度青森県埋蔵文化財発掘調査報告会　青森県総合社会教育センター

阿部祥人・奈良貴史・渡辺丈彦・田中　亮・千葉　毅「安部遺跡（尻労安部洞窟）」第 22 回東北日本の旧石器文化を語る会　盛岡大学

【2009 年】

阿部祥人・奈良貴史・渡辺丈彦・澤田純明・高田　学「安部遺跡（尻労安部洞窟）―旧石器時代の洞窟遺跡―」平成 21 年度青森県埋蔵文化財発掘調査報告会　青森県総合社会教育センター

阿部祥人・奈良貴史・佐藤孝雄・鈴木俊彦・渡辺丈彦・米田　穣・澤田純明・澤浦亮平「石灰岩洞窟遺跡における旧石器人の生活跡の調査と人骨の探求」第 13 回動物考古学研究集会　ミュージアムパーク茨城県自然博物館

阿部祥人・奈良貴史・渡辺丈彦・小林一広・下島綾美・澤浦亮平「安部遺跡（尻労安部洞窟）」第 23 回東北日本の旧石器文化を語る会　福島県立博物館

【2010 年】

奈良貴史・阿部祥人・佐藤孝雄・澤浦亮平・鈴木敏彦・渡辺丈彦・米田　穣・澤田純明「青森県尻労安部洞窟発掘調査」第 64 回日本人類学会大会　だて歴史の杜カルチャーセンター

奈良貴史・阿部祥人「青森県尻労安部洞窟遺跡の調査」国際シンポジウム後期旧石器時代のシベリアと日本―最終氷期における人類の環境適応行動―慶應義塾大学

澤浦亮平・佐藤孝雄「日本列島における旧石器時代の狩猟活動」国際シンポジウム後期旧石器時代のシベリアと日本―最終氷期における人類の環境適応行動―慶應義塾大学

澤浦亮平・阿部祥人・奈良貴史・渡辺丈彦・澤田純明・佐藤孝雄「日本列島における旧石器時代の狩猟活動―尻労安部洞窟遺跡の調査成果から―」第 14 回動物考古学研究集会　名古屋大学博物館

【2011 年】

阿部祥人・奈良貴史・佐藤孝雄・渡辺丈彦・米田　穣・澤田純明・澤浦亮平「本州北端，尻労安部洞穴遺跡における人類学的・考古学的研究」第 4 回アジア旧石器協会国際シンポジウム　国立科学博物館

阿部祥人・奈良貴史・渡辺丈彦・澤田純明・澤浦亮平・金井紋子「安部遺跡（尻労安部洞窟）―旧石器時代の洞窟遺跡―」平成 23 年度青森県埋蔵文化財発掘調査報告会　青森県総合社会教育センター

阿部祥人・奈良貴史・佐藤孝雄・渡辺丈彦・澤田純明・澤浦亮平「安部遺跡（尻労安部洞窟）」第 25 回東北日本の旧石器文化を語る会　外ヶ浜町役場・アピオ青森

【2012 年】

奈良貴史・鈴木敏彦・高田　学・千葉　毅・金井紋子「尻労安部洞窟遺跡の発掘調査」第 66 回日本人類学会大会　慶應義塾大学

河村善也・村田　葵「尻労安部洞窟遺跡出土の後期更新世哺乳類化石―堆積土の精密水洗によって得られた化石の研究―」第 66 回日本人類学会大会　慶應義塾大学

澤浦亮平・佐藤孝雄・澤田純明「旧石器時代の狩猟活動―尻労安部洞窟遺跡の更新世動物遺体―」第 66 回日本人類学会大会　慶應義塾大学

平子智章・鈴木哲也・堀　秀道・小林一広・阿部祥人「下北半島出土旧石器の微細構造解析による石材産地の特定」第 66 回日本人類学会大会　慶應義塾大学

iv 例 言

阿部祥人・渡辺丈彦「日本旧石器時代研究における尻労安部洞窟遺跡の調査の意義」第66回日本人類学会大会　慶應義塾大学

金井紋子・竹内俊吾・澤浦亮平・千葉　毅・澤田純明・渡辺丈彦・佐藤孝雄・奈良貴史・阿部祥人「安部遺跡（尻労安部洞窟）」平成24年度青森県埋蔵文化財発掘調査報告会　青森県総合社会教育センター

澤田純明・金井紋子・竹内俊吾・澤浦亮平・渡辺丈彦・鈴木敏彦・佐藤孝雄・奈良貴史・阿部祥人「尻労安部洞窟（安部遺跡）」第26回東北日本の旧石器文化を語る会　東北大学

【2013年】
渡辺丈彦・阿部祥人・奈良貴史・佐藤孝雄・澤田純明・千葉　毅・澤浦亮平・金井紋子「下北半島石灰岩洞穴における考古学的・人類学的研究」第79回日本考古学協会総会研究発表　駒沢大学

【2014年】
黒住耐二・佐藤孝雄・奈良貴史・渡辺丈彦・澤田純明・澤浦亮平・吉永亜紀子・千葉　毅・金井紋子・竹内俊吾・平澤　悠「本州最北端における最終氷期の陸産貝類群集組成とその後の変遷」日本貝類学会平成26年度大会　大阪市立自然史博物館

澤浦亮平・澤田純明・江田真毅・吉永亜紀子・黒住耐二・佐藤孝雄「青森県尻労安部洞窟における縄文時代中・後期の動物利用」日本動物考古学会第2回大会　福井県立三方青年の家

10. 各年度の発掘調査等参加者は，第3章1節2項の第1表に示した。

11. 野外調査に際しては，次の機関及び個人からご協力を得た。記して感謝の意を申し上げる。
東通村尻労部落会，東通村尻労土地共有会，日鉄鉱業株式会社尻屋鉱業所，五十嵐みさ子，石川知明，小笠原清春，小笠原剛太郎，小笠原正義，川崎庸次，菊地正行，小暮　圭，酒井敏光，瀬川　威，相馬イト，相馬善悦，田中　泉，西岡正敏，橋本喜一，畑中廣行，濱田　敏，松居裕彰，丸岡佳弘，丸むつ子，三浦順一郎，山田　清（個人は五十音順・敬称略）

12. 野外調査や整理・報告書作成にあたっては，次の機関及び個人からご指導・ご助言を得た。記して感謝の意を申し上げる。
青森県教育委員会，東通村教育委員会，大西尚樹（森林総合研究所），加藤真二・芝康次郎・森先一貴（奈良文化財研究所），鈴木宏行・福井淳一（北海道埋蔵文化財センター），川口　潤（青森県教育委員会），岡本　洋・木村鐵次郎・斎藤慶吏・杉野森淳子（青森県埋蔵文化財調査センター），伊藤由美子・大田原慶子・三宅徹也・福田友之（青森県立郷土館），菊池強一（岩手県教育委員会），山田晃弘（宮城県教育委員会），渋谷孝雄（山形県教育委員会），北川博道（埼玉県立自然の博物館），五十嵐彰・比田井民子（東京都埋蔵文化財センター），阿部功嗣（神奈川県教育委員会），松島義章（神奈川県立生命の星・地球博物館），高橋啓一（滋賀県立琵琶湖博物館），奈良正義（下北地方文化財審議委員連絡協議会），佐藤智雄（市立函館博物館），越善専一郎・奥島良子・賀佐鶴道・川畑修二・小山卓臣・坂本　覚・畑中好博（東通村教育委員会），工藤竹久・小保内裕之・杉山陽亮・船場昌子（八戸市教育委員会），中村良幸（花巻市教育委員会），稲野祐介（北上市教育委員会），近藤洋一・杉田

正男（野尻湖ナウマンゾウ博物館），藤澤珠織（青森中央短期大学），岡田あゆみ（北里大学），関根達人・村越　潔（弘前大学），市川博之・菅野智則・佐々木啓一・佐藤　匡・清水良央・深沢百合子・柳田俊雄（東北大学），山崎京美（いわき短期大学），岩瀬彬（首都大学東京），小宮　孟（慶應義塾大学），西本豊弘（国立歴史民俗博物館），影山幾男（日本歯科大学），西岡佑一郎（京都大学），稲田孝司（岡山大学），赤澤　威（高知工科大学），羽生淳子（カルフォルニア大学バークレー校），鈴木忠司（古代學協会），山田しょう（加速器分析研究所）

(順不同・敬称略・所属は洞窟ご来訪時等のもの)

13. 本報告書の内容には，一部以下の助成金を用いて実施した研究成果の内容も含まれている。
    2009～2012年度　研究費（基盤研究B，課題番号：21340145）
    「第四紀後期の東アジアにおける哺乳類の大量絶滅―その要因にせまる」（研究代表者：河村善也）
    2011～2013年度　科研費（若手研究B，課題番号：23701014）
    「骨組織形態学的分析により，微小骨片から旧石器時代の狩猟獣を復元する」（研究代表者：澤田純明）
    2012～2014年度　科研費（挑戦的萌芽研究，課題番号：24650587）
    「年代が明確な日本最古の人骨に伴う哺乳類遺体群集とその古環境」（研究代表者：河村善也）
    2013・2014年度　科研費（基盤研究B，課題番号：25284152）
    「本州最北部における更新世人類集団の学際的調査・研究」（研究代表者：佐藤孝雄）
    2013・2014年度　科研費（基盤研究C，課題番号：25370905）
    「日本列島後期更新世洞穴遺跡の立地と利用に関する考古学的研究」（研究代表者：渡辺丈彦）

14. 本書の刊行費には一部以下の出版助成金を当てた。
    2014年度　新潟医療福祉大学　研究奨励金（研究刊行費，課題番号：H26C01）
    「旧石器時代洞窟遺跡における人骨の探求（尻労洞窟遺跡発掘調査）」（研究代表者：奈良貴史）

目　次

例　言

第1章　調査の目的……………………………………………………………………奈良貴史……1

第2章　洞窟周囲の環境
　第1節　自然環境（自然地理）
　　第1項　洞窟の立地………………………………………………………高田史穂・高田　学……3
　　第2項　動植物相…………………………………………………………………高橋鵬成……4
　　第3項　石材環境…………………………………………………………………竹内俊吾……7
　第2節　歴史的環境（人文地理）
　　第1項　下北半島の遺跡と研究史………………………………安達香織・石森　光・木村優人……9
　　第2項　下北半島の民俗　―東通村尻労集落を中心として―……………成澤可奈子・渡辺丈彦……10

第3章　調査の経緯と方法
　第1節　調査の経緯
　　第1項　調査に至る経緯…………………………………………………………奈良貴史……19
　　第2項　調査の経過
　　　1．洞窟の分布調査………………………………………………………………渡辺丈彦……20
　　　2．発掘調査の経過………………………………………………………………澤浦亮平……22
　　　3．発掘調査成果報告会…………………………………………………………金井紋子……25
　第2節　調査の方法
　　第1項　発掘調査の方法…………………………………………………………澤浦亮平……26
　　第2項　水洗選別による微小遺物の回収………………………………………金井紋子……26

第4章　洞窟及び洞窟堆積物の形成
　第1節　洞窟の形成と時期　―洞窟周辺の自然地理学的考察―………………………松原彰子……29
　第2節　洞窟の堆積
　　第1項　層　序……………………………………………………………………澤浦亮平……32
　　第2項　堆積物の年代決定
　　　1．有機質遺物の放射性炭素年代………………………………………金井紋子・米田　穣……36
　　　2．洞窟堆積物から検出された指標テフラ……………………………矢作健二・橋本真紀夫……39

第5章　出土遺物の研究

第1節　旧石器時代

第1項　石　器…………………………………………………渡辺丈彦・田中　亮・平澤　悠……49

第2項　動物遺体

1. 陸産貝類遺体……………………………………………………………………黒住耐二……53
2. 精密水洗による小型哺乳類遺体………………………河村善也・河村　愛・村田　葵……59
3. 脊椎動物遺体………………………………………………澤浦亮平・澤田純明・佐藤孝雄……79
4. 旧石器文化層から出土した焼骨の組織形態学的種同定
   　　　　　　　　　　　　　　　　　　　　　　　　澤田純明・佐伯史子・奈良貴史……115

第2節　縄文時代以降

第1項　土　器………………………………………………………………千葉　毅・高山理美……123

第2項　石　器………………………………………………渡辺丈彦・田中　亮・矢島祐介……149

第3項　骨角器………………………………………………………………千葉　毅・舩城　萌……157

第4項　動物遺体

1. 海産の無脊椎動物遺体………………………………吉永亜紀子・黒住耐二・佐藤孝雄……161
2. 陸産貝類遺体……………………………………………………………………黒住耐二……173
3. 海産魚類遺体………………………………………………………吉永亜紀子・佐藤孝雄……182
4. 両生類遺体・爬虫類遺体……………………………高橋鵬成・澤田純明・佐藤孝雄……194
5. 鳥類遺体……………………………………………………………………………江田真毅……196
6. 小型哺乳類遺体…………………………………………河村善也・河村　愛・村田　葵……204
7. 中・大型哺乳類遺体……………………………………澤浦亮平・澤田純明・佐藤孝雄……238

第5項　人　骨

1. 形態学的検討
   　　　　　　奈良貴史・鈴木敏彦・佐伯史子・萩原康雄・波田野悠夏・冨田啓貴……256
2. 洞窟出土ヒト大臼歯における炭素・窒素安定同位体分析および放射性炭素年代測定
   　　　　　　　　　　　　　　　　　　　　　　　　　　　　　　　米田　穣……268
3. 洞窟出土ヒト大臼歯におけるDNA解析………………………安達　登・梅津和夫……272

第6章　総　括………………………………………………………………………奈良貴史……279

英文要約

写真図版

あとがき

報告書抄録

挿図目次

第1図	尻労安部洞窟と周辺遺跡の位置	4		箱ヒゲ図 87
第2図	確認した6洞窟の位置関係	4	第25図	XI～XVI層出土哺乳類遺体のグリッド別点数と重量 90
第3図	ブナ林の分布と植物区系地域	6	第26図	尻労安部洞窟および日本列島の更新世遺跡から出土した動物群の種組成 91
第4図	ブラキストン線と哺乳類の分布	6	第27図	二次オステオンの面積と緻密質の厚さ 121
第5図	下北半島の遺跡	11	第28図	土器（1） 125
第6図	発掘調査成果報告会の広報ポスター	25	第29図	土器（2） 126
第7図	グリッド配置と調査範囲	27	第30図	土器（3） 127
第8図	下北丘陵北部周辺の地形	30	第31図	土器（4） 128
第9図	尻労安部洞窟周辺の海成段丘分布	31	第32図	土器の分布（1） 141
第10図	H-1間 10-11列土層断面図（北壁）	34	第33図	土器の分布（2） 142
第11図	F-G間 11-12列土層断面図（北壁）	34	第34図	土器の分布（3） 143
第12図	A-Z間 12-14列土層断面図（南壁）	34	第35図	第III群土器の参考資料 146
第13図	13-14間 A-F列土層断面図（西壁）	35	第36図	第III群土器の参考資料の遺跡位置 146
第14図	11-12間 A-H列土層断面図（西壁）	35	第37図	慶応義塾大学所蔵の青森県東通村札地遺跡出土土器 146
第15図	各層の重鉱物組成	42	第38図	「再葬土器棺墓」の分布図 148
第16図	火山ガラスの屈折率	42	第39図	「切断壺形土器」のサイズ別個体数 148
第17図	Toyaを検出した露頭の位置	47	第40図	「切断壺形土器」の出土状態 149
第18図	濁川カルデラの位置とNgの等層厚図	47	第41図	縄文時代の石器（1） 150
第19図	旧石器時代の石器	50	第42図	縄文時代の石器（2） 153
第20図	尻労安部洞窟とその周辺の地質と更新世哺乳類化石産地の位置	61	第43図	石器の分布 155
第21図	小型哺乳類遺体を抽出した堆積物が採取された調査区と層	62	第44図	骨角製品（1） 158
			第45図	骨角製品（2） 159
第22図	尻労安部洞窟とその周辺の第四紀哺乳類化石産地の堆積物の年代	71	第46図	尻労安部洞窟出土骨角製品の類例 160
第23図	ノウサギ属上顎第2前臼歯・下顎第3前臼歯の歯冠計測値の箱ヒゲ図	86	第47図	海産貝類遺体のグリッド別出土量（NISP＝5,380） 163
第24図	クマ科下顎第1後臼歯の歯冠計測値の		第48図	海産貝類遺体の最小個体数比較（％MNI） 163
			第49図	II層出土アワビ殻の殻長分布（N＝

	235）……………… 168		＝373）…………… 192
第50図	浜尻屋貝塚・大平貝塚・岩谷貝塚から出土した中近世アワビ殻の殻長分布……………………………… 168	第64図	小型哺乳類遺体を抽出した堆積物が採取された調査区と層……………… 205
第51図	縄文時代のカズラガイ製品……… 169	第65図	完新世の層準（F12区Ⅱ層）出土のハタネズミ亜科の臼歯咬合面の模様…………………………… 229
第52図	下北半島北部および渡島半島南部の貝類出土遺跡群…………… 170		
第53図	戸井貝塚と尻労安部洞窟の貝類組成（％ MNI）…………………… 171	第66図	完新世哺乳類遺体の調査区別出土量…………………………… 245
第54図	尻労安部洞窟における陸産貝類組成の変遷……………………… 180	第67図	尻労安部洞窟と三内丸山遺跡から出土したノウサギ属の部位別出現頻度…………………………… 247
第55図	Ⅱ層魚類組成（種不明破片は除く）……………………………… 189	第68図	渡島半島南部および北部本州の縄文時代遺跡群における出土哺乳類種の組成（％ NISP）………………… 250
第56図	魚類骨格大別名称……………… 189		
第57図	タイ科計測箇所………………… 189		
第58図	フサカゴ科・アイナメ科各部位計測箇所…………………………… 189	第69図	成人骨・乳児骨出土状況……… 257
第59図	出土資料と現生標本の比較…… 190	第70図	成人遺存部位…………………… 260
第60図	フグ科歯骨高計測所…………… 190	第71図	乳児遺存部位…………………… 266
第61図	各遺跡の魚類組成（％ NISP）… 192	第72図	尻労安部洞窟出土大臼歯における炭素・窒素同位体比……………… 269
第62図	Ⅱ層主要魚類部位出土数（NISP＝574）……………………… 192		
第63図	戸井貝塚出土魚類部位別出土数（NISP	第73図	尻労安部洞窟出土大臼歯と縄文時代中期人骨における炭素・窒素同位体比の比較………………………… 271

表目次

第1表	調査参加者一覧………………………… 24
第2表	大別層位と細別層位の関係………… 32
第3表	土層注記……………………………… 33
第4表	尻労安部洞窟出土試料の放射性炭素年代測定値……………………………… 37
第5表	洞窟外出土試料の放射性炭素年代測定値……………………………………… 39
第6表	重鉱物・火山ガラス比分析結果…… 41
第7表	火山ガラスの検出状況……………… 44
第8表	尻労安部洞窟の後期更新世層から得られた貝類の出土詳細…………………… 58
第9表	尻労安部洞窟の堆積物の層序と年代（後期更新世の層準を中心に）………… 62
第10表	後期更新世の小型哺乳類遺体を抽出した堆積物が採取された調査区と層… 63
第11表	属または種レベルまで同定できた小型哺乳類遺体の層別の標本数………… 63
第12表	後期更新世の層準から出土した小型哺乳類遺体の種類別・調査区別・層別の標本数……………………………………… 63
第13表	尻労安部洞窟とその周辺の化石産地における小型哺乳類遺体（化石）の産出状況………………………………………… 72
第14表	更新世の層準から出土した脊椎動物遺体……………………………………… 81
第15表	ウサギ目の層位別出土量…………… 85
第16表	ノウサギ属上顎第2前臼歯の歯冠計測値……………………………………… 85
第17表	ノウサギ属下顎第3前臼歯の歯冠計測値……………………………………… 85
第18表	ノウサギ属歯冠計測4項目に基づくペンローズの形態距離………………… 86
第19表	出土ヒグマの標本…………………… 87
第20表	クマ科下顎第1後臼歯の歯冠計測値………………………………………… 87
第21表	民族誌にみられるウサギ猟………… 93
第22表	尻労安部洞窟のXI～XVI層から出土した脊椎動物遺体（1）……………… 98
第23表	尻労安部洞窟のXI～XVI層から出土した脊椎動物遺体（2）……………… 99
第24表	尻労安部洞窟のXI～XVI層から出土した脊椎動物遺体（3）……………… 100
第25表	尻労安部洞窟のXI～XVI層から出土した脊椎動物遺体（4）……………… 101
第26表	尻労安部洞窟のXI～XVI層から出土した脊椎動物遺体（5）……………… 102
第27表	尻労安部洞窟のXI～XVI層から出土した脊椎動物遺体（6）……………… 103
第28表	尻労安部洞窟のXI～XVI層から出土した脊椎動物遺体（7）……………… 104
第29表	尻労安部洞窟のXI～XVI層から出土した脊椎動物遺体（8）……………… 105
第30表	尻労安部洞窟のXI～XVI層から出土した脊椎動物遺体（9）……………… 106
第31表	尻労安部洞窟のXI～XVI層から出土した脊椎動物遺体（10）…………… 107
第32表	尻労安部洞窟のXI～XVI層から出土した脊椎動物遺体（11）…………… 108
第33表	尻労安部洞窟のXI～XVI層から出土した脊椎動物遺体（12）…………… 109
第34表	尻労安部洞窟のXI～XVI層から出土した脊椎動物遺体（13）…………… 110
第35表	尻労安部洞窟のXI～XVI層から出土した脊椎動物遺体（14）…………… 111
第36表	尻労安部洞窟のXI～XVI層から出土した脊椎動物遺体（15）…………… 112
第37表	尻労安部洞窟のXI～XVI層から出土した脊椎動物遺体（16）…………… 113
第38表	尻労安部洞窟のXI～XVI層から出土した脊椎動物遺体（17）…………… 114

第39表	尻労安部洞窟のXI～XVI層から出土した脊椎動物遺体（18）………… 115	第67表	フグ類前上顎骨計測値………… 190
第40表	尻労安部洞窟焼骨試料………… 116	第68表	フグ類歯骨計測値………………… 190
第41表	尻労安部洞窟出土焼骨および比較試料の骨組織形態……………… 119	第69表	完新世層準から出土した無尾目遺体 ………… 195
第42表	Games-Howell法による二次オステオン面積平均値の多重比較………… 120	第70表	完新世層準から出土したヘビ亜目遺体 ………… 195
第43表	土器観察表（1）…………………… 129	第71表	尻労安部洞窟出土の鳥類遺体種名表 ………… 199
第44表	土器観察表（2）…………………… 130	第72表	鳥類遺体出土量表（地点記録遺物） ………… 199
第45表	土器観察表（3）…………………… 131	第73表	鳥類出土量表（C13区）………… 199
第46表	土器観察表（4）…………………… 132	第74表	鳥類遺体出土量表（F12区）…… 200
第47表	土器重量表………………………… 144	第75表	尻労安部洞窟の完新世と時代未詳の層準の層序と各層の時代………… 205
第48表	骨角製品観察表…………………… 159		
第49表	海産貝類遺体種名表……………… 164	第76表	小型哺乳類遺体を抽出した堆積物の発掘年，粒度とそれが採取された調査区と層………… 206
第50表	海産貝類遺体一覧表……………… 165		
第51表	出土カズラガイ一覧表…………… 169		
第52表	下北半島北部および渡島半島南部の貝類出土遺跡群……………… 170	第77表	属または種レベルまで同定できた小型哺乳類遺体の層別の標本数……… 207
第53表	尻労安部洞窟の主に縄文時代層（X層より上部）から得られた貝類遺体の出土詳細……………… 176-177	第78表	完新世の層準（I～IV・V層）出土小型哺乳類遺体の種類別・調査区別・層別の個数……………… 208
第54表	層ごとの最小個体数（現生個体を除く） ………… 178	第79表	時代未詳の層準（VII・X層）出土の小型哺乳類遺体の種類別・調査区別・層別の個数……………… 208
第55表	尻労安部洞窟から得られた陸産貝類遺体の分類学的位置・分布・生息場所 ………… 179	第80表	小型哺乳類遺体の種類別・層別の割合 ………… 209
第56表	魚類遺体種名表…………………… 182	第81表	F12区II層出土のハタネズミのM3における携帯差別の標本数とその割合 ………… 230
第57表	タイ科一覧表……………………… 183		
第58表	フカサゴ科一覧表………………… 185		
第59表	アイナメ科一覧表………………… 186	第82表	F12区II層出土のハタネズミのM1における形態差別の標本数と割合… 231
第60表	II層種不明魚類遺体一覧表……… 186		
第61表	フグ類遺体一覧表………………… 187	第83表	完新世層準から出土した哺乳類遺体 ………… 240
第62表	その他魚類遺体一覧表…………… 188		
第63表	層種不明魚類遺体一覧表………… 188	第84表	各動物の層位・部位別出土量（頭部の骨）………… 241
第64表	魚類遺体MNI・NISP一覧表…… 189		
第65表	タイ科前上顎骨長計測値………… 189	第85表	各動物の層位・部位別出土量（遊離骨）
第66表	マダイ歯骨高計測値……………… 189		

第86表	各動物の層位・部位別出土量（環椎・軸椎・前肢）	243
第87表	各動物の層位・部位別の出土量（後肢・その他）	244
第88表	ノウサギ属の部位別出土量	246
第89表	出土ウサギ属の骨計測値	246
第90表	出土ウサギ属の歯冠計測値	247
第91表	出土シカ属の四肢骨計測値	248
第92表	出土シカ属の咬耗度と推定年齢	248
第93表	スパイラル状破断面がみられた哺乳類遺体	249
第94表	焼痕がみられた哺乳類遺体	249
第95表	渡島半島南部および北部本州の縄文時代遺跡から出土した哺乳類の種組成	251
第96表	出土人骨一覧表（1）	258
第97表	出土人骨一覧表（2）	259
第98表	永久歯の計測値	261
第99表	成人四肢骨計測値	264
第100表	尻労安部洞窟と蝦島貝塚手・足の計測値の比較	265
第101表	試料の前処理，元素分析，安定同位体分析の結果	269
第102表	放射性炭素年代と海洋リザーバ効果を補正（70%）した場合の較正年代	269
第103表	尻労安部洞窟出土試料にみられたミトコンドリアDNA多型	276
第104表	塩基記号15236の多型を検出するためのプライマーセット	276
第105表	尻労安部洞窟出土試料のSTR解析結果	277

写真目次

写真 1	荒海と尻労	16
写真 2	尻労安部洞窟	21
写真 3	調査断面と試料採取位置	46
写真 4	テフラ	47
写真 5	旧石器時代の石器	50
写真 6	尻労安部洞窟出土の陸産貝類遺体	57
写真 7	後期更新世の層準から出土した小型哺乳類遺体	69
写真 8	更新世の層準から出土した哺乳類遺体	83
写真 9	XI層出土骨片	92
写真 10	出土焼骨の試料A（左）と試料D（右）	116
写真 11	試料および比較標本の骨組織形態の偏光顕微鏡写真	118
写真 12	土器（1）	133
写真 13	土器（2）	134
写真 14	土器（3）	135
写真 15	土器（4）	136
写真 16	土器（5）	137
写真 17	土器（6）	138
写真 18	土器（7）	139
写真 19	土器（8）	140
写真 20	縄文時代の石器	154
写真 21	尻労安部洞窟出土の海産貝類遺体	166
写真 22	尻労安部洞窟出土カズラガイ	169
写真 23	尻労安部洞窟出土海産魚類遺体	193
写真 24	消化痕と思わしき痕跡が認められたウ科の足根中足骨	197
写真 25	スズメ目の大腿骨で認められた交織骨	198
写真 26	消化痕と思わしき痕跡が認められたウミスズメ科の橈骨	198
写真 27	尻労安部洞窟出土の鳥類（1）	202
写真 28	尻労安部洞窟出土の鳥類（2）	203
写真 29	完新世の層準出土のトガリネズミ形目	215
写真 30	完新世の層準出土の翼手目	221
写真 31	完新世の層準出土の齧歯目	227
写真 32	完新世の層準から出土した哺乳類遺体（1）	252
写真 33	完新世の層準から出土した哺乳類遺体（2）	253
写真 34	尻労安部洞窟出土人骨（成人四肢骨）	262
写真 35	尻労安部洞窟出土人骨（成人頭骨・体幹骨・耳状前溝・恥骨接合面・乳児骨）	263
写真 36	SH-homo-001	273
写真 37	SH-homo-002	273
写真 38	mtDNAのAPLP解析結果	276

写真図版

図版1
    尻労安部洞窟遠景（南西から）
    尻労安部洞窟中景（西から）

図版2
    尻労安部洞窟近景（左：落石防止防護ネット敷設前，右：落石防護ネット敷設後）
    2002年本格調査開始前の尻労安部洞窟

図版3
    桑畑山南西麓の石灰岩露頭
    絶滅動物骨が発見された石灰岩坑道入口（上）
    同所発見とされるオオツノシカの下顎骨（下）
    尻労安部洞窟からみた猿ケ森砂丘

図版4
    2002年調査　E〜H-10・11区 IV層上面検出状況（南から）
    2002年調査　E〜H-10区東壁土層断面

図版5
    2003年調査　D〜H12区西壁土層断面（東から）
    2003年調査　H10区北壁土層断面（南から）
    2004年調査　F〜H区 VIII層上面検出状況（南から）

図版6
    2004年調査　F・G11区 XII層上面検出状況・同西壁土層断面（南東から）
    2005年調査　E・F-12区 XIII層上面検出状況・F12区北壁土層断面（南から）

図版7
    2006年調査　C〜F13区，C・D12区完掘状況（東から）
    2006年調査　C・D12区深掘り状況（東から）
    C・D12区最下部土層断面（XV・XVI層）

図版8
    2007年調査　B11〜14区 X層上面検出状況（東から）
    2007年調査　B14区 II層遺物出土状況（縄文土器と動物骨）

図版9
    2008年調査　D・E-12・13区 X層上面検出状況（南から）
    2008年調査　D・E-12・13区 XIV層上面検出状況（南東から）

図版10
    2009年調査　A・B-12〜14区 XIII層上面検出状況（南東から）
    2009年調査　A・B-12〜14区 XIV層上面検出状況（南から）

図版11
    2009年調査　A・B-12〜14区 XV層上面検出状況（北から）
    2009年調査　A・B-14区西壁土層断面

図版12
    2011年調査　B〜D-10・11区 XIV層上面検出状況（南西から）
    テフラ分析用コラムサンプルの採取
    2012年調査　E・F-9〜10区 XV層上面検出状況（南西から）

図版13
    XIV層動物骨出土状況（左：2009年 B12区　中：2012年 D12区　右：2012年 D13区）
    調査風景写真（1）

図版14
    調査風景写真（2）

第 1 章　調査の目的

　本調査の目的は，日本列島の旧石器時代の研究を総合的な視点から検討するために，その主人公であるヒトの骨と彼らが製作した石器や骨角製品などの人工遺物とを，利用した動物の骨が伴った状態で発見を目指すものである。

　1947 年，相沢忠洋氏が群馬県みどり市岩宿のローム層から黒曜石の石器を発見して以来，日本列島における旧石器時代遺跡の発見は飛躍的に増加し，その数は 2012 年 3 月段階での文化庁の統計によれば 7,565 箇所を数える（文化庁 2013）。しかし，その多くは石器のみが出土するか，あるいはそれに礫群や炭化物集中が伴うなどの遺跡であり，その立地もほぼ台地上に限られる。有機質の遺物が出土する遺跡は，諸外国と比較しても極端に少ないのが現状であり，石器などの人工遺物と動物骨が出土しているとされている旧石器時代遺跡は，北海道柏台 1 遺跡，岩手県花泉遺跡，神奈川県吉岡遺跡，長野県野尻湖立が鼻遺跡など 5 遺跡にも満たない。このうち，花泉遺跡は，動物化石と石器の出土状況が不明であり，動物化石が水に流されて堆積した可能性が高いという指摘もある（Norton et al 2007）。野尻湖立が鼻遺跡は 50 年以上に及ぶ発掘調査の結果，約 4 万年前のナウマンゾウの狩猟・解体の場と想定されているが石器資料は一つの石器群の性格を現すような量的保証はなく，不分明とされている（小野 2011）。柏台 1 遺跡は炉跡から骨片が出土しており，明確な遺構から出土した貴重な例であるが出土量はごく微量であり，それのみによってこの時代の動物利用の在り方を論じることは困難である（奈良ほか 1998）。吉岡遺跡の例も同様であり，イノシシの乳歯破片 1 個が集石遺構から出土したのみである（パリノサーヴェイ株式会社・金子 1999）。例外的に有機質遺物が出土した旧石器時代遺跡をみてもその質・量ともに内容は限定的であり，石器とともに骨製の道具や人骨を含めた動物の骨などが出土するヨーロッパなどの遺跡に比較して，極めて資料的制約が大きいことがわかる。

　一方，琉球列島では港川遺跡や白保竿根田原遺跡など 11 遺跡から更新世の人類化石が複数見つかっているが，沖縄本島のサキタリ洞遺跡以外からは人工遺物は見つかっておらず，人骨は見つかるが石器は伴わない傾向が顕著である（山崎ほか 2012・2014）。その理由については現時点では二つの可能性が考えられる。一つは，後期更新世の人類化石が同一地域の複数の石灰岩のフィッシャーから人工遺物を伴わず複数個体出土するのは世界的にも特異なことであることから，風葬などの特殊な葬送儀礼の結果とする考えである。その一方，発見場所の多くが石灰岩に生じたフィッシャーや陥没ドリーネの中などであることを考慮し，人為性のない自然の営力の結果とする考えである。しかしいずれも確証に欠けており，現状では両論共にその可能性を排除すべきではないと考える。

　琉球列島に比べて，日本列島における更新世人類化石の出土は極めて少なく，現在のところ確実なのは静岡県浜松市の根堅フィッシャー出土の一例のみである。その理由としては，琉球列島以外の地域では石灰岩の岩陰・洞窟の分布密度が比較的低いこと以外に，日本本列島の旧石器時代人が洞窟を積極的に利用しなかった可能性，あるいは日本列島における石灰岩が，成分か温度や降雨量などの環境的要因により崩落が激しく，更新世の文化層まで調査が及んでいなかった可能性などが指摘されている。いずれにしても，ヨーロッパや西アジアにおいて後期旧石器時代の生活・葬送痕跡が，骨が比較的遺存し易い環境である洞

窟で容易に発見されてきたのに対して，そのような発見がわが国ではきわめて稀であったことは確かである。例えば，1961年以来継続的に調査されてきた広島県帝釈峡遺跡群では55箇所の岩陰・洞窟が確認され，その多くで発掘調査がおこなわれたが，旧石器時代に属する可能性が高い遺物が発見されたのは馬渡岩陰，観音堂洞窟の2例のみである。

　以上，日本国内における旧石器時代研究の動向を述べた。ヨーロッパや西アジアに比べ，日本の旧石器時代遺跡出土遺物の種別は限定的で，さらに出土環境によりその種別も大きく偏り，総体的な旧石器時代像を描くことが困難であった状況をみてとることができる。しかし，この困難な状況を看過したまま日本の旧石器時代研究を進めることはできない。日本の縄文時代の研究において貝塚研究の果たした役割を考えれば明らかであるが，狩猟・採集社会である旧石器時代の解明には，主たる生業基盤である狩猟対象動物の種類や利用の在り方を明らかにすることが不可欠であるからである。また，道具を製作した更新世人類そのものの骨が出土すれば，その形態学的研究による成果が得られるのみならず，理化学的方法による年代推定，遺伝情報からは系統関係や疾病の有無，安定同位体比分析からは食性復元などもの成果も期待することができ，その情報量は飛躍的なものとなると考えられるからである。現状の問題を解決し，日本の旧石器時代研究を進捗させるためには，冒頭でも述べた通り，旧石器時代の主人公であるヒトの骨，そして彼らが作り使用した石器などの人工遺物，そして狩猟対象となった獣の骨など自然遺物を同時に検出することが必要条件であり，本調査団が石灰岩地帯にある洞窟をフィールドに選定したのも，それを可能にする可能性が最も高い場所だからである。

　困難であっても，調査を始めなければ旧石器時代研究に新たな展開は訪れないという思いが，我々を有機遺物が遺存する可能性の高い石灰岩洞窟の踏査に走らせ，発掘調査を継続しなければ，同一層序からの石器や骨器の道具，動物遺体，更には人骨の発見はないという信念が，調査を遂行する原動力となったことを最後に付け加えたい。

(奈良貴史)

引用・参考文献

小野　昭 (2011) 日本における旧石器時代研究の枠組みと現状. Anthropological Science (Japanese Series), Vol. 119 (1)：1-8.

奈良貴史・澤田純明・百々幸雄 (1999) 柏台1遺跡出土骨片の骨組織構造の検討 (予察), 柏台1遺跡　北海道埋蔵文化財センター調査報告書第138集, 北海道埋蔵文化財センター, pp. 241-248.

パリノサーヴェイ株式会社, 金子浩昌 (1999) 吉岡遺跡群C区B2L層礫群出土歯牙について. 吉岡遺跡群IX 考察編・自然科学分析編, かながわ考古学財団調査報告49, かながわ考古財団, pp. 307.

文化庁文化財部記念物課 (2013) 平成24年度周知の埋蔵文化財包蔵地実態調査. 埋蔵文化財関係統計資料, 文化庁, pp. 27-33.

山崎真治・西秋良宏・赤嶺信哉・片桐千秋・仲里健・大城逸朗 (2012) 沖縄県南城市サキタリ洞遺跡の後期更新世堆積層中より産出した石英標本に関する考古学的研究. 日本考古学, 34：71-85.

山崎真治・藤田祐樹・片桐千秋・黒住耐二・海部陽介 (2014) 沖縄県南城市サキタリ洞遺跡出土の後期更新世の海産貝類と人類との関わり. Anthropological Science (Japanese Series), Vol. 122 (1)：9-27.

Norton C. J., Hasegawa Y., Kohno N., and Tomida Y. (2007) Distinguishing archeological and paleontological faunal collections from Pleistocene Japan: taphonomic perspectives from Hanaizumi. Anthropological Science, 115：91-106.

第 2 章　洞窟周囲の環境

第 1 節　自然環境（自然地理）

第 1 項　洞窟の立地

　尻労安部洞窟（安部遺跡）は，行政区分上では青森県下北郡東通村に位置する。同村は下北半島の北東部を占め，西部でむつ市，南部で上北郡横浜町および同郡六ヶ所村と境を接する。本洞窟は東通村北東端，すなわち下北半島北東端の尻屋崎から南へ約 5 km の尻労集落北辺にあり，標高約 400 m の桑畑山南東麓に立地する。標高は 33 m 前後である（第 1 図）。桑畑山を挟んで北西側と南東側には，石灰岩の比較的大きな岩体が発達しており，北西側，つまり津軽海峡に面する岩屋側は採掘事業により大規模に削平されている。一方，本洞窟のある南東側は自然の地形が比較的残されており，中腹の谷から山麓にかけての急傾斜地点にドリーネが点在するなど，石灰岩地帯特有のカルスト地形が見られる。

　本調査団は，後述するように桑畑山南東麓で 6 つの洞窟を確認した（第 2 図）。このうち尻労安部第 1 洞窟（以後，「尻労安部洞窟」と表記した場合は，「第 1 洞窟」を示す。）は，最も低位の海岸寄りにあり，発見時の開口部の高さ・幅・奥行きはいずれも約 2 m の比較的小規模な石灰岩洞窟である。眼下には緩傾斜する海岸段丘が広がり，海岸線を遠くまで見渡す事ができる。この洞窟は，6 つの洞窟のうち尻労集落に最も近く，自然のみならず人為的な破壊を受けている可能性もある。また，オオツノシカの下顎骨化石をはじめ，ナウマンゾウなど後期更新世に属する絶滅哺乳動物の化石が多数出土したと伝えられる石灰岩採掘用トンネルの坑口からもわずか 200 m ほどと近接している。一方，他の 5 つの洞窟はいずれも急斜面に形成され，第 2 洞窟・第 3 洞窟（標高約 120〜130 m）は，海岸線に並走して幅狭く発達する海岸段丘面の 1 つに比較的近い山腹にあり，第 4 洞窟・第 5 洞窟・第 6 洞窟（いずれも標高約 150 m）は，直下の段丘面からさらに離れた急峻な山腹にある（第 3 章第 1 節第 2 項 1 を参照）。

　尻労安部洞窟周辺で旧石器時代に関連する遺跡としては，津軽海峡沿岸の物見台（1）遺跡と太平洋沿岸の中野（1）遺跡が挙げられる（第 1 図）。前者は，尻労安部洞窟からは桑畑山を挟んで約 5 km，尻屋崎からは南西約 1 km の海岸線付近に位置する。表面採集資料ではあるが，珪質頁岩製のナイフ形石器やエンドスクレイパーが確認されている（工藤 2001）。また後者は，尻労安部洞窟から南へ約 4 km の，防衛省技術研究本部下北試験場内の砂丘地帯に位置する。彫刻刀形石器および彫刻刀形石器の刃部作製に伴って剥離された削片が確認されている（工藤 2001）。なお本調査団は 2001 年，下北試験場内の中野（1）遺跡の周辺で，東通村在住の橋本喜一氏が複数の旧石器資料を検出していたことを確認している（阿部ほか 2002）。これら旧石器時代の遺物を出土している地点はいずれも，縄文時代以降の遺跡よりも低位の海岸沿いにあたり，海抜はわずか 5〜15m ほどである。この事実は旧石器時代，すなわち後期更新世の氷期における海面低下との関連において，人類の生活可能領域などを考察する上で看過できない。

（高田史穂・高田　学）

4　第2章　洞窟周囲の環境

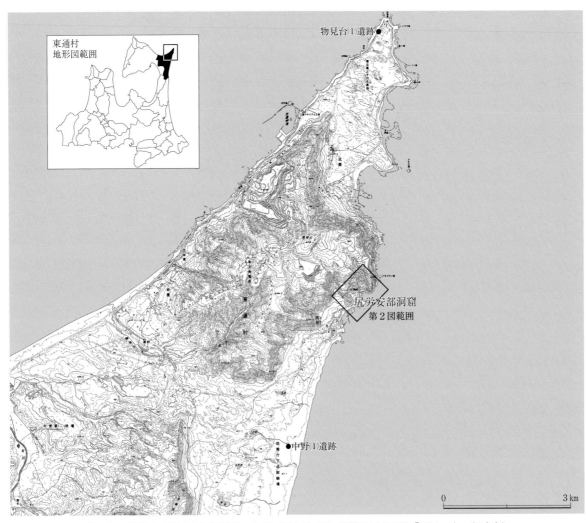

第1図　尻労安部洞窟と周辺遺跡の位置（国土地理院　数値地図25000「尻屋」を一部改変）

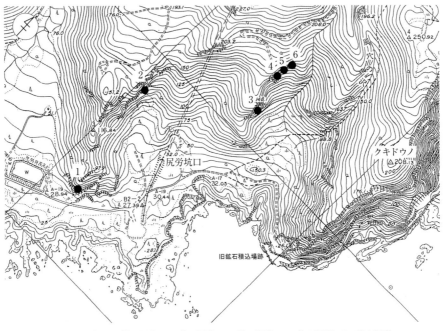

1：尻労安部第1洞窟，2：第2洞窟，3：第3洞窟，4：第4洞窟，5：第5洞窟，6：第6洞窟
第2図　確認した6洞窟の位置関係（日鉄鉱業(株)　地形図に一部加筆）

第2項　動植物相

1. 下北半島と生物地理学上の分布境界線

　北海道と本州を隔てる津軽海峡は，「ブラキストン線」と呼ばれる生物分布の境界線に当たる。今日この海峡の北側に位置する北海道と南側に連なる本州・四国・九州の哺乳類・鳥類相には，大きな相違が認められる。また，その一方，植物相については，温帯落葉広葉樹の代表種たるブナの北限が北海道黒松内低地帯にあることも知られている（前川1977）。ここでは以下，それら二つの生物分布境界線の南側に位置することを踏まえ，下北半島の植物相と動物相を概観する。

2. 下北半島の植物相

　周知の通り，一口に下北半島といっても，その気候は一様でない。冬季における降雪量や夏季の日照量の違い，さらには「ヤマセ」の影響の多寡等に起因し（東通村史編集委員会2001，後藤2008，境田2008），田名部平野から津軽海峡へ抜ける中央低地とその東西両側の地域には，少なからず特徴を異にする植生が見られることもつとに知られている（佐井村1971，前川1977，青森県史編さん自然部会2003）。

　もっとも，半島の山地部を覆う原植生については，ほぼ一様に，ブナとヒバの通称ももつヒノキアスナロの混交林で占められていたらしい。鉞形の下北半島のいわば柄に当たる東通村北端の尻屋崎から六ヶ所村尾駮に至る50km弱の範囲を踏査した柿崎敬一らによれば，八郎烏帽子，御宿山，月山山頂等に純林に近いヒノキアスナロの群生林が観察されているものの，それらも，スギ・ヒノキと並び利用価値の高い木材を供給する同種が，江戸時代より保護・管理もされてきた結果生じた林層の可能性があるという（柿崎ほか2001）。

　下北半島東部（下北丘陵）の植生について今少し詳述しておくと，同地域の樹林を構成する木本種には，先に述べたブナとヒノキアスナロのほか，薪炭林であったミズナラも見受けられる。また，樹林には，スギ，クロマツの植林地も目立つ。特に防風・防砂林として植林されたクロマツ林は，陸奥湾沿岸，小田の沢から尻労集落に至る太平洋沿岸を縁取っている。とはいえ，そうした植林が広範囲に存在するにせよ，下北半島の植生が依然高い自然度を保っているとみてよい。近年国内での絶滅も危惧されるオオウメガサソウ，ミズニラ，タヌキモやバイケイソウといった希少草本種の群落が観察される点も，その裏付けといえよう。

　前川文夫（1977）による植物区系区分で「蝦夷陸奥地域」に分類される下北東部地域には（第3図），もとより，渡島半島以北に主たる分布域をもつ北方種も目立つ。草本種のオオエゾデンダ，エゾキリンソウ，ヒメカイウ，クシロチドリなどは，北海道以外には，下北半島東部（下北丘陵）のみ，もしくはほか数カ所にのみ自生する種に当たり，わけてもクシロチドリは山麓に尻労安部洞窟も抱える桑畑山付近だけに分布が確認されているという（青森県史編さん自然部会2003）。なお，半島以南では亜高山帯や高山帯に分布するガンコウラン，ツマトリソウなどが海抜0m付近から観察されることも，親潮の影響で夏季に冷湿なヤマセが吹く下北半島東部（下北丘陵）の植生の特徴に挙げられる。

3. 下北半島の動物相

　下北半島の動物相も，植物相と同様，北海道以北に生息する種との関係を抜きには論じられない。鳥類を例に挙げても，留鳥にエゾライチョウやシマフクロウなど本州以南に分布しない種や，逆にオオセッカ，ヤマドリなど下北半島で繁殖が確認されながら北海道に分布しない種も存在する一方，渡り鳥には海峡を超え季節的な移動を繰り返す種も多数知られている。また，繁殖域が北海道と本州の双方に確認されている種も少なくない。

　哺乳類に目を転じると，ヒメヒミズ，ホンシュウジネズミ，ニホンザル，ニホンノウサギ，ニホンリス，ホンドモモンガ，ヤマネ，ツキノワグマ，ホンドテン，ニホンイタチ，ニホンアナグマ，ニホンカモシカは下北半島を北限として，北海道に亜種も分布せず，またタヌキ，キツネ，イイズナ，オコジョなどについても本州と北海道に分布するものとは別亜種に当たる（第4図）。こうした生物分布の様相からは，陸域・内水面に生息する多くの動物種にとって，津軽海峡が分布域を広げる障害となっていた様子が窺える。なお，少なくとも19世紀まで，ニホンオオカミ，ニホンカワウソも半島に生息していたとみられる（向山・小原 2010）。また，ニホンイノシシ，ホンシュウジカも分布していたことは確実視されているが，冬季に多量の積雪がある冷涼な気候であることが影響してか，それぞれ1880年代，1910年代の捕獲例を最後に今日半島に両種の自生は確認されていない（向山・小原 2010）。

4. 下北半島の動植物相の形成過程

　ブナ帯に属しながら，冷涼な気候を反映し，本州の他の地域以上に北方系種も目立つ植物相。ブラキストン線の南側に位置するため，ここを分布の北限とする種の多さに特徴付けられる動物相。それらは，下

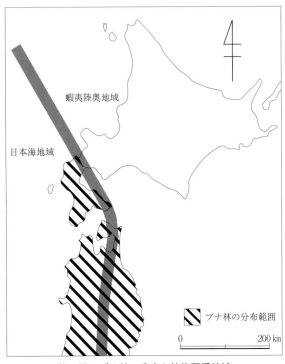

第3図　ブナ林の分布と植物区系地域
（前川 1977 をもとに作成）

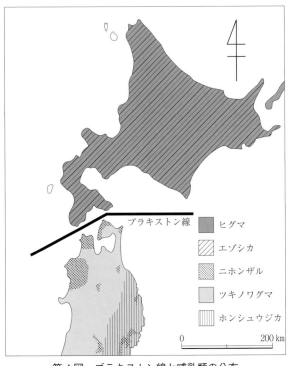

第4図　ブラキストン線と哺乳類の分布
（自然環境研究センター 2010 をもとに作成）

北半島の地理的・気候的特性を反映し形成されたものにほかならない。植物相でみられる北方系の種は氷期に進出し，下北半島の冷涼な気候により保存された氷期遺存植物だと考えられる（東通村史編集委員会 2001）。一方陸域および内水面に生息する脊椎動物種が示す生物境界線は，更新世の氷期に陸であった間宮海峡・宗谷海峡を経由してユーラシア大陸より北海道に侵入した動物群と，同じく対馬海峡を経由し本州を北上してきた動物群が，それぞれ南進と北進を津軽海峡に妨げられたことを物語ると考えられている（犬飼1974，河村1998，大嶋1990）。それだけに，国内有数の石灰岩地帯にして，良好な動物化石群にも恵まれている尻屋崎周辺域での調査・研究が，日本列島における動植物相の形成過程の解明に果たす役割は大きい。

（高橋鵬成）

第3項　石材環境

東北地方の先史時代遺跡から出土する石器の使用石材の多くは珪質頁岩であり，これを補う形で玉髄と黒曜石が利用される傾向が強い。後述するように尻労安部洞窟から出土した石器石材も，珪質頁岩，玉髄，黒曜石に限られることから，本項ではこの三種類の石材にしぼって遺跡周囲の石材環境を示す。

旧石器時代から縄文時代をつうじて本洞窟で最も多用される珪質頁岩は，珪質殻微生物が集積した海成堆積岩であり（五十嵐2006），東北地方では日本海側に新第三系中新統として広域に地層を形成している。珪質頁岩を産出する地層としては，新潟県域の七谷層，山形県域の草薙層，秋田県域の女川層，北海道道南地方の八雲層が有名であり，青森県内では西海岸の大童子層，津軽半島北部の小泊層，下北半島では西部の金八沢層，東部の蒲野沢層がこれに該当する（日本の地質「東北地方」編集委員会1989）。実際に下北半島の河川において珪質頁岩の分布調査をおこなった秦昭繁によれば，半島西部の大佐井川，大畑川，川内川などの流域で珪質頁岩の採取が比較的容易に可能であることが判明している（秦2003）。

珪質頁岩についで遺跡で多用される玉髄は，流紋岩などの火山岩の間隙に珪酸分が沈殿して生成される石英微晶の網目状集合体であり（五十嵐2006），縞模様をもつものは特にメノウとよばれる。これまで青森県域では明確な原産地は報告されていないが，古くから津軽半島の今別や七里長浜などの海岸，そして下北半島南部の有戸の海岸でメノウが採取できるとされている。また2013年度に下北半島全域の河川において石材調査を実施した結果，その産出量は少ないものの玉髄を確認することのできる河川は半島内に比較的多くあること，そして半島西部を南流しむつ市川内町で陸奥湾に注ぐ川内川と，その支流の中川，そして半島を西流し佐井町で津軽海峡に注ぐ大佐井川の現河床において，比較的大型で良質な玉髄を数多く採取可能であることが判明している。これら石材調査の実施年度は，本報告の対象年度からはずれるため，その調査結果などについては稿を替えておこなう予定である。

黒曜石は，流紋岩質マグマの噴出によって生じる火山ガラスであり（五十嵐2006），北海道の白滝，置戸，十勝，赤井川などで多く産出する。東北地方では月山（山形県），男鹿（秋田県），雫石（岩手県）などの産地が著名であり，青森県域でも，「西青森系」，「岩木山系」「深浦系」の3系統の産地が確認されているがいずれも県西部であり，下北半島を含む東部に産地は確認されていない。「西青森系」には，鷹森山，多門，大釈迦，鶴ヶ坂の産地があり，鶴ヶ坂層，岡野層，前田野目層に黒曜石円礫が含まれるが，その給源地は不明である。「岩木山系」には，出来島，鳴沢川，中村川の産地がある。出来島の黒曜石は，岩木山北側の火山麓扇状地に分布する泥流堆積物に含まれる黒曜石が，鳴沢川によって日本海に運ばれ，海岸に漂着したものであり，中村川の黒曜石は，大秋層田代泥岩部層からの転石と考えられている。「深浦」

系には，深浦町付近の六角沢河床や，岡崎浜の海浜で採取可能なものであり，付近に広く分布する白色流紋岩質火砕流に由来する（杉原ほか 2008）。

　以上，青森県域を中心に，珪質頁岩・玉髄・黒曜石の産出地を述べた。尻労安部洞窟の至近の位置ではいずれの石材も採取することはできないが，洞窟を中心に半径 50 km 以内の比較的近い場所，すなわち下北半島の範囲内で十分な質・量の珪質頁岩・玉髄を入手することが可能であること，そして黒曜石産地にアクセスするためには，最低でも 100 km 近い距離の移動が必要であることがわかる。　　　　（竹内俊吾）

引用・参考文献

青森県史編さん自然部会（2003）青森県史　自然編　生物．青森県，pp. 331-397, 471-479.

阿部祥人・奈良貴史・米倉　薫（2002）下北半島における旧石器時代遺跡研究の重要性―遺跡・遺物と動物化石の検討から―．史学，65-2，三田史学会：300-319.

五十嵐俊雄（2006）考古資料の岩石学，パリノ・サーヴェイ株式会社．

犬飼哲夫（1974）我が国北方の動物地理学上の諸問題．第四紀研，12：241-243.

大嶋和雄（1990）第四期後期の海峡形成史．第四紀研究，29：193-208.

柿崎敬一・高谷秦三郎・小林範士・齋藤信夫・太田正文（2001）下北丘陵の植物．青森県立郷土館編，青森県立郷土館調査報告書，45：pp. 25-58.

河村善也（1998）第四紀における日本列島への哺乳類の移動．第四紀研究，37：251-257.

工藤竹久（2001）第一章　原始・古代，第五章　東通村各地区の遺跡．東通村史編集委員会編，東通村村史　歴史編 I，pp. 43-162, pp. 641-887.

後藤雄二（2008）III. 東北地方の地域誌 A. 青森県 1. 県の性格 3）地域差と地域構造．田村俊和・石井英也・日野正輝編，日本の地誌 4　東北，朝倉書店，pp. 174-176.

佐井村（1971）佐井村史　上巻．佐井村役場，pp. 648-741.

境田清隆（2008）II. 東北地方の地域性 3. 自然環境 2）気候・植生・土壌（2）3 列の山並みによって生じる東西差．田村俊和・石井英也・日野正輝編，日本の地誌 4　東北，朝倉書店，pp. 29-33.

自然環境研究センター（2010）日本の動物分布図集．環境省自然環境局生物多様性センター．pp. 55-88.

下北文化誌編集委員会（1990）下北文化誌．青森県高等学校 PTA 連合会第三十九回（同実行委員会），pp. 267-319.

杉原重夫・金成太郎・杉野森淳子（2008）青森県出土黒曜石製遺物の産地推定．研究紀要，13，青森県埋蔵文化財センター．

奈良典明・原田幸雄・小原良孝・山田正輝（2010）2 各論（1）青森県の野生生物の概要．青森県レッドデータブック改訂検討会編，青森県の希少な野生生物―青森県レッドデータブック（2010 年改訂版）―，青森県，pp. 17-18.

日本の地質「東北地方」編集委員会（1989）日本の地質 2　東北地方，共立出版株式会社．

秦　昭繁（2003）東北地方の珪質頁岩石材環境．月刊考古学ジャーナル，499 号：8-11，ニューサイエンス社

東通村史編集委員会（2001）東通村史．東通村，pp. 14-31.

前川文夫（1977）日本の植物区系．玉川大学出版部，pp. 91-117.

向山　満・小原良孝（2010）2 各論（3）脊椎動物 1）哺乳類．青森県レッドデータブック改訂検討会編，青森県の希少な野生生物―青森県レッドデータブック（2010 年改訂版）―，青森県，pp. 166-180.

和田　久・笹森耕二・関　哲郎（2001）下北丘陵の脊椎動物．青森県立郷土館編，青森県立郷土館調査報告書，45：59-72.

第2節　歴史的環境（人文地理）

第1項　下北半島の遺跡と研究史［第5図］

1. 旧石器時代遺跡の調査研究

　青森県内における旧石器時代の遺跡・遺物の報告数は隣接道県に比して極めて少ない。県東部にあたる南部地方においてもわずか10遺跡が知られるのみであり，それを対象にした研究は皆無である。よって旧石器時代については，確認されている遺跡の概略を述べるにとどめる。

　ナイフ形石器文化期の遺跡としては4遺跡があり，尻労安部洞窟の所在する東通村の物見台（1）遺跡ではナイフ形石器，掻器など，中野（1）遺跡ではナイフ形石器，彫刻刀形石器，彫刻刀形石器削片点などが，表面採取されている（工藤2001）。また三沢市の淋代遺跡および野辺地町の獅子沢遺跡からもナイフ形石器が出土している（三沢市教育委員会1985，大田原2000）。これらのうち，物見台（1）遺跡と淋代遺跡出土の資料はナは「杉久保」型に，獅子沢遺跡の資料は「東山」型ナイフ形に分類できる。また近年，八戸市の田向冷水遺跡からはおびただしい数の剝片とともにナイフ形石器やエンドスクレイパーなどが出土した（青森県教育委員会2002，八戸市教育委員会2008）。細石刃文化期の遺跡も4遺跡あり，前述の中野（1）遺跡に表採資料があるほか（阿部ほか2002），横浜町の吹越遺跡や母衣平出生（1）遺跡からは細石器が（青森県教育委員会1998，大田原2000），三沢市の五川目（6）遺跡からはまとまった数の細石刃・細石刃核が出土している（青森県教育委員会2011）。なお，旧石器時代最終末期から縄文時代初頭の過渡期，神子柴長者久保文化期の遺跡としては，六ヶ所村の幸畑（7）遺跡と東北町の長者久保（2）遺跡があり，前者からは尖頭器が，後者からは局部磨製石斧・打製石斧・尖頭器が出土している（青森県立郷土館・東北町教育委員会1998，太田原2000）。

（石森　光・木村優人）

2. 縄文時代以降の遺跡の調査研究

1940年代後半～1950年代前半　青森県下北半島における縄文時代遺跡の発掘調査研究の端を開いたのは八幡一郎氏による1947・48（昭和22・23）年のむつ市最花貝塚遺跡A地点の発掘調査であり，当時地元にて積極的な遺物の踏査研究をおこなっていた中島全二氏（中島1934）の協力のもとに実施された。この最花貝塚遺跡の調査には，当時，慶應義塾大学学生であった江坂輝彌氏が参加しており，以後1949（昭和24）年を皮切りに1960年代後半にかけて，同氏による下北半島における複数の遺跡の調査が継続的におこなわれるようになる。とくに1950年代前半までの時期の調査研究目的としては，縄文時代早期の土器編年整備が掲げられており，1949年には，縄文時代早期の物見台（2）遺跡や（江坂1950c・1954a），吹切沢遺跡（江坂1954d・1999），同早・前期のムシリ遺跡（江坂1954c・1999，江坂・中村1995），同晩期のむつ市葛沢遺跡や（江坂1954e），大湊八森遺跡などの発掘調査が実施された（江坂1954f，橘1952）。この一連の調査により，「吹切沢式」や「物見台式」など縄文時代早期の諸型式が設定された（江坂1950a・1956）。縄文時代早期が同時代の最古相と考えられていた当時，物見台（2）と吹切沢の2遺跡から出土した土器の文様が北ユーラシア大陸の櫛目土器に類似していることは学界で大きな注目をあつめた。その結果，東京大学の

江上波夫氏を中心とした東亜考古学会による吹切沢遺跡の発掘が計画され，1950（昭和25）年に縄文時代晩期の大間町ドゥマンチャ貝塚と吹切沢遺跡の発掘調査がおこなわれた（江坂1950b・1955a・1955d・1999）。同年には，江坂氏による縄文時代早期の東通村前山遺跡とムシリ遺跡が発掘調査され（江坂1955b・中村1995），翌1951（昭和26）年には江上氏を団長とする下北総合学術調査団が結成され，明治大学の後藤守一氏による東通村将木館遺跡の発掘調査のほか，江坂氏によるムシリ遺跡の発掘調査（江坂1955f・1999，江坂・中村1995），東京大学の鈴木尚氏，酒詰仲男氏，埴原和郎氏による最花貝塚遺跡A地点などの調査（佐々木1951），東通村岩屋洞窟遺跡の発掘調査（鈴木ほか1952）がおこなわれている。1953（昭和28年）から1955（昭和30）年にかけては，江坂氏を中心とする慶應義塾大学により，縄文時代早期ムシリ貝塚（江坂・中村1995，笹津，1958），同前期のむつ市女館貝塚（江坂1955e・1963），同後期の札地遺跡における配石遺構及び同晩期の札地貝塚の発掘調査が実施されている（江坂1959・1999，金子1967，清水1958）。

1950年代後半～1960年代前半 1950年代後半から，縄文時代早期より前の時期に比定可能な土器が全国各地で確認されだすと，下北半島においてはより新しい時期の遺跡が調査・研究の対象となるようになる。江坂氏は，1960（昭和35）年に弥生時代・平安時代のむつ市九艘泊岩陰遺跡（江坂1965a，江坂ほか1965），1963（昭和38）年に既出のドゥマンチャ貝塚（江坂1968，江坂ほか1967），1964（昭和39）年に九学会連合の考古班の調査としてむつ市の弥生時代の邪馬尻遺跡や，縄文時代後期の楢ノ木平(1)遺跡（江坂1957，江坂・村越1967），同中・後期の最花貝塚遺跡A・B・C地点（安達2009・2013，安達・安藤2009，安藤2009a，江坂1969），1968（昭和43）年に弥生時代を中心とする佐井村八幡堂遺跡を発掘調査した（安藤2009b，大坂2009）。また，東北大学の伊東信雄氏を中心として，1966・68年にはそれぞれ弥生時代のむつ市二枚橋(2)遺跡（須藤1970・1973），瀬野遺跡（伊東・須藤1982，須藤1973）の発掘調査がおこなわれ，二枚橋(2)遺跡出土の土器資料は，東北地方弥生時代前期後半の「二枚橋」式の基準資料となった。

1960年代後半以降 1960年代後半からは，地元郷土史家の橘善光氏が，下北半島の各市町村の発掘調査を主導したが，1970年代以降になると青森県教育委員会を中心とした記録保存を目的とした発掘調査がすすみ，東通村では下北半島原子力発電所予定地内に所在した近世初頭の浜通遺跡などの遺跡が調査された。1980年代以降になると，青森県下の各市町村教育委員会でも埋蔵文化財主管部局の体制整備が進み，東通村教育委員会でも記録保存を目的とした発掘が実施されるようになる。1994（平成6）～1996（平成8）年には歴史時代遺跡の調査が集中的におこなわれ，中世のアワビ貝塚として注目される浜尻屋貝塚などの調査成果は，中世から近世の特に漁業に関する研究を大きく進捗させた（東通村史編集委員会1999a）。

近年では，弘前大学の関根達人氏らによるむつ市不備無遺跡調査や（関根・上條2012），北海道大学の高瀬克範氏らによる江豚沢遺跡の発掘調査がおこなわれ（高瀬ほか2012），縄文時代晩期～弥生時代の学術調査の成果が目覚ましい。

（安達香織）

第2項　下北半島の民俗—東通村尻労集落を中心として—

1. 尻労集落の空間構成と地名の由来

青森県下北郡東通村は，明治22年の町村制施行により，海岸部の岩屋村，尻屋村，尻労村，猿ケ森村，小田野沢村，白糠村の6村，山間部の目名村，大利村，田屋村，砂子又村，蒲埜沢村，野牛村の6村の計12村を統合して新たに生まれた村である（笹澤魯1964・下北文化誌1990）。合併後の村は，北東側では太平

第2節 歴史的環境（人文地理） 11

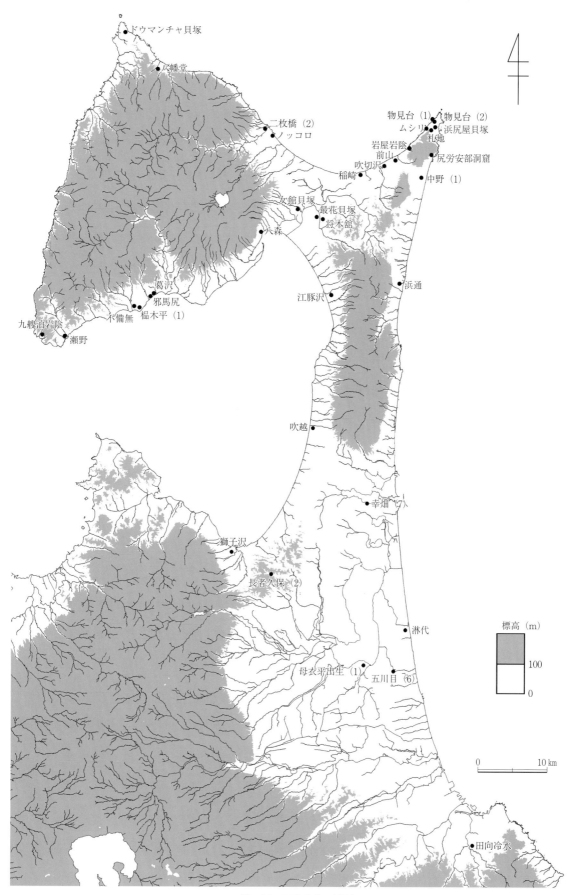

第5図　下北半島の遺跡

洋，北西側では津軽海峡を臨み，南西側でむつ市田名部市街地，南東側で上北郡六ヶ所村と接する。その村名は，南部藩政当時，代官所ある田名部を中心に，太平洋岸沿いの村々を「東通」，津軽海峡沿いの村々を「北通」，陸奥湾沿いの村々を「西通」と呼んだことに由来する（笹澤善 1926）。

　洞窟の所在する「尻労」集落（以下，尻労）は，東通村の東北部に位置し，北側で下北半島最北東端の尻屋，南側の大沼付近で猿ケ森，北西側の永石倉山付近で岩屋，西側の中野山付近で野牛の各集落に接する。もともとの集落は，猿ケ森寄りの位置にあったが，二百数十年前の津波により流失し，現在の集落は，大岩付近，急峻な海食崖上の海岸段丘面に新たに密集して形成されたものと伝えられる（月舘 2001）。集落の位置する地形は，日本の伝統的地形分類では台地段丘末端部「きしの」に該当し（斉木 1986），集落中央をながれる沢上流の小高い場所にある池徳庵の周囲の古い地区と，船小屋のある前浜とで集落軸を形成している。集落の中では，北側の桑畑山側が「シモ」，猿ケ森砂丘につながる砂浜の南側が「カミ」，東の太平洋側が「オモテ」，西側の山地が「ウラ」として認識されている（月舘 1999）。

　東通村にある他の大字と同様，尻労の語源もアイヌ語に由来するとされる（笹澤魯 1964）。山田秀三によれば，尻労は，北海道長万部の「静狩」と同じく，「山の手前，行き止まり」を意味する sir・tukari から転訛した地名だという（山田 1983）。この尻労という地名が初めて歴史に現れるのは，南部藩公文書『南部領郷村名寄』（貞享元年 1684）であり，陸奥国北郡五拾カ村中，東通の八カ村の中に「志利労」と記されている。現在の「尻労」と表記される緒元は，『田名部記』（享保年間 1716-1736）であり，戸数 27 軒，人数 166 人（うち男 83 人，女 83 人）と記されている（月舘 2001）。

2. 尻労の規模と苗字の由来

　以後，集落内の戸数は，1802（享和 2）年 23 軒，1829（文政 12）年 27 軒，1889（明治 22）年 33 軒（284 人）と大きな変化は見られない。これは，東通村の各集落ともに共通の傾向であり，村が飢饉へのリスクを考えて各集落の戸数を抑制したためとされる。それでも，分家を出す場合には隣接の田名部に出すか，または村内の入り口に出すという風習があった。後述する石灰岩採掘業者の移入などにより，以後，1935（昭和 10）年 74 戸（708 人），1963（昭和 38）年 138 世帯（868 人）と戸数・人口が増加したが，2012（平成 25 年）の時点では 141 世帯（406 人）と戸数・人口とも減少に転じ，その年齢別構成の内訳も少子高齢化という世相を反映したものとなっている（笹澤 1964，宮本 2011）。

　現在の尻労の中で，「堀」・「舘」・「吉野」という苗字を持つ家は，集落の中でも古い家柄であり，約 10 代から 12・13 代を遡ることができる。また「三国」という江戸時代からの庄屋の家は現在 9 代目にあたるとされる（高橋 2001）。その他の苗字の由来については，明治 3 年の「平民苗字許可令」，明治 8 年の「平民苗字必称義務令」により苗字の届出が必要になったことによる。その際に付けられた苗字は，概ね家の建つ位置に由来し，たとえば「蛇穴」という苗字は，尻労八幡宮（宝永 5 年勧請）境内に昔大蛇が済んだと伝わる洞窟があり，堂守の俗別当が近くに住んで村の人々に「蛇穴の家」と呼ばれたことに因む。また「加糠」という名字は，アオベ下の岩盤の上に立屋明神の祠があり，その俗別当の家を，アイヌ語の「カマカ」（岩盤の上）が訛って「カヌカ」と呼んだことに因む。これ以外に，集落には「川端」・「川上」・「畑中」・「坂上」・「寺道」・「浜道」・「林」などの名字があり，その由来も同様である（笹澤魯 1964）。

3. 尻労集落の生業

漁　業　東通村全体の傾向を反映するように尻労の主産業は漁業と農業であり，江戸時代から明治・大正期にかけて，イワシの地曳き網漁とアワビ・コンブなど磯物の採取が漁業の中核を担ってきた。太平洋側に国内最大の砂浜（猿ヶ森砂丘）をもつ東通村では，江戸時代に地曳網によるイワシ漁が発達し，それを原料に製造された〆粕は江戸に送られていた。このイワシ漁が，明治・大正期を通して東通村の漁業の中核を担い，砂浜の少ない尻労でも，1895（明治28）年の段階で440石（2,420円）の〆粕製造高を得ていた。同年のアワビ生産高が5,303斤（901円），コンブ生産高が75石（186円）に過ぎなかったことも鑑みたとき，往時の尻労の漁業においてイワシ地曳網漁が如何に重要な位置を占めていたかが窺えよう。一方，尻労集落では1897（明治30）年にダイボウアミ（大謀網）によるマグロ漁も開始され，数年の失敗を経て大漁が続いたという。1907（明治40）年，大漁を記念して尻労青部下には「八龍神」碑も建てられた。しかし，大正期に入ると一転して不漁が続き，東通村内の多くのマグロ漁場は閉鎖，尻労の漁労形態も元のイワシ漁と磯物採取を中心とするものになった（笹澤魯1964，桑野ほか1967，下北文化誌1990）。

　昭和初期になるとイワシの回遊が少なくなり，あわせて下北半島他地域に先駆けて，沖合漁業を可能にする動力船が尻労に導入されたことをきっかけとして，イワシ地曳網漁は衰微し，代わってイカ漁が漁業の中心をなすようになる。1935（昭和10）年の尻労の漁獲物販売高をみると，イカ6,564円，アワビ5,973円，コンブ2,163円，その他2,243円であり，イワシは全くみられず，昭和初期にはイカ漁の豊凶が集落経済を左右するものであったことがわかる。しかし太平洋戦争による動力船の徴用，イカ漁の中核を担った青年・壮年層の出征，他国船の乱獲によるイカの回遊の減少により，その漁も下火となった。またそれまで安定した漁獲量を維持していたアワビも，太平洋戦争中の食糧不足による乱獲の結果，大きく減産，尻労の生業活動は漁業から水稲を中心とした農業に転換することになる。現在，尻労での漁業は，北部の岩礁におけるアワビ・コンブなど磯物の採取，南部の砂浜におけるサケ・マイカ・ヒラメ・タラ・マグロの定置網漁や釣り漁など以前に比べて小規模なものとなっており，生業構成の三割を占める程度である（笹澤善1926，桑野ほか1967）。

農　業　明治初年まで東通村では全ての水田で稗を耕作していた。これは農業の技術の未発達のためではなく，夏季には東風，また秋には早く寒冷になり，冷害に耐えられる穀物が稗に限定されたためである。1882（明治15）年ごろからの米の耕作推奨により，まず冷湿な東風（「やませ」）の被害の比較的少ない内陸地域で栽培が始まり，その後の急激な技術革新と米の品種改良の結果，大正時代に入ると水稲栽培が増加した。しかし沿岸部にある尻労で水稲栽培が試みられたのは1921（大正10）年頃であり，その成功は昭和初年と遅れる。厳しい自然条件のもと当初は冷害による不作が繰り返されたが，昭和30年代に，ビニール保温育苗の導入，寒冷地に強い品種の選定，耕地の整備がおこなわれた結果，反当り1石5斗と以前の2倍近い生産量をあげるようになった。1960（昭和35）年段階の尻労では，年2,395石の収穫があるが，これは津軽地方の半分程度の収穫量であり，集落の中心的な生業とはなっていない。水稲以外の農作物としては，馬鈴薯・薩摩芋・大根・南瓜・粟・稗・蕎麦・大豆・小豆・菜種などが栽培されている。このうち，西洋種の南瓜の栽培は日本で最も早い安政34年であり，函館へ赴く領事を乗せた船が尻労へ寄港し，船員の一人が尻労の者に西洋南瓜の種がもたらしたと伝えられている（笹澤善1926，笹澤魯1964，桑野ほか1967）。

鉱工業　尻労および尻屋は国内有数の石灰岩地域であり，特に尻労と岩屋を画する長石倉山などは，ほぼ

全山石灰岩から成っている。江戸時代の 1831（天保 2）年にはすでに，尻労と尻屋の 2 カ所で，火打石採取のための採掘が実施されていた。昭和に入り，尻労鉱床が石灰岩の産地として最注目され，1938（昭和13）年には扶桑工業により尻労海岸に積出施設が建設，尻労口から石灰岩の採掘がなされたが，その操業は 2 年で終了し日鉄鉱業に買収された。以後，1940〜42（昭和 15〜17）年に日鉄鉱業による尻労鉱床での石灰岩採掘は続けられたが，尻労海岸での積出港の築港は波浪の高さ故に断念され，主たる採掘場は尻屋鉱床へと移された。現在も石灰岩の採掘事業は継続され，専用船により室蘭方面に輸送されている。太平洋側の尻労鉱床と津軽海峡側の尻屋鉱床を併せると，その全鉱量は 3 億 t 以上あると見られている（笹澤魯 1964・1978，日鉄鉱業株式会社 1979，下北半島誌 1990）。

4. 尻労の信仰

八幡信仰　東通村には，八幡信仰が 14 件存在し，そのうち尻労を含む 7 件が八幡神をウブスナとする。伝承によれば，尻労八幡宮はもともと大岩の上に社殿が鎮座し，村民もその社殿を囲むように生活していたが，大津波後に安全な地に遷座したといわれている。田名部神社の記録によれば 1708（宝永 5 年）に白川家が再建したとあり，1711（宝永 8）年の棟札も現存する。現在の境内地は，1879（明治 12）年に再遷座したもので，同年銘の棟札も残っている。ご神体は，木彫八幡神立像であり，近年は 12 月 14 日に総代である蛇穴家が中心になって御年越し際が執りおこなわれている（滝尻 1997）。後述するように，尻労における各種の信仰は，この尻労八幡宮を中心に展開するものが多い。

稲荷信仰　東通村の民間信仰において最も件数の多いのは稲荷信仰である。尻労では，尻労八幡宮境内に鎮座する稲荷小祠が，蛇穴家の屋神を 1975（昭和 50）年頃に遷座したものであり，中には木彫稲荷神立像と一対の白狐像，正一位稲荷神璽が納められている。また池徳庵付近イタヤの古木が茂る岩場の上には，向井家の稲荷小祠が鎮座し，そのご神体は一対の木彫白狐像である。向井家では 1757（宝暦 7）年から 1928（昭和 3）年までの 6 枚の棟札が所蔵され，家の大漁旗には「稲荷丸」と記してある（滝尻 1997）。

子安信仰　東通村の子安信仰は，弘法大師信仰と一体化したものが多い。崇拝対象も嬰児を抱いた弘法大師であることが多く，子安弘法大師と呼ばれる。尻労では子安信仰の霊場が二か所ある。小倉の林中にあり坂上家の管理する半間四方の御堂には高さ 80 cm の木彫聖観音立像があり，嬰児は抱いていないが，その脇には子安弘法大師の掛け軸が納められている。堂内には，1792（寛政 4 年）から 1861（文久元）年にかけての藩政期の棟札がある。一方，尻労八幡宮裏の山中には舘家が管理する子安堂があり，ご神体は厨子に入った高さ 5 cm ほどの木彫聖観音立像である。双方ともに，年数回の御縁日があり，結婚したばかりの若い嫁や，幼児をもつ主婦が参詣にくる（滝尻 1997）。

金毘羅信仰・弁天信仰　金毘羅様は，航海と海上安全の神であり，尻労では川上家が管理する金毘羅様が長石倉山の御堂に祀られる。年 3 回の御縁日には権現頭を奉持し，笛・太鼓等で拍子をとりながら，長石倉山に登り，金毘羅堂内で権現舞を奉納する。また東通村では弁天は，漁業神として信仰されており，尻労では前浜南端の隠舞子とよばれる大岩の断崖の窪みに，「クレハ明神」ともよばれる木彫弁天立像を収めた小祠がある。尻労の各家では新たに船を入手すると，海上からこの金毘羅堂とクレハ明神小祠に向かって遥拝する「神参り」という儀式がある（滝尻 1997）。

明神（竜神）信仰　尻労には，大漁の神として信仰を集める立屋大明神堂（別名　八龍大明神）が加糖家により管理されている。1802（享和 2）年 5 月 15 日建立の棟札をもつ堂舎の裏手には，奥ノ院としての小祠が

ある。また，集落内の霊水湧水地には竜神信仰を示す小祠が多くある。尻労八幡宮本殿の裏手には，蛇穴家管理の竜神小祠が，集落入口付近の「水神林」という雑木林中には二本柳家管理の河白大明神小祠があり，1862（文久2）年の棟札が納められている（滝尻1997）。

観音信仰 青森県内は観音信仰の盛んな地であり，東通村には14ヶ所の観音霊場がある。尻労の「テラコ」（庵寺）である池徳庵には田名部海辺三十三札所第七番札所の観音様が安置されている。本尊阿弥陀如来の向かって右側に安置された木彫如意輪観音坐像の光背裏面には，藤原作（？）の銅鏡がはめ込まれている（滝尻1997）。

オシラサマ 東通村内でオシラサマを祀る家は41件あり，尻労では，尻労八幡宮と川上家で祀られている。尻労八幡宮のオシラサマは，白布に包まれたヒトカシラのもので，以前は小笠原家が田名部や野牛からイタコをよび祭祀をおこなっていたが，戦後，集落の所有となったものである。川上家のものも，1985（昭和60）年頃まで同じく田名部や野牛からイタコをよび祭祀をおこなっていた。以前は「オセンタダク」（着物）を着ていたが，太平洋戦争中にイタコを通したお告げがあり，現在は真綿に包まれるのみである（滝尻1997）。

5. 尻労の民俗芸能

東通村では，権現舞（獅子舞）を中核とする「獅子神楽」の中で，近世に伝播してきた大神楽を「神楽」と呼び，中世に源を発する修験系の神楽を「能舞」とよび厳密に区別している。このうち，1978（昭和53）年に国重要無形民俗文化財に指定された「下北の能舞」は，当地を代表する芸能にほかならない。能舞は，中世芸能である修験能に端を発し，中世後期から近世初期にかけて修験者の手によって各地に運ばれ，土着化した芸能であり，青森県三八地方から岩手県北・中部地方にかけての山伏神楽，秋田県北部地方，鳥海山周辺，山形県遊佐地方の番楽，岩手県北上地方，宮城県北部および陸前浜の法印神楽と同系統とされる。下北に能舞をもたらした修験は目名不動院と目され，その時期を直接的に示す史料は伝わっていないものの，古格をもつ能舞面がいまも現存している。現在，下北には，「師匠どころ」のあった集落を中心に，大きく大利系，上田屋系，鹿橋系の3系統の能舞が存在し，この目名不動院がそれぞれの成立に直接的・間接的に関わったとされている（門屋1997a・2001）。

尻労に能舞が伝わった時期は不明であるが，上記3系統のうち上田屋系に属するとされる。獅子頭を3体所有し，正月17日に尻労漁村センターで能舞披露がおこなわれるほか，6月10日の金毘羅宮祭礼，9月15日の尻労八幡宮祭礼などでも祈禱舞がおこなわれる。「権現舞」の他に12の演目があり，このうち「鳥舞」「かご舞」「翁」「さんば」の4演目は式舞とよばれ，二晩続いたとしても必ず舞うものだとされている。藩政以来，下北の能舞は，若者組によって伝承されてきた芸能であるが，現在の尻労では，27歳まで加入する青年団の終了後，堅めの杯をもって入会する「尻労後援会」がその任を担う。他の能舞団体にはない太夫という役職が存在し，能舞以外に，各種祝い事，祈禱行事に大きな権限を持っている（門屋1997a・2001）。

能舞以外の尻労集落の民俗芸能としては，県無形民俗文化財の「餅つき踊り」があり，尻労婦人会によって伝承されている。また尻労では前述のマグロ漁法とともに，鮪大漁祝い歌も伝わっている。この大漁祝い歌が尻労では「ヨイドコラサ」と呼称され，地元の主婦たちが組織している生活改善グループが網元を回って唄と踊りを披露している（下北文化誌1990，門屋1997b）。

（成澤可奈子・渡辺丈彦）

1. 1963年6月12-13日（宮本常一撮影）　　2. 2013年8月2日（佐藤孝雄撮影）

写真1　荒海と尻労

1は，宮本常一が九学会連合の下北調査実施にあたり，1963年6月予備調査として，自身三度目となる下北でのフィールドワークの際に撮影した写真である．2は，2013年8月の尻労安部洞窟発掘調査の際に，同じアングルから撮影した写真である．尻労の海，そして遥か岩壁の上に立つ小屋は50年前と変わらぬ壮大な姿を見せている．

引用・参考文献

青森県教育委員会（1993）家ノ前遺跡・幸畑（7）遺跡2．

青森県教育委員会（1998）青森県遺跡地図．

青森県教育委員会（2002）田向冷水遺跡．

青森県教育委員会（2011）五川目（6）遺跡：三沢基地再配置における施設整備・航空機えん体整備事業に伴う遺跡発掘調査報告．

青森県立郷土館・東北町教育委員会（1998）東北町長者久保遺跡発掘調査概報．

安達香織（2009）最花貝塚遺跡A地点出土土器の分析．安藤広道編，東日本先史時代土器編年における標式資料・基準資料の基礎的研究，慶應義塾大学文学部民族学考古学研究室，pp. 10-29．

安達香織（2013）縄紋土器の技法と型式―最花貝塚遺跡A地点出土土器の製作工程―．古代文化，65-2，古代学協会：14-34．

安達香織・安藤広道（2009）最花貝塚遺跡の調査と最花式土器．安藤広道編，東日本先史時代土器編年における標式資料・基準資料の基礎的研究，慶應義塾大学文学部民族学考古学研究室，pp. 101-111．

阿部祥人・奈良貴史・米倉　薫（2002）下北半島における旧石器時代遺跡研究の重要性―遺跡・遺物と動物化石の検討から―．史学，65-2，三田史学会：300-319．

安藤広道（2009a）最花貝塚遺跡1964年発掘調査の概要．安藤広道編，東日本先史時代土器編年における標式資料・基準資料の基礎的研究，慶應義塾大学文学部民族学考古学研究室，pp. 5-9．

安藤広道（2009b）八幡堂遺跡1968年発掘調査の概要．安藤広道編，東日本先史時代土器編年における標式資料・基準資料の基礎的研究，慶應義塾大学文学部民族学考古学研究室，pp. 31-36．

伊東信雄・須藤　隆（1982）瀬野遺跡．東北考古学会．

江坂輝彌（1950a）縄文式文化について（その一）．日本各地に於ける縄文式文化の変遷（編年比較表）．歴史評論，4-5，民主主義科学者協会，別表2．

江坂輝彌（1950b）大間平貝塚発掘記．貝塚，25，土曜会，p. 1．

江坂輝彌（1950c）青森縣下北郡東通村尻屋物見臺遺跡の調査報告．考古學雜誌，36-4，日本考古學會，pp. 39-46．

江坂輝彌（1953）稲崎遺跡調査報告．古代，12，早稲田大学考古学会：16-24．

江坂輝彌（1954a）青森県下北郡物見台遺跡．日本考古学年報，2，日本考古学協会，p. 43．

江坂輝彌（1954b）青森県下北郡大畑町ノッコロ遺跡．日本考古学年報，2，日本考古学協会，pp. 43-44．

江坂輝彌（1954c）青森県下北郡ムシリ遺跡．日本考古学年報，2，日本考古学協会，p. 44．

江坂輝彌（1954d）青森県下北郡吹切沢遺跡．日本考古学年報，2，日本考古学協会，p. 45.

江坂輝彌（1954e）青森県下北郡葛沢遺跡．日本考古学年報，2，日本考古学協会，p. 44.

江坂輝彌（1954f）青森県下北郡ヤチガモリ遺跡．日本考古学年報，2，日本考古学協会，pp. 46-47.

江坂輝弥（1955a）青森県下北郡吹切沢遺跡．日本考古学年報，3，石器時代文化研究会，pp. 32-33.

江坂輝弥（1955b）青森県下北郡母衣部前山遺跡．日本考古学年報，3，日本考古学協会，p. 33.

江坂輝弥（1955c）青森県下北郡易国間諸遺跡．日本考古学年報，3，日本考古学協会，p. 33.

江坂輝弥（1955d）青森県下北郡ドウマンチャ貝塚．日本考古学年報，3，日本考古学協会，pp. 33-34.

江坂輝弥（1955e）青森県女館貝塚発掘調査報告．石器時代，2，日本考古学協会，pp. 36-45.

江坂輝弥（1955f）青森県下北郡ムシリ遺跡．日本考古学年報，4，日本考古学協会，p. 52.

江坂輝彌（1956）東北．杉原荘介編，日本考古学講座3: 先史文化II，河出書房，東京，pp. 91-124.

江坂輝彌（1957）青森県下北郡稲平遺跡の石造遺構．日本考古学年報，5，日本考古学協会，p. 32.

江坂輝弥（1959）青森県下北郡札地遺跡．日本考古学年報，8，日本考古学協会，pp. 39-40.

江坂輝弥（1963）青森県下北郡女館貝塚．日本考古学年報，6，日本考古学協会，pp. 33-34.

江坂輝弥（1965a）青森県下北郡九艘泊岩蔭遺跡．日本考古学年報，13，日本考古学協会，pp. 91.

江坂輝弥（1965b）下北地方の考古学的調査回顧．人類科学，17，九学会連合，pp. 32-48.

江坂輝弥（1967）下北半島の先史・原始時代遺跡．九学会連合下北調査委員会編，下北：自然・文化・社会，平凡社，pp. 112-116.

江坂輝弥（1968）青森県大間町ドウマンチャ貝塚．日本考古学年報，16，日本考古学協会，p. 72.

江坂輝弥（1969）青森県むつ市最花貝塚．日本考古学年報，17，日本考古学協会，p76.

江坂輝彌（1999）東通村の古代遺跡の探索と調査の回顧．東通村史編集委員会編，東通村史：歴史編II，東通村，pp. 509-555.

江坂輝弥・高山 純・渡辺 誠（1965）青森県九艘泊岩蔭遺跡調査報告．石器時代，7，石器時代文化研究会，pp. 17-32.

江坂輝彌・中村五郎（1995）青森県ムシリ遺跡について．北海道考古学の諸問題，北海道考古学，31，北海道考古学，pp. 85-100.

江坂輝弥・村越 潔（1967）下北郡川内町宿野部楢ノ木平遺跡．九学会連合下北調査委員会編，下北：自然・文化・社会，平凡社，pp. 145-150.

江坂輝弥・渡辺 誠・高山 純（1967）大間町ドウマンチャ貝塚．九学会連合下北調査委員会編，下北：自然・文化・社会，平凡社，pp. 129-144.

大坂 拓（2009）八幡堂遺跡出土土器の分析．安藤広道編，東日本先史時代土器編年における標式資料・基準資料の基礎的研究，慶應義塾大学文学部民族学考古学研究室，pp. 37-74.

大田原潤（2000）旧石器時代．研究紀要，6，青森県埋蔵文化財調査センター，pp. 7-9.

金子浩昌（1967）下北半島における縄文時代の漁猟活動，九学会連合下北調査委員会編，下北：自然・文化・社会，平凡社，pp. 117-128.

門屋光昭（1997a）能舞．東通村史（民俗・民俗芸能編），pp. 516-627.

門屋光昭（1997b）田植え餅つき踊り．東通村史（民俗・民俗芸能編），pp. 516-627.

門屋光昭（2001）能舞の伝播と展開．東通村史（歴史編I），pp. 248-271.

工藤竹久（2001）第一章 原始・古代，第五章 東通村各地区の遺跡．東通村史編集委員会編，東通村村史 歴史編I，pp. 43-162, pp. 641-887.

九学会連合下北調査委員会（1967）下北―自然・文化・社会―．平凡社．

桑野幸男・坪井洋文・川村喜一・小川 博・杉山荘平（1967）尻労村の生態．下北―自然・文化・社会―，九学会連合下北調査委員会，pp. 416-438.

斎木崇人（1986）農村集落の地形的立地条件と空間構成に関する研究．

佐々木守（1951）下北半島先史文化綜合出掘調査．みちのく，3，県立大湊高等学校考古学部．

笹澤善八（1926）東通村誌．改訂再版，下北新報社，pp. 1-101.

笹澤魯羊（1964）東通村誌．改訂再版，下北郷土会，pp. 1-155.

笹澤魯羊（1978）下北半島誌 復刻版．名著出版，pp. 34-163.

笹津備洋（1958）青森県下北郡ムシリB遺跡．日本考古学年報，7，日本考古学協会，p. 34.

清水潤三（1958）青森県下北郡尻屋遺跡．日本考古学年報，7，日本考古学協会，pp. 34-35.

下北文化誌編集委員会（1990）下北文化誌．青森高等学校PTA連合会，pp. 119-239.

須藤 隆（1970）青森県大畑町二枚橋遺跡出土の土器・石器について．考古学雑誌，56-2，日本考古学会，pp. 10-65.

須藤 隆（1973）土器組成論．考古学研究，19-4，考古学研究会，pp. 62-89, 124.

鈴木尚・酒詰仲男・埴原和郎（1952）下北半島岩屋の近世アイヌ洞窟について．人類学雑誌，62-4，pp. 1-18.

鈴木 尚（1961）東北地方の古人骨．古代史談話会編，蝦夷，朝倉書店，pp. 166-192.

関根達人・上條信彦（2012）下北半島における亀ヶ岡文化の研究：青森県むつ市不備無遺跡発掘調査報告書．弘前大学人文学部附属亀ヶ岡文化研究センター．

高島成侑（2001）東通村の集落．東通村史（歴史編I），pp. 577-638.

高瀬克範ほか（2012）江豚沢I．高瀬克範編，江豚沢遺跡調査グループ．

滝尻善英（1997）民間信仰．東通村史（民俗・民俗芸能編），pp. 228-314.

橘 善光（1952）青森県下北半島八森遺跡調査概要．貝塚，42，土曜会，p. 2.

月舘敏英（1999）近代の集落．東通村史（歴史編I），pp. 451-508.

月舘敏英（2001）東通村の集落と住居．東通村史（歴史編I），pp. 510-553.

中島全二（1934）田名部町附近の先住民族遺跡遺物の分布．国史研究，青森県師範学校附属小学校初等教育研究会，pp. 207-223.

日鉄鉱業株式会社（1979年）四十年史．大日本印刷，pp. 28-563.

八戸市教育委員会（2008）田向冷水遺跡III: 田向土地区画整理事業に伴う遺跡発掘調査報告．

東通村史編纂委員会（1997）東通村史（民俗・民俗芸能編）．

東通村史編集委員会（1999a）東通村史：遺跡発掘調査報告書編．東通村．

東通村史編纂委員会（1999b）東通村史（歴史編II）．

東通村史編纂委員会（2001）東通村史（歴史編I）．

三沢市教育委員会（1985）根井沼（1）遺跡．

宮本常一（2011）宮本常一著作集別集 私の日本地図3 下北半島．未來社，pp. 139-149.

山田秀三（1983）アイヌ語地名の研究 山田秀三著作集 第3巻．草風館，pp. 24-25.

第3章　調査の経緯と方法

第1節　調査の経緯

第1項　調査に至る経緯

　1985年，財団法人東京都埋蔵文化財センターから慶應義塾大学に転任した阿部祥人は，フィールドワークの成果に基づいた日本列島の旧石器時代の解明を目指し，翌1986年に文学部民族学考古学研究室内に「最上川プロジェクトチーム」を発足させ，山形県西村山郡西川町に所在するお仲間林遺跡，上野A遺跡の学術発掘調査を継続していた（1998年休止）。

　一方，1995年，奈良貴史が赴任していた東北大学医学部解剖学第一講座は，百々幸雄氏のもと北上山地で更新世人類化石の発見を目指す研究プロジェクトを新たに開始した。フランスおよび西アジアにおいて更新世人類化石出土遺跡の発掘経験をもつ奈良は，このプロジェクトの発掘調査を担当することになり，その調査方法等について阿部に相談をおこなった。石器などの人工遺物と動物化石などの自然遺物，さらに人骨を加えた総合的な旧石器研究の必要性を感じていた阿部は，自らの参加を申し出，当初から発掘調査に携わることになった。この調査は，岩手県大迫町の北上山地に所在するアバクチ，風穴洞穴の石灰岩洞穴の発掘調査が主なものであった。両洞穴とも更新世の動物化石を発見するという成果を挙げながらも該期の人工遺物，人骨を発見するという目標は叶わず，2000年11月の発掘調査を最後に，研究プロジェクトは幕を閉じた。

　2001年7月慶應義塾大学民族学考古学研究室において阿部と奈良は，更新世の人類化石，動物骨などの自然遺物，そして人工遺物の同時発見を目指す調査・研究を継続することを確認し，新たな研究フィールドについての協議をおこなった。その際，青森県八戸市博物館に長らく貸与され「尻労」と注記された慶應義塾大学所蔵のオオツノシカの下顎化石が，返還されてきたことに話題が及んだ（写真図版3の左下）。最終的にこの協議では，新たな研究フィールドの決定には至らなかったが，その後の調査により，化石産出地である「尻労」は八戸市の地名ではなく，青森県下北郡島東通村の尻屋崎近くの地名であることが明らかとなった。また，同時にこの地点から半径5km以内には旧石器時代の物見台（1）遺跡があり，大型の絶滅動物化石が多く産出地する場所であることも判明した。旧石器時代遺跡と絶滅動物化石の産出地が近接して立地する「尻労」は，我々の調査目的に沿った最適の地であり，また，北上山地での発掘調査の経験から山間部よりか海岸部の方が旧石器の出土の可能性が高いのではないかという予想もあったため，まずは現地確認を実施することとなった。2001年8月，現地確認に先立ち，阿部，奈良に奈良文化財研究所の渡辺丈彦を加えた新たな研究プロジェクトチームを発足させた。現地調査には，東北大学の鈴木敏彦，慶應義塾大学院生水村直人らの参加を得て，地元の考古学者橘善光氏の協力のもと，オオツノシカを産出したと思われる石灰岩の坑道跡を中心に周辺の路査をおこなった。詳細は次節で述べるが，その結果，尻労集落の北方約1kmの桑畑山山麓標高約33mの位置で，翌年以降継続的な発掘調査を実施することになる小規模な洞窟を確認した。また今後の調査を円滑に実施するための協議に東通村役場を訪れた際，

20　第3章　調査の経緯と方法

役場内に展示されている資料の中に旧石器時代に属すると思われる石器の存在に気が付いた。東通村教育委員会の小山卓臣氏から，これらの資料は尻労南約20kmの猿ヶ森在住橋本喜一氏が周辺で採取したものとの情報を入手した。橋本氏への聞き取り調査では，これらの資料の多くは，海岸部に位置する防衛省技術研究部下北試験場内の砂丘周辺から採取されたとのことで，第2章第1節第1項「洞窟の立地」，第2節第1項「下北半島の遺跡と研究史」でも述べた中野（1）遺跡出土資料を中心としたものであることがわかった。これらのことから，尻労周辺は，旧石器時代の遺跡が多数存在する上に，日本でも有数の化石産出量を誇る石灰岩地帯であることから，我々の調査目的にふさわしい地であるという判断に至り，本格的な調査に乗り出すことにした。次節で詳述するように，翌2002年4月に洞窟の背後である桑畑山南麓を中心に踏査を実施し，新たに5つの岩陰，洞窟を発見し，同年8月第1回目の本格的調査を実施，以後2013年まで毎年8月に2週間ほどの発掘調査を継続的におこなっている。　　　　　　（奈良貴史）

第2項　調査の経過

1．洞窟の分布調査［第2図・写真2-1～6］

　調査対象とする尻屋崎付近の表層地質は，石灰岩を主体とするものであり，その採掘の過程で多くの更新世絶滅動物化石も発見されていることから，当該地域内に更新世人類が利用した石灰岩洞窟が存在することが予想された。1963年に実施された日本考古学協会洞穴遺跡調査特別委員会による分布調査により，すでに尻労安部洞窟，尻労風穴の2洞窟が発見されていることを後に知ることになるが，調査研究の開始当初，当該地域に洞窟が存在するかは全く不明な状態であった。そこで発掘調査が可能な洞窟が存在するのかを確認するために，調査・研究の初年度となる2001年8月9～11日と，翌2002年4月28・29日の延べ5日間の日程で，尻屋崎中央の桑畑山を中心とする半径約1.5kmの範囲で，洞窟の分布調査を実施した。調査参加者は，2001年は阿部祥人，奈良貴史，鈴木敏彦，渡辺丈彦，高野高潔，水村直人，小林悦子，友田菜那々美の8名，2002年は阿部祥人，奈良貴史，渡辺丈彦，米倉薫，水村直人の5名である。以下，年度ごとに分布調査の内容とその成果についての報告をおこなう。

2001年度分布調査　大規模な石灰岩鉱床のある桑畑山では，現在も石灰岩採掘がおこなわれており，特に津軽海峡をのぞむ西側の範囲は旧地形が大きく改変され，洞窟の確認は困難と判断された。そのため2001年度の調査は，主として桑畑山の太平洋側，すなわち南麓から東麓を中心におこなうこととした。調査参加者をA・Bの2班に分け，A班は，尻労集落北端からクキドウノ岬に向って北東に伸びる林道沿い，桑畑山南東麓の標高30m前後を中心に調査をおこなった。一方，B班は，日鉄鉱業株式会社尻屋鉱業所の関係者の案内をうけてその鉱区内に入り，桑畑山南側～東側の緩斜面地，標高300～360m付近を中心に調査を実施した。その結果，B班の調査範囲では洞窟を確認することができなかったものの，A班が小規模な洞窟（尻労安部第1洞窟）を発見した。2×1mの調査区を設定し試掘を実施したところ，現地表面から概ね30cmの位置で縄文土器1片を検出し，同洞窟が遺跡であることを確認した。

　なお，当初はこの洞窟を新規発見の洞窟と考えたが，後日，その位置・形状・遺存状態が，前述の日本考古学協会洞穴遺跡調査特別委員会の発見による「尻労安部洞窟」と一致することがわかり（村越1967），新発見ではないことが確認された。

2002年度分布調査　前年度に調査をおこなうことのできなかった桑畑山の南側から東側にかけての標高

30〜300m付近を中心に，調査をおこなった。前年度同様に班をA班・B班の2つに分け，A班は標高約30〜100mの緩斜面地を，B班は標高約100〜300mの急斜面地を担当した。その結果，A班は1ヶ所の洞窟（尻労安部第2洞窟）を，B班は4ヶ所の洞窟（尻労安部第3〜6洞窟）を新規に発見した。

　第2洞窟は，尻労安部第1洞窟の北約300m，標高95mの位置にあり，東南東に開口する。規模は，間口5.0m，奥行き2.2mであり，浅い岩陰状の形状をなす。2002年8月5〜8日に1.0×1.5mの試掘

1．尻労安部第1洞窟　　　　　　　　　　2．尻労安部第2洞窟

3．尻労安部第3洞窟　　　　　　　　　　4．尻労安部第4洞窟

5．尻労安部第5洞窟　　　　　　　　　　6．尻労安部第6洞窟

写真2　尻労安部洞窟

トレンチを設定し，地表面からの深度 1.5 m のレベルまで調査したが，石灰岩崩落礫を多量に含むしまりに欠けた白色粘質土が厚く堆積し，人類の生活痕跡の確認には至らなかった。第 3 洞窟は，第 1 洞窟の北北東約 500 m，標高約 105 m の位置にあり，東南東に開口する。規模は，間口 6.0 m，奥行き 3.4 m であり，岩陰状の形状をなす。2003 年 4 月 29 日〜5 月 3 日の期間に，1×3 m の試掘トレンチを設定し，3 m^2 を調査したが，考古遺物が全く出土しないまま地表面下 10〜60 cm のレベルで石灰岩の基底部岩盤に達した。

　第 4〜6 洞窟は，第 3 洞窟の北約 100 m と至近の位置にあり，標高は 155〜160 m と本分布調査で発見した洞窟の中では最も高い位置にある。ほぼ均等に 5 m の間隔で並ぶ 3 つの洞窟のうち第 5 洞窟は，第 2・3 洞窟と同様に岩陰状であるが，第 4・5 洞窟は，間口に比較して奥行きの長さが大きい。しかしいずれも小型であり，ヒトの利用には適さない洞窟と判断し，試掘調査等はおこなっていない。　　　（渡辺丈彦）

2. 発掘調査の経過

　以下，2002 年度から 2012 年度までの発掘調査の経過について記す。各年度の発掘調査参加者については第 1 表に示した。

2002 年度　2001 年 8 月および 2002 年 5 月の踏査と予備調査を踏まえ，当年度の調査は，8 月 2 日から 11 日にかけての計 10 日間の日程で発掘調査を実施した。当初，F10・11，G10，H10 区にまたがる L 字状トレンチの掘削を進め，その後 E10・11，G11，H11 区まで調査区を拡張し，最終的に約 8 m^2 の調査をおこなった。II 層に縄文時代の各種遺物（土器，石器，人骨，動物遺存体）が集中する様相を確認した。その後，III 層の掘削を進め，その下部に IV 層・V 層が堆積することを確認して調査を終えた。調査期間中，第 2 洞窟の試掘調査もおこなったが，詳細は前項を参照。なお，調査期間中，本洞窟が故・中島全二氏（元田名部高校教諭）らが約 50 年前に試堀をおこなった「尻労安部洞窟」であることが橘善光氏への聞き取りによって判明した。

2003 年度　4 月 30 日・5 月 1 日の 2 日間と，8 月 1 日から 11 日にかけての 11 日間の 2 回に分けて実施した。春期の調査では昨年確認した第 3 洞窟の試掘調査をおこない，夏期の第 1 洞窟の調査では，前年度に調査した E10・11，F10・11，G10・11，H10・11 区に加え，D10・11，F12，G12 区を新たに拡張して合計 12 m^2 を調査した。縄文時代の遺物を含む III・IV 層を順に掘削し，洞窟奥側 F〜H 列では V・VI・VII 層上面を，そして前庭部寄り D・E 列では VIII 層上面を検出して調査を終えた。なお，AX 列以南のテラス状の区域で，AS10・11，AT10・11 区の計 4 区を選定して試掘をおこなった。出土遺物は縄文時代の石鏃 1 点など極少数であった。

2004 年度　8 月 1 日から 11 日にかけての計 11 日間の日程で発掘調査を実施した。調査区は D11・12，E11・12，F10〜12，G10・11，H10 区である。新規に拡張した D12，E12 区については III 層上面で掘削をとどめたが，それ以外の調査区では，V・VI・VII 層を順に掘削して VIII 層上面を検出した。その後，F11，G11 区のみ先行して XII 層まで調査し，その発掘調査底面は現地表面下約 2.5 m に達した。調査面積は約 10 m^2。XII 層からは，部位や種の同定は困難であるものの II 層に集中して埋蔵されている動物骨に比べ風化・化石化の進行した骨片が数点出土したほか，若干の焼骨も確認された。堆積の年代を知る重要性に鑑み，これらの動物骨を試料に年代測定を実施した。

2005 年度　8 月 17〜28 日の計 12 日間の日程で発掘調査を実施した。前年度までに調査を実施した D11・

12，E11・12，F11・12区に加えて，C11・12区を新たに拡張した。調査面積は約8 m²である。前年度に比較して堆積が複雑だったこともあり，C11・12，F12区は掘削をVIII層の途中で終えた。しかしそれ以外の調査区の発掘最下面はXIII層上面まで達し，D11，E11区では同層をさらに30 cmほど掘り下げた。

2006 年度　8月1日から11日にかけての計11日間の日程で発掘調査を実施した。前年度までに掘削していたC11・12，D11・12の4区に加えて，新規にC13，D13，E13，F13区を拡張した。調査面積は約8 m²である。E13，F13区はX層上面で掘削を停止したが，それ以外の4区についてはX層，XIII層を除去してXIV層上面に至り，特にC12，D12区の一部では，最深部がXV層をやや掘り込んだレベルにまでに達した。

2007 年度　8月1日から11日にかけての計11日間の日程で発掘調査を実施した。すべて新規となるB11〜14，C14，D14区の合計約7 m²を調査対象とした。D14区をII層の上面検出にとどめた以外は，すべてより下位のVIII層，X層などの掘削をおこない，発掘最下底面はXIII層上面に達した。

2008 年度　7月30日から8月10日までの計12日間の日程で発掘調査を実施した。本年度は，地元の土木業者に依頼して，XI層以下の調査を拒み続けてきたD12，E12区の巨大な礫を削岩・除去する作業から調査を開始した。同作業終了後，発掘調査区は，A12〜14，B12・13，C12・13，D12〜14，E12・14区である。このうちC12・13，D12・13区ではXV層まで調査を進め，8月6日の水洗選別作業時には，C13区XV層最上部採取の土壌からナイフ形石器1点が得られた。また，同一層からは多数のウサギの歯や大型と見られる偶蹄類の歯の破片数点も発見された。調査面積は約12 m²である。

2009 年度　前年度にナイフ形石器が出土したXIV層最下部からXV層をより広範囲に調査し，旧石器時代の遺物の出土状況を詳細に確認することを目的に，7月30日から8月11日にかけての計13日間，発掘調査を実施した。調査対象区は，A12〜14，B12〜14区の合計約6 m²である。各区のX，XIII，XIV層を掘り進め，8月5日に前年の石器出土調査区に隣接するB12区のXV層上部において，原位置で新たなナイフ形石器1点とウサギの歯複数点を確認した。また，8月8日には，動物など有機質遺物の遺存環境の把握を目的に，本洞窟及び周囲の露頭などで，試験的に園芸用土壌pH測定器を用いた土壌pHの測定もおこなった。

2010 年度　7月31日から8月12日にかけての計13日間の日程で発掘調査を実施した。ナイフ形石器が出土したXIV下部からXV層上部の調査をより広範におこなうことを目的としてA14・15，B14・15，C14・15，D14・15，E13〜15区の約13 m²を掘削した。作業安全上の配慮から傾斜角度の大きなD14・15，E13〜15区についてはVIII層上面で発掘を停止した。A14・15，B14・15，C14・15区についてはXV層まで掘削をおこなったが，旧石器時代の人工遺物は出土しなかった。昨年に引き続き，土壌pHの測定を実施した（結果に関する詳細は第5章第1節第2項1．に記載）。また，調査区の西壁において火山灰の検出を目的とした土壌サンプルの採取をパリノ・サーヴェイ株式会社に依頼し，おこなった。分析の詳細は別項を参照。

2011 年度　7月27日から8月9日にかけての計14日間，発掘調査を実施した。発掘調査面積は約15 m²で，A10・11，B9〜11，C9〜11，D9〜11，E9区を調査対象とした。それぞれの調査区での発掘最下面は，A10・11区でXIV層上面，B9，C9，D9区でXV層中，B10・11，C10・11，D10・11区でXVI層上面に達した。昨年に引き続き，調査区北壁面からの土壌サンプル採取をおこなったが，このサンプル採取に

第3章 調査の経緯と方法

第1表　調査参加者一覧

年度		参加者
2001年度		阿部祥人（慶應義塾大学），奈良貴史（仙台医療技術専門学校），鈴木敏彦（東北大学），渡辺丈彦（奈良文化財研究所），高野高潔（山武郡市埋蔵文化財センター），水村直人（慶應義塾大学院生），小林悦子・友田那々美（慶應義塾大学学生）
2002年度	春	阿部祥人（慶應義塾大学），奈良貴史（仙台医療技術専門学校），渡辺丈彦（奈良文化財研究所），米倉薫・水村直人（慶應義塾大学院生）
	夏	阿部祥人（慶應義塾大学），奈良貴史（仙台医療技術専門学校），鈴木敏彦（東北大学），渡辺丈彦（奈良文化財研究所），橘善光（むつ市文化財審議委員），高田学（慶應義塾大学院生），小林悦子・友田那々美・岡崎敬・馬返耕平・磯愛子・辰巳晃司・町田壮平・矢島祐介・吉冨えりか（慶應義塾大学学生），高田史穂・吉川祐樹（慶應義塾卒業生）
2003年度	春	阿部祥人（慶應義塾大学），奈良貴史（仙台医療技術専門学校），佐藤孝雄（慶應義塾大学），鈴木敏彦（東北大学），渡辺丈彦（奈良文化財研究所），橘善光（むつ市文化財審議委員），高田学（慶應義塾大学院生），辰巳晃司・小林悦子・町田壮平・矢島祐介・吉冨えりか（慶應義塾大学学生）
	夏	阿部祥人（慶應義塾大学），奈良貴史（仙台医療技術専門学校），佐藤孝雄（慶應義塾大学），河村善也（愛知教育大学），鈴木敏彦（東北大学），渡辺丈彦（奈良文化財研究所），橘善光（むつ市文化財審議委員），高田史穂（相洋高等学校），高田学・小林悦子・田中亮（慶應義塾大学大学院生），町田壮平・矢島祐介・吉冨えりか・安達香織・岡村彩子・一木絵里・馬場宏平・水野佑美・山田康生（慶應義塾大学学生），吉川祐樹（慶應義塾卒業生）
2004年度		阿部祥人（慶應義塾大学），奈良貴史（仙台医療技術専門学校），佐藤孝雄（慶應義塾大学），鈴木敏彦（東北大学），渡辺丈彦（奈良文化財研究所），橘善光（むつ市文化財審議委員），高田学・田中亮（慶應義塾大学院生），利渉幾太郎（大阪市立大学院生），矢島祐介・吉冨えりか・安達香織・岡村彩子・一木絵里・磯輪のぞみ・大滝未知郎・甲斐祐介・下村綾美・千葉毅・布川装子（慶應義塾大学学生），藤岡杏子（愛知教育大学学生），高田史穂（慶應義塾卒業生）
2005年度		阿部祥人（慶應義塾大学），奈良貴史（国際医療福祉大学），河村善也（愛知教育大学），安藤広道（慶應義塾大学），鈴木敏彦（東北大学），渡辺丈彦（奈良文化財研究所），高田学・高田史穂（開智学園），矢島祐介（慶應義塾大学院生），安達香織・岡村彩子・磯輪のぞみ・下島綾美・高須美羽子・竹内誠治・千葉毅・五十嵐辰博・梅崎貴宏・納美保子・坂田迪子（慶應義塾大学学生），平野加奈子（ロンドン大学），大塚泰信・坂口菜穂子・藤岡杏子（愛知教育大学学生）
2006年度		阿部祥人（慶應義塾大学），奈良貴史（国際医療福祉大学），河村善也（愛知教育大学），渡辺丈彦（文化庁），澤田純明（聖マリアンナ医科大学），橘善光（むつ市文化財審議委員），高田学・高田史穂（開智学園），田中亮・矢島祐介・安達香織（慶應義塾大学院生），岡村彩子・大滝未知郎・下島綾美・竹内誠治・千葉毅・五十嵐辰博・坂田迪子・澤浦亮平・牧野令・油井智香子・香村匠子・奈良一世（慶應義塾大学学生）
2007年度		阿部祥人（慶應義塾大学），奈良貴史（国際医療福祉大学），河村善也（愛知教育大学），渡辺丈彦（文化庁），澤田純明（聖マリアンナ医科大学），高田学・高田史穂（開智学園），佐伯史子（日本人類学会会員），田中亮・安達香織・千葉毅（慶應義塾大学院生），五十嵐辰博・澤浦亮平・小渕恵佑・笠井新也・木下敬太・高尾賢樹・牧野令・奈良一世・木村優人（慶應義塾大学学生），矢島祐介・下島綾美（慶應義塾卒業生），
2008年度		阿部祥人（慶應義塾大学），奈良貴史（国際医療福祉大学），渡辺丈彦（文化庁），澤田純明（聖マリアンナ医科大学），高田学・高田史穂（開智学園），佐伯史子（日本人類学会会員），田中亮・安達香織・千葉毅・下島綾美（慶應義塾大学院生），澤浦亮平・大場悠・木下敬太・香村匠子・高尾賢樹・奈良一世・牧野令・村村優人（慶應義塾大学学生），矢島祐介・吉冨えりか（慶應義塾卒業生）
2009年度		阿部祥人（慶應義塾大学），奈良貴史・小林一宏（日本歯科大学），河村善也・中川良平（愛知教育大学），佐藤孝雄（慶應義塾大学），米田穰（東京大学），鈴木敏彦（東北大学），渡辺丈彦（文化庁），澤田純明（聖マリアンナ医科大学），高田学（開智学園），佐伯史子（日本人類学会会員），F. Khenzykhenova（ロシア科学アカデミーシベリア支部地質学研究所），安達香織・千葉毅・下島綾美・澤浦亮平（慶應義塾大学院生），利渉幾太郎（愛知教育大学院生），大場悠・木下敬太・高尾賢樹・奈良一世・葉本早絵・牧野令・三木健裕・若竹裕太郎・金井紋子・坂本哲平・須藤光輝・関拓也・竹内俊吾・渡辺博・大久保章彦・大谷美保子・岡田亜矢・木村優人・高橋鳳成（慶應義塾大学学生），矢島祐介・吉冨えりか（慶應義塾卒業生），村瀬愛（愛知教育大学学生）
2010年度		阿部祥人（慶應義塾大学），奈良貴史・小林一広（日本歯科大学），河村善也（愛知教育大学），松原彰子・佐藤孝雄（慶應義塾大学），米田穰（東京大学），鈴木敏彦（東北大学），安藤登（山梨大学），渡辺丈彦（文化庁），澤田純明（聖マリアンナ医科大学），高田学・高田史穂（開智学園），佐伯史子（日本人類学会会員），千葉毅（神奈川県立博物館），橋本真紀夫・矢作健二（パリノ・サーヴェイ株式会社），澤浦亮平（慶應義塾大学院生），青木千紘（日本歯科大学院生），鈴木雅樹（愛知教育大学院生），金井紋子・木下敬太・竹内俊吾・東宇慶・大木さおり・大谷美保子・木村優人・佐久間健吾・鈴木絢子・遠藤綾乃・大崎華子・黒川由紀子・高橋鳳成・長澤良佳・町田竜太郎・一戸幸一・高倉仁美・吉田彩乃・牧野令（慶應義塾大学学生）
2011年度		阿部祥人（慶應義塾大学），奈良貴史・小林一広（日本歯科大学），鈴木哲也・佐藤孝雄（慶應義塾大学），渡辺丈彦（奈良文化財研究所），澤田純明（聖マリアンナ医科大学），高田学（開智学園），佐伯史子（日本人類学会会員），千葉毅（神奈川県立博物館），萩原康雄（大原記念病院），橋本真紀夫・矢作健二（パリノ・サーヴェイ株式会社），堀秀道（ホリミネラロジー株式会社），澤浦亮平・金井紋子・竹内俊吾（慶應義塾大学院生），小林千紘（日本歯科大学院生），大木さおり・大谷美保子・佐久間健吾・江里口智也・遠藤綾乃・大崎華子・河内一成・高橋鳳成・成澤可奈子・藤原郁弥・町田竜太郎・石川真智子・岡田麻美・幸明帆・舩城萌・三谷小百合・山田結季子・吉田彩乃・今福雄一郎・高山理美・冨田啓貴・石森光（慶應義塾大学学生），後藤茜（立教大学学生），高屋敷飛鳥（東京大学学生），波田野悠夏（日本歯科大学学生），村田葵（愛知教育大学学生）
2012年度		阿部祥人（慶應義塾大学），奈良貴史・小林一広（日本歯科大学），佐藤孝雄（慶應義塾大学），鈴木敏彦（東北大学），安藤登（山梨大学），渡辺丈彦（奈良文化財研究所），澤田純明（聖マリアンナ医科大学），高田学（開智学園），千葉毅（神奈川県立博物館），橋本真紀夫・矢作健二（パリノ・サーヴェイ株式会社），澤浦亮平・金井紋子・竹内俊吾（慶應義塾大学院生），江里口智也・大崎華子・木村優人・高橋鳳成・成澤可奈子・石川健二・石川真智子・清水幸恵・舩城萌・山田結季子・吉田彩乃・鈴木麗美・高山理美・冨田啓貴・村田明佳音・溝呂木あゆみ・石森光・佐久間健吾（慶應義塾卒業生），波田野悠夏（日本歯科大学学生），後藤茜（立教大学学生），大清水千夏・宮瀬加奈（愛知教育大学学生），G. Papavasileiou（山梨大学学生）

際してD11区に15×30 cm程の小さなサブトレンチを設定し，その最下部でXVII層を確認している。8月2日には，B10区XIII層下部から本洞窟では3点目となる旧石器時代の台形石器が出土した。なお，8月7日午後に尻労共有会館において調査成果報告会を開催した。報告会終了後，希望者には発掘現場の案内・および説明もおこなったが，それらの詳細は次稿を参照。

2012年度 7月30日から8月10日にかけての計12日間の日程で発掘調査を実施した。D9〜13，E9〜12，F11・12区に新規のF9区を加えた約12 m^2 を対象に掘削をおこない，そのほぼ全面でXV層を確認し，さらにその一部を10数cm掘り込み発掘底面とした。D13区XIV層下およびXV層上面よりヒグマの犬歯や臼歯などの新たな更新世動物化石が出土した。一昨年，昨年に続き調査区壁面からの土壌サンプル採取をおこなった。なお昨年に引き続き，8月5日に調査成果報告会を開催した。　　　　　　　　　　　（澤浦亮平）

3. 発掘調査成果報告会

　調査団では，発掘調査のアウトリーチ活動の一環として，2011年度，2012年度の各調査期間中に，現地および周辺住民を主な対象とした発掘調査成果報告会を開催した。ここでは，その概要と課題等について報告する。

　開地遺跡でおこなわれる発掘調査現地説明会は，通常，発掘調査の現地で調査区を眼前におこなわれることが一般的である。しかし，尻労安部洞窟では，調査区までのアプローチに不整地のやや急な斜面を通らなければならないこと，調査区周辺に見学者用のスペースを十分に確保することが困難であること等が考えられたため，報告会は，現地ではなく近隣の会場で開催し，希望者には報告会の終了後に現地を案内することとした。会場には，東通村尻労部落会と東通村尻労土地共有会のご厚意により各年度とも尻労共有会館を無料で使用させていただくことができた。

　会場ではスライドにより調査成果を説明し，主要な出土遺物を展示，紹介した。現地見学を希望した参加者には，現地において改めて説明をおこないつつ，発掘作業，水洗選別作業等の状況を見学していただいた。なお，調査区見学の際には，安全のため，見学者の方々にもヘルメット着用をお願いした。

第6図　発掘調査成果報告会の広報ポスター（左：2011年度　右：2012年度）

開催日時，参加者数は以下のとおりである。

　　2011 年 8 月 7 日（日）　13:30～14:30　　　　　　参加者　15 名
　　2012 年 8 月 5 日（日）　13:30～14:00　　　　　　参加者　24 名

　事前の広報活動として 2011 年度はチラシを作成し，主に地元の公共機関を中心に周辺の商店等にも掲示，配布を依頼した。2012 年度には，より広く報告会の開催を周知するため，チラシ配布に加えてポスターの掲示をおこなった（第 6 図）。配布先も，2011 年度の配布先に加えて，青森県内各市町村の文化財主管機関，主要な博物館，資料館等の社会教育施設および公立高校，中学校，小学校等の教育機関にも配布した。また地元報道機関への情報提供もおこない，デーリー東北新聞社や河北新報など地元の報道機関に取り上げていただくことができた。

　参加者には任意でアンケートにご協力いただいた。その回答結果によれば，報告会の内容については概ね好評をいただくことができているようだが，開催時期や開催時間，場所等については工夫を求める意見もあり，今後はより多くの方が参加しやすい環境を検討する必要がある。また発掘調査期間は，学校の長期休暇中であるため，休暇中の児童生徒の参加も促すことができるよう心掛けたが，あまり参加者数に占める割合は大きくなく，あわせて今後の課題としたい。

（金井紋子）

第 2 節　調査の方法

第 1 項　発掘調査の方法

　調査区の設定には平面的な位置の基準として 1×1 m 四方のグリッドを組み，東西方向にアラビア数字，南北方向にアルファベットを振って表示した（第 7 図）。発掘調査はグリッド・層位ごとに進め，手掘りで確認された遺物は随時平面座標と出土レベルを記録し，出土状況の写真撮影をおこなった。本洞窟の堆積は石灰岩の崩落礫が多く含まれるもので，現在も岩体から崩落が継続していると見られる。よって，調査区内での安全を図るため作業者にはヘルメットの着用を義務づけた。掘削の大きな障害となった φ 1 m を超えるような大型の礫の除去に際しては，適宜ハンマーや削岩機なども利用した。また，2009 年以降，XIII 層以下の旧石器時代文化層の調査時には園芸用移植小手から竹ベラなどのより小さな掘り具に切り替え，微細な遺物の出土状況の把握に努めた。2012 年までの調査では，遺構は確認されていないが，必要に応じ 10 分の 1 の縮尺で平面図・土層断面図の記録を取った。

　2001 年の試掘調査の段階から，包含される遺物の多くは微細な破片状を呈することが判明していたため，発掘時の採集もれを補うために，掘りあげた土壌はすべて袋につめ運び出し，分析対象とした調査区・層の堆積物にはフルイを用いた水洗選別を実施した。その詳細は次項を参照。

（澤浦亮平）

第 2 項　水洗選別による微小遺物の回収

　第 4 章第 2 節第 2 項で述べる様に，本洞窟の堆積土壌は，洞窟及び周囲の石灰岩岩体の度重なる崩落等の影響によって大小の石灰岩礫を多量に含み，VIII 層以下の堆積土壌は，特に粘性が強いという特徴を持つ。一般に，粘性の強い関東ローム層を対象とする発掘調査においては，5 mm 以下の微細な遺物を掘削時に肉眼で検出することは困難とされ（阿部 1982），大小の石灰岩礫をその堆積土壌に多く含む本洞窟

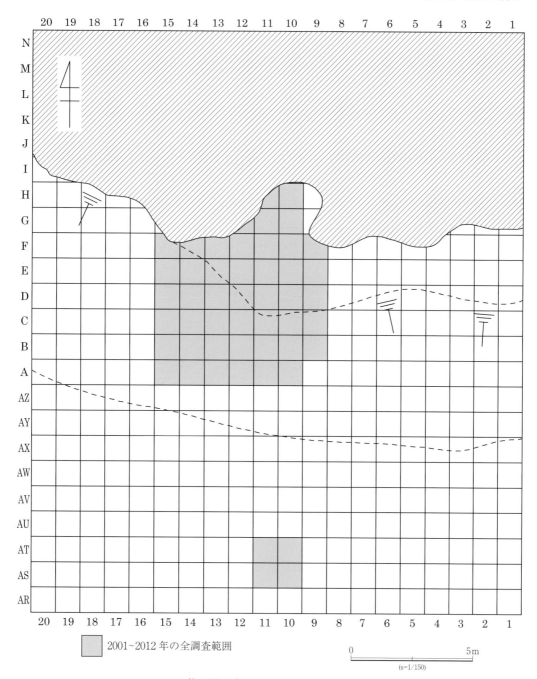

第 7 図　グリッドの配置と調査範囲

の発掘調査では，通常以上に頻繁なサンプリング・エラーが発生することが想定された。

そこで，遺物を包含し粘性も強い XI 層以下の層位の掘削に際しては，サンプリング・エラーを防止するため，竹べら等の小型掘具を用い，より慎重な作業に努めるとともに，生じた全ての土壌に対する水洗選別作業を実施した。V 層以下に遺物の存在が確認されていなかった 2005 年度以前の発掘調査では，選別作業に際し 4mm ないしは 9mm 目のフルイを用いたが，遺物の存在が確認された 2006 年度以降は，全て 2mm 目のフルイを使用した（2010 年度以前は，積水化学工業株式会社製のプラスチック製 2mm の角かご，2011 年度以降は，株式会社飯田製作所製の金属製 2mm 目の標準フルイ）。

水洗選別作業は，基本的に現地での発掘調査期間中に掘削と並行しておこなったが，期間中に作業が完

了しなかった土壌については，慶應義塾大学民族学考古学研究室に持ち帰り，現地調査時と同様の規格のフルイを使用して作業を実施した。また，発掘調査期間中の水洗選別は屋外環境での作業であり，更なる微細遺物等の回収漏れが生じることも懸念された。そのため，水洗作業によりフルイ上に残された残滓の全てを現地において乾燥させた上で研究室に持ち帰り，改めての点検もおこなった。

なお，発掘調査時のサンプリング・エラーの防止を目的とした水洗選別作業とは別に，小型動物遺体の分析を目的とした0.5 mm目のフルイを使用した水洗選別作業も実施している。その具体的な方法や土壌の採取位置については第5章第1節第2項を参照されたい。 （金井紋子）

引用・参考文献

阿部祥人（1982）先土器時代の微細遺物―特に小石片検出の意義について―. 史学第52巻第2号，三田史学会，pp. 73-82.

村越 潔（1967）青森県下の洞穴遺跡. 日本考古学協会洞穴調査委員会編，日本の洞穴遺跡，平凡社，pp. 32-37.

第4章　洞窟及び洞窟堆積物の形成

第1節　洞窟の形成と時期―洞窟周辺の自然地理学的考察―

第1項　下北丘陵北部周辺の地形と地質

1. 陸上地形・地質

　下北半島は，東部の下北丘陵と西部の山地，およびその間の田名部平野から構成される。下北丘陵北半部の中心は標高400mの桑畑山である。尻労安部洞窟は，桑畑山東側の太平洋に面した急傾斜地（崖）に位置している（第8図）。

　下北丘陵の東縁および西縁には，第四紀後期の海成段丘群が連続的に分布する。中でも海洋酸素同位体ステージ（MIS）5e（約12万年前を最盛期とする最終間氷期）に形成された海成段丘は，標高30～40mで高度変化はほとんど見られない（小池ほか編2005）。この段丘は，地質図では「中位段丘」と分類されており（地質調査所1977），南関東における下末吉段丘に対比されるものである（対馬・滝沢1977）。

　宮内（1988），小池・町田編（2001）によれば，北日本に分布する海成段丘は，段丘面構成層に洞爺火山灰（Toya）をのせることで特徴づけられる。Toyaは，北日本の広域テフラの1つで，11.5～11.2万年前のステージ5dに降下したものと推定されている（町田ほか1987，町田・新井2003）。Toyaが陸上堆積物として覆う何段かの海成段丘のうち，最低位でしかも発達のよいものは互いに対比が可能で，ステージ5eの海成段丘と判断されている。

　ステージ5eの海成段丘は，下北丘陵を取り囲むように分布していることから，最終間氷期において下北半島東部の下北丘陵と西部の山地の間には海峡が存在していたと考えられる（小池ほか編2005）。

　下北丘陵北部の主体である桑畑山はジュラ紀の尻屋層群（粘板岩・頁岩・砂岩・チャート・石灰岩および角礫岩）で構成される。尻労安部洞窟は，桑畑山から南東に延びる尾根の末端部にあたり，そこには石灰岩が分布している（地質調査所1977）。

　丘陵北部におけるステージ5e段丘（中位段丘）には，海成層（田名部層）の上に厚さ5m程度の含礫粗粒砂層（礫種は尻屋層群起源の砂岩・粘板岩・チャートなどが主体）および火山灰ローム層が堆積している（対馬・滝沢1977）。

2. 海底地形・地質

　尻屋崎沖の沿岸部には，尻屋層群で構成される岩礁地形が南北方向に分布し，尻労沖では水深約30mまで確認される（海上保安庁水路部1998）。この岩礁域は，尻屋崎から北北東に延びており，西側の津軽海峡と東側の太平洋とを隔てる尻屋海脚の南への延長部にあたる。

　沿岸の岩礁域の沖には，平坦面を伴う緩斜面で構成される大陸棚の地形が水深120～150m付近まで広がる。大陸棚の東側は，大陸斜面へと移行する。大陸棚の幅は，南方の小川原湖沖などに比べて狭く，尻

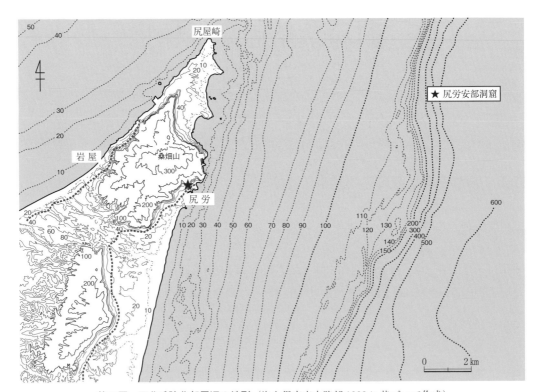

第 8 図　下北丘陵北部周辺の地形（海上保安庁水路部 1998 に基づいて作成）

実線は等高線 (m)，破線は等深線 (m)。陸上の太い破線は海成段丘の分布から推定される最終間氷期最盛期（ステージ 5e）における海岸線の位置（小池・町田編 2001 に基づく）を示す。

労沖では約 8 km である（第 8 図）。大陸棚は，新第三紀の地層を主体として構成されている。

第 2 項　尻労安部洞窟周辺の地形環境

1. 洞窟の位置づけ

　尻労安部洞窟周辺の地形を把握するために，1952 年に米軍が撮影した 1 万分の 1 の空中写真を用いて地形判読をおこなった。古い時期の空中写真を使用した理由は，20 世紀後半の人為的な改変がおこなわれる以前の地形を読み取るためである。写真判読の結果，尻労安部洞窟が立地する崖の前面には，明瞭な段丘面が見られ，それは海岸線に沿って南北方向に発達する段丘の一部であることが確認された（第 9 図）。段丘面の幅は洞窟付近が最も狭いものの，段丘面の標高および地形の連続性から，この段丘は下北丘陵の縁辺部に広く分布するステージ 5e の海成段丘に対比される。したがって，洞窟のある崖は最終間氷期の高海面期における海食崖で，洞窟は当時形成された海食洞であると考えられる。洞窟前面の段丘面は南西側に比べて高度が低いが，これは南西側の谷から流出してきた土砂で南西側の段丘面が覆われているためと推定される。南西側の谷は流出土砂の堆積が地形的にも確認され，堰堤群が築かれていることや植林がおこなわれていることは，土砂の流出が盛んであることを示唆する。

　なお，写真判読では確認できなかったが，現在の洞窟の南東側には，洞窟前面と海側の道路との間に小崖があり 2 段の平坦面が観察される。これらが 2 段の段丘面として細分されるものなのか，あるいは崖からの崩落土砂が崖側に多く堆積したことによって生じた段差，もしくは人工的に作られたものなのかを現時点で判断することはできない。

第 9 図　尻労安部洞窟周辺の海成段丘分布
空中写真は 1952 年米軍撮影の 1 万分の 1（USA-M169-1-8）。白色のメッシュ部分が段丘面の分布範囲を示す。

2. 地形変遷

陸上および海底の地形・地質の特徴から，下北丘陵北東部における最終間氷期以降の地形変遷は，次のように推定される。

最終間氷期最盛期（ステージ 5e）における海岸線は，尻労安部洞窟付近に位置しており，丘陵縁に直接海食作用が及んでいたと考えられる（第 8 図）。その中で，陸地側には海食崖と海食洞の地形が，また海底には波食棚・海食台の地形が，それぞれ形成されていったと推定される。

最終氷期最盛期には，下北半島および津軽半島の周辺は津軽海峡の一部を除いて広域に陸化していたと考えられている（小島ほか編 1997）。この時期の下北丘陵東側の海岸線は，大陸棚の分布状況から判断して，洞窟から 8 km ほどの位置にあったことが推測される。

後氷期になると，縄文海進によって海域は再び拡大していったが，尻労安部洞窟周辺の海岸部は急傾斜であることから，ここでの海進の規模は小さかったと考えられる。　　　　　　　　　　　　　（松原彰子）

引用・参考文献

海上保安庁水路部（1998）5 万分の 1　沿岸の海の基本図　尻屋崎.

小池一之・町田　洋編（2001）日本の海成段丘アトラス．東京大学出版会．

小池一之・田村俊和・鎮西清高・宮城豊彦編（2005）日本の地形 3　東北．東京大学出版会，pp. 92-98.

小島圭二・田村俊和・菊池多賀夫・境田清隆編（1997）日本の自然　地域編 2　東北．岩波書店，pp. 61-69.

地質調査所（1977）5 万分の 1　地質図　尻屋崎．

対馬坤六・滝沢文教（1977）尻屋崎地域の地質．地質調査所，pp. 1-31.

町田　洋・新井房夫・宮内崇裕・奥村晃史（1987）北日本を広くおおう洞爺火山灰．第四紀研究，26：129-145.

町田　洋・新井房夫（2003）新編　火山灰アトラス．東京大学出版会，pp. 98-100.

宮内崇裕（1988）東北日本北部における後期更新世海成面の対比と編年．地理学評論，61，404-422.

第2節　洞窟の堆積

第1項　層　序

　2001年度から2012年度までの調査では，包含される石灰岩崩落礫の大きさや密度，その間を充填するマトリックスの色調や粘性・しまり具合といった性状に基づき，堆積物を計41の層に区分してきた（細別層位）。これらの中には微妙な違いに基づき命名した層や結果的に僅かな範囲にしか分布しなかった層も多数含まれる。そのため，本報告では調査時に認識した各細別層位を検討の上，17の層に区分し直した（大別層位）。今回整理しなおした大別層位番号（ローマ数字）と従来用いた細別層位番号（アラビア数字）の関係は第2表の通りである。

第2表　大別層位と細別層位の関係

大別層位	細別層位
Ⅰ層	1層
Ⅱ層	2層, 2a層, 2b層, 2b'層
Ⅲ層	3層
Ⅳ層	4層
Ⅴ層	5層, 5 (a〜c) 層
Ⅵ層	6層, 6'層
Ⅶ層	7層
Ⅷ層	8層, 8層下部, 8 (a・b・b'・c〜e) 層
Ⅸ層	9層
Ⅹ層	10層, 10層下部, 10 (a・b) 層
ⅩⅠ層	12層
ⅩⅡ層	11層, 11'層, 11 (a・b) 層
ⅩⅢ層	13層, 13'層
ⅩⅣ層	14層
ⅩⅤ層	15層, 15 (a〜c) 層
ⅩⅥ層	16層
ⅩⅦ層	16層, 17層

　基本層序と文化期および地質時代の関係は以下のようにまとめられる。各層の性状の詳細は第3表，土層断面図を第10〜14図に示した。

Ⅰ層：弥生時代〜現代（完新世後半）
　表土に相当。調査区の全範囲に広がる。

Ⅱ層：縄文時代中期後葉〜後期前葉（完新世後半）
　土器，石器，人骨，動物遺体が多く出土。調査区の全範囲に広がる。

Ⅲ〜Ⅵ層：縄文時代早期〜中期後葉？（完新世前半）
　少数の縄文早期の土器片，石器，および動物遺体が出土。調査区の北側に堆積。

Ⅶ〜Ⅹ層：無遺物（更新世末〜完新世初頭？）
　Ⅷ層とⅩ層は調査区の全範囲に広がるが，Ⅶ層とⅨ層は調査区の北側でのみ確認された。厚く堆積し多量の大型崩落礫を含有するⅧ層からは人工遺物はもとより動物遺体もほとんど出土せず，少量含まれていた中・大型哺乳類の骨は主に上層からの落ち込みと考えられる。

ⅩⅠ・ⅩⅡ層：旧石器時代？（後期更新世）
　動物遺体が出土。調査区の北側でのみ確認された。明確な人工遺物は出土していないが，放射性炭素年代の測定結果は旧石器時代相当の年代値を示す。

ⅩⅢ〜ⅩⅤ層：旧石器時代（後期更新世）
　ⅩⅢ層下部から台形石器（トラピーズ）1点，ⅩⅣ層最下部〜ⅩⅤ層上面からナイフ形石器が2点出土している。ⅩⅣ・ⅩⅤ層を中心に動物遺体が多数出土しており，旧石器時代の文化層と考えられる。調査区の全範囲に広がる。

ⅩⅥ〜ⅩⅦ層：無遺物（後期更新世）
　調査区の全範囲に広がる。

第3表　土層注記

層名	色調	粘性・しまりなどの特徴	礫の含有量
Ⅰ	黒褐色	—	
Ⅱ	黒褐色	粘性弱。しまり弱。	φ10〜15cm程の中型礫を多含。D〜F列ではφ30〜40cm程の大型礫を多く含む。
Ⅲ	明茶褐色	粘性強。しまりやや強。	φ20cm以上の大型礫を多く含む。
Ⅳ	黒褐色（Ⅱ層より暗い）	粘性やや強。しまりやや強。	
Ⅴ	暗茶灰色	粘性弱。しまり欠く。	φ10cm程の角礫を少量含む。下部ではφ5〜20cm程の小・中型礫を多く含む。
Ⅵ	暗茶灰色	粘性あり。しまりややあり。φ5mm以下の白色粒土を含む。	φ5〜10cm程の小・中型礫を含む。
Ⅶ	灰オリーブ色	粘性弱。しまり欠く。	φ5〜10cm程の小・中型礫を含む。
Ⅷ	暗褐色	粘性強。しまり強。	基本的に少ないが、部分的にφ2〜10cm程の小・中型礫を多く含む。
Ⅸ	灰白色	粘性弱。しまりやや強。自然流水路堆積土か。	—
Ⅹ	茶褐色	粘性強。しまり強。	φ2cm以下の小型礫を多く含む。
Ⅺ	暗褐色	粘性強。しまりやや弱。	φ10〜20cm程の中型礫を含む。
Ⅻ	明灰茶褐色	粘性弱。しまり弱。下部ではφ1〜2mm程の白色粒子を含む。	φ5〜15cm程の小・中型礫を含む。φ20〜30cmの大型礫の間を充塡。
ⅩⅢ	暗茶褐色	粘性弱。しまり弱。	φ2〜5cm程の小型礫を多く含む。φ15〜30cm程の中・大型礫の間を充塡。
ⅩⅣ	暗茶褐色	粘性強。しまり強。	ⅩⅢ層とほぼ同様である。
ⅩⅤ	明茶褐色	粘性強。しまり強。	上面付近ではφ10〜20cm程の中型礫をやや含む。
ⅩⅥ	灰茶褐色	粘性弱。しまり強。砂質。	—
ⅩⅦ	灰茶褐色	粘性弱。しまり強。砂質。ⅩⅥ層に似るがより砂を多く含む。	—

　発掘底面は最深部でD11区において現地表面から約3.5mを測り，いまだ基盤には達していない。E13・14区周辺のⅧ〜ⅩⅣ層の間には，φ1mを超える大きな礫が密集する状況が確認され，堆積が大きく乱れたものとなっていた。こうした箇所では，後期更新世から完新世にかけて，一度ないし数度にわたり洞窟上方からの大規模な崩落があったことを想起させる。大礫の周辺の堆積は不安定であると予想されるため，出土遺物の帰属層については慎重に解釈すべきかもしれない。また，C列よりも南側の現地表面は傾斜が急勾配となっており，洞奥部で確認されたⅢ〜Ⅶ層やⅨ・Ⅺ・Ⅻ層が欠落していた。

　傾斜が急な前庭部に比べ，E列よりも奥側のより岩体に近い場所では，安定した堆積が確認された。これは現在の岩庇の内側（岩陰部）にあり，岩体からの崩落礫の影響がより少なかったためと考えられる。また，Ⅹ層よりも下位の堆積層の境界は，洞窟内から前庭部にかけて概ね水平に近いという特徴があり，旧地表面を考える上で注目すべき点である。

　調査時の特筆すべき所見として，ⅩⅤ層下部，ⅩⅥ層，ⅩⅦ層は，堆積物中の石灰岩礫の含有量が急激に少なくなる様相が確認されている。前述したⅩⅣ層まで崩落していた多数の巨礫の存在も考えるならば，こうした堆積の特徴は，後期更新世のⅩⅦ〜Ⅺ層が形成された時期における大きな環境変化を示唆するものでもあるだろう。

（澤浦亮平）

34 第4章 洞窟及び洞窟堆積物の形成

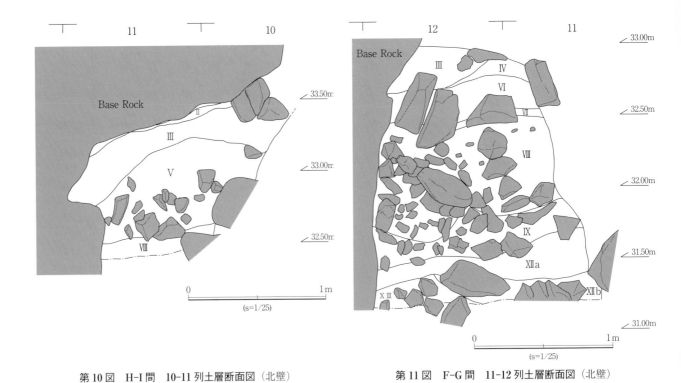

第10図 H-I間 10-11列土層断面図（北壁）

第11図 F-G間 11-12列土層断面図（北壁）

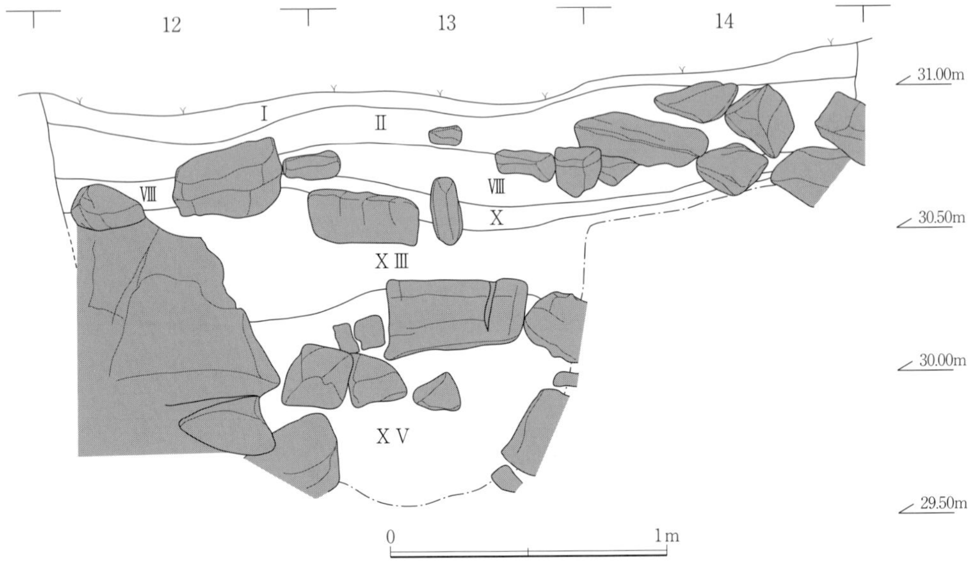

第12図 A-Z間 12-14列土層断面図（南壁）

第2節　洞窟の堆積　35

第13図　13-14間　A-F列土層断面図（西壁）

第14図　11-12間　A-H列土層断面図（西壁）

第2項　堆積物の年代決定

1. 有機質遺物の放射性炭素年代

　洞窟の堆積過程の解明，特に旧石器文化層の形成年代を明らかにすることを目的として，II～XVI層から出土した有機質遺物の放射性炭素年代を測定した。年代測定は，調査の進展と並行して随時実施し，これまでに複数の分析機関から試料19点の測定値を得た。以下にその結果を要論し，堆積過程について簡単に考察する。なお，本調査では洞窟近隣域から出土した更新世動物化石3点についても年代測定を行っており，本稿の末尾で併せて報告する。

（1）試料と方法

　試料は異なる層位と調査区から得るよう留意し，II層3点，IV層3点，VI層1点，VIII層1点，X層2点，XI層3点，XIV・XV・XVI層各1点を選定した。

　骨と歯の分析試料については，コラーゲンを抽出し（Longin 1971, Yoneda et al. 2002），炭素・窒素のモル数比（C/N比）が2.9～3.6の間にあるものは，比較的保存状態がよいモノと判定した（DeNiro 1985）。炭化物は，酸・アルカリ・酸処理をして，付着する土壌有機物を除去した（de Vries and Barendsen 1954）。前処理したこれらの試料を脱気した石英管中に酸化銅と封入して，加熱することで有機物を燃焼して二酸化炭素を発生させた（Kitagawa et al. 1993）。貝殻については弱酸でエッチングした後，真空中で100%リン酸と反応して二酸化炭素を得た（Wachter and Hayes 1985）。

　二酸化炭素は，冷媒で精製した後，鉄粉の触媒と水素とともに封入して，加熱することでグラファイトを発生し，加速器質量分析装置（AMS：東大MALTおよびパレオ・ラボ株式会社保有）を用いて，放射性炭素の同位体比を測定し，AMSまたはIRMSで測定した$\delta^{13}C$値を−25‰に補正することで，放射性炭素年代を算出した（Stuiver and Polach 1977）。さらに，IntCal13の較正年代データを補正年代計算プログラムOxCal4.2を用いて算出した（Reimer et al. 2013, Bronk Ramsey 2009）。放射性炭素年代は，「年BP」，較正放射性炭素年代は「年calBP」と標記する。

（2）年代測定結果の概要

　II～X層の試料からは1万年前より新しい年代値，XI層以下の試料では2万年前より古い年代値が得られており，この2群に大別して年代測定値を記載する。各試料の出土層位とグリッド，$\delta^{13}C$，放射性炭素年代の暦年代への較正値，C/N比，および測定機関は第4表に示した。

ア　II層～X層

　II層の試料からは，^{14}C年代で約4,000～4,100年BP（約4,400～4,800年calBP）の年代値を得た。これは，縄文時代中期末から後期に相当する年代値であり，出土土器の編年学的検討の結果とも矛盾しない。

　IV層では，試料3点のうち2点から約8,600～8,800年BP（約9,500～10,000年calBP）の値を得たが，残る1点は約4,000年BP（約4,000～4,100年calBP）の値を示した。人工遺物をみると，IV層およびその直上で限局的に広がるIII層では縄文時代早期に比定される土器と石器が出土しており，前者2点の年代値と整合する。III層の上方にはII層が厚く堆積しており，II層試料と同じ年代を示したIV層試料1点

第4表　尻労安部洞窟出土試料の放射性炭素年代測定値

試　料	試料測定 No.	出土地区	層位	$\delta^{13}C$	^{14}C 年代	較正年代（σ）68.2%	較正年代（σ）95.4%	C/N比	備　考	測 定 者
ヒト左下顎第3大臼歯	MTC-13627	F12	Ⅱ	−15.7	4,048±66	4424-4784	4411-4821	3.2		東大
ヒト右上顎第2大臼歯	MTC-13628	G12	Ⅱ	−15.9	4,044±66	4423-4783	4408-4821	3.2		東大
動物骨片	PLD-22506	D14	Ⅱ	−23.3	4,105±20	4532-4788	4527-4805	3.3		パレオ・ラボ＊
オニグルミ	IAAA-40870	G10	Ⅳ	−25.6	8,650±48	9543-9656	9531-9732			パリノ・サーヴェイ
炭化物	IAAA-40881	G12	Ⅳ	−26.5	3,696±37	3982-4087	3922-4150			パリノ・サーヴェイ
炭化物	IAAA-40880	G12	Ⅳ	−23.1	8,773±46	9696-9889	9562-9732			パリノ・サーヴェイ
動物骨片	PLD-26250	F12	Ⅵ	−22.0	8,105±25	9004-9076	8996-9114	3.3		パレオ・ラボ＊
動物骨片	PLD-22507	C12	Ⅷ	−21.2	4,280±25	4839-4856	4830-4867	3.2		パレオ・ラボ＊
偶蹄類臼歯	PLD-22508	C14	Ⅹ	−23.6	4,250±20	4830-4846	4823-4857	3.2		パレオ・ラボ＊
動物骨片	PLD-22513	D12	Ⅹ	−15.5	4,970±25	5659-5718	5614-5746	3.1		パレオ・ラボ＊
動物骨片（No.1）	TERRA-062606d36	F12	ⅩⅠ	−23.5	23,409±119	27,505-27,707	27,401-27,797	3.4		東大・環境研
動物骨片（No.2-A）	TERRA-062606d37	F12	ⅩⅠ	−21.6	22,937±113	27,174-27,411	27,036-27,514	3.5	微量測定	東大・環境研
動物骨片（No.2-B）	TERRA-062606d38	F12	ⅩⅠ	−21.3	24,275±128	28,136-28,500	27,968-28,649	3.4	微量測定	東大・環境研
陸貝	PLD-5682		ⅩⅢ	−7.8	33,840±160	38,200-38,588	37,850-38,735		アルカリ洗浄無し	小林謙一 パレオ・ラボ
動物骨片	PLD-22509	A15	ⅩⅢ	−22.5	4,140±20	4588-4810	4575-4820	3.4		パレオ・ラボ＊
偶蹄類臼歯	PLD-22510	D12	ⅩⅢ	−19.6	26,490±80	30,689-30,892	30,589-30,988	3.3		パレオ・ラボ＊
動物骨片	PLD-22511	D13	ⅩⅣ	−19.1	34,530±160	38,761-39,214	38,604-39,495	3.1		パレオ・ラボ＊
ウサギ歯	MTC-13166	B12	ⅩⅤ	−22.6	17,129±93	20,532-20,793	20,409-20,945	3.4	16点まとめて測定	東大
動物骨片	PLD-22512	C12	ⅩⅥ	−17.0	33,250±130	37,106-37,840	36,851-38,160	3.2		パレオ・ラボ＊

＊パレオ・ラボの第8期研究助成（助成対象：金井紋子）により測定

は，上層から落ち込んだ混入物の可能性がある。

　Ⅵ層の試料は，約8,100年前BP（約9,100～9,000年calBP）の年代値を示した。この値は，Ⅳ層試料の年代値に近く，年代測定値ならびに人工遺物の帰属文化期からみてⅢ～Ⅵ層は縄文時代早期に堆積したものと考えられる。

　Ⅷ層の試料からは約4,300年BP（約4,800～4,900年calBP）の値を得た。Ⅹ層の試料2点は約4,200～4,300年BPと5,000年BP（約4,800～4,900年calBPと5,600～5,700年calBP）の値を示した。Ⅷ・Ⅹ層試料の年代値は上述したⅣ・Ⅵ層試料の値と層位的に逆転するが，この矛盾は，Ⅳ・Ⅵ層試料が出土した調査区北側（洞窟に近接する緩斜面）と，Ⅷ・Ⅹ層試料が出土した調査区南側（洞窟から離れた急斜面）の堆積環境の相違から説明できるかもしれない。調査区北側ではⅡ層からⅩ層までが連続し，各層は緩やかに傾斜して堆積するが，調査区南側ではⅢ～Ⅶ層およびⅨ層が存在せず，Ⅱ層の直下にⅧ層とⅩ層が続き，各層は強く傾斜して堆積する。Ⅷ層は大型の崩落礫を多量に含有し，遺物や動物骨をほとんど含まない。これらの状況に鑑みるに，Ⅷ層とⅩ層の試料の由来として，上方のⅡ層からの混入を疑う必要がある。この推察が正しければ，Ⅷ層とⅩ層の形成時期を同層試料の年代に求めるのは適切ではなく，Ⅳ・Ⅵ層とⅪ層以下（後述）の年代の間，すなわち完新世初頭から後期更新世の間のいずれかの時点に堆積したと解釈すべきであろう。

イ　ⅩⅠ層～ⅩⅥ層

　ⅩⅠ層の試料からは約23,000～24,000年BP（約27,000～29,000年calBP）の値を得た。台形石器（トラピーズ）が出土したⅩⅢ層では，試料3点のうち2点が約26,000年BPと約34,000年BP（約31,000年calBPと約38,000～39,000年calBP）の値を示したが，A15区から出土した試料1点の年代は約4,100年BP（約4,600～4,800年calBP）であった。同区は調査区南端の急斜面に位置しており，完新世中盤の年代が得られた試料1点は，前述のⅧ・Ⅹ層試料と同様，上層から混入した可能性が高い。

XIV層の試料からは約34,000〜35,000年BP（約39,000年calBP）の値を得た。ナイフ形石器が出土したXIV層最下部〜XV層上面では，単体で測定に耐えうる出土遺物がなかったため，出土位置を記録できたナイフ形石器の周辺から出土したウサギの歯16点をまとめて1つの試料として測定し，約17,000年BP（約20,000〜21,000年calBP）の値を得た。XV層の直下に堆積するXVI層の試料は，約33,000年BP（約37,000〜38,000年calBP）の値を示した。

(3) 洞窟堆積の形成過程と旧石器文化層の年代

上述した各層の年代測定値を俯瞰すると，II〜VI層は縄文時代，VIII〜X層は後期更新世末から完新世初頭の間，XI〜XVI層は較正年代で20,000〜39,000年calBPの後期更新世後葉に形成されたと要約される。次に，この年代値と層序の状況をもとに，洞窟堆積の形成過程に関して試論を述べてみたい。

尻労安部洞窟では，洞窟本体に近接する調査区北側から洞窟前庭部に相当する調査区南側にかけて地表面が強く下向している。地表面以下II層からIX〜X層までの各層にも同様の傾斜がみられるが，XI層より下位の各層準は比較的水平に堆積している（第13・14図）。X層より上の層は大型の崩落礫を多量に含むが，XIV層より下では崩落礫の集中がみられなくなる。これらの所見を年代測定結果に基づいて解釈すると，(1) 後期更新世後葉にXVI〜XI層が平坦な地表面を形成しながら堆積した，(2) 後期更新世末から完新世初頭の間に大規模な崩落が生じてX〜VIII層が堆積し，洞窟本体から下方に向けて傾斜する斜面を形成した，(3) 縄文時代以降はこの斜面上にVI層からII層が発達した，という時系列モデルを想定できよう。(1) と (2) に関していささか踏み込んで推論するならば，(1') 後期更新世後葉には現在よりも洞窟の天井が南側に張り出しており，洞窟内部から洞口部に平坦な床面が形成されていた，(2') 洞口の天井が崩落して洞窟本体が後退し，もとの洞口周辺の平坦面上に崩落礫が堆積した結果，新たな前庭部として斜面が形成された，と考えてもよいかもしれない。調査区南側のVIII・X・XIII層の年代測定試料に上層からの落ち込みとみられる出土物が複数含まれていたが，洞窟本体から離れるにつれ，すなわち調査区の南端に近づくほど斜面の傾斜は強くなっており，崩落と不安定な堆積のため斜面の先端近くでは上層含有物の下層への混入がしばしば生じたものと推察される。

台形石器（トラピーズ）が出土したXIII層からナイフ形石器が出土したXIV層最下部〜XV層上面にかけては，ウサギを主とした小型哺乳類や大型偶蹄類などの更新世動物遺体もまとまって発見されており，XIII〜XV層が旧石器文化層に相当すると考えられる。直上のXII層や下方に広がるXVI層からもウサギなどの動物遺体が出土しているが，その量はごく少なく，本来はXIII〜XV層に含まれていた動物遺体が垂直移動した可能性が高い。旧石器文化層となるXIII〜XV層の年代は，較正年代で約20,000〜21,000年calBP，約31,000年calBP，約38,000〜39,000年calBPなど年代幅のある複数の値が得られているが，人工遺物と年代の関連を論じ得るデータは十分とはいえず，本洞窟における旧石器時代人の活動時期を具体的に推定するのは尚早かと思われる。ここでは，約20,000年calBPから39,000年calBPの間のいずれかの時点で旧石器時代人が尻労安部洞窟を利用していたことを指摘するに留め，今後の調査で石器と共伴する新試料が出土するのを待って，より詳細な年代を議論したい。

第5表　洞窟外出土試料の放射性炭素年代測定値

試　料	試料測定 No.	δ13C	14C 年代	較正年代（1σ）68.2%	較正年代（2σ）95.4%	C/N比	備　考	測定者
臼歯（ナウマンゾウ）	MTC-13629	−18.4	34,029±445	37,947-39,090	37,143-39,633	3.2	遺跡付近鉱道から出土	東大
絶滅大型シカ脛骨	TERRA-080202a06	−31.2	22,910±190	27,080-27,446	26,748-27,595	ND	微量測定	東大・環境研
ヤベオオツノジカ	TERRA-080202a07	−24.5	27,528±236	31,160-31,498	31,012-31,804	ND	微量測定	東大・環境研

（4）尻労周辺で採取された更新世動物化石の年代測定値

　尻労安部洞窟の北方約 200 m に位置する石灰岩採掘坑から出土したヤベオオツノジカ下顎骨（3章1節参照），地元郷土史研究者によって同坑周辺から採集されたナウマンゾウ臼歯，および詳細な出土情報は不明ながら桑畑山地区で産出したとされる種不明絶滅大型シカ（ヤベオオツノジカもしくヘラジカと推測される）の脛骨について放射性炭素年代測定を実施した結果，較正年代で約 31,000～32,000 年 calBP（ヤベオオツノジカ），約 37,000～39,000 年 calBP（ナウマンゾウ），約 27,000～28,000 年 calBP（絶滅大型シカ）などの年代値を得た（第5表）。また高橋らは，尻労地区から産出したナウマンゾウ大臼歯3点の放射性炭素年代測定を行い，23,600±130 年 BP，25,780±120 年 BP，31,270±160 年 BP の ^{14}C 年代値を報告しているが（高橋ほか2006），暦年代に較正すると約 28,000 年～36,000 年 calBP に相当する。これらはいずれも尻労安部洞窟の XI 層以下の試料から得られた年代と近い値であり，後期更新世の遺跡周辺にヤベオオツノジカやナウマンゾウなどの大型哺乳類が分布していたことが確かめられた。

（5）まとめ

1）尻労安部洞窟の層位と年代の対応は，以下のように要論される。

　II 層：^{14}C 年代で約 4,000～4,100 年 BP，較正年代で約 4,400～4,800 年 calBP（縄文時代中～後期）

　IV・VI 層：約 8,100～8,800 年 BP（約 9,000～10,000 年 calBP）（縄文時代早期）

　XI～XVI 層：約 17,000～35,000 年 BP（約 20,000～39,000 年 calBP）（旧石器時代）

　なお，VIII～X 層の形成時期については信頼できる年代測定値を得られていないが，約 20,000～10,000 年前の間のいずれかの時期に堆積したと推測される。

　2）洞窟に近い調査区北側では I 層から XVII 層まで各層がほぼ連続していたが，洞窟から離れた調査区南側の層序は I，II，VIII，X，XIII，XIV，XV 層と断続的であった。堆積状況が局所的に相違している原因として，後期更新世ないし完新世初頭に洞窟天井部が崩落した可能性が想起された。

（金井紋子・米田　穣）

2. 洞窟堆積物から検出された指標テフラ

（1）2010年度・2011年度調査における分析

ア　分析調査の目的および分析方法の選択

　現地調査により確認した 2010 年度調査区の西壁断面は，洞窟堆積物とされており，その層相は，多量の角礫状の石灰岩片の間を褐色の土壌が埋めているものであった。表層から深さ 40 cm ほどは，褐色土ではなく黒褐色土によって岩片の間が充填されている。石灰岩の岩片の礫径は淘汰が不良であり，数 cm 程度のものから最大で 1 m ほどのものまでが混在する。洞窟堆積物内での層区分は発掘調査所見によりなされているが，その層界は概して不明瞭である。これらの状況から，洞窟堆積物は，岩石片の堆積と次

の岩石片の堆積までの間における土壌の形成とが繰り返されて形成されたことが推定される。

そのような形成過程における土壌の母材であるが，石灰岩の風化砕屑物のみで構成される場合と，洞窟外から風成塵として入り込んだ砕屑物や，降雨などの一時的な流水によって流れ込んだ砕屑物などが混在する場合とが考えられる。後者の場合は，形成時の環境の違いによって，砕屑物の構成に変化が現れるから，それを捉えることによって，洞窟堆積物の層位の区別の参考指標になる可能性があると考えた。また，尻労安部洞窟の立地を考慮すれば，洞窟外から混入する砕屑物の中には，火山噴出物も入っている可能性が高い。最も近いところでは，西方に恐山火山があり，南西方には大規模カルデラである十和田カルデラがあり，一方，津軽海峡を挟んで対岸の北海道渡島半島から内浦湾沿いにも多数の火山が分布する。そこで，洞窟堆積物の砕屑物の構成のなかでも，火山噴出物に多く含まれる重鉱物の組成と同じく火山噴出物に含まれる火山ガラスの産状とを選択し，これらの組成に層位的な変化が認められるか否かをまず検証してみることにした。

試料は，2010年度調査区の西壁からは，15点の土壌試料を採取，上位より試料番号1〜15を付した。採取層位は写真3の1に示す。分析には，各層位にわたるように10点を選択した。各試料の試料番号およびその採取層位の発掘調査所見による層位名は，分析結果を呈示した第6表に併記する。

2011年度調査区の北壁からは，24点の土壌試料を採取，上位より試料番号1〜24を付した。試料番号1〜5は岩片の間隙を埋める黒ボク土から採取したが，試料番号6〜24までは，石灰岩の岩石片をほとんど含まない，厚さ約60cmほどのローム層から厚さ5cmで連続に採取した。分析には，ローム層の各層位にわたるように5点を選択した。各試料の試料番号およびその採取層位の発掘調査所見による層位名は，分析結果を呈示した第6表に併記する。

イ　分析方法

重鉱物・火山ガラス比分析　試料約40gに水を加え，超音波洗浄装置を用いて粒子を分散し，250目の分析フルイ上にて水洗して粒径が1/16mmより小さい粒子を除去する。乾燥させた後，篩別して，得られた粒径1/4mm-1/8mmの砂分を，ポリタングステン酸ナトリウム（比重約2.96に調整）により重液分離し，得られた重鉱物を偏光顕微鏡下にて250粒に達するまで同定する。同定の際，不透明な粒については，斜め上方からの落射光下で黒色金属光沢を呈するもののみを「不透明鉱物」とする。「不透明鉱物」以外の不透明粒および変質等で同定の不可能な粒は「その他」とする。

火山ガラス比分析は，重液分離により得られた軽鉱物中の火山ガラスとそれ以外の粒子を，偏光顕微鏡下にて250粒に達するまで計数し，火山ガラスの量比を求める。火山ガラスは，その形態によりバブル型，中間型，軽石型の3つの型に分類する。各型の形態は，バブル型は薄手平板状あるいは泡のつぎ目をなす部分であるY字状の高まりを持つもの，中間型は表面に気泡の少ない厚手平板状あるいは塊状のもの，軽石型は表面に小気泡を非常に多く持つ塊状および気泡の長く延びた繊維束状のものとする。

屈折率測定　屈折率の測定は，古澤（1995）のMAIOTを使用した温度変化法を用いた。重鉱物・火山ガラス比分析結果に基づき，火山ガラスの検出された試料の中から，層位的に重要とされる試料を選択した。

ウ　結果

結果を第6表に示す。重鉱物組成は，いずれの試料も斜方輝石，単斜輝石，角閃石，不透明鉱物の4者

第6表　重鉱物・火山ガラス比分析結果

調査年度	細別層	大別層	試料番号	斜方輝石	単斜輝石	角閃石	酸化角閃石	緑レン石	燐灰石	炭酸塩鉱物	不透明鉱物	その他	合計	バブル型火山ガラス	中間型火山ガラス	軽石型火山ガラス	その他	合計
2010	2a	II	2	62	80	45	0	0	0	10	52	1	250	1	2	5	242	250
			4	52	97	55	0	0	0	14	31	1	250	1	2	2	245	250
			6	58	85	49	0	0	2	23	32	1	250	1	0	1	248	250
	8b'	VIII	7	88	75	42	0	0	0	8	35	2	250	0	1	0	249	250
	10a・10b	X	8	82	64	70	0	0	0	9	25	0	250	0	0	1	249	250
			10	99	47	62	2	0	0	5	35	0	250	0	0	1	249	250
			11	98	71	50	0	0	0	4	25	2	250	0	0	1	249	250
	14・15a・15b	XIV・XV	13	87	74	47	1	0	0	6	34	1	250	0	0	0	250	250
			14	92	63	46	2	1	0	7	39	0	250	0	0	0	250	250
			15	86	63	28	0	0	0	5	68	0	250	1	0	0	249	250
2011	15	XV	8	109	53	13	0	0	0	4	70	1	250	1	0	0	249	250
			11	79	62	44	0	0	0	6	58	1	250	0	0	0	250	250
			15	69	66	49	0	0	0	8	56	0	250	0	0	0	250	250
	16	XVI	20	68	57	66	0	0	0	4	48	7	250	1	0	0	249	250
	17	XVII	24	158	54	18	0	0	0	0	18	2	250	0	0	0	250	250

を主体とする組成を示す。これら4者間の量比は，試料によって異なるが，層位的なまとまりも見出だせる。各試料の採取層位名（大別層）に従えば，以下のように整理される。

II層（2010年度試料番号2・4・6）：単斜輝石が最も多く，斜方輝石と角閃石は同量程度。

VIII層（2010年度試料番号7）：斜方輝石が最も多く，次いで単斜輝石，角閃石の順に多い。

X層上部（2010年度試料番号8・10）：斜方輝石が最も多く，次いで角閃石，単斜輝石の順に多い。

X層下部〜XIV〜XV層まで（2010年度試料番号11・13・14・15・2011年度試料8・11・15）：斜方輝石が最も多く，次いで単斜輝石，角閃石の順に多い。

XVI層（2011年度試料番号20）：斜方輝石と角閃石が同量程度で多く，単斜輝石はこれらよりやや少ない。

XVII層（2011年度試料番号24）：斜方輝石が非常に多く，単斜輝石は少量であり，角閃石はさらに少量である。

一方，火山ガラス比では，試料によっては微量検出される程度であり，全く検出されない試料も多い。それらの中で，火山ガラスの検出された2010年度の試料番号2, 6, 10, 15および2011年度の試料番号8の各試料を選択して火山ガラスの屈折率を測定した。結果を第16図に示す。測定個数が比較的多く得られたII層の試料番号2では，n1.495-1.499のレンジを示す火山ガラスが認められたが，その下位の試料番号6とX層の試料番号10ではほぼ同様のレンジの火山ガラスのほかに，n1.500以上のやや高い屈折率を示す火山ガラスも認められた。XIV〜XV層の試料番号15ではn1.501-1.502を示す火山ガラスしか認められず，XV層の2011年度の試料番号8ではn1.504-1.506というレンジが示された。

(2) 2012年度・2013年度調査における分析

ア　試料の採取と分析調査方法の再検討

A　調査区内の試料採取

2012年度調査区および2013年度調査区の北壁断面の状況は，2010年度調査区の西壁断面とほぼ同様であり，不淘汰な石灰岩の岩石片とその間を埋めるローム層とから構成されている。

42   第4章　洞窟及び洞窟堆積物の形成

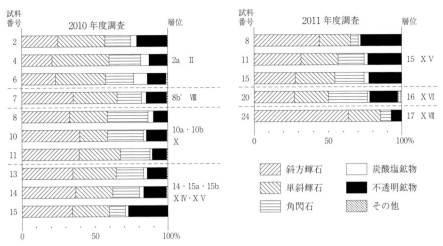

第15図　各層の重鉱物組成

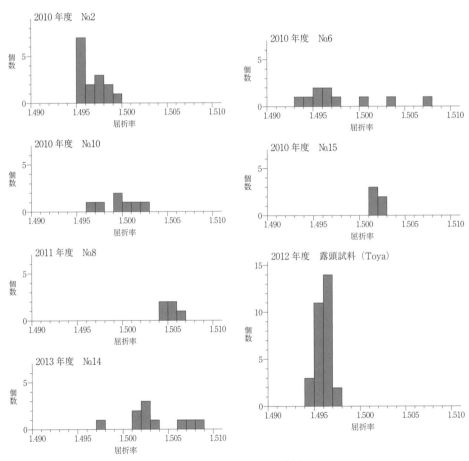

第16図　火山ガラスの屈折率

　2012年度調査区では，試料は断面の最上位のローム層から最下位のローム層まで，8点の土壌を採取，上位より試料番号1〜8を付した。採取層位は，発掘調査時の所見による分層に従い，ローム層上部のⅧ層のうち細別層位8a層から試料番号1〜4，細別層位8b層から試料番号5，ローム層中部のⅩ層（細別層位10a層）から試料番号6，ローム層下部のⅩⅢ層から試料番号7，ⅩⅣ層から試料番号8をそれぞれ採取した。

　2013年度調査区では，試料は断面の最上位のローム層から最下位のローム層まで，22点の土壌を採取，

上位より試料番号 1～22 を付した。各試料の採取層位については，発掘調査時の所見では以下の通りである。断面最上部の試料番号 1～5 は不明，試料番号 6～11 は XII 層，試料番号 12・13 は XIII 相当層，試料番号 14～18 は XIV 層，試料番号 19～22 は XV 層となる。

B　周辺露頭の試料採取

　尻労安部洞窟周辺地域における旧石器時代に関連するテフラの産状を確認することを目的として，周辺地域の自然露頭におけるローム層の採取を行った。採取箇所は以下の 3 箇所である。

尻屋崎物見台遺跡付近の表層土壌　尻屋崎は下末吉面に対比される海成段丘からなるが，その表層には海浜砂層の堆積も認められる。尻屋崎から南西に 1 km ほど離れた海岸沿いの旧石器時代遺跡である物見台（1）遺跡が確認された付近の台地表層に堆積した海浜砂層の土壌化した層位より試料を採取した。

襲部の露頭　襲部集落は尻労安部洞窟から西南西に約 4.5 km，前期更新世の海成層である田名部層からなる丘陵を開析する襲部川の形成した沖積低地上に位置する。集落を囲む丘陵の露頭の最上部に形成されているローム層より試料を採取した。

入口集落西側海成段丘表層のローム層　入口集落は尻労安部洞窟から西南西に約 10 km の位置にある津軽海峡に面した海岸低地にあるが，その西側と東側には下末吉面の海成段丘が広がっている。西側の海成段丘上に人工の崖面があり，そこに段丘表層のローム層とその下位の砂丘堆積物が露出していたことから，ローム層より試料を採取した。

C　分析方法の再検討

　2011 年度調査までの分析により，洞窟堆積物中にはテフラに由来すると考えられる重鉱物が相当量含まれており，その組成が層位的に変化する傾向のあることも明らかにされた。しかし，火山ガラス比分析による火山ガラスの産状は貧弱であったことから，具体的なテフラの産状を把握するまでには至らなかった。そこで，2012 年度調査および 2013 年度調査からは，土壌中に含まれる砕屑物について，重鉱物・火山ガラス比分析では対象外であった，細砂径より粗粒な砕屑物および細砂径より細粒な砕屑物も確認するために，砂粒全体を観察するテフラ分析に変更し，同様の方法で露頭試料も処理した。

　イ　分析方法

　試料約 20 g を蒸発皿に取り，水を加え泥水にした状態で超音波洗浄装置により粒子を分散し，上澄みを流し去る。この操作を繰り返すことにより得られた砂分を乾燥させた後，実体顕微鏡下にて観察する。観察は，テフラの本質物質であるスコリア・火山ガラス・軽石を対象とし，その特徴や含有量の多少を定性的に調べる。なお，火山ガラスの形態分類は前述した火山ガラス比分析と同様である。また，火山ガラスの屈折率の測定も前回と同様の方法で行った。

　ウ　結　果

　実体顕微鏡観察は，2010 年度および 2011 年度試料も含めて行った。全試料の観察結果を第 7 表に示す。スコリアや軽石は，いずれの試料からも認められず，火山ガラスのみが試料によっては微量～極めて微量認められた。各試料に認められた火山ガラスの特徴は，2010 年度の試料番号 2 と 4 以外はほぼ同様であり，いずれも淡い褐色を帯びたバブル型，中間型および軽石型が混在する。これらの火山ガラスの粒径も比較的粗粒であり，最大のものは 1 mm に近いものも認められた。火山ガラスの顕微鏡写真を写真 4 の 1

44　第4章　洞窟及び洞窟堆積物の形成

第7表　火山ガラスの検出状況

2010年度調査					2011年度調査					2012年度調査					2013年度調査				
細別層	大別層	試料番号	量	色調・形態	細別層	大別層	試料番号	量	色調・形態	細別層	大別層	試料番号	量	色調・形態	細別層	大別層	試料番号	量	色調・形態
2a	Ⅱ	2	+	cl・pm,br・md,br・pm															
		4	+	cl・pm,br・md,br・pm															
		6	(+)	br・md,br・pm															
										8a	Ⅷ	1	−						
												2	−						
												3	(+)	br・md,br・pm					
												4	(+)	br・md,br・pm					
8b'	Ⅷ	7	(+)	br・md,br・pm						8b		5	(+)	br・md,br・pm					
10a・10b	Ⅹ	8	(+)	br・md,br・pm						10a	Ⅹ	6	(+)	br・md,br・pm					
		10	(+)	br・md,br・pm															
		11	(+)	br・md,br・pm															
															11	Ⅻ	6	−	
																	11	−	
										13	ⅩⅢ	7	+	br・bw,br・md,br・pm					
										14	ⅩⅣ	8	+	br・bw,br・md,br・pm	14	ⅩⅣ上	14	+	br・bw,br・md,br・pm
14・15a・15b	ⅩⅣ・ⅩⅤ	13	+	br・bw,br・md,br・pm												ⅩⅣ下	18	−	
		14	+	br・bw,br・md,br・pm			8	+	br・bw,br・md,br・pm						15	ⅩⅤ	22	−	
		15	+	br・bw,br・md,br・pm	15	ⅩⅤ	11	−											
							15	−											
					16	ⅩⅥ	20	−											
					17	ⅩⅦ	24	−											

−：含まれない　(+)：きわめて微量　+：微量　++：少量　+++：中量　++++：多量　cl：無色透明　br：褐色　bw：バブル型　md：中間型　pm：軽石型

に示す。なお，2010年度の試料番号2と4では，上述した火山ガラスに加えて，無色透明の軽石型火山ガラスも混在する。火山ガラスの産出する層位の傾向を第7表でみると，ⅩⅢ層からⅩⅤ層にかけての層位にやや多い傾向が窺える。特に2013年度試料では，ⅩⅣ層上部の試料14には認められたが，ⅩⅣ層下部の試料18およびⅩⅤ層の試料には認められていない。このことから火山ガラスは，ⅩⅢ〜ⅩⅣ層上部に産出する傾向が強いと考えられる。

この2013年度ⅩⅣ層上部の試料番号14の火山ガラスの屈折率は，n1.497-1.508であるが，レンジの主体はn1.501以上である。

一方，2012年度の露頭採取試料では，入口集落西側の海成段丘表層のローム層中から火山ガラスの濃集する層準を検出することができた（写真4の3，第17図）。火山ガラスは細砂径であり，無色透明の軽石型を主体とする特徴を示す。また，その屈折率はn1.494-1.497であり，モードはn1.495-1.496である。

(3) テフラの同定

2010年度から2013年度までの調査による4断面から，同様の特徴を示す火山ガラスを認めることができた。色調は淡い褐色を帯びており，形態は軽石型がやや多く，これに中間型が混在し，これらよりも少量のバブル型も含まれるという特徴を示す。粒径は中粒砂径〜粗粒砂径という火山ガラス質テフラとしては比較的粗粒である。また，屈折率はおそらくn1.501-1.508程度のレンジを示すと判断される。

下北半島北部におけるテフラの分布に関する既存の調査例では，桑原・山崎（2001）が主に田名部低地に広がる段丘上のテフラを記載している。この地域に分布するテフラの主体は，恐山火山を給源とするテフラであるが，その活動時期は中期更新世であり，約25万年前までで主なテフラの噴出を終えている。それ以後の田名部低地では，広く降灰したテフラとして11万2,000〜11万5,000年前に北海道の洞爺カルデラから噴出した洞爺テフラ（Toya：町田ほか1987，町田・新井2003）が認められている。Toyaは下北

半島では細粒の火山ガラスからなる火山灰であり，火山ガラスは無色透明の軽石型を主体とし，その屈折率は町田・新井（2003）などによれば，n1.494-1.498とされている。ここで，2012年度調査において入口集落西側の海成段丘上の露頭から検出された火山ガラスは，Toyaに対比されることがわかる。また，2010年度調査断面のII層の試料では，Toyaの屈折率に相当する火山ガラスが検出されており，火山ガラスが風成塵として再堆積を繰り返していることが推定される。

調査区断面より検出された淡褐色を呈する粗粒の火山ガラスは，形態からも屈折率からもToyaとは明らかに異なるテフラに由来する。その給源として次に考えられるのは，十和田カルデラである。特に旧石器時代に関わるテフラとしては，広域テフラである十和田八戸テフラ（To-H）や十和田大不動テフラ（To-Of）などが知られている（町田・新井2003）。これらのテフラについては，東北地方各地での分析事例があり，その火山ガラスの特徴も把握している。これらのテフラについては，火山ガラスの屈折率のレンジが，調査区断面より検出された火山ガラスに近いが，いずれも細粒砂径以下の細粒で無色透明の軽石型を主体とする特徴を示すことから，火山ガラスの形態的特徴において区別される。

十和田カルデラ以外に給源を求めるとすれば，北海道側になる。距離からいえば，渡島半島に分布する火山が給源となる可能性がある。その中で，旧石器時代に関わる噴出年代と火山ガラスからなる噴出物という特性を持ったテフラとして，渡島半島中部の濁川カルデラを給源とした濁川テフラ（Ng：柳井ほか1992）をあげることができる（第18図）。その屈折率は，町田・新井（2003）の記載ではn1.503-1.508とされており，調査区断面の火山ガラスとほぼ重なる値である。その噴出年代は暦年代で1万5,000年前とされている。現時点では，調査区断面から検出された火山ガラスの由来するテフラとして，Ng以外に，より適合する特性を持った既存のテフラは認められない。

(4) 洞窟堆積物の堆積と年代について

洞窟堆積物からは，層位的に変化する重鉱物組成が得られている。前述したように，このことは，洞窟堆積物を構成する砕屑物の中に，洞窟外から供給された砕屑物が比較的多く含まれていることを示唆している。おそらく，その多くは風成塵として洞窟内に入り込んだものと考えられる。現時点では，重鉱物組成の層位的な変化の原因は不明であり，したがって年代的な情報にも結び付かないが，いずれ指標が見つかった際には，有効な対比指標となる可能性がある。

火山ガラスは，重鉱物と同様に風成塵の中に混在していたと考えられる。火山ガラスはNgに由来する可能性が高いとしたことから，火山ガラスを含む洞窟堆積物はNg噴出以降に堆積したと考えられる。ただし，洞窟堆積物内での下位への落ち込みなども考慮すると，火山ガラスの有無であまり厳密なことは言えない。前述した調査断面での大まかな産出傾向という捉え方では，大別層のXIII〜XIV層上部に多く含まれる傾向があると考えられる。すなわち，火山ガラスの産状から見れば，XIII〜XIV層上部の堆積年代は，Ngの噴出した1万5,000年前頃の年代観が与えられる可能性がある。このことは，放射性炭素年代測定結果などとともに，洞窟堆積物の年代資料として検討する価値のあるものと言える。

（矢作健二・橋本真紀夫）

46　第4章　洞窟及び洞窟堆積物の形成

1. 2010年度

試料採取箇所

2. 2011年度

3. 2012年度

4. 2013年度

写真3　調査断面と試料採取位置（数字は試料番号）

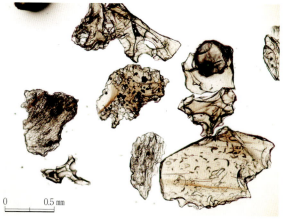
1. 調査断面から検出された火山ガラス

2. 露頭から検出された Toya の火山ガラス

3. Toya の検出された露頭

写真4　テフラ

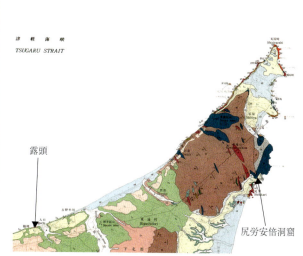
第17図　Toya を検出した露頭の位置
（地質図は対馬・滝沢 1977 より抜粋）

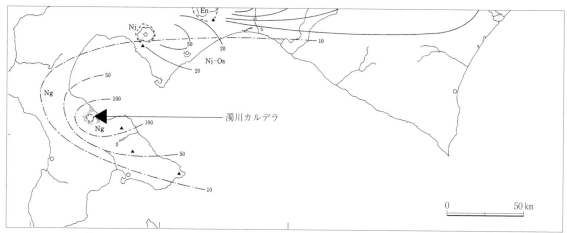
第18図　濁川カルデラの位置と Ng の等層厚線図（町田・新井 2003 より抜粋，加筆）

引用・参考文献

桑原拓一郎・山崎晴雄（2001）テフラから見た最近 45 万年間の恐山火山の噴火活動史．火山，46，pp. 37-52．

高橋啓一・島口天・神谷英利（2006）青森県下北郡東通村尻労産のナウマンゾウ化石とその AMS14C 年代．化石研究会会誌，39：pp. 21-27．

対馬坤六・滝沢文教（1977）尻屋崎地域の地質．地域地質研究報告（5 万分の 1 図幅），地質調査所，p. 36．

古澤 明（1995）火山ガラスの屈折率測定および形態分類とその統計的な解析に基づくテフラの識別．地質学雑誌，101: pp. 123-133．

町田 洋・新井房夫・宮内崇裕・奥村晃史（1987）北日本を広く覆う洞爺火山灰．第四紀研究，26: 129-145．

町田 洋・新井房夫（2003）新編 火山灰アトラス．東京大学出版会，p. 336．

柳井清治・雁沢好博・古森康晴（1992）最終氷期末期に噴出した濁川テフラの層序と分布．地質学雑誌，98: 125-136．

Bronk Ramsey C. (2009). Bayesian Analysis of Radiocarbon Dates. Radiocarbon, 51 (4): 337-360.

DeNiro M. J. (1985). Postmortem preservation and alteration of invivo bone-collagen isotope ratios in relation to paleodietary reconstruction. Nature, 317: 806-809.

de Vries H. and Barendsen G. W. (1954). Measurements of age by the carbon-14 technique. Nature, 174, 1138-1141.

Kitagawa H., Masuzawa T., Nakamura T., and Matsumoto E. (1993) A Batch Preparation Method for Graphite Targets with Low-Background for AMS C-14 Measurements. Radiocarbon, 35: 295-300.

Longin R. (1971). New method of collagen extraction for radiocarbon dating. Nature, 230: 241-242.

Reimer P. J., Baillie M. G. L., Bard E., Bayliss A., Beck J. W., Blackwell P. G., Bronk Ramsey C., Buck C. E., Burr G. S., Edwards R. L., Friedrich M., Grootes P. M., Guilderson T. P., Hajdas I., Heaton T. J., Hogg A. G., Hughen K. A., Kaiser K. F., Kromer B., McCormac F. G., Manning S. W., Reimer R. W., Richards D. A., Southon J. R., Talamo S., Turney C. S. M., van der Plicht J., and Weyhenmeyer C. E. (2009). IntCal09 and Marine09 radiocarbon age calibration curves, 0-50,000 years cal BP. Radiocarbon, 51 (4): 1111-1150.

Stuiver M. and Polach H. A. (1977). Discussion: Reporting of 14C data. Radiocarbon, 19 (3): 355-363.

Wachter E. A. and Hayes J. M. (1985). Exchange of oxygen isotopes in carbon dioxide-phosphoric acid systems. Chemical Geology, 52 (3-4): 365-374.

Yoneda M., Hirota M., Uchida M., Tanaka A., Shibata Y., Morita M., and Akazawa T. (2002). Radiocarbon and stable isotope analyses on the Earliest Jomon skeletons from the Tochibara rockshelter, Nagano, Japan. Radiocarbon, 44: 549-557.

第5章　出土遺物の研究

第1節　旧石器時代

第1項　石　器

　2012年度までの発掘調査において，旧石器時代に属するXIII～XV層から，合計5点の石器が出土している。その器種組成は，ナイフ形石器2点，台形石器（トラピーズ）1点，二次剥離剥片1点，剥片1点である。以下，出土資料の全点について，出土層位，出土位置，使用石材，形態的特徴，製作工程，使用・破損状況等について詳述し，その後に石器群全体の所属時期や性格等について言及する。

1. 事実記載

ナイフ形石器［第19図1・2, 写真5の1・2］　2点の二側縁加工のナイフ形石器が出土した。1は，C13区XIV層下部～XV層上面から出土した資料であり，黒色で表面の肌理の細かな良質な珪質頁岩を用いている。素材剥片は縦長剥片である。その背面に残される剥離面と，主要剥離面の剥離方向が一致することから，単設打面石核から剥離されたものである可能性が高い。正面右側縁全体および左側縁下部に連続的なブランティングが施された結果，左側縁中央やや下部付近に大きな肩をもつ平面形態に仕上がる。裏面基部付近に両側縁からの平坦剥離が観察されるが，素材剥片打面付近に発達したバルブ除去を目的としたものと推定される。尖端部は欠損し，その破損面を起点にした剥離面が数枚観察される。いずれも使用にともなう衝撃剥離と考えられる。［6.41g］

　2は，B12区XIV層下部～XV層上面から出土した資料であり，茶褐色の比較的良質な珪質頁岩を用いるが，正面右側縁部には節理面も観察される。素材剥片は縦長剥片と推定され，背面に残された剥離面のほぼすべてと，主要剥離面の剥離方向が一致することから，1同様に，単設打面石核から剥離されたものとみてよい。ブランティングは，正面左右両側縁基部付近及び，右側縁上端付近に施され，右側縁中央やや下部付近にやや小さな肩をもつ平面形態に仕上げられる。前述の正面右側縁上端付近の二次剥離は，器体上端が欠損した後に施されたものであり，再加工と評価できる。［6.04g］　　　　　（渡辺丈彦）

台形石器（トラピーズ）［第19図3, 写真5の3］　B10区XIII層から，縦長剥片あるいは石刃を素材剥片とした資料1点が出土している。主要剥離面および背面のすべての剥離面の剥離方向が一致していることから，素材剥片は単設打面石核から剥離されたと推定される。素材剥片に対する二次的加工は，まず素材剥片の打面側と先端部側を折断し，残された中間部の両折断面に対して裏面から急角度のブランティングを施すものである。その結果，器体の最終的な平面形態は，基部側が大きくすぼまる台形をなし，正面図上端にみられる素材剥片のもとの左側縁が刃部となる。この刃部には，微細剥離痕数枚がみとめられ，左右両側縁には刃部付近から下方向に向かう縦方向の小剥離面も認められる。いずれも，本資料の使用にともない生じたものと推定される。なお本資料の使用石材については，本項2において改めて詳述をおこなう。［1.64g］　　　　　　　　　　　　　　　　　　　　　　　　　　　　　　　（田中　亮）

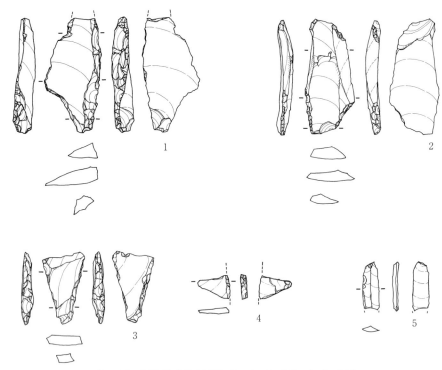

第19図　旧石器時代の石器　(S＝1〜3：2/3, 4・5：3/4)

写真5　旧石器時代の石器　(S＝1〜3：2/3, 4・5：3/4)

二次剥離剥片［第19図4, 写真5の4］　E10区XIV層から珪質頁岩製の二次剥離剥片が1点出土している。正面上・下部・左側が欠損し，全体形状等については不明であるが，正面右側縁には，正面及び裏面から，ブランティング状の急角度の二次的な調整が施され，ナイフ形石器である可能性も指摘できる。［0.20 g］

(渡辺丈彦)

剥　　片［第19図5, 写真5の5］　A15区XV層上面から珪質頁岩製の剥片1点が出土した。中間部で折れ，遠位部が欠損している。背面全体には同一方向に剥離された剥離痕が3面みられる。背面の近位端周辺には微細剥離が複数観察できる。背面左側縁上部にも微細な剥離が確認できるが，こちらは人為的な加工ではないと考えられる。打面上の剥離痕は1面のみであるが，剥片背面方からの加撃が本資料の剥離前に行われていることがわかる。左右両側縁及び中央にみられる稜線がほぼ平行であること，そして推定復原される長さが2cm程度と小型であることから，細石刃である可能性も指摘できる。しかしながら，同様の形態は偶発的に生じる可能性もあり，さらにこの資料以外に細石刃と認定できる資料や，細石刃核等も出土しなかったことから，剥片に分類した。［0.18 g］

(平澤　悠)

2. 台形石器の石器石材についての問題

　前述のとおり，現段階においてはB10区XIII層出土台形石器の使用石材の断定を保留している。台形石器に用いられた石材は，乳白色で透明度の低いものであり，東北地方から北海道渡島半島に所在する旧石器時代遺跡で使用される石器石材のひとつ，玉髄と共通した特徴をもつ。その一方，本調査団の構成員の一人である堀秀道など鉱物学の研究者からは，10～20倍の倍率での肉眼観察では，玉髄に見られる鉱物学的特徴が観察されず，国内では産出しない石材，具体的にはロシア連邦ブリヤート共和国のバイカル湖周囲で採取される「カショロン」とよばれる石材に近似した特徴をもつとの指摘もなされている。石器に使用された石材が，東北地方の旧石器時代遺跡において多用され，その産地も国内に確認されている玉髄であるのか，または国内に産地のない別の石材であるのかという問題は，本洞窟に台形石器を残した人々の出自や移動範囲を考えるうえで大きな問題となる。

　そのため調査団では現在，青森県下北半島，津軽半島・北海道渡島半島南部を含む，尻労安部洞窟を中心とする半径100 kmのエリアの玉髄産地から採取した試料，バイカル湖周辺で採取された「カショロン」の試料，尻労安部洞窟出土台形石器との理化学的比較検討を慎重に進めている。分析は現在も継続中であり，その分析結果の提示及び考古学的な解釈については，今後，稿を変えておこなう予定である。

3. 出土石器群の編年的位置づけ

　次に，本洞窟出土石器群の編年的位置づけについて論じる。出土石器群のうち，遺存状態が良好で，全体形状がほぼ完全に把握できる資料は，ナイフ形石器2点と台形石器1点である。

　ナイフ形石器については，いずれも縦長剥片を素材とした二側縁加工のものであり，一側縁に肩を作出するという特徴的な形態をなす。本資料に類似したナイフ形石器は，東北地方では山形県新庄市上ミ野A遺跡（東北大考古研2004）と青森県八戸市田向冷水遺跡（八戸市教委2008）の出土資料に類例があり，両者ともに二側縁加工で一側縁に肩を作り出す。田向冷水遺跡についてはほぼすべての資料が，長さに対する幅の割合（以下，長幅比）が低い細身のものであるのに対して，上ミ野A遺跡については，重幅比の高い資料も存在する。本洞窟出土資料をみると，双方の資料が存在するが，上ミ野A遺跡出土資料の中の重幅比の大きい資料により近似する。

　上ミ野A遺跡と田向冷水遺跡出土のナイフ形石器については，技術形態学的な検討及び降下火山灰の検討から姶良Tn火山灰（以下，AT火山灰）降灰以後の時期に位置づけられている。また南関東地方では，両者に近似した形態のナイフ形石器が，国府型ナイフ形石器，角錐状石器，剥片尖頭器とともに，武蔵野V～IV下層段階の遺跡から出土している（東北大考古研2004）。現在，姶良AT火山灰の降灰時期は，暦年較正年代で2.9万年前前後，武蔵野V～IV下層の時期は2.8～2.5万年と考えられており（工藤2010），現段階では本遺跡出土のナイフ形石器の所属年代もその範疇に収まると考えたい。

　台形石器については，一般的な理解としてはAT火山灰降灰以前の時期に位置づけられ，東北地方でも風無台II遺跡や松木台I遺跡など秋田県域を中心とした遺跡から当該時期のまとまった資料群が出土している（秋田県教委1985）。その平面形状や二次加工部位等については本洞窟出土資料と近似するものもあるが，その素材剥片は背面剥離面構成が多方向となるものであり，本洞窟出土資料とは一致しない。その一方，台形石器は九州や北海道においてはAT火山灰降灰以後にも残り，本洞窟とは津軽海峡を挟ん

で対岸に位置する北海道上磯郡知内町の湯の里4遺跡からも，黒曜石製，頁岩製の資料がそれぞれ1点出土している（北海道埋文1985）。両資料ともに，素材縦長剥片の打面側・末端側をそれぞれ切断し，その切断面から二次的調整を加えて全体形状を台形に整えるという特徴をもち，本洞窟出土資料の技術形態学的諸特徴と一致する。この湯の里4遺跡では，北海道の細石刃文化の中で最古層とされる蘭越型と，それに後続する峠下型2類の細石刃核が出土し，報告書中ではその両者の平面分布は異なり，台形石器は後者に共伴するとしている。蘭越型細石核を主体とする柏台1遺跡（北海道千歳市）の炉跡出土炭化物の放射性炭素年代測定により，その暦年較正年代は概ね2.5～2.3万年前と考えられていることから（北海道埋文1999，工藤2010），湯の里4遺跡出土の台形石器はそれよりやや新しい時期に位置づけることができる。

　本洞窟が津軽海峡を挟んで湯の里4遺跡の所在する北海道渡島半島南端の対岸に位置するという地理的な条件，そして両遺跡出土の台形石器の技術形態学的諸特徴が共通することから，その編年的位置づけが近いものである可能性が考えられる。しかしながら，北海道における台形石器の出土遺跡が10遺跡程度と少なく，その編年上の位置づけも不安定であること（直江2007），そして本遺跡出土台形石器の出土数も1点のみであることを考慮すると，現状では，本洞窟出土のナイフ形石器との共伴関係も含め，その詳細な年代観の提示については保留とするのが妥当であろう。

4．器種組成からみた出土石器群の性格

　課題は残るものの，前項で述べたとおり，仮に本洞窟XIII～XV層から出土した石器資料を同一の文化層に所属するものとみなした場合，その器種組成は，ナイフ形石器2点，台形石器1点，二次剥離剥片1点，剥片1点となる。本洞窟では，旧石器時代に属すると考えられるX～XVI層の掘削で生じた土壌全量に対する水洗選別作業を実施しているが，2012年度発掘調査までの段階で，石器製作の過程で生じる微細剥片等は回収されていない。また出土した資料の間では接合関係はなく，全て異なる母岩から製作されたものと判断される。さらに，洞窟出土のナイフ形石器についてはいずれも尖端部を破損し，台形石器についても使用にともなうと考えられる微細剥離痕が多く観察され，両側面には使用時の衝撃剥離によるとみられる剥離面もみとめられる。これらのことを総合的に考えた場合，本洞窟は，素材剥片の生産及び二次加工などの石器製作活動はおこなわれず，相当量の使用を経た定形的石器を遺棄あるいは廃棄した場とみなすのか妥当である。

（渡辺丈彦）

引用・参考文献

秋田県教育委員会（1985）秋田県文化財調査報告書　七曲台遺跡群発掘調査報告書―七曲臨空港工業団地造成工事に伴う埋蔵文化財発掘調査報告書―，秋田県埋蔵文化財振興会．

工藤雄一郎（2010）旧石器時代における年代・古環境論．稲田孝司・佐藤宏之編，講座日本の考古学1旧石器時代（上），青木書店，pp. 124-155．

東北大学考古学研究室（2004）最上川中流域の後期旧石器文化の研究1上ミ野A遺跡　第1・2次調査報告書，東北大学文学部考古学研究会．

直江康雄（2007）VI章まとめ　1服部台2遺跡について（13）石器ブロック45．北海道埋蔵文化財センター編，北海道埋蔵文化財センター調査報告書第236集　白滝遺跡群VII第1分冊（本文編）―一般国道白滝丸瀬布道路工事用地内埋蔵文化財発掘調査報告書―，北海道埋蔵文化財センター，pp. 316-319．

八戸市教育委員会（2008）八戸市埋蔵文化財調査報告書第118集　田向冷水遺跡III―田向土地区画整理事業に伴う

発掘調査報告書3―，八戸市教育委員会．

北海道埋蔵文化財センター（1985）北海道埋蔵文化財センター調査報告書第18集　湯の里遺跡群―津軽海峡線（北海道方）建設工事埋蔵文化財発掘調査報告書―，北海道埋蔵文化財センター．

北海道埋蔵文化財センター（1999）北海道埋蔵文化財センター調査報告書第138集　千歳市柏台1遺跡――一般国道337号新千歳空港関連工事用地内埋蔵文化財発掘調査報告書―，北海道埋蔵文化財センター．

第2項　動物遺体

1. 陸産貝類遺体

ここでは，後期更新世（旧石器時代）のXII～XV層で得られた陸産貝類について述べる。僅かに海浜性種を含む海産貝類も抽出されているが，それらに関しては，第5章第2節第4項を参照願いたい。

今回検討したサンプルは，現地において約2mm目のフルイで水洗選別された残渣中から，破片を含む貝類を抽出されたものである。今回は，出土した陸産貝類遺存体の全体を把握するために，いくつかのグリッドから，主な層のサンプルを選択し，分析した。

確認されたものは，種の同定とともに，確認部位（殻頂・殻口等）・成長段階（成貝・大形幼貝［成貝の1/2までのサイズ］・中形幼貝［成貝の1/2-1/4］・小形幼貝［成貝の1/4未満］）・現生個体の混入・磨滅や死殻（海産貝類の場合）・被熱（殻が焼けているかどうか）等の観察を行った。

(1) 出土貝類遺体リスト

まず，得られた貝類の分類と特徴・分布域等を示す。サイズは主に写真図版の個体の値である。なお，生息場所のイメージに関しては黒住（2009）が，各種の詳細に関しては東（1995）が参考になる。旧石器時代を含む後期更新世の層から，9科10種の貝類が抽出されたが，全て陸産貝類のみであり，濡れた壁面を利用するような群（シブキツボ類）を含め，淡水産貝類は全く得られなかった。現在の遺跡の環境から淡水産種の自然堆積はなかったと思われる。

　ア　軟体動物門　Mollusca―腹足綱　Gastropoda
A　アマオブネ目　Neritopsina
　　ヤマキサゴ科　Helicinidae
ヤマキサゴ　*Wardemaria japonica*［写真6の1］　殻径7mm程度の亜球形で厚質の殻を有し，螺層数は少なく，成貝では殻口が肥厚・反転する。出土したものでは，成貝が大半を占め，捕食により殻口部が欠損しているものも認められた。本種は石灰質のフタを持ち，縄文時代層からは，このフタも抽出されている。本種は本州から四国・九州に分布するが，殻形態に地域的な変異が認められており，今回のものは東北地方の，特に日本海側島嶼で顕著な小形の群であった（波部1958・1965も参照）。林内生息種。
B　吸腔目　Sorbeoconcha
　　イツマデガイ科　Pomatiopsidae
オカメタニシ　*Blanfordia japonica bensoni*［写真6の4］　殻高8mm程度の円錐形で，厚質の殻を持ち，成貝では殻口は肥厚・反転するものの，殻口背部に縦肋状隆起を持たない。本種を，亜種に分類する場合

には研究者によって見解に相違が認められるが，ここでは湊（1987）の見解が妥当であると考え，従っている。北海道渡島半島と下北半島に分布する。他の亜種は，佐渡島と本州日本海側に見られる。林縁生息種。

C　有肺目　Pulmonata

　　ヤマボタル科　Cionellidae

ヤマボタル　*Cochlicopa lubrica* [写真6の7]　殻高5mm程度の細い紡錘形で，やや厚質の殻を持ち，成貝でも殻口は反転しない。北海道から本州東部に分布する。林縁生息種。

　　キセルモドキ科　Enidae

キセルモドキ？　*Mirus reinianus*?　[写真6の8]　殻高26mm程度の細い紡錘形で，厚質の殻を持ち，成貝では殻口は反転する。今回の層準からは，2mm程度の殻頂部が得られただけであったので，他種（フトキセルモドキ等）の可能性も否定しきれなかったので，？付きとした。キセルモドキは東北地方を含む本州から九州に分布する林内生息種。

　　パツラマイマイ科　Discidae

パツラマイマイ　*Discus pauper* [写真6の16]　殻径5mm程度の円盤型で，やや薄質の殻を持ち，周縁は弱く角張り，臍孔は広く開く。殻表には強く，密な成長肋がある。主に北海道から本州東部に分布する。林縁生息種。

　　ベッコウマイマイ科　Helicarionidae

ヒメハリマキビ？　*Parakaliella pagoduloides*?　[写真6の20]　殻径2.6mm程度の低い円錐形で，螺層数は多く，周縁は僅かに角張るが明瞭な稜を形成せず，螺層側面はやや膨らみ，臍孔は開かない。近似種の分類学的な検討の遅れやその識別が確実ではないので，？付きとした。林内生息種と考えた。ヒメハリマキビは本州から九州に分布する。

　　コハクガイ科　Gastrodontidae

オオコハクガイ類　*Zonitoides* sp. cf. *yessoensis* [写真6の26]　殻径7mm程度の円盤型で，螺塔は僅かに突出し，やや薄質の殻を持ち，周縁は僅かに角張り，臍孔はやや広く開く。殻表は平滑。オオコハクガイに類似するが，周縁が僅かに角張ることや半透明白色であると考えられることから，別種と思われる。これまで本地域からオオコハクガイとして報告されていた種（波部 1958・1965）は本種の可能性があろう。オオコハクガイは，北海道から本州北部に分布する林縁生息種。

コハクモドキ類　Zonitidae

ヒメコハクモドキ？　*Retinella radiatella*?　[写真6-27]　殻径3.8mm程度の平巻で，螺塔は突出せず，薄質の殻を持ち，周縁は角張らない。臍孔はやや狭く開く。縫合下の弱い皺が特徴。日本産のコハクモドキ類の再検討が行われていないので，「？」付きとした。ヒメコハクモドキは，北海道南部と東北地方北部から知られており，林縁生息種となろう。

　　オナジマイマイ科　Bradybaenidae

アオモリマイマイ　*Euhadra aomoriensis* [写真6の31]　成貝では殻径45mm程度の平巻の大形種であるが，この層準で確認されたものは最大で9mmで，多くは5mm程度の小形の幼貝のみであった。右巻で殻表はほぼ平滑であることから，本種に同定した。アオモリマイマイは東北地方の固有種。林縁生息種。

ムツヒダリマキマイマイ　*Euhadra decorata* [写真6の32]　殻径35mm程度の厚みのある円盤型の大形種

で，左巻。殻表には強い成長肋が密に認められる。林縁生息種。下北半島の更新世化石や現生種は，ムツヒダリマキマイマイの亜種ナンブマイマイとされるが（波部1958，湊1986，島口2010），岩手県宮古市の島嶼をタイプ産地とするナンブマイマイは下北半島の群よりも殻高が高い。また，ムツヒダリマキマイマイのタイプ産地は青森県八戸市であり，下北半島の群とナンブマイマイが同じ亜種であるとするより，ムツヒダリマキマイマイの中の周辺部で平行的に小形個体群を形成していると考えられる。下北半島の群は安定した形質を示す可能性が高く，今後，新たに識別された名称が与えられることも考えられるが，ここでは，広義のムツヒダリマキマイマイとして報告しておく。なお，波部（1965）は，下北半島の更新世からヒダリマキマイマイを報告しているが，2破片での確認のみであり，湊（1986）が報告したように下北半島ではヒダリマキマイマイは極めて稀であることから，波部（1965）の報告は，ムツヒダリマキマイマイであった可能性が高いと思われる。

(2) 量的組成

後期更新世のXII・XIV・XV層から得られた貝類遺体の組成を第8表に示した。層によって変化するが，ヤマキサゴが最も多く，ムツヒダリマキマイマイが次ぎ，パツラマイマイも優占し，アオモリマイマイ・ヒメコハクモドキ？・ヒメハリマキビ？も比較的多かった。ヤマボタル・キセルモドキ？・オオコハクガイ類は僅かな出土であった。層ごとの変化では，XIV・XV層では，ヤマキサゴが約半数を占め，ムツヒダリマキマイマイが30-40％で，両種で90％となっており，パツラマイマイも5％程度であった。XII層では，ヤマキサゴが75％と多くなり，ムツヒダリマキマイマイが減少し，パツラマイマイと同程度となっていた。ムツヒダリマキマイマイの減少の理由は不明であるが，同定不能破片のほとんどはムツヒダリマキマイマイであったことから，本種もアオモリマイマイと同様に大形種であり，産卵後の孵化個体からなる小形幼貝が少なかったことに起因する可能性も考えられる。XIV層の個体数が少ないので，明らかではないが，旧石器時代には人間の活動が行われており，その結果，洞窟は少し開けており，林縁生息種のムツヒダリマキマイマイが多かった可能性も全く否定されるわけではないように思われる。

また，今回確認できた陸産貝類には，焼けた破片は全く認められず，少なくとも大形種のムツヒダリマキマイマイやアオモリマイマイが火を受けて食用になったとは考えられなかった。出土したアオモリマイマイは小形幼貝が多いようで（第8表のsj：少なくとも成貝の殻口片［abで表記される］は認められていない），ムツヒダリマキマイマイを含め，報告者は大形陸産貝類も旧石器時代人の食料ではなかったと考えている。同様に，上述のように淡水産貝類も全く確認されず，淡水性種も食料となっていた可能性は極めて低いと思われる。

(3) 旧石器時代を含む後期更新世の陸産貝類群の確認された意義

本洞窟の最下部の炭素年代は，較正値で約2万年前の最終氷期最寒冷期となっている（第4章第2節第2項）。つまり，今回の結果は，本州最北端における最終氷期最寒冷期の陸産貝類相を確実な例として初めて示すことができた訳である。この結果，後期更新世において確認された種は，オカマメタニシを除き，後述する完新世（縄文～弥生時代）の包含層（第5章第2節第4項）から得られている。また，オカマメタニシも極めて限られた分布であるが，現生個体群も下北半島に生息している（湊1987）。後期更新世から得られた10種のうち，詳細に同定できなかったオオコハクガイ類（未記載種の可能性も想定される）を除いた

写真6の説明

1. ヤマキサゴ　*Waldemaria japonica*（SB：6.8 mm）
2. ヒダリマキゴマガイ　*Diplommatina (Sinica) pusilla*（SH：2.2 mm）
3. ウゼンゴマガイ　*Diplommatina (Sinica) uzenensis*（SH：2.9 mm）
4. オカメタニシ　*Blanfordia japonica bensoni*（SH：7.7 mm）
5. ニホンケシガイ　*Carychium nipponense*（SH：1.6 mm）
6. ケシガイ　*Carychium pessimum*（SH：1.7 mm）
7. ヤマボタル　*Cochlicopa lubrica*（SH：5.1 mm）
8. キセルモドキ　*Mirus reinianus*（SH：26 mm）
9. ツムガタモドキギセル　*Pinguiphaedusa pinguis platyauchen*（SH：26 mm）
10. ヒメギセル　*Mundiphaedusa ("Vitriphaedusa") micropeas*（SH：5.9 mm）
11. エゾコギセル　*Pictophaedusa monelasmus*（SH：9.6 mm）
12. オカチョウジ類似種　*Allopeas* sp. cf. *kyotoense*（SH：8.2 mm）
13. ホソオカチョウジ類似種　*Allopeas* sp. cf. *pyrgula*（SH：11.4 mm）
14. ナタネガイ類似種　*Punctum* sp. cf. *amblygonum*（SB：2.0 mm）
15. ハリマナタネ？　*Punctum japonicum*?（SB：1.6 mm）
16. パツラマイマイ　*Discus pauper*（SB：4.9 mm）
17. カサキビ　*Trochochlamys crenulata*（SB：3.1 mm）
18. オオキビ　*Trochochlamys labilis labilis*（SB：7.1 mm）
19. ハリマキビ類　*Parakaliella* sp. cf. *harimensis*（SB：3.2 mm）
20. ヒメハリマキビ？　*Parakaliella pagoduloides*?（SB：2.6 mm）
21. ヒメベッコウ　*Discoconulus sinapidium*（SB：1.9 mm）
22. ヤクヒメベッコウ　*Discoconulus yakuensis*（SB：2.1 mm）
23. ナミヒメベッコウ類？　*Yamatochlamys*? sp.（SB：2.8 mm）
24. ウラジロベッコウ　*Urazirochalamys doenitzii*（SB：6.7 mm）
25. クリイリベッコウ　*Japanochlamys cerasina*（SB：7.3 mm）
26. オオコハクガイ類　*Zonitoides* sp. cf. *yessoensis*（SB：6.7 mm）
27. ヒメコハクモドキ？　*Retinella radiatella*?（SB：3.8 mm）
28. ヒメコハクガイ類似種　*Hawaiia* sp. cf. *minuscule*（SB：2.6 mm）
29. ニッポンマイマイ　*Satsuma japonica*（SB：25 mm）
30. マメマイマイ（トビシママメマイマイ）　*Trishoplita commoda conulina*（SB：9.6 mm）
31. アオモリマイマイ　*Euhadra aomoriensis*（SB：9.3 mm）
32. ムツヒダリマキマイマイ　*Euhadra decorate*（SB：35 mm）

【SB：殻径，SH：殻高】

第1節 旧石器時代 57

写真6 尻労安部洞窟出土の陸産貝類遺体

第8表　尻労安部洞窟の後期更新世層から得られた貝類の出土詳細

調査区	層	ヤマキサゴ		オカメタニシ		ヤマボタル		キセルモドキ		パツラマイマイ		ヒメハリマキビ？		オオコハクガイ類		ヒメコハクモドキ？		アオモリマイマイ		ムツヒダリマキマイマイ		陸貝同定不能[*1]
			MNI[*2]		MNI		MNI		MNI		MNI		MNI		MNI		MNI		MNI		MNI	
F11	XII層	141a, 9amL, 25ab, 2 mj, 36u	188	1ab, 1u	1	1a, 1ab	2			3a, 8 lj, 11 mj	22	1a, 3 lj, 1 mj, 1sj	6			10 1j	10	2sj, 2u, 12f	4	4ab, 1 mjb, 1sjb, 18u	18	530f
C13	XIV層	1a, 2ab, 12u, 8f	15					?1u	?1	1 lj, 1 mjc?	2			1 lj	1					1 mj, 10u, 10f	11	350f
C13	XV層	55a, 3amL, 5ab, 1 lj, 19u, 25f	75	1a	1					5(1c)lj, 3 mj	7							4sj, 2u, 3f	6	4 mj, 35u, 46f	39	1320f

a：成貝，b：体層（外唇を含む），c：色彩残り，f：破片，lj：大形幼貝，mj：中形幼貝，mL：殻口欠，sj：小形幼貝，u：殻頂
[*1]：ほとんどムツヒダリマキマイマイ，[*2]：最少個体数（現生個体cは除く）

9種の分布は，ヤマキサゴ・ムツヒダリマキマイマイ・アオモリマイマイの3種は北海道に分布せず，パツラマイマイ・オカメタニシは北海道と東日本に分布している。そして，前述したように，ヤマキサゴとムツヒダリマキマイマイが優占していた（第8表）。

　つまり，陸産貝類では，最終氷期最寒冷期においても，現在北海道のみに分布するような種は認められず，また北方系の種が優占することもないという極めて興味深い事実が示された。当時の森林は現在の落葉広葉樹を中心としたものではなく，カバノキ類やトウヒ類の優占する森林と考えられ（例えば日比野・竹内1998），気温もかなり低かったであろうが，陸産貝類の分布にきわめて大きな変化を与えなかったことも同時にわかった。この結果は，陸産貝類の極めて低い移動能力によるものと考えられ，同じような飛翔等により分散できない林床性の生物群の氷期—間氷期の分布研究に新しい視点を提供するものと思われる。

　下北半島の尻労周辺の石灰岩地帯からは，これまでにも陸産種を中心とした更新世の貝類が報告されている（波部1965，島口2010）。分類的な見解の相違を加味すると，波部（1965）の報告した種の内，今回後期更新世層から確認できなかったものはキバサナギガイ等の3種のみで，両者はほぼ同様な組成を示していると言えよう。島口（2010）は，本洞窟の近くから31470-23570yrBPの年代値を示すナウマンゾウの化石と共に得られたムツヒダリマキマイマイ（ナンブマイマイとして）1種のみを報告した。今回の旧石器時代層ではムツヒダリマキマイマイが多く（第8表），ゾウ化石と共に大形の本種のみが確認されていることは理解しやすい。つまり，これまでのデータも，今回の結果を追認するものと言える。なお，島口（2010）は，最終氷期から現在の温暖化の過程で，尻労地域ではアオモリマイマイが増加し，ムツヒダリマキマイマイが減少した可能性もあるのではないかとしたが，今回の結果ではアオモリマイマイは旧石器時代層からも優占することはないが現在まで確認されており，この可能性は否定される。

　波部（1965）は，更新世の貝類として，海産種を含めた22種を報告している。これは，脊椎動物化石を調査されていた長谷川善和氏によりいわゆる裂か堆積物中から抽出されたものである。この報告の陸産貝類は更新世のものであろうが，当時の状況から陸産貝類自体の年代測定は当然行われていない。微小な陸産貝類では僅かな裂かであっても，後代の遺体が落ち込む可能性は否定できない。波部（1965）も述べ

ているように，全て周辺の現生種からなっていると記している．今回の遺跡発掘調査では，上部からの詳細な考古学的発掘が行われ，さらに陸産貝類自体の年代測定を行っているため，確実に結果を示すことができている．

なお，波部（1965）は少数の海浜性あるいは海産貝類も報告しており，その多くは微小貝である．この報告の基となった下北半島尻屋地域の後期更新世の脊椎動物群の詳細な報告は長谷川ら（1988）によって行われ，「これまで日本で見られなかった……哺乳類，鳥類，貝類などそれぞれに海生と陸生の種が混在することである」とその特殊性を強調している．海産貝類は，上記のもので，海成段丘の海浜性礫層に由来するものと考えられているようである（長谷川ほか1988）．報告者にとって，この報告が興味深かったのは，3地点のうち，1地点からネズミザメ・サケ属・スイ・ハリセンボン属等の魚類が，ヤベオオツノジカや多くの鰭脚類と共に確認されていたことである．この興味深い化石群は旧石器時代の遺跡の可能性を含め様々な側面から再検討されても良いように思われる．

(黒住耐二)

引用・参考文献

東　正雄（1995）原色日本陸産貝類図鑑．増補改訂版．xvi＋343 pp.＋80 pls. 保育社．

黒住耐二（2009）微小陸産貝類が示す古環境．In 小杉　康ら（編），縄文時代，第3巻，大地と森の中で―縄文時代の古生態系―, pp. 124-138. 同成社．

島口　天（2010）青森県東通村尻労からナウマンゾウ化石と共産したナンブマイマイ．ちりぼたん，40（2）: 87-89.

長谷川善和・冨田幸光・甲能直樹・小野慶一・野苅家宏・上野輝彌（1988）下北半島尻屋地域の更新世脊椎動物群集．国立科学博物館専報，(21): 9-36, 8 pls.

波部忠重（1958）青森県下北半島の陸産貝類．資源科学研究所彙報，(46/47): 62-66.

波部忠重（1965）青森県尻屋崎日鉄トンネル石灰岩洞の洪積世堆泥中の貝類化石．*Venus*, 23（4）: 198-204, 206.

日比野紘一郎・竹内貞子（1998）東北地方の植生史．In 安田喜憲・三好教夫（編），図説日本列島植生史，pp. 61-72．朝倉書店．

湊　宏（1986）下北半島に分布するマイマイ属の3種．ちりぼたん，17（2）: 42-45.

湊　宏（1987）"日本海要素型"分布をするイツマデガイ類．南紀生物，(54): 13-24.

2. 精密水洗によって得られた小型哺乳類遺体

青森県下北半島の尻屋崎のすぐ南の地域には，ジュラ紀の比較的大きな石灰岩体があって，古くからその採掘が行われてきた（第20図）．採掘に伴って，石灰岩の中に洞窟や裂罅が見つかり，それを埋めた堆積物からはしばしば哺乳類化石が産出した．そのような化石の産出を最初に報告したのは直良（1954）であろう．彼は，わが国の「獣類化石種名と産出地」の一覧の中に「青森県下北郡東通村尻矢崎裂罅」をニホンジカ化石の産地との一つとしてあげている．その後，中島・桑野（1957）や中島（1958）はこの地域の哺乳類化石を含む裂罅堆積物を記載し，そこから多くの種類の哺乳類化石が産出したことを報告している．また，直良（1965）はそのような堆積物から産出したオオカミなどの哺乳類化石について述べている．一方，Hasegawa（1972）もそのような裂罅堆積物の一つから産出した非常に多くの種類の動物化石のリストをあげた．さらに直良（1972）は，中島・桑野（1957）や中島（1958）があげた産地の一つから得られた脊椎動物化石の記載を行っている．また Kowalski and Hasegawa（1976）は，Hasegawa（1972）の産地から得られた齧歯目化石の記載を行っている．このような多くの報告に記述された産地や化石に新たなものを

加えて，長谷川ほか（1988）はこの地域から産出した脊椎動物化石についてのまとめを行った。そのほか，波多野ほか（1999）や島口（2001），阿部ほか（2002），高橋ほか（2006）も，これらの産地から産出したゾウ類やシカ類の化石について報告している。

以上のような研究から，この地域では比較的狭い場所に多くの化石産地が集まっていること（第20図），それらから産出する豊富な化石は中・後期更新世のもので，その一部には陸棲動物の化石に海棲のものが伴っていて，そのような洞窟・裂罅堆積物の化石産地は日本本土では他に例がないことなどから，この地域の化石群集は日本の中・後期更新世の動物相を復元する上できわめて重要なものと考えられるようになった。また，この地域は津軽海峡に面していて（第20図），このような化石の研究から中・後期更新世における本州と北海道の間の古地理や動物の移動を考える上での重要な情報が得られることも期待できる。

尻労安部洞窟は，そのように重要な化石産地の集中した地域内に立地しており，これまでの長年の精密な発掘調査によって，その堆積物は後期更新世後期から完新世にかけての時期のものであることが明らかにされた。さらに詳しく編年された各層準からは多くの哺乳類遺体（化石），特に小型のものが豊富に産出することが明らかになった。これまでに知られている上記の化石産地では，後期更新世後期や完新世の小型哺乳類遺体群集は知られていないので[1]，この洞窟の群集を研究することは中期更新世から完新世までのこの地域の小型哺乳動物相の変遷史を明らかにする上で，これまでに欠けていた時期の情報を追加できるという点で大きな意義があると考えられる。この洞窟の群集のうち完新世のものについての研究結果は，河村ほか（2015）が報告しているが，ここでは後期更新世のものについて報告する。ここで報告するのは，2008～2012年の発掘調査で採取された堆積物を精密に水洗して得られた小型哺乳類遺体である。

(1) 調査区と層序

この洞窟の調査区のうち，今回の研究に用いた小型哺乳類遺体を抽出した堆積物が採取された調査区と層を第21図に示した。この洞窟の堆積物の層区分については，発掘調査時の層区分が整理され，第9表の最左欄のI～XVII層にまとめられている。これらの層のうち，後期更新世にあたるのはXI～XVII層である。一方，出土した小型哺乳類遺体につけられたラベルには，すべて発掘調査時の層名が記入されているので，将来の遺体の整理や再調査に役立つように，第9表にはXI～XVII層のそれぞれと，発掘調査時の層名との対応関係も示しておいた。また，この表には各層の時代とその根拠や，年代に関する情報も載せられている。

(2) 遺体の抽出

今回の研究に用いた小型哺乳類遺体は，この洞窟の後期更新世の層準から2008～2012年の発掘調査で採取された堆積物を水洗しフルイ分けされたもののうち，最も細かい2～0.5 mmの粒度の堆積物から抽出したものである。河村ほか（2015）が述べているように，このような水洗で2 mm目のフルイとして用いられたのは，2010年の発掘調査以前には，プラスチック製のカゴ（底面は約2.0×2.0 mm目で，側面は約2.0×2.8 mm目）と2 mm目の標準フルイであったが，2011年の発掘調査以後は2 mm目の標準フルイのみになった。今回の遺体を抽出した堆積物が採取された調査区と層の一覧を第10表に示した。河村ほか（2015）と同様，堆積物の水洗や遺体の抽出，その後の整理・保管の方法は，河村（1992）の方法に基本的にしたがっている。

第1節　旧石器時代　61

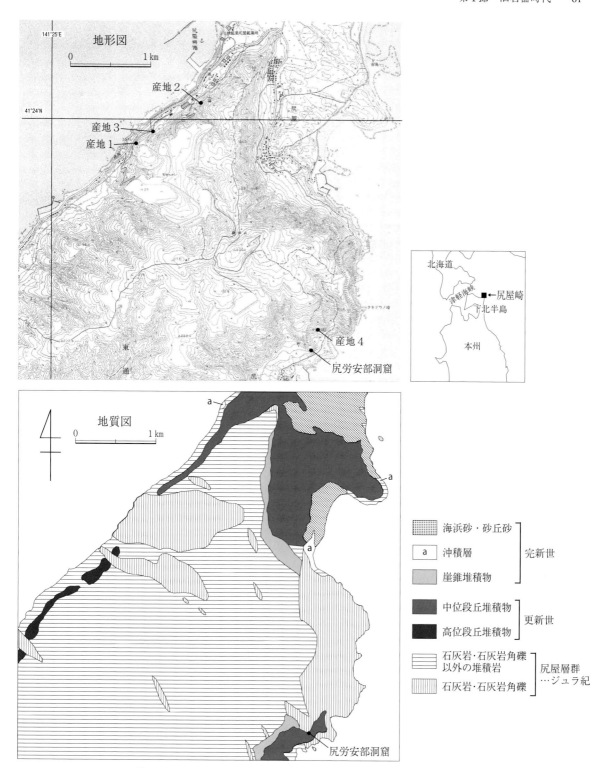

第20図　尻労安部洞窟とその周辺の地質と更新世哺乳類化石産地の位置

地形図は国土地理院発行の2万5千分の1地形図「尻屋」を使用。化石産地の位置と名称は、長谷川ほか（1998）による。地質図は、対馬・滝沢（1977）年を簡略化した。

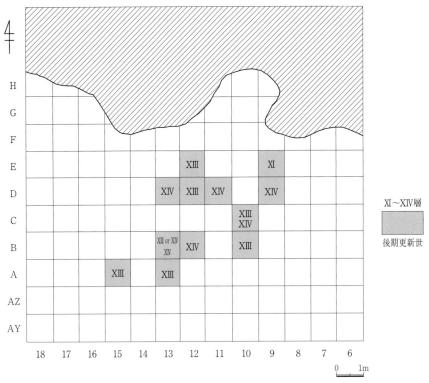

第 21 図　小型哺乳類遺体を抽出した堆積物が採取された調査区と層

網かけ部分は採取された調査区を，各調査区内のローマ数字は層名を表す。これらの層の区分や時代については，第 9 表を参照。

第 9 表　尻労安部洞窟の堆積物の層序と年代（後期更新世の層準を中心に）

ここで用いた層区分	発掘調査時の層区分	時　代	時代の根拠	備　考
Ⅰ層～Ⅵ層	河村ほか（2015）の第1表参照	完新世	土器編年	
Ⅶ層～Ⅹ層	河村ほか（2015）の第1表参照	時代未詳（？完新世初頭～更新世末）		
Ⅺ層	12層	後期更新世	放射性炭素年代	22.9～24.3ka[*]
Ⅻ層	11層，11'層，11a層，11b層	後期更新世	放射性炭素年代	35.9ka[*]
ⅩⅢ層	13層，13'層	後期更新世	放射性炭素年代	26.5～34.5ka[*]
ⅩⅣ層	14層			
ⅩⅤ層	14'層，15層，15a層，15b層，15c層			
ⅩⅥ層	14b層，15層（2008年までのもの），16層	後期更新世	放射性炭素年代	33.2ka[*]
ⅩⅦ層	16層（2008年までのもの），17層			

[*]未較正の放射性炭素年代値

第10表　後期更新世の小型哺乳類遺体を抽出した堆積物が採取された調査区と層

堆積物の採取された調査区	堆積物の採取された層 （括弧内は発掘調査時の層区分）
A13区	XIII層（13層，13'層）
A15区	XIII層（13層）
B10区	XIII層（13'層）
B12区	XIV層（14層）
B13区	XIIIまたはXIV層（13'層を含む14層），XIV層（14層）
C10区	XIII層（13層），XIV層（14層）
D9区	XIV層（14層）
D11区	XIV層（14層）
D12区	XIII層（13層）
D13区	XIV層（14層）
E9区	XI層（12層）
E12区	XIII層（13層）

発掘年は2008〜2012年で，遺体を抽出した堆積物の粒度は2〜0.5mm（一部2.8〜0.5mm）である。
河村ほか（2015）の第2表と対応している。

第11表　属または種レベルまで同定できた小型哺乳類遺体の層別の標本数

層	属または種レベルまで同定できた標本の数
XI層	1
XIII層	85
XIII層またはXIV層	2
XIV層	34
計	122

第12表　後期更新世の層準から出土した小型哺乳類遺体の種類別・調査区別・層別の標本数

種類（和名・学名）	XI層	XIII層						XIII層またはXIV層	XIV層					
	E9区	A13区	A15区	B10区	C10区	D12区	E12区	B13区	B12区	B13区	C10区	D9区	D11区	D13区
兎目　Lagomorpha														
ウサギ科　Leporidae														
ノウサギ属（種不明）Lepus sp. indet.	—	—	—	—	—	—	—	—	—	—	—	—	—	4
齧歯目　Rodentia														
ネズミ科　Muridae[2]														
*ニホンムカシヤチネズミ Myodes japonicus	—	—	—	—	—	—	—	—	—	—	—	—	2	1
トウホクヤチネズミに近似の種類 Phaulomys cf. andersoni	—	7	6	—	—	—	—	1	—	1	—	—	—	—
ハタネズミ　Microtus montebelli	—	6	10	—	—	1	—	—	3	—	—	2	—	1
*ニホンムカシハタネズミ Microtus epiratticepoides	—	—	—	—	—	—	—	—	—	—	—	—	1	—
ハタネズミ属（種不明）Microtus sp. indet.	—	25	18	1	2	4	1	1	10	2	1	1	2	2
アカネズミ　Apodemus speciosus	—	1	1	—	—	—	—	—	—	—	—	—	—	1
ヒメネズミ　Apodemus argenteus	1	—	—	1	1	—	—	—	—	—	—	—	—	—

本研究で取り扱ったもので，属または種レベルまで同定できたものの個数。＊絶滅種

(3) 遺体の分類と出土状況

　抽出した小型哺乳類遺体については，愛知教育大学で保管されている日本産の現生小型哺乳類骨格標本や第四紀小型哺乳類化石標本と比較するとともに，文献の記述（Kawamura 1988・1989，河村 1991）も参考にして分類を行った。本洞窟の完新世や時代未詳の層準での研究（河村ほか 2015）と同様に，抽出した遺体のうちで属や種レベルまで同定できるものに限って研究を行った。後期更新世の層準の場合，そのようなものはすべて遊離した歯であり，その個数は 122 点にすぎなかった（第 11 表）。この数は，河村ほか（2015）にある完新世や時代未詳の層準のものよりはるかに少ない。第 21 図や第 10 表に示したように，後期更新世の層準から得られた遺体は，多くの調査区の多くの層から採取された堆積物から抽出されたものであるので，このように少ないのは後期更新世の層準での遺体の含有率が，完新世や時代未詳の層準のものよりはるかに低いことによると考えられる。

　後期更新世の層準から得られた小型哺乳類遺体は，兎目と齧歯目に分類され，トガリネズミ形目や翼手目のものはその中には含まれていなかった。兎目の遺体は，小型哺乳類としては一般にサイズが大きいので，河村ほか（2015）による完新世と時代未詳の層準出土の遺体の研究の場合と同様に，ここで研究した遺体からは水洗・篩別の過程でその大部分が除外されている。除外されたものについては，中・大型哺乳類とともに澤浦ほか（2015a）で報告される。

(4) 遺体群集の特徴

　後期更新世の層準から得られた小型哺乳類遺体を分類し，上述のように属や種レベルまで同定できた歯の個数を層ごとに数えて第 11 表に示した。これらの層のうち，XI 層と XIII 層または XIV 層では，その数がそれぞれ 1 点と 2 点にすぎなかったので，ここでは比較的数の多い XIII 層と XIV 層について，それぞれの群集の特徴を述べる。

　そのうち，XIII 層の群集では属や種レベルまで同定できた歯の個数は 85 点で，その中ではハタネズミ（*Microtus montebelli*）とハタネズミ属（種不明）（*Microtus* sp. indet.）と同定したものの数が多い。後述するように，ハタネズミを含むハタネズミ属（*Microtus*）の遊離した臼歯を分類する場合，歯種によって種レベルまで同定できるもの（M^3 と M_1）と，属までしか同定できないもの（それ以外の臼歯）がある。XIII 層から得られたハタネズミ属の臼歯で種レベルまで同定できたものは，すべてハタネズミであったので，ハタネズミ属（種不明）としたものもハタネズミである可能性は高い。そこでハタネズミとハタネズミ属（種不明）とした歯の数を合計し，その割合を求めると 80% にもなり，ハタネズミ属がきわめて優勢であることがわかる。この値は，完新世や時代未詳の層準では約 42〜64% であるので（河村ほか 2015），XIII 層ではそれよりさらに高くなっている。一方，XIII 層の群集でそれに次いで多いのがトウホクヤチネズミに近似の種類（*Phaulomys* cf. *andersoni*）で，その出土割合は約 15% である。そのほか出土しているのは，アカネズミ（*Apodemus speciosus*）とヒメネズミ（*A. argenteus*）で，それぞれ 2% であった。XIII 層の群集で，ハタネズミとハタネズミ属（種不明）を 1 種類と数えると，この層の種類数は 4 となり，この洞窟の完新世や時代未詳の層準の群集（河村ほか 2015）より種類の多様性が低いが，このことは属や種まで同定できた歯がこの層ではそれらの層準より一般に著しく少ないことによる可能性が考えられる。

　XIV 層では，属や種のレベルまで同定できた歯の数が 34 点にすぎなかったので，出土割合について詳しい議論は行えないが，そのうちの 4 点が絶滅種に属するものであることは注目される。4 点のうち 3 点

はニホンムカシヤチネズミ（*Myodes japonicus*）で，1点はニホンムカシハタネズミ（*Microtus epiratticepoides*）である。このように絶滅種を含むのが，この層の群集の特徴で，完新世や時代未詳の層準，それに後期更新世の層準でもより上位のXIII層の群集には見られなかった特徴である。この層の群集には，ニホンムカシハタネズミと同様に，ハタネズミ属に属する現生種のハタネズミも出土している。ハタネズミ属の中でハタネズミとニホンムカシハタネズミの量比は6：1で，ハタネズミ属の中でハタネズミが圧倒的に多いこともこの層の群集の特徴の一つとなっている。ハタネズミとニホンムカシハタネズミ，それにハタネズミ属（種不明）としたものの合計が，この層のハタネズミ属の総数となるが，その割合は全体の約74％にもなる。このようにハタネズミ属の割合が非常に高いのもこの層の群集の特徴で，このことはXIII層の群集とも共通する。

　XIV層の群集には，そのほかにトウホクヤチネズミに近似の種類やアカネズミも含まれていたが，XIII層で出土しているヒメネズミは見られなかった。ハタネズミ属（種不明）としたものが，XIV層ではハタネズミかニホンムカシハタネズミのいずれかであるとして種類数から除外すると，この層の群集は6種類で構成されていることになる。この層で属や種のレベルまで同定できた歯の数がXIII層よりさらに少ないにもかかわらず，種類の多様性はXIII層の群集より高くなっている。

(5) 各種類の説明

　各種類に同定した遺体の形態的特徴と同定の理由を，この洞窟の完新世や時代未詳の層準の層準から出土した遺体の報告（河村ほか 2015）の場合と同様に説明する。説明にあたって必要な記載用語は，Kawamura（1988）にしたがった。

ア　兎　目

　この洞窟の後期更新世の層準からは兎目の遺体が多数得られているが，ここで研究した遺体は前述のように2mm目のフルイ（一部は2.8mm目）を通過したものなので，兎目の遺体の大部分は，中・大型哺乳類遺体とあわせて，澤浦ほか（2015a）で報告されている。ここで研究したのは，XVI層出土の遊離歯が4点（I^1の破片が2点と頬歯の破片が2点）であった。これらはいずれも保存状態が悪いが，その形態的特徴や大きさからウサギ科（Leporidae）のものであることがわかる。日本本土で現生のもの，あるいは化石として知られているウサギ科の属はノウサギ属（*Lepus*）のみである。そこで，現在本州・四国・九州とその属島の一部に分布するノウサギ（*Lepus brachyurus*）の現生標本と比較したところ，両者の間に大きな違いは見られなかった。しかし，今回の遺体は保存状態が悪いことや，ノウサギ属の他の種との比較ができなかったために，ここではそれらをノウサギ属（種不明）とすることにした。

イ　齧歯目

　後期更新世の層準から得られた齧歯目の遺体は，すべてネズミ科（Muridae）[2]に属するものであった。それらは，非常に歯冠の高い稜柱状の臼歯をもつハタネズミ亜科（Arvicolinae）と，それよりはるかに歯冠が低く鈍丘歯型の臼歯をもつネズミ亜科（Murinae）に分類される。ハタネズミ亜科のものは，さらにニホンムカシヤチネズミ，トウホクヤチネズミに近似の種類，ニホンムカシハタネズミ，ハタネズミ，ハタネズミ属（種不明）に，ネズミ亜科のものはさらにアカネズミとヒメネズミに分類された。

A　ニホンムカシヤチネズミ［写真7の1］

　この洞窟のXIV層から得られたハタネズミ亜科の3点の臼歯には，歯根形成の兆候が見られた。これらの臼歯は，有根であること以外にも，咬合面観で凸角がより丸味を帯びていることや，エナメル質の厚さが場所によってさほど顕著に分化していないことなどの特徴で，後述のハタネズミ属（*Microtus*）とは区別できる。また，臼歯の咬合面の模様はよく似ているが，臼歯に無根が形成されないスミスネズミ属（*Phaulomys*）[3]とも歯根形成の兆候が見られることで区別できる[4]。歯根形成の兆候は，凹角の歯根側の部分が閉じ始めることによって識別できる（写真7の1b）。日本で現生のもの，あるいは化石として知られているハタネズミ亜科で，このような特徴をもつものはヤチネズミ属（*Myodes*）[5]である。この属の種は，現在の日本では北海道とその属島に大型のタイリクヤチネズミ（*M. rufocanus*）とムクゲネズミ（*M. rex*），それに小型のヒメヤチネズミ（*M. rutilus*）が分布しているが，本州・四国・九州には分布していない。一方，化石種として中型のニホンムカシヤチネズミ（*M. japonicus*）が本州の中期更新世の堆積物から知られている（Kawamura 1988，河村 1991）。今回の臼歯は数が少ない上に断片的なものであるが，その大きさは中型でニホンムカシヤチネズミに一致するので，その種に同定した。今後さらにこの洞窟で標本を増やして，この同定を確かめる必要がある。

B　トウホクヤチネズミに近似の種類［写真7の2〜4］

　臼歯の模様はニホンムカシヤチネズミに似ているが，臼歯に歯根形成の兆候が見られないものは，スミスネズミ属に属すると考えられる。その属の種で，現在本州中部以北の森林に生息するトウホクヤチネズミの現生標本と比較すると，その特徴が一致したが，同属のスミスネズミ（*Phaulomys smithii*）との区別が臼歯の特徴では明確ではないため，ここではトウホクヤチネズミに近似の種類と同定した。この洞窟の完新世や時代未詳の層準から出土しているもの（河村ほか 2015）と同一の種類で，後期更新世の層準ではXIII層とXIII層またはXIV層，それにXIV層から出土しており，後期更新世の層準を全体として見ると，ハタネズミやニホンムカシハタネズミを含めたハタネズミ属に次いで出土数が多い。

C　ハタネズミ［写真7の5〜9］

　ハタネズミを含むハタネズミ属の臼歯は，無根であること，凸角が尖っていること，isthmusが一般に閉じていて閉じた三角紋をつくっていること，各三角紋が規則正しく交互に配列していること，エナメル質の厚さが場所によってはっきり分化していることで，ヤチネズミ属やスミスネズミ属の臼歯とは区別できる。ハタネズミ属の種は，河村ほか（2015）でも述べているように，M^3やM_1の特徴で区別されているが，この洞窟の後期更新世の層準から出土した遺体の中で，M^3の後環がCやFのような形になっているもの（Kawamura 1988のC_1型，C_2型，F_1型，F_2型）と，M_1の閉じた三角紋が5個で前環にLSA5やBSA4がともによく発達しているものを，ハタネズミと同定した。そのようなものはXIII層とXIV層から比較的多く出土している。

　河村ほか（2015）と同様に，Kawamura（1988）にしたがって後期更新世の層準（XIII層）で，M^3の後環の変異を調べてみると，12点のうちC_1型は9点，C_2型は1点，F_1型は1点，F_2型が1点であった（河村ほか 2015：第7表参照）。なお，Kawamura（1988）に示されたこれら以外の形態型のものは出現しなかった。ハタネズミは日本の固有種で，現在の日本に分布するハタネズミ属の唯一の種で，本州・九州とその属島の一部に分布し，草原的な環境の場所を好んで生息している。また，その化石は本州・四国・九州の中・後期更新世の堆積物から知られている（Kawamura 1988，河村 1991，河村・西岡 2011）。

D　ニホンムカシハタネズミ［写真7の10］

　ハタネズミ属の M_1 で，上記のハタネズミとは異なる特徴をもつものが XIV 層から1個出土した。この M_1 では歯冠の後部は失われているが，もともとは閉じた三角紋が4個あったと考えられ，後方から数えて6番目の isthmus（Is 6）が広く開いているので，そこでは T5 が前環の一部となっていて識別できない。本州・九州の中・後期更新世の堆積物から知られているハタネズミ属の種は現生種のハタネズミのほか，絶滅した種類としてニホンムカシハタネズミとブランティオデスハタネズミに近似の種類（*Microtus* cf. *brandtioides*）が知られている（Kawamura 1988，河村 1991）。これらのうち，M_1 の閉じた三角紋が4個のものは，ニホンムカシハタネズミだけであることから，この M_1 をニホンムカシハタネズミと同定した。この M_1 のそのほかの特徴としては，その前環が比較的単純な形で，後方から数えて5番目の舌側凹角（LRA5）や後方から数えて4番目の頬側凹角（BRA4）が見られないことがあげられる。Kawamura（1988・1989）はニホンムカシハタネズミの M_1 の変異を記載し，多くの標本を図示しているが，このような特徴をもつものはその中に見られる。ニホンムカシハタネズミは本州・九州ばかりではなく，最近は四国の更新世の堆積物からも発見されている（河村・西岡 2011）。

E　ハタネズミ属（種不明）

　ハタネズミ属の特徴をもつ臼歯で M^3 や M_1 以外のものは種レベルまでの同定ができないため，一括してハタネズミ属（種不明）とした。このように分類したものは，XIII 層と XIII 層または XIV 層，それに XIV 層から出土しているが，遺体数の多い XIII 層や XIV 層では，すべての種類の中で最も出土数が多かった。

F　アカネズミ［写真7の11と12］

　ネズミ亜科の特徴をもった臼歯は，M^1 によく発達した posterostyle があること，posterior cingulum が見られること，M_1 では最も前のラミナに medial anteroconid があり，歯冠頬側に複数個の付加咬頭が列をつくっていることなどの特徴から，アカネズミ属（*Apodemus*）に分類できる。それらには，相対的に大型のものと小型のものがあり，大型のものはアカネズミの現生標本と大きさや形態がよく一致することや，Kawamura（1989）や河村（1991）によるアカネズミ化石の記載とも一致することから，アカネズミと同定した。そのように同定したものは，XIII 層出土の M^1 と M_1 が各1個と XIV 層出土の M_1 が1個のみであった。現生のアカネズミは日本の固有種で，北海道・本州・四国・九州とその属島に分布し，森林や草地に生息している。その化石は本州・四国・九州の中・後期更新世と完新世の堆積物から知られている（Kawamura 1989，河村 1991）。また，北海道の完新世の堆積物からも知られている（河村 2002）。

G　ヒメネズミ［写真7の13］

　アカネズミ属に属する臼歯の中で小型のものは，大きさや形態がヒメネズミの現生標本とよく一致することや，Kawamura（1989）や河村（1991）によるヒメネズミ化石の記載とも一致することから，それらをヒメネズミと同定した。そのようなものは，アカネズミと同様に少なく，XI 層出土の M^1 が1個と，XIII 層出土の M^1 と M_2 が各1個のみであった。現生のヒメネズミは日本の固有種で，アカネズミと同様に北海道・本州・四国・九州とその属島に分布し，森林で生活している。その化石は本州・四国・九州の中・後期更新世や完新世の堆積物から知られている（Kawamura 1989，河村 1991）。また，北海道の完新世の堆積物からも知られている（河村 2002）。

写真7の説明

ニホンムカシヤチネズミ *Myodes japonicus*

1. 右 M^1 の破片（SAO-139）。1a：咬合面観，1b：舌側観（矢印は歯根形成の兆候を示す）。D11区のXIV層出土。

トウホクヤチネズミに近似の種類 *Phaulomys* cf. *andersoni*

2. 左 M^1（M-SAM-317）。2a：咬合面観，2b：頬側観。A13区のXIII層出土。
3. 左 M^3（M-SAM-315）。3a：咬合面観，3b：頬側観。A13区のXIII層出土。
4. 右 M_3（M-SAM-325）。4a：咬合面観，4b：頬側観。A13区のXIII層出土。

ハタネズミ *Microtus montebelli*

5. 右 M^3（M-SAM-319）。咬合面観。後環は C_1 型。A13区のXIII層出土。
6. 左 M^3（M-SAM-318）。咬合面観。後環は F_1 型。A13区のXIII層出土。
7. 右 M_1（SAS-0914）。咬合面観。歯冠後部が欠失。D13区のXIV層出土。
8. 右 M_1（S-SAM-0202）。咬合面観。歯冠後部が欠失。A15区のXIII層出土。
9. 右 M_1（M-SAM-345）。咬合面観。A13区のXIII層出土。

ニホンムカシハタネズミ *Microtus epiratticepoides*

10. 右 M_1（SAO-138）。咬合面観。歯冠後部が欠失。D11区のXIV層出土。

アカネズミ *Apodemus speciosus*

11. 右 M^1（M-SAM-327）。咬合面観。A13区のXIII層出土。
12. 右 M_1（SAS-0917）。咬合面観。D13区のXIV層出土。

ヒメネズミ *Apodemus argenteus*

13. 左 M^1（S-SAM-0239）。咬合面観。C10区のXIII層出土。

写真中の記号の説明

　AL：前環（anterior loop），bac：頬側付加咬頭（buccal accessory cusp），BRA：頬側凹角（buccal reentrant angle），Is：isthmus，LRA：舌側凹角（lingual reentrant angle），mac：medial anteroconid，pc：posterior cingulum，PL：後環（posterior loop），ps：posterostyle，T：三角紋（triangle）。

　なお，BRA，Is，LRA，T は上顎臼歯では前方から，下顎臼歯では後方から番号をつけて呼ぶ。ただし M^2 と M^3 では最も前方のLRA，Is，T はそれぞれ LRA2，Is 2，T2 である（Kawamura 1988：Fig. 75・76参照）。

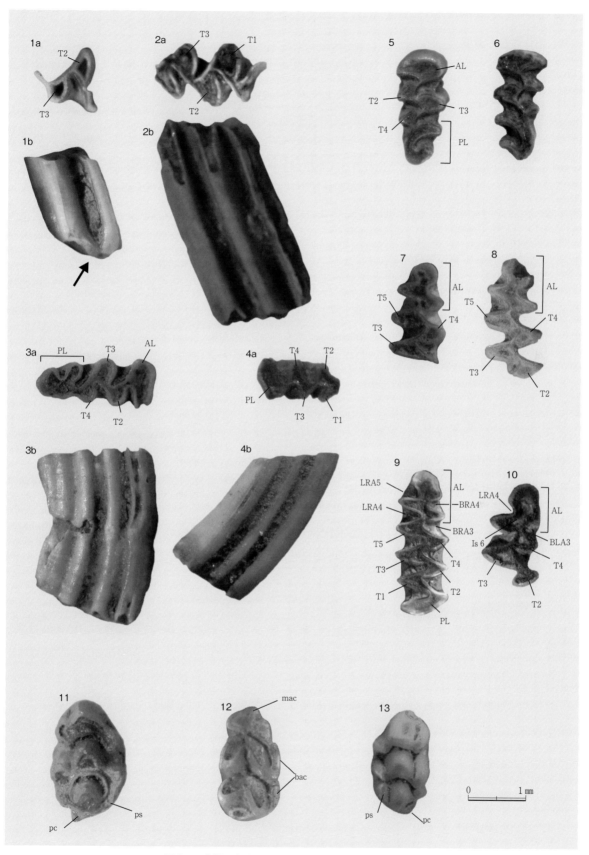

写真7　後期更新世の層準から出土した小型哺乳類遺体

(6) 考　察

ア　動物群と古環境

　ここでは後期更新世の層準のうち，小型哺乳類遺体の出土数が比較的多い XIII 層と XIV 層について議論する。

　XIII 層では，ハタネズミとハタネズミ属（種不明）としたものの合計，つまりハタネズミ属に属するものの割合が非常に高い。XIV 層ではそれらにニホンムカシハタネズミが加わるが，ハタネズミ属に属するものの割合は同様に非常に高い。ハタネズミ属は全北区の温帯～寒帯の草原に適応して進化したグループと考えられ，この属の現生種もそのような地域の草原や草原的な環境の場所を好んで生息している。XIII 層や XIV 層でハタネズミ属が非常に多いことは，それらの層が堆積した当時，この洞窟周辺では草原的な環境が卓越していたことを示している。一方，これらの層ではハタネズミ属よりはるかに少ないが，トウホクヤチネズミに近似の種類も出土している。この種類が属するスミスネズミ属は日本の固有属で，それに属する現生種は森林に生息している。XIII 層からわずかに出土しているヒメネズミも森林棲の種である。このようなことから，当時の洞窟周辺には森林もあったことがわかる。日本周辺の大陸の乾燥地域の草原では，齧歯目にマーモット属（*Marmota*）やキヌゲネズミ属（*Cricetulus*），モグラネズミ属（*Myospalax*）などの特徴的な種類が生息しており，それらは中国北部や東北部の中・後期更新世の化石産地からも産出している（河村 1982：表2・3参照）。しかし，このような大陸の草原棲の種類は，この洞窟ではまったく出土していない。したがって，この洞窟の後期更新世の動物群から推定される草原的な環境は大陸の草原とは大きく異なり，草原は卓越するが，森林が点在する，あるいは草原に接して森林が広がるような環境であったと考えられる。

　河村ほか（2015）が述べているように，この洞窟の完新世や時代未詳の層準でも，後期更新世の層準ほどではないにしても，ハタネズミ属は優勢で，それにトウホクヤチネズミに近似の種類やヒメネズミが伴っている。このことはこの洞窟周辺で，森林を伴うが草原の卓越する環境が，完新世にやや森林的になったにしても，後期更新世から完新世まであまり変化せず続いていたことを示している。

イ　尻労安部洞窟とその周辺の化石産地との関係

　尻労安部洞窟の周辺にある更新世の哺乳類化石産地（第20図）の堆積物と，この洞窟のものとの関係を整理すると第22図のようになる。これらの産地のうち，産地2と産地3では大型海棲哺乳類が陸棲哺乳類に伴って産出しているので，これらの産地の堆積物は高海水準期に堆積したものと考えられる。この地域には高海水準期に形成された数段の海成段丘が発達しており，その形成時期が推定されているので，それらの段丘とこれらの産地の標高の関係をもとに，これらの産地の堆積物の年代を推定できる。また，産地4では，尻労安部洞窟と同様に，放射性炭素年代測定が行われている。なお，これらの化石産地の名称は長谷川ほか（1988）にしたがった。

　産地1は，中島・桑野（1957）の地点 A にあたる。この地点は大矢・市瀬（1956・1957）の第4段丘，すなわち第20図に示した対馬・滝沢（1977）の中位段丘の堆積面から約 10 m 上位にあるとされ（中島・桑野 1957），長谷川ほか（1988）によれば，ここからはヒグマ（*Ursus arctos*），ナウマンゾウ（*Palaeoloxodon naumanni*），オオツノジカ属（*Megaceros* sp.），バイソン属（*Bison* sp.）といった絶滅した種類や現在の本州に分布しない種類を含む中・大型哺乳類が産出したとされているが，海棲哺乳類は報告されていない。そ

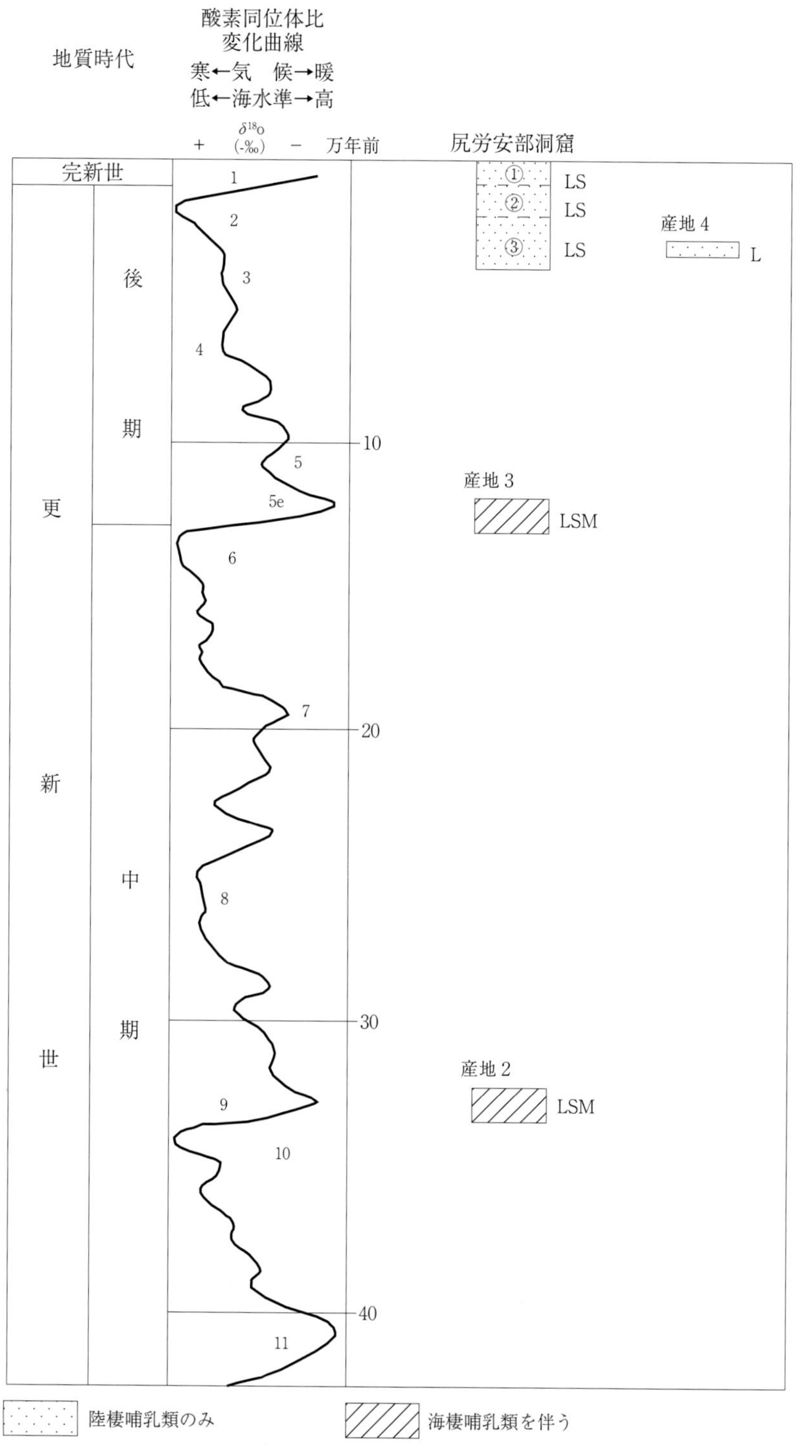

第 22 図　尻労安部洞窟とその周辺の第四紀哺乳類化石産地の堆積物の年代

①～③は尻労安部洞窟の堆積物の層準（①は完新世の層準，②は時代未詳の層準，③は後期更新世の層準）を表す。他の化石産地の位置は第 20 図に示した。酸素同位体変化曲線は Bassinot et al.（1994）によるもので，そこに示した数字は酸素同位体ステージ（MIS）を表す。L, M, S は遺跡・化石産地における哺乳類化石（遺体）の産出状況を表し，L は陸棲中・大型哺乳類，M は海棲大型哺乳類，S は陸棲小型哺乳類の産出を表す。なお中期更新世の始まりは約 78 万年前で，この図には表わされていない。

第13表　尻労安部洞窟とその周辺の化石産地における小型哺乳類遺体（化石）の産出状況

尻労安部洞窟の完新世と時代未詳の層準については，河村ほか（2015）による。産地2については，長谷川ほか（1988）によるが，その中のトガリネズミ属の分類は Tomida and Sakura（1991）と Dokuchaev et al.（2010）のデータにより修正した。産地3については長谷川ほか（1988）による。なお齧歯目の分類方式は，Kawamura（1988, 1989）や本稿にしたがっている。また，アズマモグラとコテングコウモリの学名は阿部（2007）などによる。＊は絶滅種で，○は現在の本州・四国・九州には分布しない現生種。

種類名（和名・学名）	尻労安部洞窟（MIS 1-3）			産地3（MIS 5）		産地2（MIS 9）
	完新世の層準	時代未詳の層準	後期更新世の層準	第1地点	第2地点	
トガリネズミ形目 Soricomorpha						
シントウトガリネズミ　*Sorex shinto*	+	+	−	+	+	+
○バイカルトガリネズミ　*Sorex caecutiens*	−	−	−	−	−	+
ニホンジネズミ　*Crocidura dsinezumi*	+	+	−	+	+	+
ヒメヒミズ　*Dymecodon pilirostris*	+	+	−	−	+	−
ヒミズ　*Urotrichus talpoides*	+	+	−	+	+	+
アズマモグラ　*Mogera imaizumii*	−	−	−	+	+	+
モグラ属（種不明）　*Mogera* sp. indet.	+	−	−	−	−	−
翼手目 Chiroptera						
キクガシラコウモリ　*Rhinolophus ferrumequinum*	+	+	−	+	+	−
コキクガシラコウモリ　*Rhinolophus cornutus*	+	+	−	−	−	−
ノレンコウモリに近似の種類　*Myotis* cf. *nattereri*	+	+	−	−	−	−
ホオヒゲコウモリ属（種不明）　*Myotis* sp. indet.	+	−	−	−	+	−
？チチブコウモリ属（種不明）　? *Barbastella* sp. indet.	+	−	−	−	−	−
ウサギコウモリ　*Plecotus auritus*	+	+	−	−	+	−
コテングコウモリ　*Murina ussuriensis*	+	−	−	−	+	−
兎目						
ノウサギ属（種不明）　*Lepus* sp. indet.	−	+	+	−	+	+
齧歯目 Rodentia						
ニホンリス　*Sciurus lis*	+	−	−	−	−	−
ムササビ　*Petaurista leucogenys*	+	−	−	−	−	−
モモンガ　*Pteromys momonga*	+	+	−	−	−	−
モモンガ属（種不明）　*Pteromys* sp. indet.	−	−	−	−	−	+
＊ニホンムカシヤチネズミ　*Myodes japonicus*[6]	−	−	−	−	−	+
トウホクヤチネズミまたはそれに近似の種類 *Phaulomys andersoni* or *Phaulomys* cf. *andersoni*	+	+	+	+	+	−
ハタネズミ　*Microtus montebelli*	+	+	−	−	−	−
＊ニホンムカシハタネズミ　*Microtus epiratticepoides*[6]	−	−	+	−	−	+
ハタネズミ属（種不明）　*Microtus* sp. indet.	+	+	−	−	−	+
アカネズミ　*Apodemus speciosus*	+	+	−	+	+	+
ヒメネズミ　*Apodemus argenteus*	+	+	−	+	+	−
ドブネズミ　*Rattus norvegicus*	−	−	−	+	−	−
ヤマネ　*Glirulus japonicus*	+	−	−	−	+	−

のため，この地点の堆積物は更新世のどの時期のものか不明で，第22図には示していない。なお，中島・桑野（1957）は長谷川ほか（1988）にあげられている種類のほかに，小型哺乳類（ハタネズミ）を報告しているが，その同定の妥当性は不明である。

　産地2は，中島（1958）の第2採石場にあたる。この産地は標高80 m付近にあり，大矢・市瀬（1956・1957）の第3段丘，すなわち第20図に示した対馬・滝沢（1977）の高位段丘の高度にあたる。この段丘は桑原・山崎（2000・2001）や山崎（2001）によって酸素同位体ステージ9のものとされた海成の東栄段丘に相当する。一方，長谷川ほか（1988）によれば，産地2からは第13表に示した多くの種類の小型哺乳類（一部は Dokuchaev et al. 2010 によって訂正されている）のほか，ヒグマやトラ（*Panthera tigris*）やヤベオオツノジカ（*Sinomegaceros yabei*）といった現在本州に分布しない種や絶滅種が産出し，さらにキタオットセイ（*Callorhinus ursinus*），カリフォルニアアシカ（*Zalophus californianus*），トド（*Eumetopias jubatus*）などの大型海棲哺乳類が産出している。このようなことから，産地2の堆積物を高海水準期の酸素同位体ステージ9のものと考えた。

　産地3は，中島・桑野（1957）の地点Bにあたる。この産地の第1地点と第2地点は近接しており，

「堆積物，含有化石とも内容的に大差がない」とされるので（長谷川ほか1988），第22図では同一時期のものとしたが，第13表ではより正確に表すためにこれらを区別しておいた。第1地点はHasegawa（1972）の"Shiriya 4th site"にあたり，Kowalski and Hasegawa（1976）が記載した齧歯目化石はここから産出したものである。第1地点と第2地点からはともに，第13表のような多くの種類の小型哺乳類のほか，ヒグマやナウマンゾウ，ヤベオオツノジカなどの現在の本州に分布しない種や絶滅種が産出し，さらにキタオットセイ，カリフォルニアアシカ，トドなどの大型海棲哺乳類も産出している。産地3の標高は約35 mで，大矢・市瀬（1956・1957）の第4段丘，すなわち第20図に示した対馬・滝沢（1977）の中位段丘の高さにあたる。この段丘は，桑原・山崎（2000・2001）や山崎（2001）によって酸素同位体ステージ5eのものとされた海成の斗南ヶ丘段丘（M-1段丘）に相当する。したがって，産地3の堆積物を高海水準期のステージ5eのものと考えた（第22図）。なお，直良（1972）が記載した脊椎動物化石は，中島・桑野（1957）のB地点出土とされるので，地点3のものである。

　産地4は，尻労安部洞窟に近接した位置にあり，そこから200 mほどしか離れていない（第20図）。ここでは，ナウマンゾウとヤベオオツノジカが産出しているだけで（波多野ほか1999，阿部ほか2002，高橋ほか2006），海棲哺乳類は報告されていない。高橋ほか（2006）は，ここから産出したナウマンゾウの臼歯化石3点の放射性炭素年代値（未較正の値）を約31 ka，約24 ka，約26 kaとしている。これらは暦年較正をすると，酸素同位体ステージ3に入る値である。

　第22図で尻労安部洞窟とこれらの産地の堆積物の関係を見ると，産地2は尻労安部洞窟よりはるかに古く中期更新世の後期，産地3はそれより新しいが尻労安部洞窟より古い後期更新世の前期，産地4は尻労安部洞窟の後期更新世の層準とほぼ同時期の後期更新世の後期のものであることがわかる。

ウ　動物群の比較とこの地域での動物群の変遷

　これら周辺の化石産地の中で，尻労安部洞窟との時間的な前後関係がわかり，小型哺乳類化石が産出しているのは産地2と産地3である。それらから報告されている小型哺乳類の種類と，尻労安部洞窟から出土したものを第13表にまとめた。なおこの表で，尻労安部洞窟については，後期更新世の層準のものばかりでなく，完新世や時代未詳の層準のものも比較のために示しておいた。

　トガリネズミ形目は尻労安部洞窟の後期更新世の層準では出土していないが，産地2では5種類が報告されている。そのうち，バイカルトガリネズミ以外の4種類は産地3でも報告されている。また，そのうちでアズマモグラとされているものは，尻労安部洞窟の完新世の層準でモグラ属（種不明）としたものと同一のものの可能性が考えられるので，これを同一とするとこれら4種類はこの洞窟の完新世の層準とも共通する。このことから，これら4種類は今後の発掘調査でこの洞窟の後期更新世の層準からも出土することが十分に予想できる。また，Tomida and Sakura（1991）とDokuchaev et al.（2010）のデータによれば，産地2のバイカルトガリネズミの産出はごくわずかなので，この地域のトガリネズミ形目の動物群は中期更新世の後期から完新世にかけてさほど変化していないと思われる。

　翼手目も尻労安部洞窟の後期更新世の層準の群集や産地2の群集では見られない。産地3では第1地点と第2地点を合わせて4種類が産出し，この洞窟の完新世の層準では6種類が産出している。前者のホオヒゲコウモリ属（種不明）と後者のノレンコウモリに近似の種類が同一のものとすると，産地3の4種類はこの洞窟の完新世の層準からすべて産出していることになり，それらは今後の発掘調査でこの洞窟の後

期更新世の層準からも出土する可能性がある。

　兎目は，ノウサギ属とされるものが産地2や産地3ばかりでなく，尻労安部洞窟の後期更新世や時代未詳の層準からも出土している。また第13表にはないが，澤浦ほか（2015b）が完新世の層準から報告しているノウサギ属もこれと同一のものと考えられるので，ノウサギ属は中期更新世後期から完新世にかけてこの地域に生息していたことになる。またその時期には兎目の他の属，たとえばナキウサギ属（*Ochotona*）はこの地域には分布していなかったと考えられる。

　齧歯目は産地2と産地3，それに尻労安部洞窟の各層準から産出している。産地2では，絶滅種のニホンムカシヤチネズミ[6]とハタネズミ属，アカネズミが報告されている。ハタネズミ属については種レベルでの同定が行われていないので，それが絶滅種か現生種かは不明である。産地3では，第1地点と第2地点のものを合わせると，9種類が報告されている。そのうちの6種類は，尻労安部洞窟の後期更新世の層準でも出土しているので両者の種類構成は似ている。さらに残りの3種類のうち，ヤマネはこの洞窟の完新世や時代未詳の層準から出土しており，産地3でモモンガ属（種不明）とされるものは，この洞窟の完新世や時代未詳の層準のモモンガと同一のものとすると，それらは今後この洞窟の後期更新世の層準からも出土することが予想できる。

　Kowalski and Hasegawa（1976）は産地3の第1地点産の齧歯目化石の各種類の量比を示しているが（M_1の数が示されている），そのデータによれば，この地点では現生種のハタネズミが圧倒的に多く（約80％），それにトウホクヤチネズミ（約13％）が伴なっている。一方，絶滅種のニホンムカシヤチネズミ[6]やニホンムカシハタネズミ[6]は，ごくわずかである。そのほか，アカネズミやヒメネズミ，ドブネズミもわずかに産出している。一方，尻労安部洞窟の後期更新世の層準では，前述のように，齧歯目はXIII層で85点，XIV層で34点と数が少ないので（Kowalski and Hasegawa 1976のようにM_1の数のみに限定すると，これよりはるかに少なくなる），これら2つの層を一括して考えることにすると，種レベルで同定できているものでは，現生種のハタネズミが非常に多く，ハタネズミ属（種不明）と属レベルまでしか同定できないものも大部分がハタネズミとすると，その割合はさらに高くなる（第12表）。それに次いで，トウホクヤチネズミに近似の種類が多い。一方，絶滅種のニホンムカシヤチネズミやニホンムカシハタネズミはわずかで，そのほかアカネズミやヒメネズミも少ない。このようにこの洞窟の後期更新世の層準の齧歯目の動物群は産地3のものと各種類の出土割合でもよく似ていることがわかる。

　以上のような各産地の動物群の比較から，尻労安部洞窟とその周辺地域では，少なくとも後期更新世の前期から完新世にかけては，小型哺乳類の動物相にさほど大きな変化はなく，ハタネズミまたはハタネズミ属が非常に優勢な動物群が維持されたと推定できる。河村（2014）がまとめているように，後期更新世から完新世にかけて動物相に大きな変化があったヨーロッパや北アメリカと異なり，本州・四国・九州では動物相の変化がさほど顕著ではなかったとされているが，この地域でも同様に変化が少なかったことを，このことが示している。そのように変化が少ない中でも，後期更新世の前期から後期まで，比較的少数の要素として生き残っていた絶滅種のニホンムカシヤチネズミとニホンムカシハタネズミが，後期更新世末から完新世にかけての時期に絶滅していることも，またこの地域のデータは示している。それらの絶滅期は今のところ，XIV層より後の時期で，時代未詳の層準までの間ということしか言えない。今後の発掘で，この洞窟の時代未詳の層準や後期更新世の層準，特にX層からXIII層にかけての層準から多くの遺体が得られれば，それらの絶滅期や絶滅に至る過程をより明確にできる可能性がある。

エ 古地理の問題

　尻労安部洞窟とその周辺地域は、津軽海峡に面した本州最北端の地域である。津軽海峡には、ブラキストン線と呼ばれる生物分布の境界線が通っていて、それ以北の北海道と以南の本州・四国・九州の間では現在の哺乳類の動物相が大きく異なっている。そのため、この地域の中・後期更新世の哺乳類化石は、津軽海峡やブラキストン線の形成を考える上で重要なデータとなることが期待できる。

　この洞窟の後期更新世の層準（XIII層とXIV層）の小型哺乳類（齧歯目）の動物群は、絶滅種が含まれていることを除くと、この洞窟の完新世の層準の動物群と同じ内容のもので、現在の本州・四国・九州の動物群の要素で構成されていた。一方、現在の北海道の動物群の要素（たとえばタイリクヤチネズミやヒメヤチネズミなど）は見られなかった。したがって、後期更新世の後期には北海道の小型哺乳類が津軽海峡を越えて本州側に分布を拡げたことはなかったと推定できる[7]。第22図に示したように、この洞窟の後期更新世と時代未詳の層準の時期は、酸素同位体比変化曲線が左側へ片寄った後期更新世の中でも最も寒冷な時期である。寒冷になれば海面は低下するが、そのような時期でも津軽海峡は陸化せず、より寒冷な北海道に分布する小型哺乳類が本州へ分布を拡大するのを妨げる障壁になっていたと推定できる。一方、一部の大型哺乳類、たとえばKawamura and Kawamura (2012)が後期更新世の化石記録をまとめたヘラジカ（*Alces alces*）のように、後期更新世に北方から津軽海峡を越えて本州中部まで分布を拡げたものがあることも知られている。小型のものをはじめ他の多くの哺乳類については、今回の尻労安部洞窟の研究結果が知られる以前から本州の他の化石産地で同様の結果が得られていて、それを説明するのに河村（1985）以来、「津軽海峡氷橋説」が提唱されてきた。この説では、後期更新世の寒冷期でも津軽海峡は陸化せず、そこは冬期だけ結氷して氷橋が形成され、移動力の大きな大型哺乳類の一部だけがそこを通って本州に分布を広げることができたとする（この説については河村2014にまとめられている）。今回の研究結果は、これまでに知られていた化石産地よりも北方にある津軽海峡に面した地域でも「津軽海峡氷橋説」を支持するデータが得られたことを示すことになるので、その意義は大きい。しかし、今回調査したこの洞窟の後期更新世の層準出土の遺体はまだ数が少ないので、今後も新たに得られる遺体の研究を通して、今回の結果を確かめることが必要である。

(7) まとめ

　2008～2012年の発掘調査で尻労安部洞窟の後期更新世の層準（第9表）から採取された堆積物は、篩を用いて精密に水洗された。ここでは、篩分けされた堆積物のうち2mm（一部は2.8mm）～0.5mmの粒度の堆積物から抽出した小型哺乳類遺体の中で、属または種のレベルまで同定できたものについての研究結果を報告した。そのような遺体はすべて遊離した歯で、その総数は122点であり、そのほとんどがXIII層とXIV層から得られたものであった。それらの研究結果は、以下のように要約できる。

　1）　そのような遺体は兎目と齧歯目に大別され、その大部分は後者であった。
　2）　兎目はノウサギ属（種不明）のみであったが、齧歯目はニホンムカシヤチネズミ、トウホクヤチネズミに近似の種類、ハタネズミ、ニホンムカシハタネズミ、ハタネズミ属（種の特定ができない歯種の臼歯で、種不明として一括した）、アカネズミ、ヒメネズミに分類された。
　3）　これらのうち、ニホンムカシヤチネズミとニホンムカシハタネズミは絶滅種である。
　4）　これらの各種類の層別の出土数を第12表にまとめた。

76　第5章　出土遺物の研究

5) このような遺体群集では，ハタネズミとハタネズミ属（種不明）を合わせたものの割合が非常に高い。次いで多いのがトウホクヤチネズミに近似の種類であるが，それよりははるかに少ない。残りのニホンムカシヤチネズミ，ニホンムカシハタネズミ，アカネズミ，ヒメネズミはわずかであった。

6) 遺体群集の内容から，後期更新世の洞窟周辺では草原が卓越するが森林も点在するような環境，あるいは草原に接して森林が広がるような環境であったと推定される。

7) この洞窟の周辺で知られている中・後期更新世の哺乳類化石産地（第20図）と，尻労安部洞窟の堆積物の時間的な関係を第22図にまとめた。

8) 尻労安部洞窟の小型哺乳類遺体群集は，完新世や時代未詳の層準のものも含めてこの地域でこれまでに知られていなかった時期のものもあり，この地域での動物群の変遷を復元する上で重要である。

9) 少なくとも後期更新世の前期以降，この地域の小型哺乳類の動物相は，後期更新世後期～完新世にニホンムカシヤチネズミやニホンムカシハタネズミが絶滅したことを除くと，あまり変化していないと考えられる。

10) それら絶滅種の絶滅期や絶滅に至る過程は，今後の発掘調査でより多くの遺体が得られることによって，明確にできる可能性がある。

11) 尻労安部洞窟の後期更新世や時代未詳の層準の堆積物は，後期更新世の中で最も海面が低下した時期のものである（第22図）。この時期に北海道から渡来した種類がこの洞窟の群集に見られないことから，そのような時期にも津軽海峡は存在したと考えられる。河村（2014）などに述べられている「津軽海峡氷橋説」を支持するデータが，これまでに知られている化石産地や遺跡より北の津軽海峡に面した地域でも得られたことになる。

最後になるが，ここにまとめた研究をおこなうにあたって，愛知教育大学卒業生の酒井雅也，村瀬愛，鈴木雅樹，大清水千香の各氏には，堆積物の水洗，遺体の抽出と整理，予察的な分類などの作業を行っていただいた。なお，本研究に要した経費の一部には，筆者の一人河村善也が代表のJSPS科研費（21340145, 24650587）と，慶應義塾大学佐藤孝雄教授が代表のJSPS科研費（25284152）を使用した。

(河村善也・河村　愛・村田　葵)

註
1) 直良（1972）は，これらの産地のうちの中島・桑野（1957）が報告した産地の一つ（後述の産地3でB地点とも呼ばれた）の動物群を「古代末」のものとしているが，その根拠はクマネズミ属（*Rattus*）が産出したことである。しかしKawamura（1988）や河村（1991）がまとめているように，日本ではこの属は中期更新世とそれ以降の時代から知られているので，この年代推定には根拠がないことになる。後述のように，この産地の動物群は後期更新世前期のものと考えられる。
2) ハタネズミ類を独立の科（ハタネズミ科Arvicolidae）として取り扱う分類方式もあるが，ここではMcKenna and Bell（1997）の分類にしたがって，ネズミ科（Muridae）の中にハタネズミ亜科（Arvicolinae）とネズミ亜科（Murinae）をおく分類方式を採用した。
3) 河村ほか（2015）の註4参照。

4) 河村ほか（2015）の註4に述べたように，Kawamura (1988) は臼歯が無根のスミスネズミ属の種が，有根のヤチネズミ属の化石種であるニホンムカシヤチネズミから進化したと考えた。そのため，ヤチネズミ属とスミスネズミ属の移行段階，つまり1つの化石群集の中で，大部分は無根の臼歯でごく一部に有根または歯根形成の兆候があるものを含む場合，そのようなものを一括してヤチネズミ属とスミスネズミ属の移行型の種類（*Clethrionomys-Phaulomys* transitional form）と呼んだ。そのようなものは，本州中部の後期更新世の化石群集に見られる。つまり，中期更新世のニホンムカシヤチネズミが完新世までにスミスネズミ属の種に移行したと考えたので，後期更新世のものはそのような移行型の種類になる。ところが，それまでデータの乏しかった東北地方で後期更新世～完新世の化石群集のデータが新たに得られるようになって，上述のようなKawamura (1988) の考えは再検討を要する部分にあることが明らかになってきた。そのようなデータは，河村（2003a・b・c）による岩手県のアバクチ洞穴遺跡と風穴洞穴遺跡の化石群集の研究によるもので，そこでは後期更新世～完新世の堆積物に無根のものに混じって有根の臼歯が発見されたが，後期更新世の層準で有根のものの出現頻度が高いこと，前者の遺跡では完新世とされる層準から有根のものが見つかったことで，Kawamura (1988) の考えではこのような群集が十分に説明できないことになった。ただし，河村（2003a・b・c）では，まだこれらの遺跡で未研究の臼歯が多数あるため，詳しい分類は避けて，それらを一括してヤチネズミ属またはスミスネズミ属とし，それに有根型のものと無根型のものに分けるという便宜的な取扱いを行っている。今回の尻労安部洞窟の後期更新世の群集でも同じ問題が起っているが，ここでは分類学的位置をより明確にするために，有根型のものをニホンムカシヤチネズミ，無根型のものをトウホクヤチネズミに近似の種類と呼ぶことにした。それらはアバクチ洞穴遺跡や風穴洞穴遺跡のヤチネズミ属またはスミスネズミ属の有根型のものと無根型のものにそれぞれ対応している。今回研究した尻労安部洞窟の後期更新世の層準の遺体はごくわずかであるが，今後も同じ層準から多くの遺体が得られて，その研究が進展することが期待できること，またアバクチ洞穴遺跡や風穴洞穴遺跡の多数の未報告の標本の研究が今後進展することが期待できることから，そのような研究の進展を待って，この問題を決着させたいと考えている。

5) 河村ほか（2015）の註5参照。

6) 産地2や産地3の化石で，Kowalski and Hasegawa (1976) や長谷川ほか（1988）が"*Clethrionomys rufocanus*"（タイリクヤチネズミ）や"*Microtus epiratticeps*"と同定したものは，Kawamura (1988) によって，それぞれニホンムカシヤチネズミとニホンムカシハタネズミに訂正された。

7) 北海道には，後期更新世の小型哺乳類化石を産出する化石産地は知られていない。しかし，北海道は後期更新世の長い期間，近隣の大陸とは地続きであったので，その時期の動物相は大陸のものとほぼ同一であったと推定でき，マンモスゾウなどの絶滅種を除いて，その時期の動物群がそのまま現在まで生き残っていると考えられる。事実，現在の北海道の動物相は大陸のものとよく似ている。

引用文献

阿部　永（2007）日本産哺乳類頭骨図説（増補版）．北海道大学出版会，290pp.

阿部祥人・奈良貴史・米倉　薫（2002）下北半島における旧石器時代遺跡研究の重要性—遺跡・遺物と動物化石の検討から—．史学，71: 437-455.

大矢雅彦・市瀬由自（1956）下北半島北東部の海岸地形．資源科学研究所彙報，40: 16-28.

大矢雅彦・市瀬由自（1957）下北半島の海岸地形　第2報．資源科学研究所彙報，43, 44: 113-128.

河村善也（1982）日本の第四紀哺乳動物の生物地理—東アジアの哺乳動物相の変遷と関連して—．哺乳類科学，43, 44: 99-130.

河村善也（1985）最終氷期以降の日本の哺乳動物相の変遷．月刊地球，7: 349-353.

河村善也（1991）日本産の第四紀齧歯類化石—各分類群の特徴と和名および地史的分布—．愛知教育大学研究報告（自然科学），40: 91-113.

河村善也（1992）小型哺乳類化石標本の採集と保管．哺乳類科学，31: 99-104.

河村善也 (2002) 北海道苫小牧市静川 22 遺跡から出土した縄文時代前期の小型哺乳類．苫小牧市埋蔵文化財調査センター（編）苫小牧東部工業地帯の遺跡群 IX—苫小牧市静川 22 遺跡発掘調査報告書—．苫小牧市埋蔵文化財調査センター，pp. 755-773.

河村善也 (2003a) アバクチ洞穴の完新世小型哺乳類遺体．百々幸雄・瀧川　渉・澤田純明（編）北上山地に日本更新世人類化石を探る—岩手県大迫町アバクチ・風穴洞穴遺跡の発掘—．東北大学出版会，pp. 156-184.

河村善也 (2003b) アバクチ洞穴の後期更新世脊椎動物遺体．百々幸雄・瀧川　渉・澤田純明（編）北上山地に日本更新世人類化石を探る—岩手県大迫町アバクチ・風穴洞穴遺跡の発掘—．東北大学出版会，pp. 185-200.

河村善也 (2003c) 風穴洞穴の完新世および後期更新世の哺乳類遺体．百々幸雄・瀧川　渉・澤田純明（編）北上山地に日本更新世人類化石を探る—岩手県大迫町アバクチ・風穴洞穴遺跡の発掘—．東北大学出版会，pp. 284-386.

河村善也 (2014) 日本とその周辺の東アジアにおける第四紀哺乳動物相の研究—これまでの研究を振り返って—．第四紀研究．53: 119-142.

河村善也・河村　愛・村田　葵 (2015) 縄文時代以降の動物遺体：小型哺乳類遺体．本書，pp. 204-238.

河村善也・西岡佑一郎 (2011) 四国で発見されたハタネズミ属化石の意義．日本古生物学会第 160 回例会講演予稿集，19.

桑原拓一郎・山崎晴雄 (2000) 下北半島・田名部低地帯における海成段丘の形成と田名部累層の堆積過程および地殻変動．月刊地球，22: 711-716.

桑原拓一郎・山崎晴雄 (2001) テフラから見た最近 45 万年間の恐山火山の噴火活動史．火山，46: 37-52.

澤浦亮平・澤田純明・佐藤孝雄 (2015a) 旧石器時代の動物遺体：脊椎動物遺体．本書，pp. 79-115.

澤浦亮平・澤田純明・佐藤孝雄 (2015b) 縄文時代以降の動物遺体：中・大型哺乳類遺体．本書，pp. 238-256.

島口　天 (2001) 青森県立郷土館の長鼻類臼歯化石．青森県立郷土館調査研究年報，25, 63-76.

髙橋啓一・島口　天・神谷英利 (2006) 青森県下北郡東通村尻労産のナウマンゾウ化石とそのAMS^{14}C年代．化石研究会会誌，39: 21-27.

対馬坤六・滝沢文教 (1977) 尻屋崎地域の地質：地域地質研究報告（5 万分の 1 地質図幅）．地質調査所，川崎，36pp., 3pls.

直良信夫 (1954) 日本旧石器時代の研究．寧楽書房，p. 298.

直良信夫 (1965) 日本産狼の研究．校倉書房，p. 290.

直良信夫 (1972) 古代遺跡発掘の脊椎動物遺体．校倉書房，p. 198.

中島全二 (1958) 下北半島尻屋崎における第四紀哺乳類化石の産出状況について（第 2 報）．資源科学研究所彙報，46, 47: 37-39.

中島全二・桑野幸夫 (1957) 下北半島尻屋崎における第四紀哺乳類化石の産出状況について．資源科学研究所彙報，43, 44: 153-159.

長谷川善和・冨田幸光・甲能直樹・小野慶一・野苅家　宏・上野輝彌 (1988) 下北半島尻屋地域の更新世脊椎動物群集．国立科学博物館専報，21: 17-36, pls. 1-8.

波多野良次・田中克人・根本直樹 (1999) 青森県のナウマンゾウとオオツノジカ化石についての新知見．青森県史研究，3, 131-141.

山崎晴雄 (2001) 下北半島．小池一之・町田　洋（編）日本の海成段丘アトラス．東京大学出版会，pp. 26-27.

Bassinot F. C., Labeyrie L. D., Vincent E., Quidelleur X., Shackleton N. J., and Lancelot Y. (1994) The astronomical theory of climate and the age of the Brunhes-Matuyama magnetic reversal. Earth and Planetary Science Letters, 126: 91-108.

Dokuchaev N. E., Kohno N., and Ohdachi S. D. (2010) Reexamination of fossil shrews (*Sorex* spp.) from the Middle Pleistocene of Honshu Island, Japan. Mammal Study, 35: 157-168.

Hasegawa Y. (1972) The Naumann's elephant, *Palaeoloxodon naumanni* (Makiyama) from the Late Pleistocene off

Shakagahana, Shodoshima Is. in Seto Inland Sea, Japan. Bulletin of the National Science Museum, 15: 513-591, pls. 1-22.

Kawamura A. and Kawamura Y. (2012) Late Pleistocene remains of the elk (*Alces alces*) from Kaza-ana Cave, Iwate Prefecture, northeast Japan. Journal of Geosciences, Osaka City University, 55: 21-41.

Kawamura Y. (1988) Quaternary rodent faunas in the Japanese Islands (Part 1). Memoirs of the Faculty of Science, Kyoto University, Series of Geology and Mineralogy, 53: 31-348.

Kawamura Y. (1989) Quaternary rodent faunas in the Japanese Islands (Part 2). Memoirs of the Faculty of Science, Kyoto University, Series of Geology and Mineralogy, 54: 1-235.

Kowalski K. and Hasegawa Y. (1976) Quaternary rodents from Japan. Bulletin of the National Science Museum, Series C, 2: 31-66, pl. 1

McKenna M. C. and Bell S. K. (1997) Classification of Mammals above the Species Level. Columbia University Press, 631pp.

Tomida Y. and Sakura H. (1991) Catalogue of Small Mammal (Insectivora, Lagomorpha, Chiroptera, & Rodentia) Fossil Specimens. National Science Museum, 205pp.

3. 脊椎動物遺体

尻労安部洞窟のこれまでの調査で得られた後期更新世の脊椎動物遺体は1,000点を超えるが，その半数がナイフ形石器の出土したXV層から出土した。定形的な旧石器と同一層から出土した点で，日本列島においては類例の少ない動物群であり，旧石器時代人と動物の関わりを探る上で極めて重要な資料といえる。本稿では，2012年までの発掘調査によって出土した脊椎動物遺体の詳細を報告し，これらが人為的に形成されたものであることを明らかにした上で，洞窟における旧石器時代人の動物利用について論じる。

(1) 資料と方法

ア　資　料

分析資料は，B列以北のXI〜XVI層から出土した後期更新世の脊椎動物遺体1,136点である。これらは，発掘時における目視による取り上げと2mm目のフルイを用いた水洗選別によって採集された。調査区最南部のA列は層理面の傾斜が強く，縄文時代以降の遺物の下層への混入が認められたため（第2章第2節第1・2項），A列出土物は報告対象から除外した。なお，2mm目フルイを通過した一部堆積物については，さらに0.5mm目フルイによる水洗選別を実施し，微小資料を採取している。0.5mm目フルイ上で得られた小型哺乳類遺体については，本書の河村らによる報告（第5章第1節第2項2）を参照されたい。

イ　同　定

肉眼観察による現生・化石骨格標本との比較を通じ，骨の部位，動物種を同定した。比較標本には，東北大学歯学部口腔器官構造学分野，慶應義塾大学民族学考古学研究室，森林総合研究所東北支所・関西支所，日本歯科大学新潟生命歯学部解剖学講座，聖マリアンナ医科大学解剖学講座の所蔵する骨・歯標本を利用した。食虫目，ハタネズミ以外のネズミ科，翼手目に関しては，本稿執筆時点において出土資料と現生標本の比較検討が不十分であったため，同定を科ないし目にとどめた。

同定した動物遺体に関しては，分類群ごとに同定標本数（NISP: Number of Identified Specimens）と重量を示し，属ないし種まで同定された動物については最小個体数（MNI: Minimum Number of Individuals）も表し

ウ　計測・観察方法

出土動物のうち，計測点を有するウサギとヒグマの歯について，デジタルノギス（NTD12P-15PMX, Mitutoyo）を用いて計測を実施した。ウサギの歯の計測は宮尾ほか（1984），ヒグマの下顎第1後臼歯の計測はDriesch（1976），ヒグマの他の歯の計測は茂原（1986）に準拠した。計測者間誤差を防ぐため，計測はすべて執筆者の1名（澤浦）が担当した。計測値の統計的検討にはJMP（SAS Institute Inc.）を用いた。また，骨体表面の形状と色調の観察をもとに，焼成や切創痕など人為的痕跡の有無を調査した。

(2) 同定結果と観察所見

ア　出土動物の概要

脊椎動物遺体1,136点のうち，目以下まで同定された979点はすべて哺乳類遺体である。同定不能な小片にも哺乳類以外の動物に相当するものは見当たらず，脊椎動物遺体は哺乳類から構成されるとみなして大過ない。

保存状態は第5章第2節で後述する縄文時代以降の資料群と比較して良好とはいえず，ほとんどが細片と化していた。出土骨の総数が132点であったのに対して歯が993点と著しく多かったが，この偏りは，無機成分の含有率の高い歯冠エナメル質が骨に比べて腐食しにくかったためと推測される。硬組織資料の保存条件を検討するため，B15区とC15区のXIII層，B13区からB15区およびC13区からC15区のXV層の土壌pHを土混濁液試験法（土壌10gを蒸留水25mlに混合して攪拌し，約24時間経過後の上澄み液を土壌ダイレクトpH計（HI 99121，ハンナインスツルメンツ社）で検査）にて測定したところ，XIII層のpH値は7.59～8.09，XV層のpH値は7.63～8.20と，いずれも弱アルカリ性を示した。

注目されるのは，F11区XIV層から出土した10点の骨片に，焼成による黒色の色調変化が認められたことである。焼骨の存在はヒトの関与の証左として重要であり，その内容については後述する。

出土哺乳類の組成は4目5科5属と，科の不明な2目からなる（第14表，写真8）。主体を占めるウサギが合計で812点（71%）を数え，その他に食虫目7点，翼手目3点，ハタネズミを含むネズミ科73点，ムササビを含むリス科23点，ヒグマ4点，カモシカを含む偶蹄目55点が同定された。出土動物の生息域は，草原・疎林（ウサギ），森林（ムササビ・リス類，ウサギ，ヒグマ），山地（カモシカ）と多彩な陸上環境を含む。現在の陸上・海底地形から推測するに，現在より海水面が低下していた旧石器時代の尻労安部洞窟は平原から山地に移行する環境遷移帯に位置していたと考えられ，出土動物相はこれを反映した様相ともいえる。もっとも，出土動物の複合的な生息域に対して，出土した種の数は，9目18科30属以上の哺乳類を擁する下北半島尻屋地域の更新世動物群（長谷川ほか1988）に遠く及ばず，5目10科15属からなる本洞窟の縄文時代の中・大型哺乳動物相（第5章第2節第7項）と比較しても多様さを欠くことは興味深い。更新世動物群の種名と層別出土量を第14表，個々の出土資料の情報を本項末の第22～39表にまとめた。

出土哺乳類において特筆すべきは，ウサギの多出と，完新世の本州には分布しないヒグマが確認されたことである。尻労安部洞窟が立地する下北半島は生物地理分布境界である津軽海峡（ブラキストン線）の直南にあり，更新世における動物群の移動を議論する際にかねてより注目されてきた地域である（Kawa-

第14表　更新世の層準から出土した脊椎動物遺体

		XI層			XII層			XIII層		
		NISP(%)	MNI	重量	NISP(%)	MNI	重量	NISP(%)	MNI	重量
哺乳綱	Mammalia									
食虫目	Insectivora									
食虫目（種不明）	Insectivora indet.	1 (1.9)	—	<0.01	1 (3.3)	—	0.09	4 (2.8)	—	0.10
翼手目	Chiroptera									
翼手目（種不明）	Chiroptera indet.							3 (2.1)	—	0.07
ウサギ目	Lagomorpha									
ノウサギ属	*Lepus* sp.	40 (74.1)	2	2.42	14 (46.7)	1	1.14	73 (51.4)	5	5.72
ウサギ目（種不明）	Lagomorpha indet.	1 (1.9)	—	0.03	5 (16.7)	—	0.21	12 (8.5)	—	0.68
齧歯目	Rodentia									
ムササビ	*Petaurista* sp.	1 (1.9)	1	0.06						
リス科（種不明）	Sciuridae indet.				1 (3.3)	—	0.01	1 (0.7)	—	0.05
ハタネズミ属	*Microtus* sp.	3 (5.6)	2	0.03	2 (6.7)	1	0.03	8 (5.6)	5	0.20
ネズミ科（種不明）	Muridae indet.	1 (1.9)	—	0.01	1 (3.3)	—	<0.01	21 (14.8)	—	0.24
食肉目	Carnivora									
ヒグマ	*Ursus arctos*									
食肉目（種不明）	Carnivora indet.							1 (0.7)	—	0.11
偶蹄目	Artiodactyla									
カモシカ属	*Capricornis* sp.	1 (1.9)	1	0.10						
偶蹄目（種不明）	Artiodactyla indet.	1 (1.9)	—	0.11	1 (3.3)	—	0.28	2 (1.4)	—	0.94
不明哺乳類	Mammalia indet.	5 (9.3)	—	2.03	5 (16.7)	—	0.41	17 (12.0)	—	5.33
合計	Total	54 (100.0)	—	4.80	30 (100.0)	—	2.18	142 (100.0)	—	13.44
歯（遊離歯）	Isolated teeth	47 (87.0)		2.71	21 (70.0)		1.59	111 (78.2)		7.76
歯が植立した顎骨	Maxillae and/or mandibles with teeth	1 (1.9)		0.01	0 (0.0)		0.00	8 (5.6)		0.23
骨	Bones	6 (11.1)		2.08	9 (30.0)		0.59	23 (16.2)		5.45

		XIV層			XV層			更新世全体		
		NISP(%)	MNI	重量	NISP(%)	MNI	重量	NISP(%)	MNI*	重量
哺乳綱	Mammalia									
食虫目	Insectivora									
食虫目（種不明）	Insectivora indet.	1 (0.4)	—	0.01				7 (0.6)	—	0.21
翼手目	Chiroptera									
翼手目（種不明）	Chiroptera indet.							3 (0.3)	—	0.07
ウサギ目	Lagomorpha									
ノウサギ属	*Lepus* sp.	131 (49.6)	6	10.21	348 (54.4)	15	27.32	606 (53.3)	26	46.81
ウサギ目（種不明）	Lagomorpha indet.	35 (13.3)	—	2.04	153 (23.9)	—	5.06	206 (18.1)	—	8.02
齧歯目	Rodentia									
ムササビ	*Petaurista* sp.				7 (1.1)	1	0.21	8 (0.7)	1	0.27
リス科（種不明）	Sciuridae indet.	6 (2.2)	—	0.13	7 (1.1)	—	0.20	15 (1.3)	—	0.39
ハタネズミ属	*Microtus* sp.	7 (2.7)	4	0.17	8 (1.3)	5	0.09	28 (2.5)	11	0.52
ネズミ科（種不明）	Muridae indet.	13 (4.9)	—	0.19	9 (1.4)	—	0.10	45 (4.0)	—	0.55
食肉目	Carnivora									
ヒグマ	*Ursus arctos*	2 (0.8)	1	5.03	2 (0.3)	1	3.27	4 (0.4)	1	8.30
食肉目（種不明）	Carnivora indet.				1 (0.2)	—	0.27	2 (0.2)	—	0.38
偶蹄目	Artiodactyla									
カモシカ属	*Capricornis* sp.	2 (0.8)	2	0.31	1 (0.2)	1	0.13	4 (0.4)	2	0.54
偶蹄目（種不明）	Artiodactyla	28 (10.6)	—	12.41	19 (3.0)	—	2.44	51 (4.5)	—	16.18
不明哺乳類	Mammalia indet.	39 (14.8)	—	2.89	85 (13.3)	—	8.95	157 (13.8)**	—	21.29**
合計	Total	264 (100.0)	—	33.39	640 (100.0)	—	48.04	1136 (100.0)**	—	103.53**
歯（遊離歯）	Isolated teeth	239 (90.5)		31.19	574 (90.0)		39.52	993 (87.4)***		82.81***
歯が植立した顎骨	Maxillae and/or mandibles with teeth	1 (0.4)		0.10	1 (0.2)		0.01	11 (0.9)		0.35
骨	Bones	24 (9.1)		2.10	65 (9.8)		8.51	132 (11.7)****		20.37****

NISP: Number of Identified Specimens（同定標本数），MNI: Minimum Number of Individuals（最小個体数），重量の単位は g。
*更新世全資料を一括して算出した　**XVI層出土6点（1.68 g）を含む　***XVI層出土1点（0.04 g）を含む　****XVI層出土5点（1.64 g）を含む

写真 8 の説明

1. ノウサギ属 *Lepus* sp. 右上顎第 2 前臼（標本番号：SA08-15-C13-001）
2. ノウサギ属 *Lepus* sp. 左上顎第 2 前臼歯（標本番号：SA09-15-B13-072）
3. ノウサギ属 *Lepus* sp. 右下顎第 3 前臼歯（標本番号：SA08-15-C13-058）
4. ノウサギ属 *Lepus* sp. 左下顎第 3 前臼歯（標本番号：SA08-15-C13-059）
    1-4 の a, b, c はそれぞれ頬側面, 咬合面, 舌側面
5. ムササビ *Petaurista* sp. 右上顎第 2 後臼歯（標本番号：SA09-15-B12-059）咬合面
6. ヒグマ *Ursus arctos* 犬歯（標本番号：SA12-14'-D13-018）
    6a・6c：側面, 6b：唇側面, 6c：舌側面
7. ヒグマ *Ursus arctos* 左下顎第 2 切歯（標本番号：SA12-14-D13-057）
    7a：遠心面, 7b：舌側面, 7c：近心面, 7d：唇側面
8. ヒグマ *Ursus arctos* 右下顎第 1 前臼歯（標本番号：SA12-14'-D13-018）
    8a：頬側面, 8b：咬合面, 8c：舌側面
9. ヒグマ *Ursus arctos* 右下顎第 1 後臼歯（標本番号：SA12-14'-D13-019）
    9a：咬合面, 9b：頬側面, 9c：舌側面
10. 中型食肉目 Carnivora 左上顎犬歯（標本番号：SA10-15c-B15-001）
    10a：唇側面, 10b：舌側面
11. カモシカ属 *Capricornis* sp. 左下顎第 1 切歯（標本番号：SA12-14-E12-026）
    11a：唇側面, 11b：舌側面
12. カモシカ属 *Capricornis* sp. 左下顎第 1 切歯（標本番号：SA12-14-E12-058）
    12a：唇側面, 12b：舌側面
13. カモシカ属 *Capricornis* sp. 左下顎切歯（標本番号：SA04-12-F11-014）
    13a：唇側面, 13b：舌側面
14. 大型偶蹄類 Artiodactyla 左下顎第 1 切歯（標本番号：SA12-14-E10-005）
    14a：唇側面, 14b：舌側面

第1節 旧石器時代 83

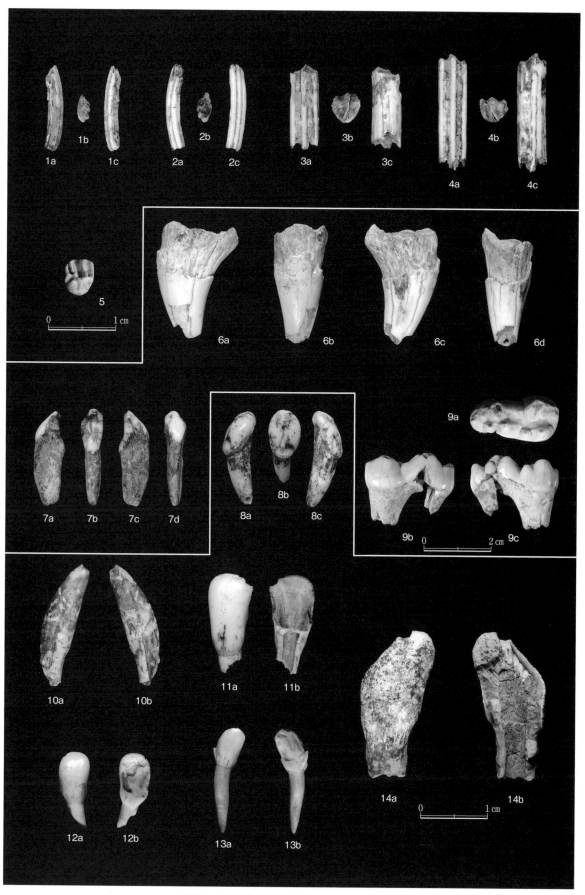

写真8　更新世の層準から出土した哺乳類遺体

mura 2007)。以下では，生物地理学的な問題も視野に含めつつ，ウサギおよびヒグマの同定について詳述する。

イ　ウサギ目 (Lagomorpha)

A　種の同定

　日本列島の主要4島に現生するウサギ目は，ウサギ科ノウサギ属のノウサギ (*Lepus brachyurus*, 本州以南に分布) とユキウサギ (*Lepus timidus*, 北海道に分布)，およびナキウサギ科ナキウサギ属のエゾナキウサギ (*Ochotona hyperborea yesoensis*, 北海道の高山帯に分布) の3種が知られている (阿部ほか 2005)。ユキウサギとナキウサギは北海道にのみ生息するが，尻労安部洞窟が本州北端に位置することを踏まえるならば，洞窟から出土する可能性も考慮する必要がある。これら3種のウサギは，例えば鼻骨などであれば肉眼形態学的に種を識別できるが，出土したウサギ遺体は，XI層から出土した橈骨近位端1点とXII層から出土した下顎骨歯槽部破片1点 (どちらもノウサギ属に同定) を除き，すべて歯から構成されていた。現生標本および文献の形態記載を比較検討した結果，肉眼形態学的に同定できる分類階層が歯種により異なっていたため，本報告では以下の基準を設定して歯の同定をおこなった。

1) 上・下顎切歯，上顎第2前臼歯，下顎第3前臼歯：ノウサギ属とナキウサギ属の区別が可能だが，ノウサギ属の2種の識別は困難であり，同定は属にとどめる。歯種の上下・左右・臼歯順位の鑑別が容易であり，最小個体数 (MNI) の算定基準とする。

2) 上顎第3前臼歯～第3後臼歯，下顎第4前臼歯～第2後臼歯：ノウサギ属とナキウサギ属の区別が可能だが，ノウサギ属の2種の識別は困難であり，同定は属にとどめる。遊離した臼歯では歯種の順位を決定できず，上下のみを区別して臼歯に一括する。

3) 臼歯エナメル質破片：科以下の検索が困難であり，同定をウサギ目にとどめる。

　出土したウサギの歯は，上顎切歯74点 (右11，左20)，下顎切歯99点 (右24，左26)，上顎第2前臼歯58点 (右14，左17)，その他の上顎臼歯260点，下顎第3前臼歯66点 (右21，左30)，その他の下顎臼歯48点，臼歯エナメル質破片205点，合計で810点を数えた (第15表)。ノウサギ属の最小個体数は，左下顎第3前臼歯から26体と算定された (断片資料の重複を防ぐため咬合面を有する歯のみを計数)。属まで同定し得た資料はすべてノウサギ属であり，ナキウサギは含まれていない。したがって，ウサギ目に同定をとどめた臼歯破片もノウサギ属である可能性が高いと判断される。

B　ノウサギ属の歯の計測的検討

　肉眼観察所見に基づく歯の同定ではノウサギ属の2種を区別できなかったが，ブラキストン線に近接する下北地方の地理的特殊性に鑑みれば，尻労安部洞窟のノウサギ属がノウサギかユキウサギなのかを特定することが重要となる。下顎第3前臼歯など特定の臼歯の形態はウサギ類の識別指標として用いられるが (Hibbard 1963)，ノウサギ属の種同定に有効か否か確かめられていない。そこで，上顎第2前臼歯と下顎第3前臼歯の歯冠近遠心径と頬舌径をもとに，日本列島に現生するノウサギ属2種の計測的識別可能性，ならびに尻労安部更新世ノウサギ属と現生ノウサギ属2種の形態的類縁関係を検討した。比較標本として，東北大学歯学部と慶應義塾大学民族学考古学研究室が所蔵するノウサギおよびユキウサギの現生標本を用いた。比較標本の計測では左側を用いた。

　計測値の基礎統計量を第16・17表，箱ヒゲ図を第23図に示す。個々の出土資料の計測値は第22～39

第15表 ウサギ目の層位別出土量

	XI層				XII層				XIII層				XIV層				XV層				合計			
	左	右	不明	MNE	左	右	不明	MNE	左	右	不明	MNE	左	右	不明	MNE	左	右	不明	MNE	左	右	不明	MNE
上顎切歯（Udi2）			5	1	1			1	1	1	6	1	4	2	9	1	14	8	23	2	20	11	43	3
上顎第2前臼歯（UP2）			3	1	2		1	1	4	2	4	3	6	5	5	5	5	7	14	5	17	14	27	12
その他の上顎臼歯（UP/UM）			16	—			5	—			31	—			50	—			158	—			260	—
下顎切歯（Ldi3）	2	1	1	2						3	12	3	6	6	11	3	15	17	25	9	26	24	49	17
下顎第3前臼歯（LP3）	1	1		1					7		1	5	6	7	4	6	16	13	10	15	30	21	15	26
下顎第3後臼歯（LM3）													1			1					1			1
その他の下顎臼歯（LP/LM）	1		8	—	2		2	—			1	—			9	—			24	—	3		44	—
上下不明臼歯片（P/M）			1	—			5	—			12	—			35	—			152	—			205	—
下顎骨					1			1													1			1
橈骨	1			1																	1			1

MNE（Minimum Number of Elements／最小部位数）は，左右別の出土点数と咬合面の有無を検討して算出した。

第16表 ノウサギ属上顎第2前臼歯の歯冠計測値

	N	近遠心径（mm）			頬舌径（mm）			頬舌径／近遠心径		
		平均	標準偏差	範囲	平均	標準偏差	範囲	平均	標準偏差	範囲
尻労安部	9	2.10	0.15	1.85-2.40	3.83	0.28	3.37-4.28	182.36	12.13	164.39-200.94
現生ノウサギ	7	2.22	0.37	1.59-2.75	4.58	0.86	3.06-5.61	206.30	19.67	188.79-244.09
現生ユキウサギ	13	2.18	0.11	1.99-2.36	4.23	0.41	3.63-4.98	194.29	16.57	175.58-228.77

第17表 ノウサギ属下顎第3前臼歯の歯冠計測値

	N	近遠心径（mm）			頬舌径（mm）			頬舌径／近遠心径		
		平均	標準偏差	範囲	平均	標準偏差	範囲	平均	標準偏差	範囲
尻労安部	6	4.03	0.42	3.43-4.46	3.41	0.41	2.73-3.87	84.83	10.23	77.95-104.59
現生ノウサギ	8	4.22	0.57	3.18-4.95	3.58	0.46	2.75-4.28	85.19	6.35	74.84-94.17
現生ユキウサギ	86	4.17	0.32	2.86-4.95	3.73	0.28	2.68-4.41	89.68	6.21	73.17-106.19

表の付記欄に載せた。現生のノウサギとユキウサギの計測4項目と示数2項目について，t分布を用いてWelchの方法により平均値の差を検定したところ，いずれの項目においても5％水準で有意差を認めることはできなかった。したがって，上顎第2前臼歯と下顎第3前臼歯の歯冠近遠心径と頬舌径をもって，現生ノウサギ属の2種を識別するのは困難といえる。尻労安部洞窟の更新世ノウサギ属と現生ノウサギ属2種の計測・示数項目について，Tukey-Kramer法により3群の平均値の差を検定したところ，どの項目においても5％水準での有意差を見出せなかった。次に，計測4項目に基づきペンローズの形態距離を算出したところ，尻労安部洞窟の更新世ノウサギ属は，現生ノウサギより現生ユキウサギに近い距離に位置していた（第18表）。もっとも，尻労安部洞窟の更新世ノウサギ属と現生ノウサギおよび現生ユキウサギの間の距離は，現生ノウサギと現生ユキウサギの間の距離より長いので，この結果をもって尻労安部洞窟ノウサギ属をユキウサギに比定するのは早計であろう。ウサギの歯の形態的検討から示された類縁関係が系統を反映しているかどうかについては，今後さらに検討を進める必要がある。

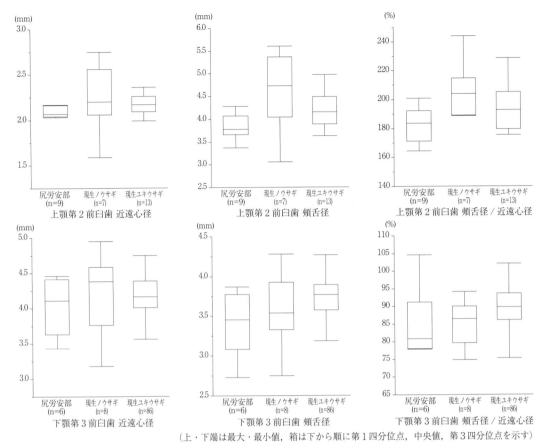

第23図　ノウサギ属上顎第2前臼歯・下顎第3前臼歯の歯冠計測値の箱ヒゲ図
（上・下端は最大・最小値，箱は下から順に第1四分位点，中央値，第3四分位点を示す）

ウ　ヒグマ（*Ursus arctos*）

第18表　ノウサギ属歯冠計測4項目に基づくペンローズの形態距離

	現生ノウサギ	現生ユキウサギ
尻労安部	0.868	0.170
現生ノウサギ		0.068

D13区 XIV 層から左下顎第2切歯と上下左右不明の犬歯歯冠，同区 XV 層から右下顎第1前臼歯と右下顎第1後臼歯が出土した（第19表）。左下顎第2切歯と右下顎第1前臼歯は保存良好で，ほぼ完形で残存していた。この2歯の根尖孔は閉鎖しておらず，若齢に比定される。右下顎第1後臼歯は，近・遠心根とも下半を欠損するものの，歯冠は歯頸部のエナメル質が一部剥落している他は良好に保存される。咬耗はほとんど進んでおらず，前述の2歯と同様に若齢であろう。犬歯の保存状態は不良で，歯冠先端と歯根を欠損，残存する歯冠においてもエナメル質が広範囲にわたって剥落し，上下左右の鑑別は困難であった。歯冠の先端を欠くため正確な咬耗状態は不明だが，残存部をみるに咬耗は進んでいないと推測される。以上4歯は，1) 出土範囲が局所的，2) 歯種が重複しない，3) 咬耗度に矛盾がない，などの点から同一個体に由来する標本と思われる。

出土歯はいずれも大型であり，同定においては，本州に現生するツキノワグマ（*Urusus thibetanus*）だけではなく，ヒグマ（*Ursus arctos*：現在の日本列島では北海道のみに生息するが，更新世は本州にも分布）の可能性を検討する必要があると考えられた。クマ科の種の識別について，北米大陸の現生2種（ヒグマ　*Ursus arctos*, アメリカグマ　*Ursus americanus*）では下顎第1後臼歯の歯冠計測値による判別が好成績を収めている（Gordon, 1977）。そこで，出土資料と日本列島の現生クマ科2種の下顎第1後臼歯歯冠の近遠心径・頬舌径

第19表　出土ヒグマ標本

標本番号	層位	調査区	部位	計測値 (mm)
SA12-14-D13-057	XIV	D13	左下顎第2切歯	近遠心径 6.09, 頬舌径 8.77
SA12-14-D13-058	XIV	D13	犬歯歯冠（上下左右不明）	長径 20.18, 短径 14.71*
SA12-14'-D13-018	XV	D13	右下顎第1前臼歯	―
SA12-14'-D13-019	XV	D13	右下顎第1後臼歯	近遠心径 24.18, 頬舌径 12.03

*残存部の歯頸部に最も近い箇所を計測。

第20表　クマ科下顎第1後臼歯の歯冠計測値

	N	近遠心径 (mm)			頬舌径 (mm)		
		平均	標準偏差	範囲	平均	標準偏差	範囲
尻労安部	1	24.18			12.03		
現生ヒグマ	51	23.63	1.14	21.66-26.49	11.28	0.72	9.75-12.87
現生ツキノワグマ♀	96	15.89	0.65	13.96-17.60	7.45	0.42	6.38-8.38
現生ツキノワグマ♂	161	16.70	0.70	14.75-18.28	7.97	0.42	6.70-8.96
縄文ツキノワグマ	13	17.97	1.18	16.24-19.94	8.50	0.63	7.63-9.74

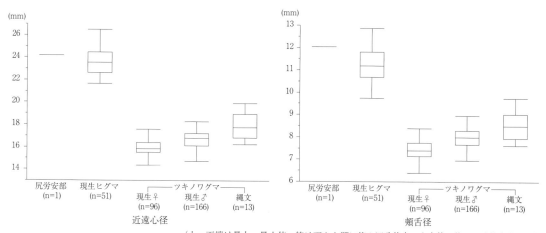

（上・下端は最大・最小値，箱は下から順に第1四分位点，中央値，第3四分位点を示す）

第24図　クマ科下顎第1後臼歯の歯冠計測値の箱ヒゲ図

を計測・比較し，Gordon (1977) と同様の方法で種の判別を試みた。比較標本として，慶應義塾大学民族学考古学研究室が所管するヒグマの近・現代標本，森林総合研究所が所蔵するツキノワグマの現生標本，花巻市総合文化財センターが所蔵する岩手県アバクチ洞穴出土縄文後期ツキノワグマを用いた（現生ツキノワグマは性別既知，他は性別不明）。比較標本は右側の臼歯を計測した。

　計測値の基礎統計量を第20表，箱ヒゲ図を第24図に示す。Tukey-Kramer 法により近遠心径と頬舌径の平均値の差の検定を行ったところ，計測2項目とも現生ツキノワグマのオスはメスより有意に大きく（$p<0.001$），また，縄文ツキノワグマは現生ツキノワグマのオスより有意に大きい値を示したが（近遠心径 $p<0.001$，頬舌径 $p<0.01$），ヒグマの歯冠サイズはこれらより明らかに大きく，その分布はどのツキノワグマ集団とも重複することがなかった（$p<0.001$）。すなわち，ツキノワグマ歯冠サイズの性差および時代差を考慮しても，ヒグマとツキノワグマは明瞭に区別し得る。尻労安部洞窟資料の計測値は，ヒグマ歯冠サイズの1標準偏差の範囲に含まれていたことから，ツキノワグマの可能性を除外し，ヒグマであるとみなしてよい。

エ その他の哺乳類遺体

A 食虫目（Insectivora）

F11区XI層から科不明の第1後臼歯の植立した右下顎骨1点，G11区XII層から右上腕骨1点，D11区XIII層から右上顎骨1点，右上腕骨1点，C9区XIII層から右脛骨1点，C11区XIII層とF11区XIV層から右上腕骨遠位部破片が1点ずつ出土した。

B 翼手目（Chiroptera）

D11区XIII層から科不明の左下顎骨1点，B10区XIII層から右下顎骨1点，B15区XIII層から左右不明の下顎骨1点が出土した。

C ネズミ科（Muridae）

属まで同定を行った資料はハタネズミ属（*Microtus* sp.）のみで，XI層から3点，XII層から2点，XIII層から8点，XIV層から7点，XV層から8点，計28点が出土した。ハタネズミ属の最小個体数は，下顎第1後臼歯（左右同数）から11体と算出した。出土部位の詳細は附表に示した通りとなる。この他，XVI層以外の全ての層から属・種不明のネズミ科が計45点出土した。

D ムササビ（*Petaurista* sp.）

F11区XI層から左下顎第1後臼歯，B12区XV層から右上顎第2後臼歯と上顎臼歯片および左下顎第2後臼歯，B13区XV層から下顎臼歯片，C13区XV層から右下顎第2後臼歯，C14区XV層から上顎臼歯片2点が出土した。最小個体数は1体である。いずれも歯冠破片で，歯根を欠損する。

E 種不明リス科（Sciuridae）

XII層から1点，XIII層から1点，XIV層から6点，XV層から7点の計15点が出土した。上・下顎切歯の破片が8点，臼歯破片が7点である。出土グリッドおよび出土部位の詳細は附表を参照されたい。科以下の同定は行っていないが，大きさからみてムササビを含むと思われる。

F 食肉目（Carnivora）

B15区XIII層から歯根未形成の左下顎犬歯，同区XV層から左上顎犬歯が出土した。いずれも大きさからテン・タヌキ大の中型食肉目と思われるが，科以下の同定は困難であった。

G カモシカ（*Capricornis* sp.）

F11区XI層から順位不明の左下顎切歯1点，E12区XIV層から左下顎左第1切歯が2点，B13区XV層から右下顎第1切歯が1点出土している。いずれも歯根はほとんど残存していない。

H 偶蹄目（Artiodactyla）

上記カモシカ以外に，XI〜XV層から種不明の偶蹄目の歯冠破片が計51点見つかっている。これらは臼歯歯冠のエナメル質小片が多数を占めるが，E10区XIV層からは左下顎第1切歯の歯冠破片1点と下顎切歯破片1点，D13区XIV層からは左下顎第3前臼歯が確認された。この左下顎第1切歯は現生のエゾシカと比較してかなり大きく，更新世末期に絶滅した大型偶蹄目（ヤベオオツノジカ（*Sinomegaceros yabei*），ヘラジカ（*Alces alces*），バイソン（*Bison* sp.）など）の可能性が考えられた。しかしながら出土資料の状態が不良なため種の特定には至っておらず，本稿では同定を偶蹄目にとどめる。その他の歯の破片は，形状および大きさから，大型偶蹄目およびカモシカを含む中型偶蹄目の臼歯と思われる。なお，本稿の報告対象から外れるが，2013年の尻労安部洞窟調査で出土した動物遺体にはヘラジカの臼歯が含まれることが確認されており（澤浦ほか2013），本稿で科不明とした偶蹄目にヘラジカが含まれている可能性がある

ことを付記しておく。

I　目不明の哺乳類

　各層から，哺乳類と思われる不明骨小片と目以下の同定が困難なエナメル質小片が計157点，重量にして21.29 g出土した。このうち10点（0.26 g）が焼骨である。

(3) 出土動物遺体の由来

　本洞窟から出土した旧石器時代動物群の意義を考える上で，ヒトが関与したか否かは重要な問題である。動物遺体の出土状況，出土種の生態的知見，自然堆積層から産出した動物群との比較，肉食動物の餌残滓の可能性，人為的痕跡の有無を検討した結果，出土動物遺体が人為的に形成されたことを強く示唆する証左を得たので，以下に所見をまとめて記載する。

ア　出土状況

　更新世の各層準における脊椎動物遺体のグリッド別出土量を第25図に示す。出土動物の不均一な分布が明瞭に看取されるなか，注目すべきは，動物遺体の頻出区域がナイフ形石器の出土したC13区XV層およびB12区XV層と一致することであろう。石器周辺に集積していた動物遺体の大半はウサギであり，後述するようにウサギの利用と出土石器の使用が直接結びつくか否かに検討の余地を残すものの，動物遺体の特異的な分布様相が数少ない人工遺物の出土地点を中心として確認されたことは，これらの動物遺体にヒトが関与した可能性を強く示唆する。

イ　出土種の生態的知見

　出土動物の主体をなすウサギの同定はノウサギ属にとどめており種の特定に至っていないが，日本列島に現生するノウサギ属2種（ノウサギとユキウサギ）の生息域は低地から亜高山帯までの森林，草原など様々な環境に及び，低地から山地帯に多いという（阿部ほか2005）。また，ノウサギ属は群れを形成せず単独性であることが多い（川道1994）。出土したウサギの最小個体数は26を数えるが，現生2種の生態的知見に照らす限りでは洞窟に群棲していたとは考えにくく，洞窟外から持ち込まれたものと理解される。洞窟棲ではないムササビなどの他の動物についてもその多くは異地性のものと解釈するのが適切であろう。

ウ　自然堆積層から産出した更新世動物群との比較

　日本列島では数十に及ぶ更新世動物化石産出地が知られるが，出土量が定量的に検討された例は少ない。そのなかで，岩手県アバクチ洞穴および風穴洞穴の更新世動物群は，尻労安部洞窟と同様にフルイを用いて採集された上で出土量の記載がなされており（百々ほか2003），本州東北部の石灰岩洞穴という地理的環境の類似性も相俟って，本洞窟出土動物群の比較対象として好適である。

　アバクチ洞穴の更新世哺乳動物群は食虫目4種，翼手目2種，ウサギ目1種，齧歯目6種，食肉目4種，偶蹄目1種からなり（河村2003a），クマ中手骨を試料とした放射性炭素年代測定で約4.6万年前の値が得られている（松浦・近藤2003a）。風穴洞穴の更新世哺乳動物群は，食虫目6種，翼手目4種，霊長目1種，ウサギ目1種，齧歯目6種，食肉目5種，長鼻目1種，偶蹄目3種と多彩な動物群から構成されており（河村2003b），ゾウの大腿骨を試料とした放射性炭素年代測定は約1.8万年前を示した（松浦・近藤2003b）。

90　第5章　出土遺物の研究

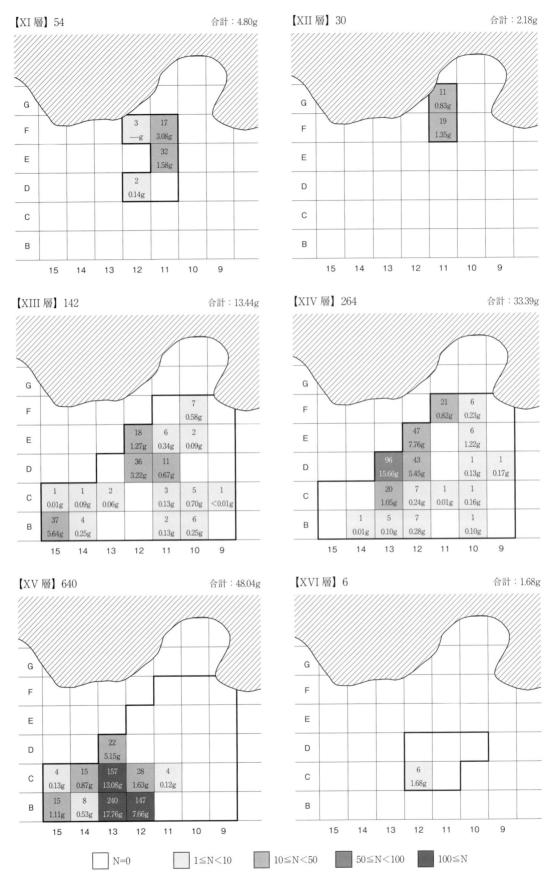

第25図　XI～XVI層出土哺乳類遺体のグリッド別点数と重量

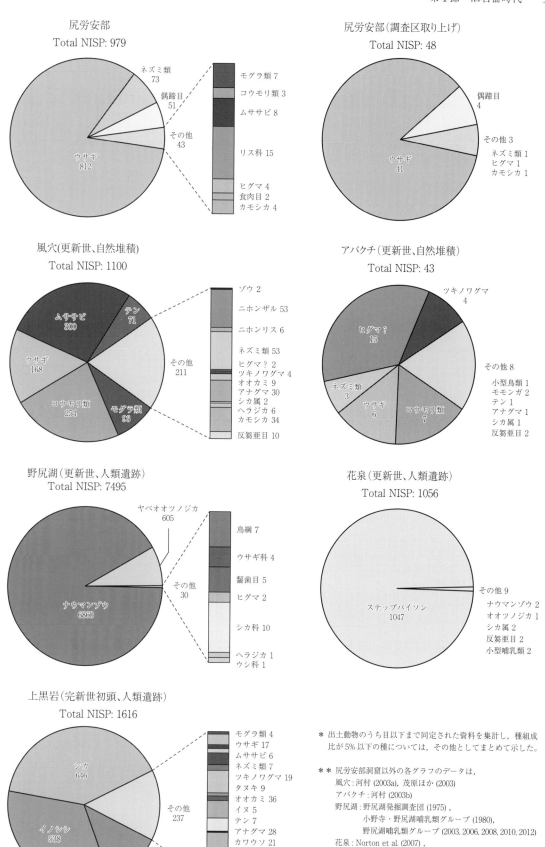

第 26 図　尻労安部洞窟および日本列島の更新世遺跡から出土した動物群の種組成

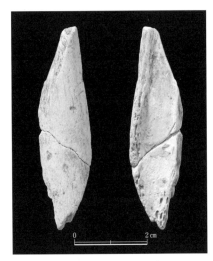

写真 9　XI 層出土骨片

両洞穴から出土した動物群には人類の関与を示す証拠が見当たらず，自然堆積により形成されたと考えられる。

　尻労安部洞窟，アバクチ洞穴，風穴洞穴から出土した更新世動物群の種組成を第 26 図の上段に示す。アバクチ・風穴洞穴では一部堆積物の水洗選別に 0.5 mm 目および 1 mm 目のフルイを用いており，尻労安部洞窟の採集基準と揃えるため，2 mm 目を通過する可能性の高い食虫目・翼手目・ネズミ類の遊離歯を除いて出土資料を集計した。アバクチ洞穴と風穴洞穴では種組成と出土量が大きく異なるが，両洞穴とも占有率が 50% を越える種は出土しておらず，特定の動物に偏らない傾向は共通する。これに対して尻労安部洞窟ではウサギ 1 種が 74% を占め，自然堆積動物群の種組成の傾向とは明らかに相違していた。洞窟内に生息しないウサギが主体をなす様相も，アバクチ・風穴洞穴の動物群とは異なる特徴である。

エ　肉食動物による餌残滓の可能性

　洞窟における動物遺体の集積に関しては，かねて人以外の動物に由来する可能性もあることが説かれている（Brain 1981）。事実，日本列島においても，岩陰や岩壁に営巣するイヌワシ（*Aquila chrysaetos*）は，捕食したネズミ類，ウサギ，ヘビ，キジ類，ライチョウなどの遺体を未消化のままペレットとして吐き出す習性をもつ（日本イヌワシ研究会 1984，森岡 1998，Watson 1997）。もっとも，そのイヌワシとて大型獣を捕食することはなく，ウサギの骨や歯に著しく偏る遺体群を吐き戻すことはない。加えて，猛禽類のペレットに含まれる動物骨には，消化液の酸の溶解作用によって表面にわずかな窪みが形成された資料，破断面が光沢や丸みを帯びた資料が伴うことも知られている（Hockett 1996）。観察の結果，本洞窟の更新世動物遺体群にそうした資料は見出せなかった。それらも勘案すれば，同遺体群が猛禽類などの餌残滓である蓋然性は低いと考えざるを得ない。

オ　人為的痕跡

　F11 区 XIV 層から出土した焼骨群は，ヒトによる動物利用を直接的に示す資料である。焼骨の色調は，焼成温度の上昇と焼成時間の経過に伴って褐色，黒色，青灰色，白色の順に変化することが知られているが（Fairgrieve 2007），出土焼骨はすべて黒色を呈していた。洞窟内の更新世堆積物に自然火災の痕跡は確認されず，焼骨の形成要因はヒトの活動に由来すると考えざるを得ない。出土焼骨は 10 点を数えたが，この点数は更新世の層準から出土した骨の総数 132 点（第 14 表）の 7.6% に相当する。いずれも小片のため肉眼観察では種の同定に至らなかったが，組織形態学的検討により，出土焼骨に小・中型哺乳類が含まれることを確認した（第 5 章第 1 節第 4 項）。

　骨だけではなく，一部の歯にも焼成を示唆する黒色の色調が認められた。しかしながら，歯については，マグネシウムの沈着など焼成以外の要因による黒色変化との区別が進んでおらず，本稿では被熱の可能性を指摘するにとどめざるをえない。

　なお，焼骨以外に明瞭な人為的痕跡が残された動物遺体は見当たらなかったが，XI 層から出土した骨

片2点（SA04-12-F11-016, SA04-12-F11-017）について，その尖頭器様の形状より骨器の可能性が疑われた（写真9）。骨体表面の擦痕を検討した結果，この骨片に明瞭な加工痕を認めないことを調査団の見解とし，本書では人工遺物ではなく動物遺体に区分した。

(4) 旧石器時代の動物利用
ア　狩猟活動の内容

前項までの検討結果から，当洞窟の更新世動物遺体群は旧石器時代人による狩猟の所産とみるのが妥当である。最終氷期の日本列島における狩猟活動を動物考古学的に議論し得る同遺体群は，高い学術価値をもつ。ここでは，出土動物の大半を占めるノウサギ属の生態的知見と民族誌の情報にも照らし，尻労安部洞窟における旧石器時代人の狩猟活動を考察する。

現在の尻労安部洞窟は，桑畑山を後背として海岸線から約200m，標高約30mに位置するが，海水準が現在より70mないし100mほど低下していた旧石器時代には，洞窟の前方の数kmにわたり平原的環境が広がっていたと考えられる。草原から森林および山地に分布するノウサギ属は往時おそらく尻労安部洞窟の周囲に広く生息していたであろう。もっとも，群れをなさないノウサギ属については，一度の狩猟で多数の個体を捕獲できたとも考え難い。民族誌の情報も勘案するにつけ，出土した26体分のウサギ遺体は，複数回の狩猟活動の猟果と考えざるを得なくなる。

本州各地および沿海州の狩猟活動を記した多くの民族誌には，ウサギ猟に，主に威嚇猟（天敵の猛禽類の羽音に似せるように，木の棒切れや藁で編んだドーナツ状円板（ワラダ）を投げ飛ばし，ウサギの動きをとめて捕獲する猟），括り罠猟，網猟，釣り天井式重し丸太を用いた罠猟，仕掛け弓猟が用いられ，また，その猟果も，威嚇猟によって1日に2～5羽程を捕獲し得るばかりであったことが記されている（天野2000，佐藤2000）（第21表）。もとより，過去の活動・行為の説明に民族誌の知見を安易に用いることは慎まなければならないが，地域や文化的背景の相違を越えウサギ猟に威嚇猟と罠猟が広く用いられてきたことは，旧石器時代の狩猟法を考える上で示唆に富む。

民族誌にはまた，威嚇猟や罠猟が獲物の毛皮を傷めない猟法であることも記されている。年平均気温が最大で今より10℃近く低下していた最終氷期において，旧石器時代人にとって毛皮が重要であったことは想像に難くない。最終氷期の最寒冷期に形成されたシベリアのマリタ遺跡では，出土したホッキョクギツネについて，その骨格の遺残状況から毛皮を目的とした捕獲が推測されている（木村1997）。尻労安部洞窟の出土動物にはムササビなどウサギ以外の毛皮獣も含まれており，旧石器時代人の狩猟が毛皮の獲得

第21表　民族誌にみられるウサギ猟

	狩猟方法					利用方法	
	威嚇猟	括り罠	網猟	釣天井重し丸太	仕掛け弓	食用	毛皮利用
飛騨地方	○	○	○			○	○
美濃地方	○	○				○	
越中地方	○	○	△			○	
加賀地方	○	○				○	○
越前地方	○	○				○	○
和賀地方	○			○			
沿海州（ウデヘ）		○		○	○		

をも目的としていた可能性は十分に考えられる。

　無論，ウサギ猟は，食肉の獲得という目的からも行われていたかもしれない。近年精緻な動物遺体研究が進んだことにより，大型動物の生息数が激減する後期更新世において，食糧資源としてウサギの重要性が高まっていったことも明らかにされている（Stiner et al. 2000, Fa et al. 2013）。次に，先行研究にも照らし，尻労安部洞窟の更新世動物遺体群が日本列島の旧石器時代研究にもつ意義を今少し詳述しておく。

イ　旧石器時代の日本列島における動物利用の多様性

　日本列島の地質環境は，火山噴出物に由来する酸性土壌と温暖湿潤な気候のため，石灰岩地帯や貝塚，低湿地などを除き，概して骨の保存には適さない。列島内の旧石器時代遺跡は1万ヶ所を超えるが（日本旧石器学会 2010），動物遺体の出土例は少なく，生物相および先史文化が九州以北と大きく異なる琉球列島の遺跡群を除けば，尻労安部洞窟の他に，岩手県花泉遺跡，長野県野尻湖立が鼻遺跡，神奈川県吉岡遺跡群C地区，および北海道柏台1遺跡の4ヶ所を挙げられるのみとなる。

　花泉遺跡（約2.1万年前）は更新世哺乳類遺体と骨器の発見で古くから注目を集めており，代表的な出土動物としてハナイズミモリウシ（バイソン）が知られる（Matsumoto et al. 1959; 加藤 1975）。近年なされた花泉動物群の再検討によれば，調査された動物遺体1,182点の89%をバイソンが占め（1,047点），その他にシカ属，ヤベオオツノジカ，ナウマンゾウなどが散見されたという（Norton et al. 2007）。

　野尻湖立が鼻遺跡（約4.8～3.3万年前）では18次に及ぶ発掘調査で1万点以上の動物遺体が出土している。種が同定された7,495点のうち，最も多いのはナウマンゾウで6860点（92%），次いでヤベオオツノジカ605点（8%），他にヘラジカ，ニホンジカ，ヒグマ，ノウサギ，ネズミ類などの哺乳類とヒシクイやヤマドリなどの鳥類がわずかに含まれる（野尻湖発掘調査団 1975，小野寺・野尻湖哺乳類グループ 1980，野尻湖哺乳類グループ 2003・2006・2008・2010・2012）。

　吉岡遺跡群C地区（約2.0万年前）では旧石器時代の礫ブロックからイノシシの乳歯1点が見つかっている（かながわ考古学財団 1997）。柏台1遺跡では，約2.2万年前の炉跡5ヶ所から数十の焼骨細片が出土し（福井・越田 1999），焼骨の組織形態学的分析からは，それらが，中型シカ科に由来する資料であることも明らかにされている（Sawada et al. 2014）。

　これら4遺跡のうち，種組成の検討に耐え得る多数の動物遺体が出土したのは，野尻湖立が鼻遺跡と花泉遺跡である。両遺跡の出土動物群がいずれも大型哺乳類を主体としていたことから，旧石器時代の日本列島における動物利用の特徴として大型哺乳類狩猟を強調する見解も提示されてきた（大泰司 1990，野尻湖発掘調査団 1997）。この現状において，今回得られた尻労安部洞窟の調査成果は，旧石器時代の動物利用を巡る議論に新たな展開を促すものとなる。

　第26図の上段に尻労安部洞窟，第3段に野尻湖立が鼻遺跡と花泉遺跡の出土動物種組成を示す。尻労安部洞窟出土動物の主体がウサギであったことは野尻湖立が鼻遺跡や花泉遺跡と大きく異なる点であり，旧石器時代の人類が小型哺乳類を積極的に捕獲したことを示す証左として注目に値する。野尻湖立が鼻遺跡や花泉遺跡ではフルイを用いた遺物採集がおこなわれておらず，種組成の比較に際して調査方法の異同に留意する必要があるが，尻労安部洞窟出土動物からフルイ採集資料を除外し，発掘調査区で取り上げた資料のみに基づく種組成を検討しても，ウサギが優占する傾向は明瞭に見て取れる（第26図上段右）。すなわち，野尻湖立が鼻遺跡や花泉遺跡の遺物採取法に準じたとしても，尻労安部洞窟における小型哺乳類

の多出は十分に確認し得る。柏台1遺跡の研究で示された中型シカ科狩猟も勘案するなら，旧石器時代においては，大型動物から中・小型動物まで様々な動物種を狩猟の対象とし，多様な動物利用法が存在していたと推測できよう。

興味深いのは，尻労安部・野尻湖立が鼻・花泉の3遺跡とも，一種の動物に大きく偏った種組成を示したことである。愛媛県上黒岩岩陰からは旧石器時代に直続する縄文時代草創期の動物遺体が出土しているが，その組成はシカとイノシシを主体種としつつも多数の動物種から構成されていた（姉崎ほか2009）（第26図）。シカとイノシシを主体とする組成は上黒岩岩陰のみならず縄文時代の貝塚や洞窟遺跡で一般的な様相であるが，今のところ旧石器時代遺跡では確認されていない。こうした種組成の相違については，旧石器時代人と縄文時代人による狩猟戦略・動物利用法の違いを反映している可能性も考えられる。ただし，後期更新世は大型哺乳類をはじめ多くの動物種が絶滅した時期にも当たることから，その解釈は，自然環境と動物相の変化に起因している可能性も考慮し，慎重に検討されるべきであろう。

(5) まとめ

1) 尻労安部洞窟の2012年までの発掘調査において，更新世の層準から出土した脊椎動物遺体は1,136点を数え，うち979点について目以下までの同定を行うことができた。ムササビ，ヒグマ，カモシカ，絶滅大型偶蹄類などの歯牙も少量確認されたが，出土遺体群の大半を占めたのはノウサギ属の遊離歯にほかならない。

2) 旧石器が共伴する出土状況，非洞窟棲のウサギに偏る特異的な種組成，自然堆積した動物化石群との相違，焼骨など人為的痕跡の存在からみて，それらが旧石器時代人の猟果に由来することは疑う余地がない。

3) 現生個体群の生態的知見や民族誌の情報にも照らすなら，尻労安部洞窟を利用した旧石器時代人はウサギなどの小型獣の狩猟に威嚇具や罠を駆使し，その毛皮も積極的に利用した可能性を指摘できる。

4) 尻労安部洞窟から出土した動物遺体は，大型哺乳類を主要種とする野尻湖立が鼻遺跡や花泉遺跡と著しく異なる組成を示す。それらは，旧石器時代の人類が小型哺乳類を積極的に捕獲していたことを示す証左の初例として，高い学術価値をもつ。

なお，比較動物骨格標本の利用に際しては，東北大学大学院歯学研究科の市川博之教授，森林総合研究所東北支所の大西尚樹氏，花巻市総合文化財センターの中村良幸氏に格別なる御高配を賜った。また動物遺体の観察と同定に際しては，三重県立博物館の中川良平氏より有益なご助言も得た。さらに，加速器研究所の山田しょう氏，北海道大学総合博物館の江田真毅氏には文献に関しご教示賜った。末筆ながら，これらの方々に深く感謝申し上げたい。

（澤浦亮平・澤田純明・佐藤孝雄）

引用・参考文献

阿部　永・石井信夫・伊藤徹魯・金子之史・前田喜四雄・三浦慎吾・米田政明（2005）日本の哺乳類. 改訂版，東海大学出版会，pp. 1-207.

姉崎智子・吉永亜紀子・佐藤孝雄・西本豊弘（2009）脊椎動物遺体. 国立歴史民俗博物館研究報告，154: 325-338.

天野　武（2000）野兎の民俗誌. 岩田書院，pp. 1-364.

大泰司紀之（1990）旧石器遺跡の位置と狩猟獣の季節移動ルートに関する考察．第四紀研究，29: 287-289.

小野寺信吾・野尻湖哺乳類グループ（1980）野尻湖層のオオツノシカとニホンシカ化石．地質学論集，19: 193-202.

加藤晋平（1975）岩手県花泉化石床出土の人類遺品．月刊文化財，138: 12-21.

かながわ考古学財団（1997）吉岡遺跡群IV：旧石器時代2・縄文時代1．かながわ考古学財団，pp. 1-501.

川道武男（1994）ウサギがはねてきた道．紀伊国屋書店，pp. 1-271.

河村善也（2003a）アバクチ洞穴の後期更新世脊椎動物遺体．百々幸雄・瀧川渉・澤田純明編，北上山地に日本更新世人類化石を探る，東北大学出版会，pp. 185-200.

河村善也（2003b）風穴洞穴の完新世および後期更新世の哺乳類遺体．百々幸雄・瀧川渉・澤田純明編，北上山地に日本更新世人類化石を探る，東北大学出版会，pp. 284-386.

木村英明（1997）シベリアの旧石器文化．北海道大学図書刊行会，pp. 1-458.

佐藤宏之（2000）北方狩猟民の民族考古学．北海道出版企画センター，pp. 1-247.

澤浦亮平・奈良貴史・渡辺丈彦・澤田純明・千葉 毅・荻原康雄・平澤 悠・金井紋子・竹内俊吾・佐藤孝雄（2013）青森県尻労安部洞窟の発掘調査成果（2011～2013年）．動物考古学，32: 120.

茂原信生（1986）東京大学総合研究資料館所蔵長谷部言人博士収集犬科動物資料カタログ．東京大学総合研究資料館標本資料報告，13: 1-187.

茂原信生・本郷一美・高井正成（2003）風穴洞穴の更新世ニホンザルとオオカミ．百々幸雄・瀧川渉・澤田純明編，北上山地に日本更新世人類化石を探る，東北大学出版会．pp. 387-396.

日本イヌワシ研究会（1984）日本におけるイヌワシの食性．Aquila chrysaetos, 2: 1-6.

日本旧石器学会（2010）日本列島の旧石器時代遺跡：日本旧石器（先土器・岩宿）時代遺跡のデータベース．日本旧石器学会，pp. 1-377.

野尻湖発掘調査団（1975）野尻湖の発掘：1962-1973．共立出版，pp. 1-278.

野尻湖発掘調査団（1997）最終氷期の自然と人類．共立出版，pp. 1-244.

野尻湖哺乳類グループ（2003）野尻湖産の脊椎動物化石（2000-2002）．野尻湖ナウマンゾウ博物館研究報告，11: 57-77.

野尻湖哺乳類グループ（2006）野尻湖産の脊椎動物化石（2003-2005）．野尻湖ナウマンゾウ博物館研究報告，14: 55-69.

野尻湖哺乳類グループ（2008）第16次野尻湖発掘で算出した脊椎動物化石．野尻湖ナウマンゾウ博物館研究報告，16: 23-32.

野尻湖哺乳類グループ（2010）第17次野尻湖発掘で算出した脊椎動物化石．野尻湖ナウマンゾウ博物館研究報告，18: 33-50.

野尻湖哺乳類グループ（2012）第18次野尻湖発掘で算出した脊椎動物化石．野尻湖ナウマンゾウ博物館研究報告，20: 35-47.

長谷川善和・冨田幸光・甲野直樹・小野慶一・野刈谷宏・上野輝彌（1988）下北半島尻屋地域の更新世脊椎動物群集．国立科学博物館専報，21: 17-36, pl. 1-8.

福井淳一・越田賢一郎（1999）千歳市柏台1遺跡．北海道埋蔵文化財センター，pp. 1-311.

松浦秀治・近藤 恵（2003a）アバクチ洞穴の下位堆積物に関する年代分析．百々幸雄・瀧川渉・澤田純明編，北上山地に日本更新世人類化石を探る，東北大学出版会，pp. 49-53.

松浦秀治・近藤 恵（2003b）風穴洞穴第4層の堆積年代に関する予備的分析．百々幸雄・瀧川渉・澤田純明編，北上山地に日本更新世人類化石を探る，東北大学出版会，pp. 281-283.

宮尾嶽雄・子安和弘・西沢 晃（1984）早期縄文時代長野県栃原岩蔭遺跡出土の哺乳動物：第5報，ノウサギの歯と頭蓋骨の大きさ．歯科基礎医学会雑誌，26: 1012-1022.

森岡照明（1998）図鑑日本のワシタカ類．第2版，文一総合出版，pp. 1-631.

百々幸雄・瀧川 渉・澤田純明（2003）北上山地に日本更新世人類化石を探る．東北大学出版会，pp. 1-420.

Brain C. K. (1981) The Hunters or Hunted?: An Introduction to African Cave Taphonomy. University Chicago Press, pp. 1-376.

Driesch A. (1976) A Guide to the Measurement of Animal Bones from Archaeological Sites. Peabody Museum Bulletin, 1: 1-136.

Fa J. E., Stewart J. R., Lloveras L., and Vargas J. M. (2013) Rabbits and hominin survival in Iberia. Journal of Human Evolution, 64: 233-241.

Fairgrieve S. I. (2008) Forensic Cremation Recovery and Analysis. CRC Press, pp. 1-224.

Gordon K. R. (1977) Molar measurements as a taxonomic tool in Ursus. Journal of Mammalogy, 582: 247-248.

Hibbard C. W. (1963) The origin of the P3, pattern of Sylvilagus, Caprolagus, Oryctolagus, Ryctokagus, and Lepus. Journal of Mammalogy, 44: 1-15.

Hockett B. S. (1996) Corroded, thinned and polished bones created by golden eagles (Aquila chrysaetos): taphonomic implications for archaeological interpretations. Journal of Archaeological Science, 23: 587-591.

Kawamura Y. (2007) Last glacial and Holocene land mammals of the Japanese Islands: their fauna, extinction, and immigration. The Quatenary Resaerch, 46: 171-177.

Matsumoto H., Mori H., Marui K., and Ozaki H. (1959) On the discovery of the Upper Pliocene fossiliferous and culture-bearing bed at Kanamori, Hanaizumi Town, Province of Rikuchu. Bulletin of the National Museum of Nature and Science, 4: 287-324 (Plates 25-48).

Norton C. J., Hasegawa Y., Kohno N., and Tomida Y. (2007) Distinguishing archeological and paleontological faunal collections from Pleistocene Japan: taphonomic perspectives from Hanaizumi. Anthropological Science, 115: 91-106.

Sawada J., Nara T., Fukui J., Dodo Y., and Hirata K. 2014. Histomorphological species identification of tiny bone fragments from a Paleolithic site in the Northern Japanese Archipelago. Journal of Archaeological Science, 46: 270-280.

Stiner M. C., Munro N. D., and Surovell T. A. (2000) The tortoise and the hare: small game use, the broad spectrum revolution, and Paleolithic demography. Current Anthropology, 41: 39-79.

Watson, J. (1997) The golden eagle. T. & A. D. Poyser, London. pp1-374. (山岸哲・浅井芝樹訳, 2006年,『イヌワシの生態と保全』. 文一総合出版, pp. 1-437.)

第22表　尻労安部洞窟のXI〜XVI層から出土した脊椎動物遺体（1）

Specimen No.	Layer	Grid	Taxon(Species)	Skeltal Part	L/R	Portion	g	Note
SA05-13-D11-008	XIII	D11	Insectivora	maxilla	R	corpus and P3-M1	<0.01	+
SA04-12-F11-011	XI	F11	Insectivora	mandible	R	corpus and M1	<0.01	+
SA04-11-G11-009	XII	G11	Insectivora	humerus	R	almost complete	0.09	
SA11-13-C11-001	XIII	C11	Insectivora	humerus	R	distal end and shaft	0.01	
SA11-13-D11-006	XIII	D11	Insectivora	humerus	R	distal end and shaft	0.07	
SA12-14-F11-010	XIV	F11	Insectivora	humerus	R	distal end and shaft	0.01	
SA12-13-C9-001	XIII	C9	Insectivora	tibia	R	almost complete	<0.01	
SA06-13-D11-007	XIII	D11	Chiroptera	mandible	L	corpus and M2-M3	0.02	+
SA11-13-B10-006	XIII	B10	Chiroptera	mandible	R	corpus, C, and P4-M2	0.04	+
SA10-13-B15-007	XIII	B15	Chiroptera	mandible	—	corpus and M1-M2	0.01	+
SA05-12-E11-012	XI	E11	*Lepus* sp.	Udi2	—	tooth fragment	0.05	−
SA05-12-E11-013	XI	E11	*Lepus* sp.	Udi2	—	tooth fragment	0.04	−
SA05-12-E11-014	XI	E11	*Lepus* sp.	Udi2	—	tooth fragment	0.04	−
SA05-12-E11-019	XI	E11	*Lepus* sp.	Udi2	—	buccal fragment	0.02	−
SA05-12-E11-029	XI	E11	*Lepus* sp.	Udi2	—	tooth fragment	0.02	−
SA04-11-F11-001	XII	F11	*Lepus* sp.	Udi2	L	tooth fragment	0.04	−
SA12-13-F10-004	XIII	F10	*Lepus* sp.	Udi2	L	tooth fragment	0.05	+
SA11-13-B10-002	XIII	B10	*Lepus* sp.	Udi2	R	tooth fragment	0.06	−
SA11-13-C10-003	XIII	C10	*Lepus* sp.	Udi2	—	tooth fragment	0.02	−
SA06-13-C13-002	XIII	C13	*Lepus* sp.	Udi2	—	tooth fragment	0.03	−
SA05-13-D11-001	XIII	D11	*Lepus* sp.	Udi2	—	tooth fragment	0.03	−
SA06-13-D12-001	XIII	D12	*Lepus* sp.	Udi2	—	buccal fragment	0.02	−
SA08-13-D12-010	XIII	D12	*Lepus* sp.	Udi2	—	tooth fragment	0.04	−
SA12-13-E10-002	XIII	E10	*Lepus* sp.	Udi2	—	tooth fragment	0.04	−
SA08-14-C13-018	XIV	C13	*Lepus* sp.	Udi2	L	tooth fragment	0.02	−
SA08-14-D13-009	XIV	D13	*Lepus* sp.	Udi2	L	tooth fragment	0.05	−
SA12-14-D13-014	XIV	D13	*Lepus* sp.	Udi2	L	tooth fragment	0.08	−
SA12-14-D13-054	XIV	D13	*Lepus* sp.	Udi2	L	tooth fragment	0.02	−
SA08-14-D13-010	XIV	D13	*Lepus* sp.	Udi2	R	tooth fragment	0.02	+
SA09-14-B13-008	XIV	B13	*Lepus* sp.	Udi2	R	tooth fragment	0.04	−
SA08-14-C12-002	XIV	C12	*Lepus* sp.	Udi2	—	tooth fragment	0.01	−
SA08-14-C13-019	XIV	C13	*Lepus* sp.	Udi2	—	buccal fragment	0.01	−
SA08-14-C13-020	XIV	C13	*Lepus* sp.	Udi2	—	tooth fragment	0.02	−
SA08-14-D12-020	XIV	D12	*Lepus* sp.	Udi2	—	tooth fragment	0.03	−
SA08-14-D12-021	XIV	D12	*Lepus* sp.	Udi2	—	tooth fragment	0.02	−
SA12-14-E12-031	XIV	E12	*Lepus* sp.	Udi2	—	tooth fragment	0.01	−
SA12-14-E12-032	XIV	E12	*Lepus* sp.	Udi2	—	tooth fragment	0.01	−
SA?-14-E12-054	XIV	E12	*Lepus* sp.	Udi2	—	tooth fragment	0.04	−
SA12-14-F10-003	XIV	F10	*Lepus* sp.	Udi2	—	tooth fragment	0.03	−
SA09-15-B13-052	XV	B13	*Lepus* sp.	Udi2	L	tooth fragment	0.08	+
SA10-15-C13-102	XV	C13	*Lepus* sp.	Udi2	L	tooth fragment	0.05	+
SA09-15-B12-002	XV	B12	*Lepus* sp.	Udi2	L	tooth fragment	0.05	−
SA09-15-B12-003	XV	B12	*Lepus* sp.	Udi2	L	tooth fragment	<0.05	−
SA09-15-B12-021	XV	B12	*Lepus* sp.	Udi2	L	tooth fragment	0.06	−
SA09-15-B12-022	XV	B12	*Lepus* sp.	Udi2	L	tooth fragment	0.05	−
SA09-15-B12-062	XV	B12	*Lepus* sp.	Udi2	L	tooth fragment	0.04	−
SA09-15-B12-064	XV	B12	*Lepus* sp.	Udi2	L	tooth fragment	0.07	−
SA09-15-B13-054	XV	B13	*Lepus* sp.	Udi2	L	tooth fragment	0.07	−
SA08-15-C12-005	XV	C12	*Lepus* sp.	tibia	L	tooth fragment	0.05	−
SA08-15-C13-054	XV	C13	*Lepus* sp.	Udi2	L	tooth fragment	0.07	−
SA08-15-C13-095	XV	C13	*Lepus* sp.	Udi2	L	tooth fragment	0.02	−
SA10-15-C13-101	XV	C13	*Lepus* sp.	Udi2	L	tooth fragment	0.04	−
SA10-15-C14-012	XV	C14	*Lepus* sp.	Udi2	L	tooth fragment	0.03	−
SA11-15-C13-137	XV	C13	*Lepus* sp.	Udi2	R	tooth fragment	0.03	+
SA09-15-B12-063	XV	B12	*Lepus* sp.	Udi2	R	tooth fragment	0.06	−
SA09-15-B12-101	XV	B12	*Lepus* sp.	Udi2	R	tooth fragment	0.03	−
SA09-15-B13-014	XV	B13	*Lepus* sp.	Udi2	R	tooth fragment	0.03	−
SA11-15-B13-220	XV	B13	*Lepus* sp.	Udi2	R	tooth fragment	0.05	−
SA08-15-C13-008	XV	C13	*Lepus* sp.	Udi2	R	tooth fragment	0.03	−
SA08-15-C13-037	XV	C13	*Lepus* sp.	Udi2	R	tooth fragment	0.05	−
SA11-15-C13-111	XV	C13	*Lepus* sp.	Udi2	R	tooth fragment	0.08	−
SA12-14'-D13-006	XV	D13	*Lepus* sp.	Udi2	—	tooth fragment	0.02	−
SA12-14'-D13-015	XV	D13	*Lepus* sp.	Udi2	—	tooth fragment	0.02	−
SA09-15-B12-048	XV	B12	*Lepus* sp.	Udi2	—	tooth fragment	0.04	−

第1節 旧石器時代　99

第23表　尻労安部洞窟のXI～XVI層から出土した脊椎動物遺体（2）

Specimen No.	Layer	Grid	Taxon (Species)	Skeltal Part	L/R	Portion	g	Note
SA09-15-B12-050	XV	B12	*Lepus* sp.	Udi2	—	tooth fragment	0.02	—
SA09-15-B12-061	XV	B12	*Lepus* sp.	Udi2	—	tooth fragment	0.02	—
SA09-15-B12-065	XV	B12	*Lepus* sp.	Udi2	—	tooth fragment	0.01	—
SA09-15-B12-066	XV	B12	*Lepus* sp.	Udi2	—	tooth fragment	0.05	—
SA09-15-B12-067	XV	B12	*Lepus* sp.	Udi2	—	tooth fragment	0.02	—
SA09-15-B13-003	XV	B13	*Lepus* sp.	Udi2	—	tooth fragment	0.07	—
SA09-15-B13-004	XV	B13	*Lepus* sp.	Udi2	—	tooth fragment	0.02	—
SA09-15-B13-015	XV	B13	*Lepus* sp.	Udi2	—	tooth fragment	0.04	—
SA09-15-B13-016	XV	B13	*Lepus* sp.	Udi2	—	tooth fragment	0.07	—
SA09-15-B13-017	XV	B13	*Lepus* sp.	Udi2	—	tooth fragment	0.03	—
SA09-15-B13-039	XV	B13	*Lepus* sp.	Udi2	—	tooth fragment	0.03	—
SA09-15-B13-040	XV	B13	*Lepus* sp.	Udi2	—	tooth fragment	0.02	—
SA09-15-B13-046	XV	B13	*Lepus* sp.	Udi2	—	tooth fragment	0.05	—
SA09-15-B13-047	XV	B13	*Lepus* sp.	Udi2	—	tooth fragment	0.03	—
SA09-15-B13-053	XV	B13	*Lepus* sp.	Udi2	—	tooth fragment	0.04	—
SA09-15-B13-055	XV	B13	*Lepus* sp.	Udi2	—	tooth fragment	0.04	−, burned ?
SA08-15-C13-007	XV	C13	*Lepus* sp.	Udi2	—	tooth fragment	0.05	—
SA10-15-C13-104	XV	C13	*Lepus* sp.	Udi2	—	tooth fragment	0.01	—
SA11-15-C13-139	XV	C13	*Lepus* sp.	Udi2	—	tooth fragment	0.05	—
SA10-15c-B15-007	XV	B15	*Lepus* sp.	Udi2	—	tooth fragment	0.05	—
SA05-12-E11-004	XI	E11	*Lepus* sp.	UP2	—	tooth fragment	0.04	—
SA05-12-E11-005	XI	E11	*Lepus* sp.	UP2	—	tooth fragment	0.04	—
SA05-12-E11-028	XI	E11	*Lepus* sp.	UP2	—	tooth fragment	0.06	—
SA04-11-F11-018	XII	F11	*Lepus* sp.	UP2	L	tooth fragment	0.07	+
SA04-11-G11-005	XII	G11	*Lepus* sp.	UP2	L	tooth fragment	0.04	+
SA04-11-F11-019	XII	F11	*Lepus* sp.	UP2	—	tooth fragment	0.04	—
SA11-13-C10-001	XIII	C10	*Lepus* sp.	UP2	L	tooth fragment	0.10	+, MD : 2.07, BL : 3.80
SA11-13-D11-004	XIII	D11	*Lepus* sp.	UP2	L	tooth fragment	0.10	+, MD : 2.13, BL : 4.28
SA05-13-E11-001	XIII	E11	*Lepus* sp.	UP2	L	almost complete	0.07	+, MD : 1.85, BL : 3.63
SA11-13-C10-002	XIII	C10	*Lepus* sp.	UP2	L	tooth fragment	0.06	
SA08-13-D12-001	XIII	D12	*Lepus* sp.	UP2	R	tooth fragment	0.06	+
SA12-13-E10-001	XIII	E10	*Lepus* sp.	UP2	R	tooth fragment	0.05	+
SA08-13-D12-002	XIII	D12	*Lepus* sp.	UP2	—	tooth fragment	0.06	−
SA08-13-D12-003	XIII	D12	*Lepus* sp.	UP2	—	tooth fragment	0.03	−
SA12-13-E12-016	XIII	E12	*Lepus* sp.	UP2	—	tooth fragment	0.04	−
SA12-13-F10-002	XIII	F10	*Lepus* sp.	UP2	—	tooth fragment	0.03	−
SA08-14-C13-004	XIV	C13	*Lepus* sp.	UP2	L	tooth fragment	0.05	+
SA08-14-D13-004	XIV	D13	*Lepus* sp.	UP2	L	tooth fragment	0.05	+, MD : 2.05, BL : 3.37
SA12-14-D13-020	XIV	D13	*Lepus* sp.	UP2	L	tooth fragment	0.04	+
SA12-14-E12-030	XIV	E12	*Lepus* sp.	UP2	L	tooth fragment	0.05	+, MD : 2.06, BL : 3.69
SA12-14-F10-004	XIV	F10	*Lepus* sp.	UP2	L	tooth fragment	0.06	+
SA12-14-D13-060	XIV	D13	*Lepus* sp.	UP2	L	tooth fragment	0.04	−
SA08-14-C13-003	XIV	C13	*Lepus* sp.	UP2	R	tooth fragment	0.07	+
SA08-14-D13-003	XIV	D13	*Lepus* sp.	UP2	R	tooth fragment	0.05	+
SA08-14-D13-005	XIV	D13	*Lepus* sp.	UP2	R	tooth fragment	0.02	+
SA08-14-D13-018	XIV	D13	*Lepus* sp.	UP2	R	tooth fragment	0.02	+
SA08-14-D13-002	XIV	D13	*Lepus* sp.	UP2	R	tooth fragment	0.10	−
SA08-14-C13-005	XIV	C13	*Lepus* sp.	UP2	—	tooth fragment	0.01	−
SA12-14-D13-003	XIV	D13	*Lepus* sp.	UP2	—	mesial fragment	0.03	−
SA12-14-D13-047	XIV	D13	*Lepus* sp.	UP2	—	tooth fragment	0.05	−
SA12-14-E10-004	XIV	E10	*Lepus* sp.	UP2	—	tooth fragment	0.03	−
SA12-14-E12-049	XIV	E12	*Lepus* sp.	UP2	—	tooth fragment	0.07	−
SA09-15-B12-103	XV	B12	*Lepus* sp.	UP2	L	tooth fragment	0.07	+, MD : 2.40, BL : 4.08
SA09-15-B13-049	XV	B13	*Lepus* sp.	UP2	L	tooth fragment	0.06	+, MD : 2.17, BL : 3.74
SA09-15-B13-072	XV	B13	*Lepus* sp.	UP2	L	tooth fragment	0.07	+, MD : 2.16, BL : 4.07
SA11-15-B13-121	XV	B13	*Lepus* sp.	UP2	L	tooth fragment	0.04	+, MD : 2.03, BL : 3.78
SA11-15-B13-235	XV	B13	*Lepus* sp.	UP2	L	tooth fragment	<0.01	−
SA09-15-B12-052	XV	B12	*Lepus* sp.	UP2	R	tooth fragment	0.04	+
SA09-15-B12-075	XV	B12	*Lepus* sp.	UP2	R	tooth fragment	0.04	+
SA08-15-C13-001	XV	C13	*Lepus* sp.	UP2	R	tooth fragment	0.10	+
SA08-15-C13-002	XV	C13	*Lepus* sp.	UP2	R	tooth fragment	0.07	+
SA08-15-C13-076	XV	C13	*Lepus* sp.	UP2	R	tooth fragment	0.06	+
SA11-15-B13-085	XV	B13	*Lepus* sp.	UP2	R	tooth fragment	0.05	−
SA11-15-C13-131	XV	C13	*Lepus* sp.	UP2	R	tooth fragment	0.04	−
SA09-15-B12-074	XV	B12	*Lepus* sp.	UP2	—	mesial fragment	0.04	+
SA12-14'-D13-016	XV	D13	*Lepus* sp.	UP2	—	tooth fragment	0.03	

第24表 尻労安部洞窟のXI〜XVI層から出土した脊椎動物遺体 (3)

Specimen No.	Layer	Grid	Taxon (Species)	Skeltal Part	L/R	Portion	g	Note
SA09-15-B12-097	XV	B12	*Lepus* sp.	UP2	−	tooth fragment	0.06	−
SA09-15-B12-098	XV	B12	*Lepus* sp.	UP2	−	tooth fragment	0.05	−
SA09-15-B13-010	XV	B13	*Lepus* sp.	UP2	−	tooth fragment	0.06	−
SA09-15-B13-020	XV	B13	*Lepus* sp.	UP2	−	tooth fragment	0.04	−
SA09-15-B13-050	XV	B13	*Lepus* sp.	UP2	−	tooth fragment	0.06	−
SA09-15-B13-071	XV	B13	*Lepus* sp.	UP2	−	tooth fragment	0.05	−
SA09-15-B13-073	XV	B13	*Lepus* sp.	UP2	−	tooth fragment	0.05	−
SA08-15-C13-060	XV	C13	*Lepus* sp.	UP2	−	tooth fragment	0.06	−
SA11-15-C13-132	XV	C13	*Lepus* sp.	UP2	−	tooth fragment	0.03	−
SA11-15-C13-133	XV	C13	*Lepus* sp.	UP2	−	tooth fragment	0.04	−
SA11-15-C13-134	XV	C13	*Lepus* sp.	UP2	−	tooth fragment	0.05	−
SA11-15-C13-136	XV	C13	*Lepus* sp.	UP2	−	tooth fragment	0.02	−
SA05-12-D12-002	XI	D12	*Lepus* sp.	UP/UM	−	tooth fragment	0.09	+
SA05-12-E11-006	XI	E11	*Lepus* sp.	UP/UM	−	tooth fragment	0.10	+
SA05-12-E11-007	XI	E11	*Lepus* sp.	UP/UM	−	tooth fragment	0.07	+
SA05-12-E11-008	XI	E11	*Lepus* sp.	UP/UM	−	tooth fragment	0.07	+
SA05-12-E11-010	XI	E11	*Lepus* sp.	UP/UM	−	tooth fragment	0.04	+
SA05-12-E11-022	XI	E11	*Lepus* sp.	UP/UM	−	tooth fragment	0.07	+
SA05-12-E11-023	XI	E11	*Lepus* sp.	UP/UM	−	tooth fragment	0.10	+
SA05-12-E11-031	XI	E11	*Lepus* sp.	UP/UM	−	tooth fragment	0.04	+
SA04-12-F11-004	XI	F11	*Lepus* sp.	UP/UM	−	tooth fragment	0.16	+
SA04-12-F11-005	XI	F11	*Lepus* sp.	UP/UM	−	tooth fragment	0.06	+
SA04-12-F11-006	XI	F11	*Lepus* sp.	UP/UM	−	tooth fragment	0.08	+
SA04-12-F11-007	XI	F11	*Lepus* sp.	UP/UM	−	tooth fragment	0.14	+
SA05-12-D12-001	XI	D12	*Lepus* sp.	UP/UM	−	tooth fragment	0.05	−
SA05-12-E11-009	XI	E11	*Lepus* sp.	UP/UM	−	tooth fragment	0.07	−
SA05-12-E11-017	XI	E11	*Lepus* sp.	UP/UM	−	tooth fragment	0.03	−
SA05-12-E11-024	XI	E11	*Lepus* sp.	UP/UM	−	tooth fragment	0.05	−
SA04-11-F11-002	XII	F11	*Lepus* sp.	UP/UM	−	tooth fragment	0.07	+
SA04-11-F11-017	XII	F11	*Lepus* sp.	UP/UM	−	tooth fragment	0.10	+
SA04-11-F11-020	XII	F11	*Lepus* sp.	UP/UM	−	tooth fragment	0.08	+
SA04-11-G11-013	XII	G11	*Lepus* sp.	UP/UM	−	tooth fragment	0.23	+
SA04-11-G11-004	XII	G11	*Lepus* sp.	UP/UM	−	tooth fragment	0.07	−
SA10-13-B15-001	XIII	B15	*Lepus* sp.	UP/UM	−	tooth fragment	0.22	+
SA10-13-B15-017	XIII	B15	*Lepus* sp.	UP/UM	−	tooth fragment	0.17	+
SA10-13-B15-035	XIII	B15	*Lepus* sp.	UP/UM	−	tooth fragment	0.21	+
SA11-13-D11-005	XIII	D11	*Lepus* sp.	UP/UM	−	tooth fragment	0.15	+
SA08-13-D12-015	XIII	D12	*Lepus* sp.	UP/UM	−	tooth fragment	0.09	+
SA08-13-D12-016	XIII	D12	*Lepus* sp.	UP/UM	−	tooth fragment	0.08	+
SA08-13-D12-018	XIII	D12	*Lepus* sp.	UP/UM	−	tooth fragment	0.15	+
SA08-13-D12-019	XIII	D12	*Lepus* sp.	UP/UM	−	tooth fragment	0.14	+
SA08-13-D12-021	XIII	D12	*Lepus* sp.	UP/UM	−	tooth fragment	0.10	+
SA08-13-D12-022	XIII	D12	*Lepus* sp.	UP/UM	−	tooth fragment	0.07	+
SA08-13-D12-023	XIII	D12	*Lepus* sp.	UP/UM	−	tooth fragment	0.08	+
SA08-13-D12-024	XIII	D12	*Lepus* sp.	UP/UM	−	tooth fragment	0.14	+
SA08-13-D12-025	XIII	D12	*Lepus* sp.	UP/UM	−	tooth fragment	0.10	+
SA08-13-D12-028	XIII	D12	*Lepus* sp.	UP/UM	−	tooth fragment	0.08	+
SA08-13-D12-029	XIII	D12	*Lepus* sp.	UP/UM	−	tooth fragment	0.08	+
SA05-13-E11-004	XIII	E11	*Lepus* sp.	UP/UM	−	tooth fragment	0.05	+
SA12-13-E12-008	XIII	E12	*Lepus* sp.	UP/UM	−	tooth fragment	0.10	+
SA12-13-E12-009	XIII	E12	*Lepus* sp.	UP/UM	−	tooth fragment	0.10	+
SA12-13-E12-010	XIII	E12	*Lepus* sp.	UP/UM	−	tooth fragment	0.10	+
SA12-13-E12-011	XIII	E12	*Lepus* sp.	UP/UM	−	tooth fragment	0.10	+
SA12-13-E12-012	XIII	E12	*Lepus* sp.	UP/UM	−	tooth fragment	0.09	+
SA12-13-F10-001	XIII	F10	*Lepus* sp.	UP/UM	−	tooth fragment	0.12	+
SA12-13-F10-003	XIII	F10	*Lepus* sp.	UP/UM	−	tooth fragment	0.04	+
SA12-13-F10-005	XIII	F10	*Lepus* sp.	UP/UM	−	tooth fragment	0.11	+
SA12-13-F10-006	XIII	F10	*Lepus* sp.	UP/UM	−	tooth fragment	0.11	+
SA12-13-F10-007	XIII	F10	*Lepus* sp.	UP/UM	−	tooth fragment	0.12	+
SA11-13'-B11-001	XIII	B11	*Lepus* sp.	UP/UM	−	tooth fragment	0.12	+
SA08-13-D12-017	XIII	D12	*Lepus* sp.	UP/UM	−	tooth fragment	0.08	−
SA08-13-D12-026	XIII	D12	*Lepus* sp.	UP/UM	−	tooth fragment	0.06	−
SA05-13-E11-003	XIII	E11	*Lepus* sp.	UP/UM	−	tooth fragment	0.07	−
SA12-13-E12-013	XIII	E12	*Lepus* sp.	UP/UM	−	tooth fragment	0.10	−
SA11-14-B10-001	XIV	B10	*Lepus* sp.	UP/UM	−	tooth fragment	0.10	+

第 25 表　尻労安部洞窟の XI～XVI 層から出土した脊椎動物遺体 (4)

Specimen No.	Layer	Grid	Taxon (Species)	Skeltal Part	L/R	Portion	g	Note
SA12-14-C10-001	XIV	C10	*Lepus* sp.	UP/UM	−	tooth fragment	0.16	+
SA08-14-C13-006	XIV	C13	*Lepus* sp.	UP/UM	−	tooth fragment	0.04	+
SA08-14-C13-007	XIV	C13	*Lepus* sp.	UP/UM	−	tooth fragment	0.02	+
SA08-14-C13-008	XIV	C13	*Lepus* sp.	UP/UM	−	tooth fragment	0.12	+
SA08-14-C13-009	XIV	C13	*Lepus* sp.	UP/UM	−	tooth fragment	0.15	+
SA12-14-D9-001	XIV	D9	*Lepus* sp.	UP/UM	−	tooth fragment	0.17	+
SA12-14-D10-001	XIV	D10	*Lepus* sp.	UP/UM	−	tooth fragment	0.13	+
SA08-14-D12-008	XIV	D12	*Lepus* sp.	UP/UM	−	tooth fragment	0.17	+
SA08-14-D12-009	XIV	D12	*Lepus* sp.	UP/UM	−	almost complete	0.17	+
SA08-14-D12-010	XIV	D12	*Lepus* sp.	UP/UM	−	almost complete	0.16	+
SA08-14-D12-017	XIV	D12	*Lepus* sp.	UP/UM	−	tooth fragment	0.15	+
SA12-14-D12-033	XIV	D12	*Lepus* sp.	UP/UM	−	tooth fragment	0.15	+
SA08-14-D13-011	XIV	D13	*Lepus* sp.	UP/UM	−	tooth fragment	0.11	+
SA08-14-D13-012	XIV	D13	*Lepus* sp.	UP/UM	−	tooth fragment	0.16	+
SA08-14-D13-013	XIV	D13	*Lepus* sp.	UP/UM	−	tooth fragment	0.18	+
SA08-14-D13-014	XIV	D13	*Lepus* sp.	UP/UM	−	tooth fragment	0.08	+
SA08-14-D13-015	XIV	D13	*Lepus* sp.	UP/UM	−	tooth fragment	0.13	+
SA08-14-D13-032	XIV	D13	*Lepus* sp.	UP/UM	−	tooth fragment	0.07	+
SA08-14-D13-033	XIV	D13	*Lepus* sp.	UP/UM	−	tooth fragment	0.08	+
SA08-14-D13-035	XIV	D13	*Lepus* sp.	UP/UM	−	tooth fragment	0.03	+
SA08-14-D13-039	XIV	D13	*Lepus* sp.	UP/UM	−	tooth fragment	0.04	+
SA12-14-D13-012	XIV	D13	*Lepus* sp.	UP/UM	−	tooth fragment	0.11	+
SA12-14-D13-024	XIV	D13	*Lepus* sp.	UP/UM	−	tooth fragment	0.16	+
SA12-14-D13-025	XIV	D13	*Lepus* sp.	UP/UM	−	tooth fragment	0.15	+
SA12-14-D13-026	XIV	D13	*Lepus* sp.	UP/UM	−	tooth fragment	0.05	+
SA12-14-D13-033	XIV	D13	*Lepus* sp.	UP/UM	−	tooth fragment	0.12	+
SA12-14-D13-034	XIV	D13	*Lepus* sp.	UP/UM	−	tooth fragment	0.12	+
SA12-14-D13-035	XIV	D13	*Lepus* sp.	UP/UM	−	tooth fragment	0.16	+
SA12-14-D13-036	XIV	D13	*Lepus* sp.	UP/UM	−	tooth fragment	0.13	+
SA12-14-D13-038	XIV	D13	*Lepus* sp.	UP/UM	−	tooth fragment	0.15	+
SA12-14-D13-039	XIV	D13	*Lepus* sp.	UP/UM	−	tooth fragment	0.12	+
SA12-14-D13-041	XIV	D13	*Lepus* sp.	UP/UM	−	tooth fragment	0.04	+
SA12-14-D13-055	XIV	D13	*Lepus* sp.	UP/UM	−	tooth fragment	0.07	+
SA12-14-E10-001	XIV	E10	*Lepus* sp.	UP/UM	−	tooth fragment	0.09	+
SA12-14-E10-002	XIV	E10	*Lepus* sp.	UP/UM	−	tooth fragment	0.02	+
SA12-14-E12-001	XIV	E12	*Lepus* sp.	UP/UM	−	tooth fragment	0.10	+
SA12-14-E12-033	XIV	E12	*Lepus* sp.	UP/UM	−	tooth fragment	0.12	+
SA12-14-E12-034	XIV	E12	*Lepus* sp.	UP/UM	−	tooth fragment	0.13	+
SA12-14-E12-035	XIV	E12	*Lepus* sp.	UP/UM	−	tooth fragment	0.07	+
SA12-14-E12-037	XIV	E12	*Lepus* sp.	UP/UM	−	tooth fragment	0.13	+
SA12-14-E12-039	XIV	E12	*Lepus* sp.	UP/UM	−	tooth fragment	0.08	+
SA12-14-E12-041	XIV	E12	*Lepus* sp.	UP/UM	−	tooth fragment	0.04	+
SA12-14-E12-045	XIV	E12	*Lepus* sp.	UP/UM	−	tooth fragment	0.05	+
SA12-14-F11-009	XIV	F11	*Lepus* sp.	UP/UM	−	tooth fragment	0.13	+
SA08-14-D13-016	XIV	D13	*Lepus* sp.	UP/UM	−	tooth fragment	0.11	−
SA08-14-D13-017	XIV	D13	*Lepus* sp.	UP/UM	−	tooth fragment	0.10	−
SA08-14-D13-022	XIV	D13	*Lepus* sp.	UP/UM	−	tooth fragment	0.11	−
SA08-14-D13-036	XIV	D13	*Lepus* sp.	UP/UM	−	tooth fragment	0.05	−
SA08-14-D13-037	XIV	D13	*Lepus* sp.	UP/UM	−	tooth fragment	0.05	−
SA12-14'-D13-017	XV	D13	*Lepus* sp.	UP/UM	−	tooth fragment	0.06	+
SA09-15-B12-004	XV	B12	*Lepus* sp.	UP/UM	−	tooth fragment	0.13	+
SA09-15-B12-031	XV	B12	*Lepus* sp.	UP/UM	−	tooth fragment	0.15	+
SA09-15-B12-032	XV	B12	*Lepus* sp.	UP/UM	−	tooth fragment	0.14	+
SA09-15-B12-033	XV	B12	*Lepus* sp.	UP/UM	−	tooth fragment	0.12	+
SA09-15-B12-035	XV	B12	*Lepus* sp.	UP/UM	−	tooth fragment	0.10	+
SA09-15-B12-037	XV	B12	*Lepus* sp.	UP/UM	−	tooth fragment	0.05	+
SA09-15-B12-038	XV	B12	*Lepus* sp.	UP/UM	−	tooth fragment	0.11	+
SA09-15-B12-039	XV	B12	*Lepus* sp.	UP/UM	−	tooth fragment	0.18	+
SA09-15-B12-040	XV	B12	*Lepus* sp.	UP/UM	−	tooth fragment	0.07	+
SA09-15-B12-041	XV	B12	*Lepus* sp.	UP/UM	−	tooth fragment	0.05	+
SA09-15-B12-042	XV	B12	*Lepus* sp.	UP/UM	−	tooth fragment	0.10	+
SA09-15-B12-043	XV	B12	*Lepus* sp.	UP/UM	−	tooth fragment	0.05	+
SA09-15-B12-081	XV	B12	*Lepus* sp.	UP/UM	−	tooth fragment	0.09	+
SA09-15-B12-082	XV	B12	*Lepus* sp.	UP/UM	−	tooth fragment	0.08	+
SA09-15-B12-083	XV	B12	*Lepus* sp.	UP/UM	−	tooth fragment	0.05	+

第26表 尻労安部洞窟のXI～XVI層から出土した脊椎動物遺体（5）

Specimen No.	Layer	Grid	Taxon (Species)	Skeltal Part	L/R	Portion	g	Note
SA09-15-B12-106	XV	B12	*Lepus* sp.	UP/UM	−	tooth fragment	0.11	+
SA09-15-B12-108	XV	B12	*Lepus* sp.	UP/UM	−	tooth fragment	0.11	+
SA09-15-B12-109	XV	B12	*Lepus* sp.	UP/UM	−	tooth fragment	0.12	+
SA09-15-B12-129	XV	B12	*Lepus* sp.	UP/UM	−	almost complete	0.16	+
SA09-15-B13-006	XV	B13	*Lepus* sp.	UP/UM	−	tooth fragment	0.18	+
SA09-15-B13-007	XV	B13	*Lepus* sp.	UP/UM	−	tooth fragment	0.14	+
SA09-15-B13-008	XV	B13	*Lepus* sp.	UP/UM	−	tooth fragment	0.12	+
SA09-15-B13-011	XV	B13	*Lepus* sp.	UP/UM	−	tooth fragment	0.11	+
SA09-15-B13-022	XV	B13	*Lepus* sp.	UP/UM	−	tooth fragment	0.16	+
SA09-15-B13-023	XV	B13	*Lepus* sp.	UP/UM	−	tooth fragment	0.17	+
SA09-15-B13-024	XV	B13	*Lepus* sp.	UP/UM	−	tooth fragment	0.14	+
SA09-15-B13-025	XV	B13	*Lepus* sp.	UP/UM	−	tooth fragment	0.09	+
SA09-15-B13-026	XV	B13	*Lepus* sp.	UP/UM	−	tooth fragment	0.09	+
SA09-15-B13-027	XV	B13	*Lepus* sp.	UP/UM	−	tooth fragment	0.13	+
SA09-15-B13-028	XV	B13	*Lepus* sp.	UP/UM	−	tooth fragment	0.11	+
SA09-15-B13-029	XV	B13	*Lepus* sp.	UP/UM	−	tooth fragment	0.17	+
SA09-15-B13-033	XV	B13	*Lepus* sp.	UP/UM	−	tooth fragment	0.12	+
SA09-15-B13-034	XV	B13	*Lepus* sp.	UP/UM	−	tooth fragment	0.08	+
SA09-15-B13-035	XV	B13	*Lepus* sp.	UP/UM	−	tooth fragment	0.08	+
SA09-15-B13-036	XV	B13	*Lepus* sp.	UP/UM	−	tooth fragment	0.04	+
SA09-15-B13-037	XV	B13	*Lepus* sp.	UP/UM	−	tooth fragment	0.11	+
SA09-15-B13-038	XV	B13	*Lepus* sp.	UP/UM	−	tooth fragment	0.05	+
SA09-15-B13-058	XV	B13	*Lepus* sp.	UP/UM	−	tooth fragment	0.11	+
SA09-15-B13-059	XV	B13	*Lepus* sp.	UP/UM	−	tooth fragment	0.05	+, burned ?
SA09-15-B13-060	XV	B13	*Lepus* sp.	UP/UM	−	tooth fragment	0.08	+
SA09-15-B13-061	XV	B13	*Lepus* sp.	UP/UM	−	tooth fragment	0.12	+
SA09-15-B13-074	XV	B13	*Lepus* sp.	UP/UM	−	tooth fragment	0.16	+
SA09-15-B13-075	XV	B13	*Lepus* sp.	UP/UM	−	tooth fragment	0.12	+
SA09-15-B13-076	XV	B13	*Lepus* sp.	UP/UM	−	tooth fragment	0.17	+
SA09-15-B13-077	XV	B13	*Lepus* sp.	UP/UM	−	tooth fragment	0.11	+
SA09-15-B13-078	XV	B13	*Lepus* sp.	UP/UM	−	tooth fragment	0.10	+
SA09-15-B13-081	XV	B13	*Lepus* sp.	UP/UM	−	tooth fragment	0.13	+
SA11-15-B13-082	XV	B13	*Lepus* sp.	UP/UM	−	tooth fragment	0.15	−
SA11-15-B13-083	XV	B13	*Lepus* sp.	UP/UM	−	tooth fragment	0.05	−
SA11-15-B13-087	XV	B13	*Lepus* sp.	UP/UM	−	tooth fragment	0.17	+
SA11-15-B13-088	XV	B13	*Lepus* sp.	UP/UM	−	tooth fragment	0.13	+
SA11-15-B13-089	XV	B13	*Lepus* sp.	UP/UM	−	tooth fragment	0.16	+
SA09-15-B13-090	XV	B13	*Lepus* sp.	UP/UM	−	tooth fragment	0.13	+, burned ?
SA11-15-B13-122	XV	B13	*Lepus* sp.	UP/UM	−	tooth fragment	0.20	+
SA11-15-B13-123	XV	B13	*Lepus* sp.	UP/UM	−	tooth fragment	0.13	+
SA11-15-B13-124	XV	B13	*Lepus* sp.	UP/UM	−	tooth fragment	0.09	+
SA11-15-B13-125	XV	B13	*Lepus* sp.	UP/UM	−	tooth fragment	0.10	+
SA08-15-C12-008	XV	C12	*Lepus* sp.	UP/UM	−	tooth fragment	0.12	+, burned ?
SA08-15-C12-013	XV	C12	*Lepus* sp.	UP/UM	−	tooth fragment	0.08	+
SA08-15-C12-016	XV	C12	*Lepus* sp.	UP/UM	−	tooth fragment	0.05	+, burned ?
SA08-15-C13-010	XV	C13	*Lepus* sp.	UP/UM	−	tooth fragment	0.14	−
SA08-15-C13-011	XV	C13	*Lepus* sp.	UP/UM	−	tooth fragment	0.15	+
SA08-15-C13-012	XV	C13	*Lepus* sp.	UP/UM	−	almost complete	0.20	+
SA08-15-C13-013	XV	C13	*Lepus* sp.	UP/UM	−	almost complete	0.17	+
SA08-15-C13-014	XV	C13	*Lepus* sp.	UP/UM	−	tooth fragment	0.14	+
SA08-15-C13-015	XV	C13	*Lepus* sp.	UP/UM	−	tooth fragment	0.09	+
SA08-15-C13-017	XV	C13	*Lepus* sp.	UP/UM	−	tooth fragment	0.08	+
SA08-15-C13-018	XV	C13	*Lepus* sp.	UP/UM	−	tooth fragment	0.08	+
SA08-15-C13-019	XV	C13	*Lepus* sp.	UP/UM	−	tooth fragment	0.11	+
SA08-15-C13-020	XV	C13	*Lepus* sp.	UP/UM	−	tooth fragment	0.07	+
SA08-15-C13-027	XV	C13	*Lepus* sp.	UP/UM	−	tooth fragment	0.09	+
SA08-15-C13-028	XV	C13	*Lepus* sp.	UP/UM	−	tooth fragment	0.10	+
SA08-15-C13-029	XV	C13	*Lepus* sp.	UP/UM	−	tooth fragment	0.11	+
SA08-15-C13-030	XV	C13	*Lepus* sp.	UP/UM	−	tooth fragment	0.06	+
SA08-15-C13-031	XV	C13	*Lepus* sp.	UP/UM	−	tooth fragment	0.09	+
SA08-15-C13-033	XV	C13	*Lepus* sp.	UP/UM	−	tooth fragment	0.08	+
SA08-15-C13-036	XV	C13	*Lepus* sp.	UP/UM	−	tooth fragment	0.04	+
SA08-15-C13-039	XV	C13	*Lepus* sp.	UP/UM	−	tooth fragment	0.06	+
SA08-15-C13-061	XV	C13	*Lepus* sp.	UP/UM	−	almost complete	0.21	+
SA08-15-C13-062	XV	C13	*Lepus* sp.	UP/UM	−	tooth fragment	0.16	+

第 27 表　尻労安部洞窟の XI～XVI 層から出土した脊椎動物遺体 (6)

Specimen No.	Layer	Grid	Taxon (Species)	Skeltal Part	L/R	Portion	g	Note
SA08-15-C13-063	XV	C13	*Lepus* sp.	UP/UM	—	tooth fragment	0.15	+
SA08-15-C13-064	XV	C13	*Lepus* sp.	UP/UM	—	tooth fragment	0.10	+
SA08-15-C13-067	XV	C13	*Lepus* sp.	UP/UM	—	tooth fragment	0.11	+
SA08-15-C13-068	XV	C13	*Lepus* sp.	UP/UM	—	tooth fragment	0.17	+
SA08-15-C13-069	XV	C13	*Lepus* sp.	UP/UM	—	tooth fragment	0.10	+
SA08-15-C13-070	XV	C13	*Lepus* sp.	UP/UM	—	tooth fragment	0.11	+
SA08-15-C13-072	XV	C13	*Lepus* sp.	UP/UM	—	tooth fragment	0.12	+
SA08-15-C13-075	XV	C13	*Lepus* sp.	UP/UM	—	tooth fragment	0.12	+
SA08-15-C13-077	XV	C13	*Lepus* sp.	UP/UM	—	tooth fragment	0.08	+
SA08-15-C13-080	XV	C13	*Lepus* sp.	UP/UM	—	tooth fragment	0.07	+
SA08-15-C13-082	XV	C13	*Lepus* sp.	UP/UM	—	tooth fragment	0.06	+
SA08-15-C13-084	XV	C13	*Lepus* sp.	UP/UM	—	tooth fragment	0.05	+
SA08-15-C13-085	XV	C13	*Lepus* sp.	UP/UM	—	tooth fragment	0.11	+
SA08-15-C13-096	XV	C13	*Lepus* sp.	UP/UM	—	tooth fragment	0.04	+
SA08-15-C13-097	XV	C13	*Lepus* sp.	UP/UM	—	tooth fragment	0.06	+
SA10-15-C13-100	XV	C13	*Lepus* sp.	UP/UM	—	almost complete	0.14	+
SA11-15-C13-109	XV	C13	*Lepus* sp.	UP/UM	—	tooth fragment	0.12	+
SA11-15-C13-113	XV	C13	*Lepus* sp.	UP/UM	—	tooth fragment	0.14	+
SA11-15-C13-114	XV	C13	*Lepus* sp.	UP/UM	—	tooth fragment	0.14	+
SA11-15-C13-116	XV	C13	*Lepus* sp.	UP/UM	—	tooth fragment	0.12	+
SA11-15-C13-118	XV	C13	*Lepus* sp.	UP/UM	—	tooth fragment	0.16	+
SA11-15-C13-123	XV	C13	*Lepus* sp.	UP/UM	—	tooth fragment	0.05	+
SA11-15-C13-127	XV	C13	*Lepus* sp.	UP/UM	—	tooth fragment	0.11	+
SA11-15-C13-128	XV	C13	*Lepus* sp.	UP/UM	—	tooth fragment	0.11	+
SA11-15-C13-159	XV	C13	*Lepus* sp.	UP/UM	—	tooth fragment	0.21	+
SA11-15-C13-163	XV	C13	*Lepus* sp.	UP/UM	—	tooth fragment	0.22	+
SA10-15-C14-009	XV	C14	*Lepus* sp.	UP/UM	—	almost complete	0.17	+
SA10-15-C14-010	XV	C14	*Lepus* sp.	UP/UM	—	tooth fragment	0.05	+
SA10-15-C15-001	XV	C15	*Lepus* sp.	UP/UM	—	tooth fragment	0.09	+
SA10-15c-B14-001	XV	B14	*Lepus* sp.	UP/UM	—	tooth fragment	0.11	+
SA10-15c-B14-002	XV	B14	*Lepus* sp.	UP/UM	—	tooth fragment	0.08	+
SA09-15-B12-005	XV	B12	*Lepus* sp.	UP/UM	—	tooth fragment	0.06	−
SA09-15-B12-006	XV	B12	*Lepus* sp.	UP/UM	—	tooth fragment	0.07	−
SA09-15-B12-011	XV	B12	*Lepus* sp.	UP/UM	—	tooth fragment	0.07	−
SA09-15-B12-012	XV	B12	*Lepus* sp.	UP/UM	—	tooth fragment	0.09	−
SA09-15-B12-017	XV	B12	*Lepus* sp.	UP/UM	—	tooth fragment	0.06	−
SA09-15-B12-018	XV	B12	*Lepus* sp.	UP/UM	—	tooth fragment	0.06	−
SA09-15-B12-034	XV	B12	*Lepus* sp.	UP/UM	—	tooth fragment	0.07	−
SA09-15-B12-036	XV	B12	*Lepus* sp.	UP/UM	—	tooth fragment	0.10	−
SA09-15-B12-044	XV	B12	*Lepus* sp.	UP/UM	—	tooth fragment	0.06	−
SA09-15-B12-080	XV	B12	*Lepus* sp.	UP/UM	—	tooth fragment	0.10	−
SA09-15-B12-107	XV	B12	*Lepus* sp.	UP/UM	—	tooth fragment	0.08	−
SA09-15-B12-119	XV	B12	*Lepus* sp.	UP/UM	—	tooth fragment	0.15	−
SA09-15-B12-124	XV	B12	*Lepus* sp.	UP/UM	—	tooth fragment	0.06	−
SA09-15-B12-134	XV	B12	*Lepus* sp.	UP/UM	—	tooth fragment	0.05	−，sample for dating
SA09-15-B12-135	XV	B12	*Lepus* sp.	UP/UM	—	tooth fragment	0.01	−，sample for dating: MTC-13166
SA09-15-B12-136	XV	B12	*Lepus* sp.	UP/UM	—	tooth fragment	0.01	−，sample for dating: MTC-13166
SA09-15-B12-137	XV	B12	*Lepus* sp.	UP/UM	—	tooth fragment	0.01	−，sample for dating: MTC-13166
SA09-15-B12-138	XV	B12	*Lepus* sp.	UP/UM	—	tooth fragment	0.01	−，sample for dating: MTC-13166
SA09-15-B12-139	XV	B12	*Lepus* sp.	UP/UM	—	tooth fragment	0.01	−，sample for dating: MTC-13166
SA09-15-B12-140	XV	B12	*Lepus* sp.	UP/UM	—	tooth fragment	0.01	−，sample for dating: MTC-13166
SA09-15-B12-141	XV	B12	*Lepus* sp.	UP/UM	—	tooth fragment	0.01	−，sample for dating: MTC-13166
SA09-15-B12-142	XV	B12	*Lepus* sp.	UP/UM	—	tooth fragment	0.01	−，sample for dating: MTC-13166
SA09-15-B12-143	XV	B12	*Lepus* sp.	UP/UM	—	tooth fragment	0.01	−，sample for dating: MTC-13166
SA09-15-B12-144	XV	B12	*Lepus* sp.	UP/UM	—	tooth fragment	0.01	−，sample for dating: MTC-13166
SA09-15-B12-145	XV	B12	*Lepus* sp.	UP/UM	—	tooth fragment	0.01	−，sample for dating: MTC-13166
SA09-15-B12-146	XV	B12	*Lepus* sp.	UP/UM	—	tooth fragment	0.01	−，sample for dating: MTC-13166
SA09-15-B12-147	XV	B12	*Lepus* sp.	UP/UM	—	tooth fragment	0.01	−，sample for dating: MTC-13166
SA09-15-B12-148	XV	B12	*Lepus* sp.	UP/UM	—	tooth fragment	0.01	−，sample for dating: MTC-13166
SA09-15-B12-149	XV	B12	*Lepus* sp.	UP/UM	—	tooth fragment	0.02	−，sample for dating: MTC-13166
SA10-15-B15-004	XV	B15	*Lepus* sp.	UP/UM	—	tooth fragment	0.07	−
SA10-15-B15-005	XV	B15	*Lepus* sp.	UP/UM	—	tooth fragment	0.05	−
SA08-15-C13-065	XV	C13	*Lepus* sp.	UP/UM	—	tooth fragment	0.17	−
SA08-15-C13-066	XV	C13	*Lepus* sp.	UP/UM	—	tooth fragment	0.13	−
SA08-15-C13-071	XV	C13	*Lepus* sp.	UP/UM	—	tooth fragment	0.10	−

第28表 尻労安部洞窟の XI〜XVI 層から出土した脊椎動物遺体（7）

Specimen No.	Layer	Grid	Taxon (Species)	Skeltal Part	L/R	Portion	g	Note
SA08-15-C13-078	XV	C13	*Lepus* sp.	UP/UM	−	tooth fragment	0.11	−
SA11-15-C13-119	XV	C13	*Lepus* sp.	UP/UM	−	tooth fragment	0.08	−
SA11-15-C13-120	XV	C13	*Lepus* sp.	UP/UM	−	tooth fragment	0.04	
SA11-15-C13-121	XV	C13	*Lepus* sp.	UP/UM	−	tooth fragment	0.05	−
SA11-15-C13-122	XV	C13	*Lepus* sp.	UP/UM	−	tooth fragment	0.04	−
SA11-15-C13-124	XV	C13	*Lepus* sp.	UP/UM	−	tooth fragment	0.09	−
SA11-15-C13-125	XV	C13	*Lepus* sp.	UP/UM	−	tooth fragment	0.12	−
SA11-15-C13-126	XV	C13	*Lepus* sp.	UP/UM	−	tooth fragment	0.08	−
SA11-15-C13-129	XV	C13	*Lepus* sp.	UP/UM	−	tooth fragment	0.07	−
SA11-15-C13-160	XV	C13	*Lepus* sp.	UP/UM	−	tooth fragment	0.10	−
SA11-15-C13-161	XV	C13	*Lepus* sp.	UP/UM	−	tooth fragment	0.10	−
SA11-15-C13-162	XV	C13	*Lepus* sp.	UP/UM	−	tooth fragment	0.14	−
SA04-11-F11-007	XII	F11	*Lepus* sp.	mandible	−	alveolar part	0.06	
SA05-12-E11-030	XI	E11	*Lepus* sp.	Ldi3	L	tooth fragment	0.04	+
SA04-12-E11-008	XI	F11	*Lepus* sp.	Ldi3	L	tooth fragment	0.03	+
SA05-12-E11-015	XI	F11	*Lepus* sp.	Ldi3	R	tooth fragment	0.02	+
SA05-12-E11-020	XI	E11	*Lepus* sp.	Ldi3	−	tooth fragment	0.04	−
SA11-13-B10-001	XIII	B10	*Lepus* sp.	Ldi3	L	tooth fragment	0.08	+
SA06-13-C13-001	XIII	C13	*Lepus* sp.	Ldi3	L	tooth fragment	0.03	+
SA08-13-D12-013	XIII	D12	*Lepus* sp.	Ldi3	L	tooth fragment	0.03	+
SA06-13-D11-001	XIII	D11	*Lepus* sp.	Ldi3	−	tooth fragment	0.06	+
SA06-13-D11-003	XIII	D11	*Lepus* sp.	Ldi3	−	tooth fragment	0.09	+
SA11-13-C11-002	XIII	C11	*Lepus* sp.	Ldi3	−	tooth fragment	0.10	−
SA11-13-D10-001	XIII	D11	*Lepus* sp.	Ldi3	−	tooth fragment	0.03	−
SA06-13-D11-002	XIII	D11	*Lepus* sp.	Ldi3	−	tooth fragment	0.04	−
SA08-13-D12-011	XIII	D12	*Lepus* sp.	Ldi3	−	tooth fragment	0.07	−
SA08-13-D12-012	XIII	D12	*Lepus* sp.	Ldi3	−	tooth fragment	0.04	−
SA12-13-E12-003	XIII	E12	*Lepus* sp.	Ldi3	−	tooth fragment	0.07	−
SA12-13-E12-004	XIII	E12	*Lepus* sp.	Ldi3	−	tooth fragment	0.07	−
SA12-13-E12-005	XIII	E12	*Lepus* sp.	Ldi3	−	tooth fragment	0.06	−
SA12-13-E12-006	XIII	E12	*Lepus* sp.	Ldi3	−	tooth fragment	0.03	−
SA12-13-E12-007	XIII	E12	*Lepus* sp.	Ldi3	−	tooth fragment	0.04	−
SA08-14-D12-023	XIV	D12	*Lepus* sp.	Ldi3	L	tooth fragment	0.04	+
SA12-14-E12-003	XIV	E12	*Lepus* sp.	Ldi3	L	tooth fragment	0.08	+
SA12-14-E12-007	XIV	E12	*Lepus* sp.	Ldi3	L	tooth fragment	0.04	+
SA08-14-C13-015	XIV	C13	*Lepus* sp.	Ldi3	L	tooth fragment	0.06	−
SA08-14-D12-022	XIV	D12	*Lepus* sp.	Ldi3	L	tooth fragment	0.05	−
SA12-14-E10-003	XIV	E10	*Lepus* sp.	Ldi3	L	tooth fragment	0.07	−
SA08-14-D13-006	XIV	D13	*Lepus* sp.	Ldi3	R	tooth fragment	0.18	+
SA12-14-D13-028	XIV	D13	*Lepus* sp.	Ldi3	R	tooth fragment	0.03	+
SA12-14-E12-006	XIV	E12	*Lepus* sp.	Ldi3	R	tooth fragment	0.03	+
SA09-14-B12-008	XIV	B12	*Lepus* sp.	Ldi3	R	tooth fragment	0.09	−
SA08-14-C12-001	XIV	C12	*Lepus* sp.	Ldi3	R	tooth fragment	0.05	−
SA12-14-E12-051	XIV	E12	*Lepus* sp.	Ldi3	R	tooth fragment	0.04	−
SA09-14-B12-007	XIV	B12	*Lepus* sp.	Ldi3	−	tooth fragment	0.09	−
SA08-14-C13-014	XIV	C13	*Lepus* sp.	Ldi3	−	tooth fragment	0.05	−
SA08-14-C13-016	XIV	C13	*Lepus* sp.	Ldi3	−	tooth fragment	0.03	−
SA08-14-D12-011	XIV	D12	*Lepus* sp.	Ldi3	−	tooth fragment	0.05	−
SA12-14-D12-035	XIV	D12	*Lepus* sp.	Ldi3	−	tooth fragment	0.06	−
SA08-14-D13-007	XIV	D13	*Lepus* sp.	Ldi3	−	tooth fragment	0.05	−
SA08-14-D13-008	XIV	D13	*Lepus* sp.	Ldi3	−	tooth fragment	0.04	−
SA12-14-D13-053	XIV	D13	*Lepus* sp.	Ldi3	−	tooth fragment	0.04	+
SA12-14-E12-038	XIV	E12	*Lepus* sp.	Ldi3	−	tooth fragment	0.07	−
SA12-14-E12-040	XIV	E12	*Lepus* sp.	Ldi3	−	tooth fragment	0.04	−
SA12-14-F10-001	XIV	F10	*Lepus* sp.	Ldi3	−	tooth fragment	0.04	+
SA12-14'-D13-014	XV	D13	*Lepus* sp.	Ldi3	L	tooth fragment	0.06	+
SA09-15-B12-001	XV	B12	*Lepus* sp.	Ldi3	L	tooth fragment	0.05	+
SA09-15-B12-025	XV	B12	*Lepus* sp.	Ldi3	L	tooth fragment	0.07	+
SA08-15-C13-005	XV	C13	*Lepus* sp.	Ldi3	L	tooth fragment	0.08	+
SA08-15-C13-050	XV	C13	*Lepus* sp.	Ldi3	L	tooth fragment	0.08	+
SA08-15-C13-057	XV	C13	*Lepus* sp.	Ldi3	L	tooth fragment	0.04	+, burned ?
SA08-15-C13-086	XV	C13	*Lepus* sp.	Ldi3	L	tooth fragment	0.05	+
SA11-15-C13-140	XV	C13	*Lepus* sp.	Ldi3	L	tooth fragment	0.07	+
SA11-15-C13-147	XV	C13	*Lepus* sp.	Ldi3	L	tooth fragment	0.01	+
SA09-15-B12-024	XV	B12	*Lepus* sp.	Ldi3	L	tooth fragment	0.06	−

第29表　尻労安部洞窟のⅪ～ⅩⅥ層から出土した脊椎動物遺体（8）

Specimen No.	Layer	Grid	Taxon(Species)	Skeltal Part	L/R	Portion	g	Note
SA09-15-B12-026	XV	B12	*Lepus* sp.	Ldi3	L	tooth fragment	0.05	−
SA08-15-C13-004	XV	C13	*Lepus* sp.	Ldi3	L	tooth fragment	0.09	−, burned ?
SA08-15-C13-006	XV	C13	*Lepus* sp.	Ldi3	L	tooth fragment	0.08	−
SA08-15-C13-051	XV	C13	*Lepus* sp.	Ldi3	L	tooth fragment	0.06	−, burned ?
SA08-15-C13-055	XV	C13	*Lepus* sp.	Ldi3	L	tooth fragment	0.11	−
SA09-15-B13-001	XV	B13	*Lepus* sp.	Ldi3	R	tooth fragment	0.14	+
SA09-15-B13-002	XV	B13	*Lepus* sp.	Ldi3	R	tooth fragment	0.12	+
SA09-15-B13-018	XV	B13	*Lepus* sp.	Ldi3	R	tooth fragment	0.05	+
SA08-15-C13-052	XV	C13	*Lepus* sp.	Ldi3	R	tooth fragment	0.07	+
SA08-15-C13-094	XV	C13	*Lepus* sp.	Ldi3	R	tooth fragment	0.04	+
SA11-15-C13-110	XV	C13	*Lepus* sp.	Ldi3	R	tooth fragment	0.14	+
SA11-15-C13-112	XV	C13	*Lepus* sp.	Ldi3	R	tooth fragment	0.15	+
SA09-15-B12-068	XV	B12	*Lepus* sp.	Ldi3	R	tooth fragment	0.05	−
SA09-15-B12-069	XV	B12	*Lepus* sp.	Ldi3	R	tooth fragment	0.07	−
SA09-15-B12-070	XV	B12	*Lepus* sp.	Ldi3	R	tooth fragment	0.05	−
SA09-15-B12-102	XV	B12	*Lepus* sp.	Ldi3	R	tooth fragment	0.07	−
SA09-15-B12-079	XV	B13	*Lepus* sp.	Ldi3	R	tooth fragment	0.06	−
SA11-15-B12-221	XV	B13	*Lepus* sp.	Ldi3	R	tooth fragment	0.10	−
SA11-15-B12-222	XV	B13	*Lepus* sp.	Ldi3	R	tooth fragment	0.05	−
SA08-15-C12-004	XV	C12	*Lepus* sp.	Ldi3	R	tooth fragment	0.05	−, burned?
SA08-15-C13-053	XV	C13	*Lepus* sp.	Ldi3	R	tooth fragment	0.06	−
SA08-15-C13-056	XV	C13	*Lepus* sp.	Ldi3	R	tooth fragment	0.07	−
SA12-14'-D13-012	XV	D13	*Lepus* sp.	Ldi3	−	tooth fragment	0.05	−
SA12-14'-D13-013	XV	D13	*Lepus* sp.	Ldi3	−	tooth fragment	0.05	−
SA09-15-B12-027	XV	B12	*Lepus* sp.	Ldi3	−	tooth fragment	0.04	−
SA09-15-B12-051	XV	B12	*Lepus* sp.	Ldi3	−	tooth fragment	0.02	−
SA09-15-B12-071	XV	B12	*Lepus* sp.	Ldi3	−	tooth fragment	0.04	−
SA09-15-B12-072	XV	B12	*Lepus* sp.	Ldi3	−	tooth fragment	0.03	−
SA09-15-B12-073	XV	B12	*Lepus* sp.	Ldi3	−	tooth fragment	0.04	−
SA09-15-B13-056	XV	B13	*Lepus* sp.	Ldi3	−	tooth fragment	0.07	−, burned?
SA09-15-B13-057	XV	B13	*Lepus* sp.	Ldi3	−	tooth fragment	0.04	−
SA09-15-B13-065	XV	B13	*Lepus* sp.	Ldi3	−	tooth fragment	0.03	−
SA11-15-B13-223	XV	B13	*Lepus* sp.	Ldi3	−	tooth fragment	0.05	−
SA11-15-B13-224	XV	B13	*Lepus* sp.	Ldi3	−	tooth fragment	0.04	−
SA11-15-B13-225	XV	B13	*Lepus* sp.	Ldi3	−	tooth fragment	0.04	−
SA11-15-B13-226	XV	B13	*Lepus* sp.	Ldi3	−	tooth fragment	0.01	−
SA11-15-B13-227	XV	B13	*Lepus* sp.	Ldi3	−	tooth fragment	0.02	−
SA11-15-B13-228	XV	B13	*Lepus* sp.	Ldi3	−	tooth fragment	0.02	−
SA10-15-B15-006	XV	B15	*Lepus* sp.	Ldi3	−	tooth fragment	0.13	−
SA11-15-C13-141	XV	C13	*Lepus* sp.	Ldi3	−	tooth fragment	0.13	−
SA11-15-C13-142	XV	C13	*Lepus* sp.	Ldi3	−	tooth fragment	0.04	−
SA11-15-C13-143	XV	C13	*Lepus* sp.	Ldi3	−	tooth fragment	0.03	−
SA11-15-C13-144	XV	C13	*Lepus* sp.	Ldi3	−	tooth fragment	0.03	−
SA11-15-C13-145	XV	C13	*Lepus* sp.	Ldi3	−	tooth fragment	0.05	−
SA11-15-C13-146	XV	C13	*Lepus* sp.	Ldi3	−	tooth fragment	0.02	−
SA10-15c-B15-006	XV	B15	*Lepus* sp.	Ldi3	−	tooth fragment	0.01	−
SA04-12-F11-001	XI	F11	*Lepus* sp.	LP3	L	tooth fragment	0.21	+, MD : 3.90, BL : 3.20
SA05-12-E11-011	XI	E11	*Lepus* sp.	LP3	R	mesial fragment	0.07	+
SA08-13-D12-004	XIII	D12	*Lepus* sp.	LP3	L	mesial fragment	0.10	+
SA08-13-D12-005	XIII	D12	*Lepus* sp.	LP3	L	mesial fragment	0.09	+
SA08-13-D12-006	XIII	D12	*Lepus* sp.	LP3	L	mesial fragment	0.07	+
SA08-13-D12-008	XIII	D12	*Lepus* sp.	LP3	L	mesial fragment	0.03	+
SA05-13-E11-002	XIII	E11	*Lepus* sp.	LP3	L	mesial fragment	0.06	+
SA12-13-E12-014	XIII	E12	*Lepus* sp.	LP3	L	tooth fragment	0.08	−
SA12-13-E12-015	XIII	E12	*Lepus* sp.	LP3	L	tooth fragment	0.09	−
SA10-13-C14-001	XIII	C14	*Lepus* sp.	LP3	−	mesial fragment	0.09	−
SA08-14-C13-002	XIV	C13	*Lepus* sp.	LP3	L	mesial fragment	0.08	+
SA08-14-C13-013	XIV	C13	*Lepus* sp.	LP3	L	mesial fragment	0.05	+
SA08-14-D13-021	XIV	D13	*Lepus* sp.	LP3	L	mesial fragment	0.08	+
SA12-14-D13-002	XIV	D13	*Lepus* sp.	LP3	L	tooth fragment	0.12	+
SA12-14-E12-010	XIV	E12	*Lepus* sp.	LP3	L	tooth fragment	0.15	+
SA12-14-D12-034	XIV	D12	*Lepus* sp.	LP3	L	tooth fragment	0.06	−
SA08-14-C13-001	XIV	C13	*Lepus* sp.	LP3	R	mesial fragment	0.08	+
SA08-14-D13-001	XIV	D13	*Lepus* sp.	LP3	R	tooth fragment	0.16	+
SA08-14-D13-020	XIV	D13	*Lepus* sp.	LP3	R	mesial fragment	0.06	+

第30表　尻労安部洞窟のXI～XVI層から出土した脊椎動物遺体（9）

Specimen No.	Layer	Grid	Taxon (Species)	Skeltal Part	L/R	Portion	g	Note
SA12-14-D13-061	XIV	D13	*Lepus* sp.	LP3	R	tooth fragment	0.17	+
SA12-14-E12-012	XIV	E12	*Lepus* sp.	LP3	R	tooth fragment	0.09	+
SA?-14-E12-055	XIV	E12	*Lepus* sp.	LP3	R	tooth fragment	0.08	+
SA08-14-D13-019	XIV	D13	*Lepus* sp.	LP3	R	mesial fragment	0.08	−
SA08-14-D12-019	XIV	D12	*Lepus* sp.	LP3	−	mesial fragment	0.06	+
SA12-14-D13-048	XIV	D13	*Lepus* sp.	LP3	−	tooth fragment	0.17	+
SA12-14-D13-027	XIV	D13	*Lepus* sp.	LP3	−	tooth fragment	0.03	−
SA12-14-D13-032	XIV	D13	*Lepus* sp.	LP3	−	tooth fragment	0.10	−
SA09-15-B12-076	XV	B12	*Lepus* sp.	LP3	L	mesial fragment	0.08	+
SA09-15-B12-077	XV	B12	*Lepus* sp.	LP3	L	mesial fragment	0.10	+
SA09-15-B12-100	XV	B12	*Lepus* sp.	LP3	L	almost complete	0.19	+, MD : 4.31, BL : 3.74
SA09-15-B13-005	XV	B13	*Lepus* sp.	LP3	L	almost complete	0.21	+, MD : 4.46, BL : 3.48
SA09-15-B13-041	XV	B13	*Lepus* sp.	LP3	L	mesial fragment	0.09	+
SA09-15-B13-051	XV	B13	*Lepus* sp.	LP3	L	tooth fragment	0.08	+, MD : 3.43, BL : 2.73
SA09-15-B13-070	XV	B13	*Lepus* sp.	LP3	L	tooth fragment	0.22	+, MD : 3.70, BL : 3.87
SA08-15-C12-002	XV	C12	*Lepus* sp.	LP3	L	mesial fragment	0.12	+
SA08-15-C13-016	XV	C13	*Lepus* sp.	LP3	L	mesial fragment	0.06	+
SA08-15-C13-034	XV	C13	*Lepus* sp.	LP3	L	mesial fragment	0.09	+
SA08-15-C13-059	XV	C13	*Lepus* sp.	LP3	L	almost complete	0.19	+, MD : 4.40, BL : 3.43
SA11-15-C13-151	XV	C13	*Lepus* sp.	LP3	L	mesial fragment	0.03	+
SA11-15-C13-154	XV	C13	*Lepus* sp.	LP3	L	mesial fragment	0.08	+
SA10-15-C14-006	XV	C14	*Lepus* sp.	LP3	L	mesial fragment	0.10	+
SA10-15-C14-007	XV	C14	*Lepus* sp.	LP3	L	mesial fragment	0.10	+
SA09-15-B12-078	XV	B12	*Lepus* sp.	LP3	L	mesial fragment	0.06	−
SA09-15-B12-015	XV	B12	*Lepus* sp.	LP3	R	mesial fragment	0.07	+
SA09-15-B12-104	XV	B12	*Lepus* sp.	LP3	R	mesial fragment	0.06	+
SA09-15-B12-122	XV	B12	*Lepus* sp.	LP3	R	mesial fragment	0.03	+
SA08-15-C12-001	XV	C12	*Lepus* sp.	LP3	R	almost complete	0.21	+
SA08-15-C12-023	XV	C12	*Lepus* sp.	LP3	R	tooth fragment	0.01	+
SA08-15-C13-003	XV	C13	*Lepus* sp.	LP3	R	almost complete	0.18	+
SA08-15-C13-058	XV	C13	*Lepus* sp.	LP3	R	almost complete	0.13	+
SA11-15-C13-155	XV	C13	*Lepus* sp.	LP3	R	tooth fragment	0.10	+
SA10-15-C14-005	XV	C14	*Lepus* sp.	LP3	R	mesial fragment	0.08	+
SA10-15c-C14-001	XV	C14	*Lepus* sp.	LP3	R	mesial fragment	0.06	+
SA09-15-B13-012	XV	B13	*Lepus* sp.	LP3	R	mesial fragment	0.10	−
SA11-15-B13-084	XV	B13	*Lepus* sp.	LP3	R	tooth fragment	0.09	−
SA11-15-C13-156	XV	C13	*Lepus* sp.	LP3	R	tooth fragment	0.17	−
SA08-15-C12-012	XV	C12	*Lepus* sp.	LP3	−	mesial fragment	0.06	+
SA09-15-B12-079	XV	B12	*Lepus* sp.	LP3	−	mesial fragment	0.08	+
SA09-15-B12-105	XV	B12	*Lepus* sp.	LP3	−	mesial fragment	0.06	+
SA09-15-B13-019	XV	B13	*Lepus* sp.	LP3	−	tooth fragment	0.09	−
SA09-15-B13-021	XV	B13	*Lepus* sp.	LP3	−	mesial fragment	0.09	−
SA11-15-B13-236	XV	B13	*Lepus* sp.	LP3	−	tooth fragment	0.01	−
SA11-15-C13-152	XV	C13	*Lepus* sp.	LP3	−	mesial fragment	0.06	−
SA11-15-C13-153	XV	C13	*Lepus* sp.	LP3	−	mesial fragment	0.08	−
SA11-15-C13-157	XV	C13	*Lepus* sp.	LP3	−	mesial fragment	0.07	−
SA11-15-C13-158	XV	C13	*Lepus* sp.	LP3	−	mesial fragment	0.07	−
SA08-14-C13-017	XIV	C13	*Lepus* sp.	LM3	L	mesial fragment	0.01	+
SA04-12-F11-002	XI	F11	*Lepus* sp.	LP/LM	L	tooth fragment	0.09	+
SA05-12-E11-015	XI	E11	*Lepus* sp.	LP/LM	−	tooth fragment	0.03	+
SA05-12-E11-021	XI	E11	*Lepus* sp.	LP/LM	−	tooth fragment	0.08	+
SA04-12-F11-003	XI	F11	*Lepus* sp.	LP/LM	−	tooth fragment	0.02	+
SA05-12-E11-001	XI	E11	*Lepus* sp.	LP/LM	−	tooth fragment	0.06	+
SA05-12-E11-002	XI	E11	*Lepus* sp.	LP/LM	−	tooth fragment	0.01	+
SA05-12-E11-003	XI	E11	*Lepus* sp.	LP/LM	−	tooth fragment	0.02	+
SA05-12-E11-016	XI	E11	*Lepus* sp.	LP/LM	−	tooth fragment	0.09	−
SA05-12-E11-018	XI	E11	*Lepus* sp.	LP/LM	−	tooth fragment	0.03	−
SA04-11-F11-021	XII	F11	*Lepus* sp.	LP/LM	L	tooth fragment	0.15	+
SA04-11-G11-003	XII	G11	*Lepus* sp.	LP/LM	L	tooth fragment	0.11	+
SA04-11-F11-004	XII	F11	*Lepus* sp.	LP/LM	−	tooth fragment	0.05	+
SA04-11-F11-005	XII	F11	*Lepus* sp.	LP/LM	−	tooth fragment	0.03	+
SA11-13-B10-003	XIII	B10	*Lepus* sp.	LP/LM	−	tooth fragment	0.05	+
SA08-14-D12-012	XIV	D12	*Lepus* sp.	LP/LM	−	tooth fragment	0.07	+
SA12-14-D13-031	XIV	D13	*Lepus* sp.	LP/LM	−	tooth fragment	0.11	+
SA12-14-D13-037	XIV	D13	*Lepus* sp.	LP/LM	−	tooth fragment	0.10	+
SA12-14-D13-040	XIV	D13	*Lepus* sp.	LP/LM	−	tooth fragment	0.08	+

第31表　尻労安部洞窟のⅪ～ⅩⅥ層から出土した脊椎動物遺体（10）

Specimen No.	Layer	Grid	Taxon(Species)	Skeltal Part	L/R	Portion	g	Note
SA12-14-D13-052	XIV	D13	*Lepus* sp.	LP/LM	—	tooth fragment	0.06	+
SA12-14-E12-011	XIV	E12	*Lepus* sp.	LP/LM	—	tooth fragment	0.08	+
SA12-14-E12-023	XIV	E12	*Lepus* sp.	LP/LM	—	tooth fragment	0.07	+
SA12-14-E12-036	XIV	E12	*Lepus* sp.	LP/LM	—	tooth fragment	0.13	+
SA12-14-E12-043	XIV	E12	*Lepus* sp.	LP/LM	—	tooth fragment	0.08	+
SA09-15-B12-084	XV	B12	*Lepus* sp.	LP/LM	—	tooth fragment	0.06	+
SA09-15-B12-092	XV	B12	*Lepus* sp.	LP/LM	—	tooth fragment	0.08	+
SA09-15-B12-096	XV	B12	Lepus sp.	LP/LM	—	tooth fragment	0.06	+
SA09-15-B12-111	XV	B12	*Lepus* sp.	LP/LM	—	tooth fragment	0.08	+
SA10-15-B12-002	XV	B14	*Lepus* sp.	LP/LM	—	tooth fragment	0.08	+
SA08-15-C12-020	XV	C12	*Lepus* sp.	LP/LM	—	tooth fragment	0.20	+
SA08-15-C12-022	XV	C12	*Lepus* sp.	LP/LM	—	tooth fragment	0.03	+
SA08-15-C13-022	XV	C13	*Lepus* sp.	LP/LM	—	tooth fragment	0.05	+
SA08-15-C13-038	XV	C13	*Lepus* sp.	LP/LM	—	tooth fragment	0.06	+
SA08-15-C13-073	XV	C13	*Lepus* sp.	LP/LM	—	tooth fragment	0.06	+
SA08-15-C13-098	XV	C13	*Lepus* sp.	LP/LM	—	tooth fragment	0.06	+
SA11-15-C13-148	XV	C13	*Lepus* sp.	LP/LM	—	tooth fragment	0.15	+
SA11-15-C13-149	XV	C13	*Lepus* sp.	LP/LM	—	tooth fragment	0.18	+
SA10-15-C14-008	XV	C14	*Lepus* sp.	LP/LM	—	tooth fragment	0.06	+
SA09-15-B12-013	XV	B12	*Lepus* sp.	LP/LM	—	tooth fragment	0.05	−
SA09-15-B12-016	XV	B12	*Lepus* sp.	LP/LM	—	tooth fragment	0.04	−
SA09-15-B12-046	XV	B12	*Lepus* sp.	LP/LM	—	tooth fragment	0.06	−
SA09-15-B12-090	XV	B12	*Lepus* sp.	LP/LM	—	tooth fragment	0.03	−
SA09-15-B12-118	XV	B12	*Lepus* sp.	LP/LM	—	tooth fragment	0.07	−
SA08-15-C12-011	XV	C12	*Lepus* sp.	LP/LM	—	tooth fragment	0.07	−
SA08-15-C13-024	XV	C13	*Lepus* sp.	LP/LM	—	tooth fragment	0.08	−
SA10-15-C13-103	XV	C13	*Lepus* sp.	LP/LM	—	tooth fragment	0.04	−
SA10-15-C13-107	XV	C13	*Lepus* sp.	LP/LM	—	tooth fragment	0.01	−
SA11-15-C13-150	XV	C13	*Lepus* sp.	LP/LM	—	tooth fragment	0.08	−
SA04-12-F11-010	XI	F11	*Lepus* sp.	radius	L	proximal end fragment	0.05	
SA08-15-C12-025	XV	C12	Lagomorpha	Ldi3?	—	tooth fragment	0.03	−，burned?
SA05-12-E11-025	XI	E11	Lagomorpha	P/M	—	tooth fragment	0.03	−
SA04-11-F11-003	XII	F11	Lagomorpha	P/M	—	tooth fragment	0.07	−
SA04-11-F11-009	XII	F11	Lagomorpha	P/M	—	tooth fragment	0.03	−
SA04-11-F11-010	XII	F11	Lagomorpha	P/M	—	tooth fragment	0.02	−
SA04-11-F11-022	XII	F11	Lagomorpha	P/M	—	tooth fragment	0.06	−
SA04-11-G11-006	XII	G11	Lagomorpha	P/M	—	tooth fragment	0.03	−
SA08-13-D12-014	XIII	D12	Lagomorpha	P/M	—	tooth fragment	0.05	+
SA08-13-D12-020	XIII	D12	Lagomorpha	P/M	—	tooth fragment	0.11	+
SA08-13-D12-027	XIII	D12	Lagomorpha	P/M	—	tooth fragment	0.08	+
SA05-13-E11-006	XIII	E11	Lagomorpha	P/M	—	tooth fragment	0.04	+
SA12-13-E12-001	XIII	E12	Lagomorpha	P/M	—	tooth fragment	0.12	+
SA10-13-B14-003	XIII	B14	Lagomorpha	P/M	—	tooth fragment	0.04	−
SA10-13-B15-018	XIII	B15	Lagomorpha	P/M	—	tooth fragment	0.05	−
SA11-13-C11-003	XIII	C11	Lagomorpha	P/M	—	tooth fragment	0.02	−
SA08-13-D12-007	XIII	D12	Lagomorpha	P/M	—	tooth fragment	0.06	−
SA08-13-D12-009	XIII	D12	Lagomorpha	P/M	—	tooth fragment	0.05	−
SA05-13-E11-005	XIII	E11	Lagomorpha	P/M	—	tooth fragment	0.05	−
SA12-13-E12-002	XIII	E12	Lagomorpha	P/M	—	tooth fragment	<0.01	−
SA08-14-C13-010	XIV	C13	Lagomorpha	P/M	—	tooth fragment	0.07	+
SA08-14-D12-013	XIV	D12	Lagomorpha	P/M	—	tooth fragment	0.07	+
SA08-14-D12-018	XIV	D12	Lagomorpha	P/M	—	tooth fragment	0.06	+
SA08-14-D13-026	XIV	D13	Lagomorpha	P/M	—	tooth fragment	0.05	+
SA08-14-D13-034	XIV	D13	Lagomorpha	P/M	—	tooth fragment	0.05	+
SA12-14-D13-013	XIV	D13	Lagomorpha	P/M	—	tooth fragment	0.05	+
SA12-14-D13-045	XIV	D13	Lagomorpha	P/M	—	tooth fragment	0.06	+
SA12-14-D13-046	XIV	D13	Lagomorpha	P/M	—	tooth fragment	0.06	+
SA12-14-D13-049	XIV	D13	Lagomorpha	P/M	—	tooth fragment	0.08	+
SA12-14-D13-062	XIV	D13	Lagomorpha	P/M	—	tooth fragment	0.02	+
SA12-14-E12-042	XIV	E12	Lagomorpha	P/M	—	tooth fragment	0.04	+
SA12-14-E12-044	XIV	E12	Lagomorpha	P/M	—	tooth fragment	0.10	+
SA12-14-E12-050	XIV	E12	Lagomorpha	P/M	—	tooth fragment	0.05	+
SA?-14-E12-053	XIV	E12	Lagomorpha	P/M	—	tooth fragment	0.08	+
SA12-14-F10-005	XIV	F10	Lagomorpha	P/M	—	tooth fragment	0.07	+
SA09-14-B12-009	XIV	B12	Lagomorpha	P/M	—	tooth fragment	0.06	−

第32表 尻労安部洞窟のXI～XVI層から出土した脊椎動物遺体（11）

Specimen No.	Layer	Grid	Taxon(Species)	Skeltal Part	L/R	Portion	g	Note
SA08-14-C13-011	XIV	C13	Lagomorpha	P/M	－	tooth fragment	0.04	－
SA08-14-C13-012	XIV	C13	Lagomorpha	P/M	－	tooth fragment	0.07	－
SA12-14-D12-031	XIV	D12	Lagomorpha	P/M	－	tooth fragment	0.01	－
SA08-14-D13-023	XIV	D13	Lagomorpha	P/M	－	tooth fragment	0.07	－
SA08-14-D13-024	XIV	D13	Lagomorpha	P/M	－	tooth fragment	0.05	－
SA08-14-D13-025	XIV	D13	Lagomorpha	P/M	－	tooth fragment	0.06	－
SA08-14-D13-027	XIV	D13	Lagomorpha	P/M	－	tooth fragment	0.04	－
SA08-14-D13-028	XIV	D13	Lagomorpha	P/M	－	tooth fragment	0.04	－
SA08-14-D13-029	XIV	D13	Lagomorpha	P/M	－	tooth fragment	0.06	－
SA08-14-D13-031	XIV	D13	Lagomorpha	P/M	－	tooth fragment	0.03	－
SA08-14-D13-038	XIV	D13	Lagomorpha	P/M	－	tooth fragment	0.04	－
SA12-14-D13-004	XIV	D13	Lagomorpha	P/M	－	tooth fragment	0.11	－
SA12-14-D13-006	XIV	D13	Lagomorpha	P/M	－	tooth fragment	0.06	－
SA12-14-D13-008	XIV	D13	Lagomorpha	P/M	－	tooth fragment	0.01	－
SA12-14-D13-017	XIV	D13	Lagomorpha	P/M	－	tooth fragment	0.02	－
SA12-14-D13-018	XIV	D13	Lagomorpha	P/M	－	tooth fragment	0.05	－
SA12-14-E12-009	XIV	E12	Lagomorpha	P/M	－	tooth fragment	0.06	－
SA12-14-E12-013	XIV	E12	Lagomorpha	P/M	－	tooth fragment	0.18	－
SA12-14-E12-042	XIV	E12	Lagomorpha	P/M	－	tooth fragment	0.07	－
SA09-15-B12-091	XV	B12	Lagomorpha	P/M	－	tooth fragment	0.03	＋
SA09-15-B12-095	XV	B12	Lagomorpha	P/M	－	tooth fragment	0.06	＋
SA09-15-B12-110	XV	B12	Lagomorpha	P/M	－	tooth fragment	0.06	＋
SA09-15-B13-032	XV	B13	Lagomorpha	P/M	－	tooth fragment	0.05	＋
SA11-15-B13-126	XV	B13	Lagomorpha	P/M	－	tooth fragment	0.07	＋
SA11-15-B13-127	XV	B13	Lagomorpha	P/M	－	tooth fragment	0.04	＋
SA10-15-B14-001	XV	B14	Lagomorpha	P/M	－	tooth fragment	0.06	＋
SA10-15-B14-003	XV	B14	Lagomorpha	P/M	－	tooth fragment	0.04	＋
SA08-15-C12-010	XV	C12	Lagomorpha	P/M	－	tooth fragment	0.08	＋
SA08-15-C12-024	XV	C12	Lagomorpha	P/M	－	tooth fragment	0.04	＋
SA09-15-B12-007	XV	B12	Lagomorpha	P/M	－	tooth fragment	0.06	－
SA09-15-B12-008	XV	B12	Lagomorpha	P/M	－	tooth fragment	0.05	－
SA09-15-B12-009	XV	B12	Lagomorpha	P/M	－	tooth fragment	0.05	－
SA09-15-B12-010	XV	B12	Lagomorpha	P/M	－	tooth fragment	0.03	－
SA09-15-B12-014	XV	B12	Lagomorpha	P/M	－	tooth fragment	0.05	－
SA09-15-B12-019	XV	B12	Lagomorpha	P/M	－	tooth fragment	0.04	－
SA09-15-B12-028	XV	B12	Lagomorpha	P/M	－	tooth fragment	0.03	－
SA09-15-B12-029	XV	B12	Lagomorpha	P/M	－	tooth fragment	0.03	－
SA09-15-B12-030	XV	B12	Lagomorpha	P/M	－	tooth fragment	0.04	－
SA09-15-B12-045	XV	B12	Lagomorpha	P/M	－	tooth fragment	0.04	－
SA09-15-B12-047	XV	B12	Lagomorpha	P/M	－	tooth fragment	0.07	－
SA09-15-B12-053	XV	B12	Lagomorpha	P/M	－	tooth fragment	0.04	－
SA09-15-B12-054	XV	B12	Lagomorpha	P/M	－	tooth fragment	0.03	－
SA09-15-B12-085	XV	B12	Lagomorpha	P/M	－	tooth fragment	0.07	－
SA09-15-B12-086	XV	B12	Lagomorpha	P/M	－	tooth fragment	0.04	－
SA09-15-B12-087	XV	B12	Lagomorpha	P/M	－	tooth fragment	0.07	－
SA09-15-B12-088	XV	B12	Lagomorpha	P/M	－	tooth fragment	0.03	－
SA09-15-B12-089	XV	B12	Lagomorpha	P/M	－	tooth fragment	0.05	－
SA09-15-B12-093	XV	B12	Lagomorpha	P/M	－	tooth fragment	0.04	－
SA09-15-B12-094	XV	B12	Lagomorpha	P/M	－	tooth fragment	0.06	－
SA09-15-B12-099	XV	B12	Lagomorpha	P/M	－	tooth fragment	0.03	－
SA09-15-B12-112	XV	B12	Lagomorpha	P/M	－	tooth fragment	0.06	－
SA09-15-B12-113	XV	B12	Lagomorpha	P/M	－	tooth fragment	0.04	－
SA09-15-B12-114	XV	B12	Lagomorpha	P/M	－	tooth fragment	0.04	－
SA09-15-B12-120	XV	B12	Lagomorpha	P/M	－	tooth fragment	<0.01	－
SA09-15-B12-121	XV	B12	Lagomorpha	P/M	－	tooth fragment	<0.01	－
SA09-15-B12-123	XV	B12	Lagomorpha	P/M	－	tooth fragment	<0.01	－
SA09-15-B12-125	XV	B12	Lagomorpha	P/M	－	tooth fragment	<0.01	－, sample for dating
SA09-15-B12-126	XV	B12	Lagomorpha	P/M	－	tooth fragment	0.03	－
SA09-15-B12-127	XV	B12	Lagomorpha	P/M	－	tooth fragment	<0.01	－, sample for dating
SA09-15-B12-128	XV	B12	Lagomorpha	P/M	－	tooth fragment	0.03	－
SA09-15-B12-130	XV	B12	Lagomorpha	P/M	－	tooth fragment	<0.01	－
SA09-15-B12-131	XV	B12	Lagomorpha	P/M	－	tooth fragment	0.05	－, sample for dating
SA09-15-B12-132	XV	B12	Lagomorpha	P/M	－	tooth fragment	0.05	－, sample for dating
SA09-15-B12-133	XV	B12	Lagomorpha	P/M	－	tooth fragment	0.05	－, sample for dating
SA09-15-B12-150	XV	B12	Lagomorpha	P/M	－	tooth fragment	0.01	－, sample for dating; MTC-13166

第33表　尻労安部洞窟のXI～XVI層から出土した脊椎動物遺体（12）

Specimen No.	Layer	Grid	Taxon(Species)	Skeltal Part	L/R	Portion	g	Note
SA09-15-B13-009	XV	B13	Lagomorpha	P/M	−	tooth fragment	0.05	−
SA11-15-B13-086	XV	B13	Lagomorpha	P/M	−	tooth fragment	0.03	−
SA11-15-B13-128	XV	B13	Lagomorpha	P/M	−	tooth fragment	0.11	−
SA11-15-B13-129	XV	B13	Lagomorpha	P/M	−	tooth fragment	0.03	−
SA11-15-B13-130	XV	B13	Lagomorpha	P/M	−	tooth fragment	0.04	−
SA11-15-B13-131	XV	B13	Lagomorpha	P/M	−	tooth fragment	0.02	−
SA11-15-B13-132	XV	B13	Lagomorpha	P/M	−	tooth fragment	0.04	−
SA11-15-B13-133	XV	B13	Lagomorpha	P/M	−	tooth fragment	0.06	−
SA11-15-B13-134	XV	B13	Lagomorpha	P/M	−	tooth fragment	0.03	−
SA11-15-B13-135	XV	B13	Lagomorpha	P/M	−	tooth fragment	0.05	−
SA11-15-B13-136	XV	B13	Lagomorpha	P/M	−	tooth fragment	0.03	−
SA11-15-B13-137	XV	B13	Lagomorpha	P/M	−	tooth fragment	0.02	−
SA11-15-B13-138	XV	B13	Lagomorpha	P/M	−	tooth fragment	0.02	−
SA11-15-B13-139	XV	B13	Lagomorpha	P/M	−	tooth fragment	0.02	−
SA11-15-B13-140	XV	B13	Lagomorpha	P/M	−	tooth fragment	0.01	−
SA11-15-B13-141	XV	B13	Lagomorpha	P/M	−	tooth fragment	0.04	−
SA11-15-B13-142	XV	B13	Lagomorpha	P/M	−	tooth fragment	0.04	−
SA11-15-B13-143	XV	B13	Lagomorpha	P/M	−	tooth fragment	0.01	−
SA11-15-B13-144	XV	B13	Lagomorpha	P/M	−	tooth fragment	0.01	−
SA11-15-B13-145	XV	B13	Lagomorpha	P/M	−	tooth fragment	0.01	−
SA11-15-B13-146	XV	B13	Lagomorpha	P/M	−	tooth fragment	0.03	−
SA11-15-B13-147	XV	B13	Lagomorpha	P/M	−	tooth fragment	0.02	−
SA11-15-B13-148	XV	B13	Lagomorpha	P/M	−	tooth fragment	0.02	−
SA11-15-B13-149	XV	B13	Lagomorpha	P/M	−	tooth fragment	0.02	−
SA11-15-B13-150	XV	B13	Lagomorpha	P/M	−	tooth fragment	0.02	−
SA11-15-B13-151	XV	B13	Lagomorpha	P/M	−	tooth fragment	0.03	−
SA11-15-B13-152	XV	B13	Lagomorpha	P/M	−	tooth fragment	0.01	−
SA11-15-B13-153	XV	B13	Lagomorpha	P/M	−	tooth fragment	0.01	−
SA11-15-B13-154	XV	B13	Lagomorpha	P/M	−	tooth fragment	0.03	−
SA11-15-B13-155	XV	B13	Lagomorpha	P/M	−	tooth fragment	0.02	−
SA11-15-B13-156	XV	B13	Lagomorpha	P/M	−	tooth fragment	<0.01	−
SA11-15-B13-157	XV	B13	Lagomorpha	P/M	−	tooth fragment	0.01	−
SA11-15-B13-158	XV	B13	Lagomorpha	P/M	−	tooth fragment	<0.01	−
SA11-15-B13-159	XV	B13	Lagomorpha	P/M	−	tooth fragment	0.01	−
SA11-15-B13-160	XV	B13	Lagomorpha	P/M	−	tooth fragment	0.01	−
SA11-15-B13-161	XV	B13	Lagomorpha	P/M	−	tooth fragment	<0.01	−
SA11-15-B13-162	XV	B13	Lagomorpha	P/M	−	tooth fragment	<0.01	−
SA11-15-B13-163	XV	B13	Lagomorpha	P/M	−	tooth fragment	0.01	−
SA11-15-B13-164	XV	B13	Lagomorpha	P/M	−	tooth fragment	<0.01	−
SA11-15-B13-165	XV	B13	Lagomorpha	P/M	−	tooth fragment	<0.01	−
SA11-15-B13-166	XV	B13	Lagomorpha	P/M	−	tooth fragment	<0.01	−
SA11-15-B13-167	XV	B13	Lagomorpha	P/M	−	tooth fragment	<0.01	−
SA11-15-B13-168	XV	B13	Lagomorpha	P/M	−	tooth fragment	<0.01	−
SA11-15-B13-169	XV	B13	Lagomorpha	P/M	−	tooth fragment	<0.01	−
SA11-15-B13-197	XV	B13	Lagomorpha	P/M	−	tooth fragment	<0.01	−
SA11-15-B13-198	XV	B13	Lagomorpha	P/M	−	tooth fragment	0.02	−
SA11-15-B13-199	XV	B13	Lagomorpha	P/M	−	tooth fragment	0.08	−
SA11-15-B13-200	XV	B13	Lagomorpha	P/M	−	tooth fragment	0.03	−
SA11-15-B13-201	XV	B13	Lagomorpha	P/M	−	tooth fragment	0.04	−
SA11-15-B13-202	XV	B13	Lagomorpha	P/M	−	tooth fragment	0.02	−
SA11-15-B13-203	XV	B13	Lagomorpha	P/M	−	tooth fragment	0.02	−
SA11-15-B13-204	XV	B13	Lagomorpha	P/M	−	tooth fragment	0.03	−
SA11-15-B13-205	XV	B13	Lagomorpha	P/M	−	tooth fragment	0.03	−
SA11-15-B13-206	XV	B13	Lagomorpha	P/M	−	tooth fragment	0.03	−
SA11-15-B13-207	XV	B13	Lagomorpha	P/M	−	tooth fragment	0.04	−
SA11-15-B13-208	XV	B13	Lagomorpha	P/M	−	tooth fragment	0.02	−
SA11-15-B13-209	XV	B13	Lagomorpha	P/M	−	tooth fragment	0.05	−
SA11-15-B13-210	XV	B13	Lagomorpha	P/M	−	tooth fragment	<0.01	−
SA11-15-B13-211	XV	B13	Lagomorpha	P/M	−	tooth fragment	0.03	−
SA11-15-B13-212	XV	B13	Lagomorpha	P/M	−	tooth fragment	<0.01	−
SA11-15-B13-213	XV	B13	Lagomorpha	P/M	−	tooth fragment	<0.01	−
SA11-15-B13-214	XV	B13	Lagomorpha	P/M	−	tooth fragment	<0.01	−
SA11-15-B13-215	XV	B13	Lagomorpha	P/M	−	tooth fragment	<0.01	−
SA11-15-B13-216	XV	B13	Lagomorpha	P/M	−	tooth fragment	<0.01	−
SA11-15-B13-217	XV	B13	Lagomorpha	P/M	−	tooth fragment	0.01	−

第 34 表　尻労安部洞窟の XI～XVI 層から出土した脊椎動物遺体（13）

Specimen No.	Layer	Grid	Taxon(Species)	Skeltal Part	L/R	Portion	g	Note
SA11-15-B13-218	XV	B13	Lagomorpha	P/M	−	tooth fragment	0.01	−
SA11-15-B13-219	XV	B13	Lagomorpha	P/M	−	tooth fragment	0.01	−
SA11-15-B13-237	XV	B13	Lagomorpha	P/M	−	tooth fragment	0.05	−
SA11-15-B13-238	XV	B13	Lagomorpha	P/M	−	tooth fragment	0.02	−
SA11-15-B13-239	XV	B13	Lagomorpha	P/M	−	tooth fragment	<0.01	−
SA11-15-B13-240	XV	B13	Lagomorpha	P/M	−	tooth fragment	<0.01	−
SA10-15-B14-004	XV	B14	Lagomorpha	P/M	−	tooth fragment	0.03	−
SA10-15-B14-005	XV	B14	Lagomorpha	P/M	−	tooth fragment	0.05	−
SA10-15-B15-008	XV	B15	Lagomorpha	P/M	−	tooth fragment	0.04	−
SA11-15-C11-001	XV	C11	Lagomorpha	P/M	−	tooth fragment	0.02	−
SA11-15-C11-002	XV	C11	Lagomorpha	P/M	−	tooth fragment	<0.01	−
SA08-15-C12-003	XV	C12	Lagomorpha	P/M	−	tooth fragment	0.05	−
SA08-15-C12-006	XV	C12	Lagomorpha	P/M	−	tooth fragment	0.06	−
SA08-15-C12-007	XV	C12	Lagomorpha	P/M	−	tooth fragment	0.06	−
SA08-15-C12-009	XV	C12	Lagomorpha	P/M	−	tooth fragment	0.04	−
SA08-15-C12-014	XV	C12	Lagomorpha	P/M	−	tooth fragment	0.03	−
SA08-15-C12-015	XV	C12	Lagomorpha	P/M	−	tooth fragment	0.02	−
SA08-15-C12-017	XV	C12	Lagomorpha	P/M	−	tooth fragment	0.02	−
SA08-15-C12-019	XV	C12	Lagomorpha	P/M	−	tooth fragment	0.04	−
SA08-15-C12-021	XV	C12	Lagomorpha	P/M	−	tooth fragment	0.06	−
SA11-15-C12-029	XV	C12	Lagomorpha	P/M	−	tooth fragment	<0.01	−
SA08-15-C13-009	XV	C13	Lagomorpha	P/M	−	tooth fragment	0.03	−
SA08-15-C13-021	XV	C13	Lagomorpha	P/M	−	tooth fragment	0.02	−
SA08-15-C13-023	XV	C13	Lagomorpha	P/M	−	tooth fragment	0.09	−
SA08-15-C13-025	XV	C13	Lagomorpha	P/M	−	tooth fragment	0.08	−
SA08-15-C13-032	XV	C13	Lagomorpha	P/M	−	tooth fragment	0.04	−
SA08-15-C13-035	XV	C13	Lagomorpha	P/M	−	tooth fragment	0.04	−
SA08-15-C13-041	XV	C13	Lagomorpha	P/M	−	tooth fragment	0.04	−
SA08-15-C13-042	XV	C13	Lagomorpha	P/M	−	tooth fragment	0.03	−
SA08-15-C13-043	XV	C13	Lagomorpha	P/M	−	tooth fragment	0.04	−
SA08-15-C13-044	XV	C13	Lagomorpha	P/M	−	tooth fragment	0.04	−
SA08-15-C13-074	XV	C13	Lagomorpha	P/M	−	tooth fragment	0.04	−
SA08-15-C13-079	XV	C13	Lagomorpha	P/M	−	tooth fragment	0.04	−
SA08-15-C13-081	XV	C13	Lagomorpha	P/M	−	tooth fragment	0.04	−
SA08-15-C13-083	XV	C13	Lagomorpha	P/M	−	tooth fragment	0.05	−
SA11-15-C13-130	XV	C13	Lagomorpha	P/M	−	tooth fragment	0.04	−
SA11-15-C13-135	XV	C13	Lagomorpha	P/M	−	tooth fragment	0.06	−
SA08-15-C14-001	XV	C14	Lagomorpha	P/M	−	tooth fragment	0.06	−
SA08-15-C14-002	XV	C14	Lagomorpha	P/M	−	tooth fragment	0.03	−
SA10-15-C14-011	XV	C14	Lagomorpha	P/M	−	tooth fragment	0.05	−
SA10-15c-B14-003	XV	B14	Lagomorpha	P/M	−	tooth fragment	0.08	−
SA09-15-B12-059	XV	B12	*Petaurista* sp.	UM2	R	tooth fragment	0.04	+
SA09-15-B12-057	XV	B12	*Petaurista* sp.	UP/UM	−	tooth fragment	<0.01	+
SA08-15-C14-004	XV	C14	*Petaurista* sp.	UP/UM	−	tooth fragment	0.03	+
SA10-15-C14-015	XV	C14	*Petaurista* sp.	UP/UM	−	tooth fragment	0.02	+
SA04-12-F11-009	XI	F11	*Petaurista* sp.	LM1	L	almost complete	0.06	+
SA09-15-B12-060	XV	B12	*Petaurista* sp.	LM2	L	tooth fragment	0.04	+
SA11-15-C13-115	XV	C13	*Petaurista* sp.	LM2	R	tooth fragment	0.04	+, root is undeveloped
SA11-15-B13-172	XV	B13	*Petaurista* sp.	LP/LM	−	tooth fragment	0.03	+
SA09-15-B13-067	XV	B13	Sciuridae	UI	L	tooth fragment	0.05	−
SA12-13-E12-017	XIII	E12	Sciuridae	UI	−	tooth fragment	0.05	−
SA12-14-D13-042	XIV	D13	Sciuridae	LI	L	tooth fragment	0.07	+
SA09-15-B13-066	XV	B13	Sciuridae	LI	L	tooth fragment	0.05	+
SA04-11-G11-007	XII	G11	Sciuridae	I	−	tooth fragment	0.01	−
SA11-15-B13-174	XV	B13	Sciuridae	I	−	tooth fragment	0.01	−
SA11-15-B13-196	XV	B13	Sciuridae	I	−	tooth fragment	0.02	−
SA08-15-C13-099	XV	C13	Sciuridae	I	−	tooth fragment	0.05	−
SA09-14-B12-003	XIV	B12	Sciuridae	P/M	−	tooth fragment	0.01	+
SA09-14-B12-010	XIV	B12	Sciuridae	P/M	−	tooth fragment	<0.01	+
SA08-14-C12-004	XIV	C12	Sciuridae	P/M	−	tooth fragment	0.01	+
SA08-14-C12-005	XIV	C12	Sciuridae	P/M	−	tooth fragment	<0.01	+
SA08-14-D13-041	XIV	D13	Sciuridae	P/M	−	tooth fragment	0.02	+
SA09-15-B12-058	XV	B12	Sciuridae	P/M	−	tooth fragment	0.01	+
SA09-15-B12-116	XV	B12	Sciuridae	P/M	−	tooth fragment	0.01	−
SA10-13-B15-037	XIII	B15	*Microtus* sp.	maxilla	R	corpus and M	0.04	+
SA08-15-C12-028	XV	C12	*Microtus* sp.	palatine bone	M	fragment	0.02	
SA04-12-F11-013	XI	F11	*Microtus* sp.	UM1	R	tooth fragment	<0.01	+
SA04-11-F11-023	XII	F11	*Microtus* sp.	mandible	L	corpus fragment	0.02	
SA11-15-B13-177	XV	B13	*Microtus* sp.	mandible	L	corpus and M1	0.01	+
SA10-13-B15-003	XIII	B15	*Microtus* sp.	mandible	R	corpus, I, M1, and M2	0.06	+
SA10-13-B15-036	XIII	B15	*Microtus* sp.	mandible	R	corpus, I, and M1	0.04	+
SA10-13-C15-001	XIII	C15	*Microtus* sp.	mandible	R	corpus and I	0.01	+

第 35 表　尻労安部洞窟の XI～XVI 層から出土した脊椎動物遺体（14）

Specimen No.	Layer	Grid	Taxon(Species)	Skeltal Part	L/R	Portion	g	Note
SA08-14-C12-008	XIV	C12	*Microtus* sp.	mandible	R	corpus and M1	0.10	+
SA05-12-E11-026	XI	E11	*Microtus* sp.	LM1	L	tooth fragment	0.01	+
SA04-12-F11-012	XI	F11	*Microtus* sp.	LM1	L	tooth fragment	<0.01	+
SA11-13-B11-001	XIII	B11	*Microtus* sp.	LM1	L	tooth fragment	<0.01	+
SA12-13-E12-018	XIII	E12	*Microtus* sp.	LM1	L	almost complete	0.02	+
SA08-14-D12-015	XIV	D12	*Microtus* sp.	LM1	L	almost complete	<0.01	+
SA12-14-F10-006	XIV	F10	*Microtus* sp.	LM1	L	tooth fragment	0.02	+
SA11-15-B13-175	XV	B13	*Microtus* sp.	LM1	L	tooth fragment	0.01	+
SA11-15-B13-176	XV	B13	*Microtus* sp.	LM1	L	tooth fragment	0.01	+
SA11-15-B13-232	XV	B13	*Microtus* sp.	LM1	L	tooth fragment	0.01	+
SA10-15-B15-009	XV	B15	*Microtus* sp.	LM1	L	almost complete	0.01	+
SA04-11-G11-008	XII	G11	*Microtus* sp.	LM1	R	tooth fragment	<0.01	+
SA08-13-D12-031	XIII	D12	*Microtus* sp.	LM1	R	tooth fragment	<0.01	+
SA08-13-D12-032	XIII	D12	*Microtus* sp.	LM1	R	tooth fragment	<0.01	+
SA09-14-B14-001	XIV	B14	*Microtus* sp.	LM1	R	almost complete	0.01	+
SA08-14-C12-007	XIV	C12	*Microtus* sp.	LM1	R	almost complete	<0.01	+
SA12-14-F11-001	XIV	F11	*Microtus* sp.	LM1	R	tooth fragment	0.01	+
SA11-15-B13-231	XV	B13	*Microtus* sp.	LM1	R	tooth fragment	<0.01	+
SA08-15-C12-018	XV	C12	*Microtus* sp.	LM1	R	almost complete	<0.01	+
SA12-14-F10-002	XIV	F10	*Microtus* sp.	LM2	R	almost complete	<0.01	+
SA08-14-D12-024	XIV	D12	Muridae	UI	L	tooth fragment	0.01	+
SA05-12-E11-027	XI	E11	Muridae	UI	R	tooth fragment	0.01	+
SA09-14-B13-001	XIV	B13	Muridae	UI	R	almost complete	0.01	+
SA09-14-B13-007	XIV	B13	Muridae	UI	R	almost complete	0.02	+
SA08-14-D13-040	XIV	D13	Muridae	UI	R	almost complete	0.01	+
SA11-15-B13-173	XV	B13	Muridae	UI	R	tooth fragment	0.01	−
SA10-13-B15-026	XIII	B15	Muridae	UI	−	tooth fragment	0.01	−
SA10-13-B15-027	XIII	B15	Muridae	UI	−	tooth fragment	0.02	−
SA09-14-B12-001	XIV	B12	Muridae	mandible	−	corpus fragment	0.01	
SA09-14-B13-002	XIV	B13	Muridae	mandible	−	corpus fragment	0.02	
SA11-13-B10-005	XIII	B10	Muridae	mandible	L?	corpus fragment	0.01	
SA08-13-D12-030	XIII	D12	Muridae	LI	L	tooth fragment	0.01	+
SA?-14-E12-057	XIV	E12	Muridae	LI	L	tooth fragment	<0.01	+
SA10-15-C14-014	XV	C14	Muridae	LI	L	tooth fragment	0.01	+
SA11-13-B10-004	XIII	B10	Muridae	LI	R	tooth fragment	0.01	+
SA?-14-E12-056	XIV	E12	Muridae	LI	R	tooth fragment	0.01	+
SA12-14-F11-011	XIV	F11	Muridae	LI	R	tooth fragment	0.02	+
SA12-14'-D13-007	XV	D13	Muridae	LI	R	tooth fragment	<0.01	+
SA10-15-C13-106	XV	C13	Muridae	LI	R	tooth fragment	0.01	+
SA10-13-B15-028	XIII	B15	Muridae	LI	−	tooth fragment	0.01	−
SA10-13-B15-029	XIII	B15	Muridae	LI	−	tooth fragment	0.01	−
SA10-13-B15-030	XIII	B15	Muridae	LI	−	tooth fragment	0.01	−
SA10-13-B15-031	XIII	B15	Muridae	LI	−	tooth fragment	0.01	−
SA10-13-B15-032	XIII	B15	Muridae	LI	−	tooth fragment	0.02	−
SA10-13-B15-033	XIII	B15	Muridae	LI	−	tooth fragment	0.02	−
SA10-15c-B15-002	XV	B15	Muridae	LI	−	tooth fragment	0.01	−
SA09-15-B12-020	XV	B12	Muridae	I	−	tooth fragment	0.01	−
SA09-15-B13-013	XV	B13	Muridae	I	−	tooth fragment	<0.01	−
SA09-15-B13-042	XV	B13	Muridae	I	−	tooth fragment	<0.01	−
SA10-15-C14-013	XV	C14	Muridae	I	−	tooth fragment	0.02	−
SA09-14-B12-002	XIV	B12	Muridae	LM1	R	almost complete	0.01	
SA10-13-B15-016	XIII	B15	Muridae	M	−	tooth fragment	0.01	−
SA10-13-B15-019	XIII	B15	Muridae	M	−	tooth fragment	0.01	−
SA10-13-B15-020	XIII	B15	Muridae	M	−	tooth fragment	0.01	−
SA10-13-B15-021	XIII	B15	Muridae	M	−	tooth fragment	0.01	−
SA10-13-B15-022	XIII	B15	Muridae	M	−	tooth fragment	0.01	−
SA10-13-B15-023	XIII	B15	Muridae	M	−	tooth fragment	0.01	−
SA10-13-B15-024	XIII	B15	Muridae	M	−	tooth fragment	0.01	−
SA10-13-B15-025	XIII	B15	Muridae	M	−	tooth fragment	0.01	−
SA11-14-C11-001	XIV	C11	Muridae	M	−	tooth fragment	0.01	−
SA08-14-D12-025	XIV	D12	Muridae	M	−	tooth fragment	<0.01	+
SA11-13-C10-004	XIII	C10	Muridae	humerus	R	distal end fragment	<0.01	
SA04-11-G11-012	XII	G11	Muridae	femur	R	proximal end and shaft	<0.01	
SA08-13-D12-033	XIII	D12	Muridae	tibia	R	distal end and 1/3 shaft	<0.01	
SA12-14-E12-046	XIV	E12	Muridae	tibia	R	almost complete	0.04	

第36表 尻労安部洞窟のⅪ～ⅩⅥ層から出土した脊椎動物遺体 (15)

Specimen No.	Layer	Grid	Taxon(Species)	Skeltal Part	L/R	Portion	g	Note
SA12-14-D13-057	XIV	D13	*Ursus arctos*	LI2	L	almost complete	0.90	+
SA12-14-D13-058	XIV	D13	*Ursus arctos*	UC/LC	－	tooth fragment	4.13	－
SA12-14'-D13-018	XV	D13	*Ursus arctos*	LP1	R	almost complete	0.18	+
SA12-14'-D13-019	XV	D13	*Ursus arctos*	LM1	R	tooth fragment	3.09	+
SA10-15c-B15-001	XV	B15	Carnivora	UC	L	tooth fragment	0.27	－, Nyctereutes or Martes?
SA10-13-B15-039	XIII	B15	Carnivora	LC	L	tooth fragment	0.11	+
SA12-14-E12-026	XIV	E12	*Capricornis* sp.	LI1	L	tooth fragment	0.22	+
SA12-14-E12-058	XIV	E12	*Capricornis* sp.	LI1	L	tooth fragment	0.09	+
SA11-15-B13-233	XV	B13	*Capricornis* sp.	LI1	R	tooth fragment	0.13	－
SA04-12-F11-014	XI	F11	*Capricornis* sp.	LI	L	almost complete	0.10	+
SA12-14-E10-005	XIV	E10	Artiodactyla	LI1	L	tooth fragment	0.62	+, large Artiodactyla?
SA12-14-E10-006	XIV	E10	Artiodactyla	LI	－	tooth fragment	0.39	+, large Artiodactyla?
SA12-14-D13-059	XIV	D13	Artiodactyla	LP3	L	tooth fragment	2.16	+, large Artiodactyla?
SA12-14-E12-028	XIV	E12	Artiodactyla	M	－	tooth fragment	1.88	+, large Artiodactyla?
SA04-11-F11-024	XII	F11	Artiodactyla	P/M	－	tooth fragment	0.28	+
SA12-14-D12-036	XIV	D12	Artiodactyla	P/M	－	tooth fragment	0.03	+
SA12-14-D12-037	XIV	D12	Artiodactyla	P/M	－	tooth fragment	1.36	+, large Artiodactyla?
SA12-14-E12-059	XIV	E12	Artiodactyla	P/M	－	tooth fragment	1.41	+, large Artiodactyla?
SA12-14-E12-061	XIV	E12	Artiodactyla	P/M	－	tooth fragment	0.33	+, large Artiodactyla?
SA05-12-E11-032	XI	E11	Artiodactyla	P/M	－	tooth fragment	0.11	－, burned?
SA08-13-D12-034	XIII	D12	Artiodactyla	P/M	－	tooth fragment	0.19	－
SA08-13-D12-035	XIII	D12	Artiodactyla	P/M	－	tooth fragment	0.75	－, sample for dating: PLD-22510
SA08-14-D12-038	XIV	D12	Artiodactyla	P/M	－	tooth fragment	0.49	－, large Artiodactyla?
SA08-14-D12-039	XIV	D12	Artiodactyla	P/M	－	tooth fragment	0.23	－, large Artiodactyla?
SA08-14-D12-040	XIV	D12	Artiodactyla	P/M	－	tooth fragment	0.23	－, large Artiodactyla?
SA08-14-D12-041	XIV	D12	Artiodactyla	P/M	－	tooth fragment	0.44	－, large Artiodactyla?
SA08-14-D12-042	XIV	D12	Artiodactyla	P/M	－	tooth fragment	0.17	－, large Artiodactyla?
SA08-14-D12-043	XIV	D12	Artiodactyla	P/M	－	tooth fragment	0.26	－, large Artiodactyla?
SA08-14-D13-042	XIV	D13	Artiodactyla	P/M	－	tooth fragment	0.05	－
SA08-14-D13-043	XIV	D13	Artiodactyla	P/M	－	tooth fragment	0.02	－
SA12-14-D13-056	XIV	D13	Artiodactyla	P/M	－	tooth fragment	0.08	－
SA08-14-D13-063	XIV	D13	Artiodactyla	P/M	－	tooth fragment	0.60	－, joined to SA08-15-C13-117
SA12-14-E12-047	XIV	E12	Artiodactyla	P/M	－	tooth fragment	0.36	－
SA12-14-E12-048	XIV	E12	Artiodactyla	P/M	－	tooth fragment	0.19	－
SA12-14-E12-060	XIV	E12	Artiodactyla	P/M	－	tooth fragment	0.73	－, large Artiodactyla?
SA12-14-F11-003	XIV	F11	Artiodactyla	P/M	－	tooth fragment	0.06	－
SA12-14-F11-004	XIV	F11	Artiodactyla	P/M	－	tooth fragment	0.05	－
SA12-14-F11-005	XIV	F11	Artiodactyla	P/M	－	tooth fragment	0.05	－
SA12-14-F11-006	XIV	F11	Artiodactyla	P/M	－	tooth fragment	0.05	－
SA12-14-F11-007	XIV	F11	Artiodactyla	P/M	－	tooth fragment	0.05	－
SA12-14-F11-008	XIV	F11	Artiodactyla	P/M	－	tooth fragment	0.05	－
SA12-14'-D13-001	XV	D13	Artiodactyla	P/M	－	tooth fragment	0.04	－
SA12-14'-D13-002	XV	D13	Artiodactyla	P/M	－	tooth fragment	0.04	－
SA12-14'-D13-003	XV	D13	Artiodactyla	P/M	－	tooth fragment	0.04	－
SA12-14'-D13-004	XV	D13	Artiodactyla	P/M	－	almost complete	0.04	－
SA12-14'-D13-005	XV	D13	Artiodactyla	P/M	－	tooth fragment	0.05	－
SA12-14'-D13-008	XV	D13	Artiodactyla	P/M	－	tooth fragment	0.12	－
SA12-14'-D13-009	XV	D13	Artiodactyla	P/M	－	tooth fragment	0.12	－
SA12-14'-D13-010	XV	D13	Artiodactyla	P/M	－	tooth fragment	0.12	－
SA12-14'-D13-011	XV	D13	Artiodactyla	P/M	－	tooth fragment	0.11	－
SA12-14'-D13-020	XV	D13	Artiodactyla	P/M	－	tooth fragment	0.32	－
SA12-14'-D13-021	XV	D13	Artiodactyla	P/M	－	tooth fragment	0.25	－
SA11-15-B13-178	XV	B13	Artiodactyla	P/M	－	tooth fragment	0.09	－
SA11-15-B13-234	XV	B13	Artiodactyla	P/M	－	enamel fragment	<0.01	－
SA10-15-B15-001	XV	B15	Artiodactyla	P/M	－	tooth fragment	0.13	－
SA10-15-B15-002	XV	B15	Artiodactyla	P/M	－	tooth fragment	0.10	－
SA10-15-B15-003	XV	B15	Artiodactyla	P/M	－	tooth fragment	0.09	－
SA11-15-C11-003	XV	C11	Artiodactyla	P/M	－	enamel fragment	0.06	－
SA08-15-C12-026	XV	C12	Artiodactyla	P/M	－	tooth fragment	0.01	－
SA08-15-C13-117	XV	C13	Artiodactyla	P/M	－	tooth fragment	0.70	joined to SA08-14-D13-063
SA12-14-D12-032	XIV	D12	Artiodactyla	tooth	－	tooth fragment	0.07	－
SA08-15-C13-026	XV	C13	Mammalia	I	－	tooth fragment	0.04	－
SA08-15-C13-040	XV	C13	Mammalia	I	－	tooth fragment	0.03	－
SA11-15-C13-138	XV	C13	Mammalia	I	－	tooth fragment	0.03	－
SA12-14-E12-008	XIV	E12	Mammalia	tooth	－	tooth fragment	<0.01	+
SA08-14-D12-001	XIV	D12	Mammalia	tooth	－	tooth fragment	0.09	－
SA08-14-D12-002	XIV	D12	Mammalia	tooth	－	tooth fragment	0.08	－

第 37 表　尻労安部洞窟の XI～XVI 層から出土した脊椎動物遺体 (16)

Specimen No.	Layer	Grid	Taxon (Species)	Skeltal Part	L/R	Portion	g	Note
SA08-14-D12-003	XIV	D12	Mammalia	tooth	—	tooth fragment	0.11	—
SA08-14-D12-004	XIV	D12	Mammalia	tooth	—	tooth fragment	0.07	—
SA08-14-D12-005	XIV	D12	Mammalia	tooth	—	tooth fragment	0.07	—
SA08-14-D12-006	XIV	D12	Mammalia	tooth	—	tooth fragment	0.05	—
SA08-14-D12-007	XIV	D12	Mammalia	tooth	—	tooth fragment	0.03	—
SA08-14-D12-016	XIV	D12	Mammalia	tooth	—	tooth fragment	0.03	—
SA08-14-D12-026	XIV	D12	Mammalia	tooth	—	tooth fragment	0.04	—
SA08-14-D12-027	XIV	D12	Mammalia	tooth	—	tooth fragment	0.03	—
SA08-14-D12-028	XIV	D12	Mammalia	tooth	—	tooth fragment	0.05	—
SA08-14-D12-029	XIV	D12	Mammalia	tooth	—	tooth fragment	0.02	—
SA08-14-D12-030	XIV	D12	Mammalia	tooth	—	tooth fragment	0.03	—
SA12-14-D13-001	XIV	D13	Mammalia	tooth	—	tooth fragment	0.06	—
SA12-14-D13-023	XIV	D13	Mammalia	tooth	—	tooth fragment	0.02	—
SA08-14-D13-030	XIV	D13	Mammalia	tooth	—	tooth fragment	0.06	—
SA12-14-E12-027	XIV	E12	Mammalia	tooth	—	tooth fragment	<0.01	—
SA12-14-E12-029	XIV	E12	Mammalia	tooth	—	tooth fragment	0.01	—
SA10-15-C15-002	XV	C15	Mammalia	tooth	—	tooth fragment	0.01	+
SA09-15-B12-023	XV	B12	Mammalia	tooth	—	tooth fragment	0.02	—
SA09-15-B12-049	XV	B12	Mammalia	tooth	—	tooth fragment	0.01	—
SA09-15-B13-048	XV	B13	Mammalia	tooth	—	tooth fragment	0.05	—
SA11-15-B13-170	XV	B13	Mammalia	tooth	—	tooth fragment	0.04	—
SA11-15-B13-171	XV	B13	Mammalia	tooth	—	tooth fragment	0.02	—
SA11-15-B13-179	XV	B13	Mammalia	tooth	—	tooth fragment	0.03	—
SA10-15-B15-003	XV	B15	Mammalia	tooth	—	tooth fragment	0.03	—
SA10-15c-C15-001	XV	C15	Mammalia	tooth	—	tooth fragment	0.01	—
SA10-15c-C15-002	XV	C15	Mammalia	tooth	—	tooth fragment	0.02	—
SA11-15-B13-180	XV	B13	Mammalia	tooth	—	enamel fragment	0.02	—
SA11-15-B13-181	XV	B13	Mammalia	tooth	—	enamel fragment	0.02	—
SA11-15-B13-182	XV	B13	Mammalia	tooth	—	enamel fragment	<0.01	—
SA11-15-B13-183	XV	B13	Mammalia	tooth	—	enamel fragment	<0.01	—
SA11-15-B13-184	XV	B13	Mammalia	tooth	—	enamel fragment	<0.01	—
SA11-15-B13-185	XV	B13	Mammalia	tooth	—	enamel fragment	<0.01	—
SA11-15-B13-229	XV	B13	Mammalia	tooth	—	enamel fragment	0.02	—
SA11-15-B13-230	XV	B13	Mammalia	tooth	—	enamel fragment	0.02	—
SA06-16-C12-003	XVI	C12	Mammalia	tooth	—	tooth fragment	0.04	—
SA11-15-B12-151	XV	B12	Mammalia	tooth?	—	tooth fragment?	0.01	burned?
SA09-15-B13-068	XV	B13	Mammalia	tooth?	—	tooth fragment?	0.03	joined to SA09-15 - B113-069
SA09-15-B13-069	XV	B13	Mammalia	tooth?	—	tooth fragment?	0.02	joined to SA09-15-B113-068
SA04-11-F11-027	XII	F11	Mammalia	limb bone	—	shaft fragment	0.05	
SA04-11-F11-028	XII	F11	Mammalia	limb bone	—	shaft fragment	0.08	
SA04-11-G11-010	XII	G11	Mammalia	limb bone	—	shaft fragment	0.16	
SA10-13-B15-010	XIII	B15	Mammalia	limb bone	—	shaft fragment	0.44	
SA10-13-B15-011	XIII	B15	Mammalia	limb bone	—	shaft fragment	0.36	
SA10-13-B15-014	XIII	B15	Mammalia	limb bone	—	shaft fragment	0.11	
SA11-13-C10-005	XIII	C10	Mammalia	limb bone	—	bone fragment	0.51	
SA09-14-B13-004	XIV	B13	Mammalia	limb bone	—	bone fragment	0.01	
SA08-14-D12-014	XIV	D12	Mammalia	limb bone	—	fragment	0.06	
SA09-15-B13-062	XV	B13	Mammalia	limb bone	—	bone fragment	0.06	
SA11-15-B13-099	XV	B13	Mammalia	limb bone	—	shaft fragment	0.05	
SA11-15-B13-110	XV	B13	Mammalia	limb bone	—	shaft fragment	0.04	
SA08-15-C13-048	XV	C13	Mammalia	limb bone	—	bone fragment	0.01	
SA08-15-C13-087	XV	C13	Mammalia	limb bone	—	shaft fragment	0.01	
SA04-11-F11-025	XII	F11	Mammalia	distal phalanx	—	distal fragment	0.05	
SA10-13-B14-001	XIII	B14	Mammalia	distal phalanx	—	distal fragment	0.11	
SA10-13-B15-038	XIII	B15	Mammalia	phalanx	—	almost complete	0.02	
SA04-12-F11-016	XI	F11	Mammalia	—	—	bone fragment	1.32	joined to SA04-12-F11-017
SA04-12-F11-017	XI	F11	Mammalia	—	—	bone fragment	0.71	joined to SA04-12-F11-016
SA04-12-F12-001	XI	F12	Mammalia	—	—	bone fragment		sample for dating: TERRA-062606d36
SA04-12-F12-002	XI	F12	Mammalia	—	—	bone fragment		sample for dating: TERRA-062606d37
SA04-12-F12-003	XI	F12	Mammalia	—	—	bone fragment		sample for dating: TERRA-062606d38
SA04-11-G11-011	XII	G11	Mammalia	—	—	bone fragment	0.07	
SA10-13-B14-002	XIII	B14	Mammalia	—	—	bone fragment	0.07	
SA10-13-B14-004	XIII	B14	Mammalia	—	—	bone fragment	0.03	
SA10-13-B15-002	XIII	B15	Mammalia	—	—	bone fragment	0.17	
SA10-13-B15-004	XIII	B15	Mammalia	—	—	bone fragment	0.53	
SA10-13-B15-005	XIII	B15	Mammalia	—	—	bone fragment	2.17	

第5章 出土遺物の研究

第38表 尻労安部洞窟のXI～XVI層から出土した脊椎動物遺体（17）

Specimen No.	Layer	Grid	Taxon(Species)	Skeltal Part	L/R	Portion	g	Note
SA10-13-B15-008	XIII	B15	Mammalia	―	―	bone fragment	0.12	
SA10-13-B15-009	XIII	B15	Mammalia	―	―	bone fragment	0.24	
SA10-13-B15-012	XIII	B15	Mammalia	―	―	bone fragment	0.12	
SA10-13-B15-013	XIII	B15	Mammalia	―	―	bone fragment	0.13	
SA10-13-B15-015	XIII	B15	Mammalia	―	―	bone fragment	0.13	
SA05-13-D11-009	XIII	D11	Mammalia	―	―	bone fragment	0.07	
SA08-14-C12-003	XIV	C12	Mammalia	―	―	bone fragment	0.05	
SA12-14-D13-005	XIV	D13	Mammalia	―	―	bone fragment	0.15	
SA12-14-D13-029	XIV	D13	Mammalia	―	―	bone fragment	0.01	
SA12-14-D13-043	XIV	D13	Mammalia	―	―	bone fragment	0.05	
SA12-14-D13-044	XIV	D13	Mammalia	―	―	bone fragment	0.12	
SA12-14-D13-051	XIV	D13	Mammalia	―	―	bone fragment	0.07	
SA12-14-D13-064	XIV	D13	Mammalia	―	―	bone fragment	1.16	sample for dating. PLD-22511
SA12-14-F11-002	XIV	F11	Mammalia	―	―	bone fragment	0.08	
SA12-14-F11-012-A	XIV	F11	Mammalia	―	―	bone fragment	0.06	burned
SA12-14-F11-013-B	XIV	F11	Mammalia	―	―	bone fragment	0.02	burned
SA12-14-F11-014-C	XIV	F11	Mammalia	―	―	bone fragment	0.02	burned
SA12-14-F11-015-D	XIV	F11	Mammalia	―	―	bone fragment	0.02	burned
SA12-14-F11-016-E	XIV	F11	Mammalia	―	―	bone fragment	0.01	burned
SA12-14-F11-017	XIV	F11	Mammalia	―	―	bone fragment	0.03	burned
SA12-14-F11-018	XIV	F11	Mammalia	―	―	bone fragment	0.03	burned
SA12-14-F11-019	XIV	F11	Mammalia	―	―	bone fragment	0.03	burned
SA12-14-F11-020	XIV	F11	Mammalia	―	―	bone fragment	0.02	burned
SA12-14-F11-021	XIV	F11	Mammalia	―	―	bone fragment	0.02	burned
SA12-14'-D13-022	XV	D13	Mammalia	―	―	bone fragment	0.33	
SA09-15-B13-030	XV	B13	Mammalia	―	―	bone fragment	0.06	joined to SA09-15-B13-031
SA09-15-B13-031	XV	B13	Mammalia	―	―	bone fragment	0.04	joined to SA09-15-B13-030
SA09-15-B13-045	XV	B13	Mammalia	―	―	bone fragment	0.38	
SA09-15-B13-063	XV	B13	Mammalia	―	―	bone fragment	0.02	burned?
SA09-15-B13-064	XV	B13	Mammalia	―	―	bone fragment	0.01	
SA09-15-B13-064	XV	B13	Mammalia	―	―	bone fragment	0.02	
SA11-15-B13-091	XV	B13	Mammalia	―	―	bone fragment	0.25	
SA11-15-B13-092	XV	B13	Mammalia	―	―	bone fragment	0.07	
SA11-15-B13-093	XV	B13	Mammalia	―	―	bone fragment	0.17	
SA11-15-B13-094	XV	B13	Mammalia	―	―	bone fragment	0.11	
SA11-15-B13-095	XV	B13	Mammalia	―	―	bone fragment	0.10	
SA11-15-B13-096	XV	B13	Mammalia	―	―	bone fragment	0.12	
SA11-15-B13-097	XV	B13	Mammalia	―	―	bone fragment	0.02	
SA11-15-B13-098	XV	B13	Mammalia	―	―	bone fragment	0.10	
SA11-15-B13-100	XV	B13	Mammalia	―	―	bone fragment	0.03	
SA11-15-B13-101	XV	B13	Mammalia	―	―	bone fragment	0.06	
SA11-15-B13-102	XV	B13	Mammalia	―	―	bone fragment	0.04	
SA11-15-B13-103	XV	B13	Mammalia	―	―	bone fragment	0.04	
SA11-15-B13-104	XV	B13	Mammalia	―	―	bone fragment	0.03	
SA11-15-B13-105	XV	B13	Mammalia	―	―	bone fragment	0.03	
SA11-15-B13-106	XV	B13	Mammalia	―	―	bone fragment	0.03	
SA11-15-B13-107	XV	B13	Mammalia	―	―	bone fragment	0.02	
SA11-15-B13-108	XV	B13	Mammalia	―	―	bone fragment	0.05	
SA11-15-B13-109	XV	B13	Mammalia	―	―	bone fragment	0.03	
SA11-15-B13-111	XV	B13	Mammalia	―	―	bone fragment	0.06	
SA11-15-B13-112	XV	B13	Mammalia	―	―	bone fragment	0.02	
SA11-15-B13-113	XV	B13	Mammalia	―	―	bone fragment	0.03	
SA11-15-B13-114	XV	B13	Mammalia	―	―	bone fragment	0.02	
SA11-15-B13-115	XV	B13	Mammalia	―	―	bone fragment	0.02	
SA11-15-B13-116	XV	B13	Mammalia	―	―	bone fragment	0.02	
SA11-15-B13-117	XV	B13	Mammalia	―	―	bone fragment	0.01	
SA11-15-B13-118	XV	B13	Mammalia	―	―	bone fragment	<0.01	
SA11-15-B13-119	XV	B13	Mammalia	―	―	bone fragment	0.01	
SA11-15-B13-120	XV	B13	Mammalia	―	―	bone fragment	0.03	
SA11-15-B13-186	XV	B13	Mammalia	―	―	bone fragment	5.17	
SA11-15-B13-187	XV	B13	Mammalia	―	―	bone fragment	0.06	
SA11-15-B13-188	XV	B13	Mammalia	―	―	bone fragment	0.02	
SA11-15-B13-189	XV	B13	Mammalia	―	―	bone fragment	0.02	
SA11-15-B13-190	XV	B13	Mammalia	―	―	bone fragment	0.02	
SA11-15-B13-191	XV	B13	Mammalia	―	―	bone fragment	0.02	
SA11-15-B13-192	XV	B13	Mammalia	―	―	bone fragment	0.03	
SA11-15-B13-193	XV	B13	Mammalia	―	―	bone fragment	<0.01	
SA11-15-B13-194	XV	B13	Mammalia	―	―	bone fragment	<0.01	

第39表　尻労安部洞窟のXI～XVI層から出土した脊椎動物遺体（18）

Specimen No.	Layer	Grid	Taxon(Species)	Skeltal Part	L/R	Portion	g	Note
SA11-15-B13-195	XV	B13	Mammalia	—	—	bone fragment	0.05	
SA11-15-B13-241	XV	B13	Mammalia	—	—	bone fragment	<0.01	
SA11-15-B13-242	XV	B13	Mammalia	—	—	bone fragment	<0.01	burned?
SA10-15-B13-007	XV	B15	Mammalia	—	—	bone fragment	0.09	
SA11-15-C11-004	XV	C11	Mammalia	—	—	bone fragment	0.03	
SA08-15-C13-045	XV	C13	Mammalia	—	—	bone fragment	0.03	burned?
SA08-15-C13-046	XV	C13	Mammalia	—	—	bone fragment	0.01	burned?
SA08-15-C13-047	XV	C13	Mammalia	—	—	bone fragment	0.03	burned?
SA08-15-C13-088	XV	C13	Mammalia	—	—	bone fragment	0.06	
SA08-15-C13-089	XV	C13	Mammalia	—	—	bone fragment	0.14	
SA10-15-C13-105	XV	C13	Mammalia	—	—	bone fragment	0.02	
SA10-15c-B15-005	XV	B15	Mammalia	—	—	bone fragment	0.03	
SA06-16-C12-001	XVI	C12	Mammalia	—	—	bone fragment	1.40	sample for dating: PLD-22512
SA06-16-C12-005	XVI	C12	Mammalia	—	—	bone fragment	0.02	
SA06-16-C12-006	XVI	C12	Mammalia	—	—	bone fragment	0.08	
SA06-16-C12-007	XVI	C12	Mammalia	—	—	bone fragment	0.04	
SA06-16-C12-008	XVI	C12	Mammalia	—	—	bone fragment	0.10	

＊歯種を示す記号
　I : Incisor（切歯），C : Canine（犬歯），P : Premolar（前臼歯），M : Molar（後臼歯），U : Upper（上顎），L : Lower（下顎），di : deciduous incisor（乳切歯）
　数字は歯種内の順位を表す。なお，ウサギのUP/UMおよびLP/LMは，それぞれUP3-UM2，LP4-LM2までのいずれかの歯であることを示す。
＊＊咬合面が残存する資料は，Note欄に「＋」，残存しない資料は「－」を付した。

4. 旧石器文化層から出土した焼骨の組織形態学的種同定

　尻労安部洞窟の旧石器文化層から出土した焼骨群は，前項にて指摘されたように，同層準の動物遺体がヒトの活動の所産であることを強く示唆する重要な証左である。しかしながら，出土焼骨は長径2cm以下の細片と化しており，肉眼観察では種の同定が困難であった。そこで出土焼骨の組織形態学的検討をおこない，動物種の同定を試みた。

（1）骨組織形態学と種同定

　四肢骨の骨幹部などを形づくる「緻密質」の組織形態が動物種により異なることは，古くから知られてきた。1950～70年代には，Enlow and Brown（1956-1958）やRicqlès（1975-1978）が多くの動物種について比較形態学的所見を記載している。緻密質の中のオステオンやハバース管の大きさは動物種により異なるが，Jowsey（1966）はヒトやイヌ，ウシなど各種動物の二次オステオンの直径とハバース管の周囲長を計測し，動物の体の大きさと骨組織形態のサイズに関係があることを明らかにした。こうした先行研究の蓄積により，オステオンとハバース管の大きさ，オステオンの直線的な配列の有無，葉状骨（偶蹄類などに特徴的に発達するラミナ状の組織形態）の有無などが，動物種を識別し得る特徴であると考えられている（Harsányi 1993，猪井ほか1994，Hillier and Bell 2007，Mulhern and Ubelaker 2012）。

　骨組織形態の検討に基づく種同定の有効性は，主に法医学分野において評価されてきたが（福島2009），近年では人類学・考古学分野でも考古資料を材料とした分析例が増えつつある。とはいえ，骨組織形態学は未だ全ての動物群を網羅しておらず，その分析法の適用には幾ばくかの制約がある。例えば，オステオンのサイズに基づく同定法は，計測値の種間差異を統計的に検討して試料と最も近い動物を推定する方法であり，種を厳密に特定するまでには達し得ない。こうした方法的限界を踏まえたうえで，尻労安部洞窟から出土した焼骨の資料価値を思量するに，下位階層の分類群に至らなくとも上述の理由から動物種類の推定は重要であり，分析の実施により有益な情報が得られることが期待された。

(2)試料と方法

ア 試料の選定と切片の作成

出土焼骨群を実体顕微鏡で観察した結果,その形状および質感から,哺乳類もしくは鳥類に比定される緻密骨を含むと判断された。組織形態学的種同定法は試料の破壊を伴うため全ての焼骨の分析をおこなわず,管状骨の緻密質2点(標本番号SA12-14-F11-012-A,SA12-14-F11-015-D)を試料として選出した(第40表,写真10)。以下,SA12-14-F11-012-Aを試料A,SA12-14-F11-015-Dを試料Dと称する。2点とも色調は焼成のため黒色を基調とし,局所的に青灰色を呈する。試料A・DをSawada et al. (2004)の方法に従って樹脂に包埋し,管状骨の長軸に対する横断面を

写真10 出土焼骨の試料A(左)と試料D(右)

第40表 尻労安部洞窟焼骨試料

標本番号	層位	グリッド	長径	重量
SA12-14-F11-012-A	XIV層	F11	12 mm	0.06 g
SA12-14-F11-015-D	XIV層	F11	6 mm	0.02 g

得るように硬組織切断機(SP-1600, Leica)で薄切して,プレパラートに封入した。常法では非脱灰硬組織切片の厚さを50μmに設定しているが,焼成・埋存過程において試料の骨質が劣化していたため,切片の厚さは70μmとした。

イ 検鏡と骨組織形態計測

切片の顕微鏡像はCMOSカメラ(Go-5, QImaging)で撮影し,オステオンの面積(On. Ar)と緻密質の厚さ(Ct. Wi)を計測した。計測基準はPfeiffer (1998)とSawada et al. (2004・2014)に準じた。画像解析にはImageJ (US National Institute of Health, http://imagej.nih.gov/ij/)を使用した。

焼骨の組織形態計測において留意すべきは,骨の構造が変化している可能性である。一般に骨は焼成により収縮することが知られており(Fairgrieve 2008),その程度は焼成の強弱に応じて相違する(Herrmann 1977)。よく焼成した骨は表面に亀裂を有し白色を呈するが,焼成が弱ければ骨体は黒色ないし暗赤色の色調を帯びるとされる(Shipman et al. 1984, Stiner et al. 1995)。試料A・Dは黒色を呈し,骨体表面に亀裂などの変化は認められなかった。したがって,焼成の程度は強くなく,仮に組織構造が収縮していたとしても縮率は大きくないと予想されたことから,組織形態計測値の評価においては収縮を仮定せずに検討を進めることとした。

ウ 比較資料

比較資料として,尻労安部洞窟の更新世層準から出土した動物群(第5章第1節第2項3)および下北半島尻屋地域の更新世動物群(長谷川ほか1988)を参考に,長鼻目(アジアゾウ,ナウマンゾウ,風穴洞穴出土更新世化石ゾウ),霊長目(ヒト,ニホンザル),ウサギ目(ウサギ科),偶蹄目(イノシシ,ニホンジカ,ニホンムカシジカ,ヤベオオツノジカ,カモシカ,ウシ,バイソン),食肉目(テン,キツネ,タヌキ,イヌ,ヒグマ),

および各種鳥類の四肢長骨（管状骨）を選定した。試料の骨体のサイズから，ネズミ類やコウモリ類などごく小さな動物は除外した。哺乳類の比較データは本研究と観察・計測基準を同じくする澤田ほか（2010）と Sawada et al.（2014）の観察所見と計測値を利用し，一部の動物について新規に観察・計測を実施した。鳥類に関しては，Enlow and Brown（1956-1958）と Margerie et al.（2005）の記載を参考にした。

骨組織形態計測値の統計的検討に関し，Games-Howell 法を用いて試料と比較集団の平均値の多重比較をおこなった（cf. Tabachnick and Fidell 2001）。計算には SPSS（Mac 版，version 19.0.0, IBM）を使用した。

(3) 結　果

ア　骨組織形態の観察所見

試料 A の骨組織形態は一次オステオン（原始的オステオン）を主体とし，二次オステオンが混在する（写真 11）。髄腔側の緻密質に複数の吸収窩が認められ，リモデリングが進行していたものと理解される。緻密質の骨膜側と髄腔側には環状層板が形成されている。

試料 D には吸収窩が多く形成され，局所的に二次オステオンが発達する箇所と一次オステオンを主体とする箇所が存在する（写真 11）。二次オステオンの分布に規則性は認められない。緻密質の骨膜側と髄腔側には環状層板が形成されている。

イ　骨組織形態計測

試料 A の緻密質の厚さ（Ct. Wi）は 1.0 mm，オステオンの面積（On. Ar）の平均値は 13619.1 μm^2 であった（第 41 表）。これは，比較資料の中ではウサギ（Ct. Wi: 0.9-1.2 mm, On. Ar の平均値：10869.5-11136.7 μm^2）やテン（Ct. Wi: 1.0 mm, On. Ar の平均値：11766.2 μm^2）に近い値である。Games-Howell 法により平均値の差の検定をおこなったところ，試料とゾウ類・ヒト・ニホンザル・イノシシ・ヤベオオツノジカ・カモシカ・ウシ・バイソン・キツネ・ヒグマの間に，5% ないしそれ以下の水準で有意な差が検出された（第 42 表）。

試料 D の緻密質の厚さ（Ct. Wi）は 0.8 mm，オステオンの面積（On. Ar）の平均値は 12482.1 μm^2 であった（第 41 表）。これは，試料 A と同様に，ウサギやテンに近い値である。Games-Howell 法では，試料とゾウ類・ヒト・ニホンザル・イノシシ・ニホンジカ・ニホンムカシジカ・ヤベオオツノジカ・カモシカ・ウシ・バイソン・キツネ・ヒグマの間に，5% ないしそれ以下の水準で有意な差が検出された（第 25 表）。

(4) 考　察

ア　出土焼骨の種同定

試料 A・D の骨質は約 1 mm と薄いが，骨膜側と髄腔側に環状層版が存在するため，本来の骨表面が外・内面とも保存されているとみなしてよい。幼齢時には出現しない二次オステオンが形成されており，ある程度成長の進んだ個体の骨と推測される。これらの特徴を総合すると，幼齢でも骨質の厚い大型動物の可能性は否定される。試料 2 点は，(1) 緻密質の厚さが同等，(2) 双方とも一次オステオンと二次オステオンが存在する，(3) 二次オステオンの面積の平均値が他方の平均値の 1 標準偏差の範囲に含まれてい

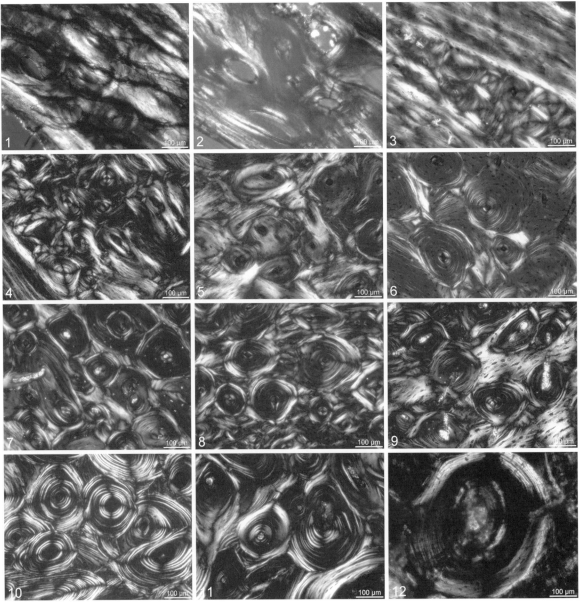

1. 試料A, 2. 試料D, 3. ウサギ上腕骨, 4. テン上腕骨, 5. タヌキ大腿骨, 6. ニホンザル大腿骨, 7. ニホンジカ大腿骨, 8. カモシカ大腿骨, 9. ウシ大腿骨, 10. ヒト大腿骨, 11. ヒグマ上腕骨, 12. ナウマンゾウ脛骨

写真11　試料および比較標本の骨組織形態の偏光顕微鏡写真

る，など組織形態がよく類似しており，同じ動物種に帰属する可能性がある。

　Enlow and Brown（1956-1958）およびMargerie et al.（2005）の図譜と記載をみるに，鳥類の緻密質は一次骨を主体とし，二次オステオンの形成は少ない。Ricqlès et al.（1991）も，鳥類ではリモデリングによる二次骨形成があまりみられないと記述している。試料の骨組織像に吸収窩と二次オステオンが広くみられる様相に鑑みるに，試料が鳥類に該当する可能性はごく低いと考えられる。

　比較資料のうち，試料の緻密質の厚さとオステオンの面積に一致するのはウサギとテンであり，他にはタヌキとイヌがやや近い値を示す（第41表，第27図）。それ以外の動物は，計測2項目のどちらかもしくは両方の値が試料の値と大きく離れていた。

　以上の検討結果を踏まえると，試料の焼骨は2点とも，ウサギ，もしくはテン・タヌキなどの小中型食

第 41 表　尻労安部洞窟出土焼骨および比較資料の骨組織形態

資料	標本番号	部位	成長段階	主な組織構造	Ct.Wi (mm)	On.Ar(μm^2) 個数	平均値	標準偏差	データの出典
尻労安部洞窟 XIV 層焼骨（試料 A）	SA12-14-F11-012-A	管状骨緻密質	—	一次オステオン, 二次オステオン	1.0	9	13619.1	5140.5	本研究
尻労安部洞窟 XIV 層焼骨（試料 D）	SA12-14-F11-015-D	管状骨緻密質	—	一次オステオン, 二次オステオン	0.8	11	12482.1	2980.4	本研究
長鼻目									
アジアゾウ（Elephas maximus）	Elephas01Fp	大腿骨骨幹中央部後側	若齢	一次オステオン, 二次オステオン	7.9	52	63151.7	14746.6	Sawada et al., 2014
ナウマンゾウ（Palaeoloxodon cf. naumanni）	Palaeoloxodon01Tp	脛骨骨幹中央部後側	亜成体	二次オステオン	13.8	18	224893.3	118687.7	Sawada et al., 2014
風穴洞穴化石ゾウ（Elephantidae）	Elephantidae01Fa	大腿骨骨幹中央部前側	若齢	一次オステオン, 二次オステオン	10.7	10	175852.0	74829.9	Sawada et al., 2014
霊長目									
ヒト（Homo sapiens）	Homo01Ha	上腕骨骨幹中央部前側	成人	二次オステオン	4.4	31	31978.8	15117.9	Sawada et al., 2014
ヒト（Homo sapiens）	Homo03Ha	上腕骨骨幹中央部前側	成人	二次オステオン	3.9	39	31463.8	10540.8	Sawada et al., 2014
ヒト（Homo sapiens）	Homo01Fa	大腿骨骨幹中央部前側	成人	二次オステオン	4.6	54	41846.8	15999.8	Sawada et al., 2014
ヒト（Homo sapiens）	Homo02Fa	大腿骨骨幹中央部前側	成人	二次オステオン	5.5	55	33931.6	12228.2	Sawada et al., 2014
ヒト（Homo sapiens）	Homo04Fa	大腿骨骨幹中央部前側	成人	二次オステオン	4.1	46	35774.2	11193.3	Sawada et al., 2014
ヒト（Homo sapiens）	Homo05Fa	大腿骨骨幹中央部前側	幼児	一次オステオン, 二次オステオン	2.3	22	36560.1	12066.7	Sawada et al., 2014
ヒト（Homo sapiens）	Homo06Fa	大腿骨骨幹中央部前側	小児	二次オステオン	2.3	26	49038.7	22959.9	Sawada et al., 2014
ニホンザル（Macaca fuscata）	Macaca01Fa	大腿骨骨幹中央部前側	成体	二次オステオン	2.3	12	36154.1	10694.8	本研究
ウサギ目									
ウサギ（Leporidae）	Leporidae01Fa	大腿骨骨幹中央部前側	成体	一次オステオン	1.2	—	—	—	Sawada et al., 2014
ウサギ（Leporidae）	Leporidae01Fp	大腿骨骨幹中央部後側	成体	一次オステオン	1.0	—	—	—	Sawada et al., 2014
ウサギ（Leporidae）	Leporidae02Hp	上腕骨骨幹中央部後側	成体	一次オステオン, 二次オステオン	1.0	6	10869.5	1895.5	本研究
ウサギ（Leporidae）	Leporidae02Fl	大腿骨骨幹中央部外側	成体	一次オステオン, 二次オステオン	0.9	13	11136.7	4659.0	本研究
偶蹄目									
イノシシ（Sus scrofa）	Sus01H	上腕骨骨幹中央部前側	成体	二次オステオン, 葉状骨	4.3	28	25294.5	11043.3	澤田ほか, 2010
イノシシ（Sus scrofa）	Sus01F	大腿骨骨幹中央部前側	成体	二次オステオン, 葉状骨	3.0	11	24932.9	10758.4	澤田ほか, 2010
ニホンジカ（Cervus nippon）	Cervus02Ha	上腕骨骨幹中央部前側	亜成体	二次オステオン, 葉状骨	3.9	51	19076.6	6231.2	Sawada et al., 2014
ニホンジカ（Cervus nippon）	Cervus03Ha	上腕骨骨幹中央部前側	亜成体	二次オステオン, 葉状骨	4.2	30	20618.6	7048.2	Sawada et al., 2014
ニホンジカ（Cervus nippon）	Cervus01Ra	橈骨骨幹中央部前側	成体	二次オステオン	2.8	49	12144.2	4344.5	Sawada et al., 2014
ニホンジカ（Cervus nippon）	Cervus01Fa	大腿骨骨幹中央部前側	成体	葉状骨	3.6	—	—	—	Sawada et al., 2014
ニホンジカ（Cervus nippon）	Cervus05Fa	大腿骨骨幹中央部前側	亜成体	葉状骨	2.6	—	—	—	Sawada et al., 2014
ニホンジカ（Cervus nippon）	Cervus01Fp	大腿骨骨幹中央部後側	成体	二次オステオン	3.2	39	17965.2	8821.4	Sawada et al., 2014
ニホンジカ（Cervus nippon）	Cervus03Fp	大腿骨骨幹中央部後側	亜成体	二次オステオン	4.1	48	22522.9	9747.8	Sawada et al., 2014
ニホンジカ（Cervus nippon）	Cervus01Ta	脛骨骨幹中央部前側	成体	二次オステオン, 葉状骨	4.3	66	12920.0	4108.6	Sawada et al., 2014
ニホンジカ（Cervus nippon）	Cervus04Ta	脛骨骨幹中央部前側	亜成体		3.9	—	—	—	Sawada et al., 2014
ニホムカシジカ（Cervus praenipponicus）	Cervus91Fp	大腿骨骨幹中央部後側	成体	二次オステオン	3.1	37	23922.7	12581.7	Sawada et al., 2014
ニホムカシジカ（Cervus praenipponicus）	Cervus92Ta	脛骨骨幹中央部前側	成体	二次オステオン	4.6	117	15037.8	5323.6	Sawada et al., 2014
ヤベオオツノジカ（Sinomegaceros yabei）	Sinomegaceros01M	下顎底	成体	二次オステオン	8.1	24	40086.5	15739.3	Sawada et al., 2014
ヤベオオツノジカ（Sinomegaceros cf. yabei）	Sinomegaceros02Ra	橈骨骨幹中央部前側	成体	葉状骨	6.1	—	—	—	Sawada et al., 2014
カモシカ（Capricornis crispus）	Cap01F	大腿骨骨幹中央部前側	若齢	一次オステオン, 二次オステオン	2.9	32	26140.1	8269.3	澤田ほか, 2010
ウシ（Bos taurus）	Bos01Ha	上腕骨骨幹中央部前側	若齢	葉状骨	3.9	—	—	—	Sawada et al., 2014
ウシ（Bos taurus）	Bos04Ha	上腕骨骨幹中央部前側	亜成体	二次オステオン	7.3	71	43209.7	14662.3	Sawada et al., 2014
ウシ（Bos taurus）	Bos01Ra	橈骨骨幹中央部前側	若齢	葉状骨	3.9	13	29406.6	7064.0	Sawada et al., 2014
ウシ（Bos taurus）	Bos02Fa	大腿骨骨幹中央部前側	成体	二次オステオン	13.1	25	31532.4	10001.6	Sawada et al., 2014
ウシ（Bos taurus）	Bos03Fa	大腿骨骨幹中央部前側	亜成体	二次オステオン	9.2	16	28061.3	10802.0	Sawada et al., 2014
バイソン（Bison bison）	Bison01Fp	大腿骨骨幹中央部後側	成体	二次オステオン	6.7	88	24199.5	9750.9	Sawada et al., 2014
食肉目									
テン（Martes melampus）	Martes01Ha	上腕骨骨幹中央部前側	成体	二次オステオン	1.0	10	11766.2	4550.1	Sawada et al., 2014
キツネ（Vulpes vulpes）	Vulpes01M	下顎底	成体	二次オステオン	1.8	21	32937.9	10748.3	Sawada et al., 2014
タヌキ（Nyctereutes procyonoides）	Nyctereutes01Fa	大腿骨骨幹中央部前側	成体	葉状骨	1.4	—	—	—	Sawada et al., 2014
タヌキ（Nyctereutes procyonoides）	Nyctereutes01Fp	大腿骨骨幹中央部後側	成体	二次オステオン	1.5	13	22022.3	11545.9	Sawada et al., 2014
イヌ（Canis lupus）	Canis01Fa	大腿骨骨幹中央部前側	成体	二次オステオン	1.9	26	12789.2	5187.9	Sawada et al., 2014
イヌ（Canis lupus）	Canis01Ta	脛骨骨幹中央部前側	成体	二次オステオン	2.7	65	15291.4	4916.0	Sawada et al., 2014
ヒグマ（Ursus arctos）	Ursus01Ha	上腕骨骨幹中央部前側	成体	二次オステオン	5.4	114	26356.1	11206.4	Sawada et al., 2014
ヒグマ（Ursus arctos）	Ursus01Ra	橈骨骨幹中央部前側	成体	二次オステオン	5.8	109	29614.9	11581.4	Sawada et al., 2014
ヒグマ（Ursus arctos）	Ursus01Fa	大腿骨骨幹中央部前側	成体	二次オステオン	5.6	131	22203.2	8273.8	Sawada et al., 2014
ヒグマ（Ursus arctos）	Ursus01Ta	脛骨骨幹中央部前側	成体	二次オステオン	6.8	138	22496.6	8158.6	Sawada et al., 2014

Ct. Wi：緻密骨の厚さ，On. Ar：二次オステオンの面積。

第 42 表　Games-Howell 法による二次オステオン面積平均値の多重比較

分類群	標本番号	尻労安部洞窟 XIV 層焼骨	
		SA12-14-F11-012-A	SA12-14-F11-015-D
長鼻目			
アジアゾウ（*Elephas maximus*）	Elephas01Fp	<0.001	<0.001
ナウマンゾウ（*Palaeoloxodon* cf. *naumanni*）	Palaeoloxodon01Tp	<0.001	<0.001
風穴洞穴化石ゾウ（Elephantidae）	Elephantidae01Fa	0.009	0.009
霊長目			
ヒト（*Homo sapiens*）	Homo01Ha	<0.001	<0.001
ヒト（*Homo sapiens*）	Homo03Ha	<0.001	<0.001
ヒト（*Homo sapiens*）	Homo01Fa	<0.001	<0.001
ヒト（*Homo sapiens*）	Homo02Fa	<0.001	<0.001
ヒト（*Homo sapiens*）	Homo04Fa	<0.001	<0.001
ヒト（*Homo sapiens*）	Homo05Fa	<0.001	<0.001
ヒト（*Homo sapiens*）	Homo06Fa	<0.001	<0.001
ニホンザル（*Macaca fuscata*）	Macaca01Fa	0.002	0.001
ウサギ目			
ウサギ（Leporidae）	Leporidae02Hp	ns	ns
ウサギ（Leporidae）	Leporidae02Fl	ns	ns
偶蹄目			
イノシシ（*Sus scrofa*）	Sus01H	0.041	0.001
イノシシ（*Sus scrofa*）	Sus01F	ns	ns
ニホンジカ（*Cervus nippon*）	Cervus02Ha	ns	0.003
ニホンジカ（*Cervus nippon*）	Cervus03Ha	ns	0.003
ニホンジカ（*Cervus nippon*）	Cervus01Ra	ns	ns
ニホンジカ（*Cervus nippon*）	Cervus01Fp	ns	ns
ニホンジカ（*Cervus nippon*）	Cervus03Fp	ns	<0.001
ニホンジカ（*Cervus nippon*）	Cervus01Ta	ns	ns
ニホンムカシジカ（*Cervus praenipponicus*）	Cervus91Fp	ns	0.004
ニホンムカシジカ（*Cervus praenipponicus*）	Cervus92Ta	ns	ns
ヤベオオツノジカ（*Sinomegaceros yabei*）	Sinomegaceros01M	<0.001	<0.001
カモシカ（*Capricornis crispus*）	Cap01F	0.005	<0.001
ウシ（*Bos taurus*）	Bos04Ha	<0.001	<0.001
ウシ（*Bos taurus*）	Bos01Ra	0.002	<0.001
ウシ（*Bos taurus*）	Bos02Fa	<0.001	<0.001
ウシ（*Bos taurus*）	Bos03Fa	0.017	0.002
バイソン（*Bison bison*）	Bison01Fp	0.021	<0.001
食肉目			
テン（*Martes melampus*）	Martes01Ha	ns	ns
キツネ（*Vulpes vulpes*）	Vulpes01M	<0.001	<0.001
タヌキ（*Nyctereutes procyonoides*）	Nyctereutes01Fp	ns	ns
イヌ（*Canis lupus*）	Canis01Fa	ns	ns
イヌ（*Canis lupus*）	Canis01Ta	ns	ns
ヒグマ（*Ursus arctos*）	Ursus01Ha	0.004	<0.001
ヒグマ（*Ursus arctos*）	Ursus01Ra	<0.001	<0.001
ヒグマ（*Ursus arctos*）	Ursus01Fa	ns	<0.001
ヒグマ（*Ursus arctos*）	Ursus01Ta	ns	<0.001
尻労安部洞窟 XIV 層焼骨（試料 A）	SA12-14-F11-012-A	—	ns
尻労安部洞窟 XIV 層焼骨（試料 D）	SA12-14-F11-015-D	ns	—

数値：5% 水準で有意差がみられたときの p 値, ns：5% 水準で有意な差がないもの

肉目に由来する蓋然性が高いと結論づけられる。大型の哺乳類や鳥類の可能性は排除してよい。ただ，ウサギと小中型食肉目のどちらに近いのかを推定することは困難であり，種レベルの同定には至らなかった。

イ　旧石器時代の焼骨

　ウサギは尻労安部洞窟の更新世層準から出土した動物群の主体をなし，その点数は 800 を超える（前項参照）。また，数は少ないものの，テン・タヌキ大の小中型食肉目と思われる歯が 2 点，同じく更新世層準から見つかっている。出土種組成（前項第 14 表）が多様性を欠くにも関わらず，焼骨の由来として推定されたウサギと小中型食肉目はこの種組成の範囲に含まれていた。本研究の結果は，ウサギとテン・タヌキ大の小中型食肉目（の少なくともどちらか）がヒトに利用されていたことを強く示唆している。前項の更新世動物遺体の分析において旧石器時代の人類が小型哺乳類を積極的に捕獲していたことが推察されたが，

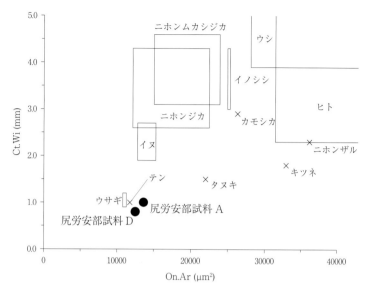

第27図　二次オステオンの面積と緻密質の厚さ

第41表に基づき，試料（●）と比較標本（×／ボックス）の二次オステオンの面積の平均値（On.Ar）と緻密質の厚さ（Ct.Wi）を示す。比較標本に関し，1標本のみ計測した動物種ではデータをプロットし（×），複数標本を計測した動物種はデータの範囲をボックスで表した。

本研究の結果はその見解を補強するものである。

　旧石器時代の焼骨は，尻労安部洞窟の他に，北海道千歳市柏台1遺跡からも出土している（福井・越田1999）。執筆者らは最近，柏台1遺跡の焼骨について本研究と同様の骨組織形態学的研究を実施し，それらが中型シカ科を含んでいる可能性の高いことを明らかにした（Sawada et al. 2014）。焼骨はヒトの関与の直接的な証拠であり，肉眼では種を同定できない小片でも，骨組織形態学的分析により動物種類を推定することは重要である。尻労安部洞窟や柏台1遺跡の調査研究は，旧石器時代の日本列島における小・中型哺乳類利用を出土骨から実証した点で大きな意義を持つといえる。　　　　（澤田純明・佐伯史子・奈良貴史）

引用・参考文献

猪井　剛・吉野峰生・瀬田季茂（1994）ヒトと各種動物の長骨組織像の顕微X線学的研究とその法科学的応用．科学警察研究所報告法科学編，47: 92-101.

澤田純明・奈良貴史・中嶋友文・斉藤慶吏・百々幸雄・平田和明（2010）骨組織形態学的方法による骨小片の人獣鑑別：東北北部の平安時代遺跡から出土した焼骨の分析．Anthropological Science（Japanese Series），118: 23-36.

長谷川善和・冨田幸光・甲野直樹・小野慶一・野刈谷宏・上野輝彌（1988）下北半島尻屋地域の更新世脊椎動物群集．国立科学博物館専報，21: 17-36, pl. 1-8.

福井淳一・越田賢一郎（1999）千歳市柏台1遺跡．北海道埋蔵文化財センター，pp. 1-311.

福島弘文（2009）法医学．第2版，南山堂，pp. 1-304.

Enlow D. H. and Brown S. O. (1956-1958) A comparative histological study of fossil and recent bone tissues, Pt I-III. The Texas Journal of Science, 8: 405-443, 9: 186-214, 10: 187-230.

Fairgrieve S. I. (2008) Forensic Cremation Recovery and Analysis. CRC Press, pp. 1-224.

Harsányi L. (1993) Differential diagnosis of human and animal bone. In: Grupe G. and Garland A. N. (eds.), Histology of Ancient Human Bone: Methods and Diagnosis, Springer, pp. 79-94.

Herrmann B. (1977) On histological investigations of cremated human remains. Journal of Human Evolution, 6: 101-102, IN1-IN2, 103.

Hillier M. and Bell L. S. (2007) Differentiating human bone from animal bone: a review of histological method. Journal of Forensic Sciences, 52: 249-263.

Jowsey J. (1966) Studies of Haversian systems in man and some animals. Journal of Anatomy, 100: 857-864.

Margerie E., Sanchez S., Cubo J., and Castanet J. (2005) Torsional resistance as a principal component of the structural design of long bones: comparative multivariate evidence in birds. Anatomical Record Part A, 282A: 49-66.

Mulhern D. M. and Ubelaker D. H. (2012) Differentiating human from nonhuman bone microstructure. In: Crowder C. M. and Stout S. D. (eds.), Bone Histology: an Anthropological Perspective, CRC Press, pp. 109-134.

Pfeiffer S. (1998) Variability osteon size in recent human populations. American Journal of Physical Anthropology, 106: 219-227.

Ricqlès A. (1975-1978) Recherches paléohistologiques sur les os longs des tétrapodes. Annales de Paléontologie, 61: 51-129, 62: 71-126, 63: 33-56, 63: 133-160, 64: 85-111.

Ricqlès A., Meunier F. J., Castanet J., and Francillon-Vieillot H. (1991) Comparative microstructure of bone. In: Hall BK, (ed.), Bone, vol. 3., CRC Press, pp. 1-78.

Sawada J., Kondo O., Nara T., Dodo Y., and Akazawa T. (2004) Bone histomorphology of Dederiyeh Neanderthal child. Anthropological Science, 112: 247-256.

Sawada J., Nara T., Fukui J., Dodo Y., and Hirata K. (2014) Histomorphological species identification of tiny bone fragments from a Paleolithic site in the Northern Japanese Archipelago. Journal of Archaeological Science, 46: 270-280.

Shipman P., Foster G., and Schoeninger M. (1984) Burnt bones and teeth: an experimental study of colour, morphology, crystal structure and shrinkage. Journal of Archaeological Science, 11: 307-325.

Stiner M. C., Kuhn S. L., Weiner S., and Bar-Yosef O. (1995) Differential burning, recrystallization, and fragmentation of archaeological bone. Journal of Archaeological Science, 22: 223-237.

Tabachnick B. G. and Fidell L. S. (2001) Computer-assisted Research Design and Analysis. Allyn and Bacon, pp. 1-748.

第2節 縄文時代以降

第1項 土　器

　土器は縄文時代早期から弥生時代初頭のものが断片的に出土した。出土土器片数は200点程度と少なく，総重量は4,715ｇである。崩落を多く伴う堆積環境から個々の破片は細かく破砕された状態で散在しており，表面剥離や磨滅が多く見られる。平面的，層位的にまとまった出土状況を示さず，堆積の過程で大きく原位置から動いているものと考えられる。多くは水洗選別時に検出された。そのため，ここでは層位を基準とした分類は行わず，文様等から型式学的に分類した。報告にあたっては，分類を行った土器片については全点を掲載したが，無文や細片のため分類不可能であった破片は掲載していない。非掲載土器は総重量のうち1,958ｇである。各土器片の計測値等については，本項目末尾の観察表を参照されたい（第43～46表）。なお，尻労安部洞窟の発掘調査は今後もおこなわれる予定であり，それに伴い今回報告する資料と同一個体の土器片が検出される可能性がある。そのため，接合については確認するに留め，接着・復元作業は発掘調査が終了した段階におこなうこととした。今回は器形復元等に必要なものに限り最低限の接合作業をおこなった。

1. 事実記載

第Ⅰ群　縄文時代早期［第28図1～3，写真12の1～3］　縄文時代早期の土器片を一括した。1は，横位の平行沈線を描いた後，沈線間に爪状の工具による連続刻みが施される。外削ぎ状となる口唇部にも同様の工具による連続刻みが施される。胎土は緻密で焼成も良好である。早期中葉の「寺の沢式」（領塚1996）と考えられる。2は，口縁部に沿って横方向に，それ以下には縦，斜方向に0段多条のRL縄文が施文される。口唇部には棒状工具による連続刻みが施される。2aの内面には明確な稜が認められる。3は0段多条のLR縄文が施文される。施文方向は2と異なり，口縁部直下では縦，斜方向，それ以下では斜方向の施文となる。口唇部への施文は見られない。2，3は早期後葉の縄文条痕文土器と考えられる。2は三沢市早稲田貝塚の第5類土器（二本柳ほか1957）等に，3は三沢市山中（1）貝塚（長尾2004）等に類例がある。

　第Ⅰ群土器は全体で51ｇ出土した。出土層位はⅠ・Ⅱ・Ⅲ・Ⅷ層と幅広く，帰属する層位を明確には指摘し得ない。なお，1がⅧ層最上部から出土しているが，Ⅷ層では縄文時代の遺物は明確には出土しておらず，上層からの混入と考えられる。

第Ⅱ群　縄文時代中期［第28図4～12，写真12の4～12］　縄文時代中期の土器片を一括した。4～10は，地文縄文に太く深い沈線が描かれるものである。4では，沈線が3本平行して描かれる。器壁は8～10mm程度とやや厚い。中期後葉の大木8式であろう。5～12はいずれも胴部の小破片であり，積極的に型式認定はし得ないが，施文方法や器壁，胎土の様相から概ね同様の時期の所産と考えられる。

　第Ⅱ群土器は全体で202ｇ出土した。Ⅰ・Ⅱ層からほぼ同量が出土している。

第Ⅲ群　縄文時代後期［第28図13・14，第29図，第30図43～62，写真13～16，17の49～62］　縄文時代後期の土器片を一括した。本洞窟の中で最も出土量が多く，Ⅱ層を中心として100点程出土している。器種は全て深鉢と推定される。

13 は，口縁部から胴部下半までが残存する。口縁は平縁となるが，粘土紐の貼り付けられる箇所は小突起状となるようである。口縁はやや外反し，頸部は緩くくびれる。胴部最大径は胴部の半ばからやや上方となる。口縁直下には縄文の側面圧痕が施文され，その後，幅 3 mm 程の粘土紐が縦位に貼り付けられる。粘土紐の上面には単節 RL 縄文が縦方向に施文され，上端は指頭状の押圧が認められる。頸部は無文である。頸部と胴部は粘土紐の貼り付けによって区画される。粘土紐上には単節 RL 縄文が施される。粘土紐の上側は撫でられ，器面と平滑となる。胴部以下は単節 RL 縄文が縦方向に施文されるのみで，文様は施されない。14 は，口縁部から胴部上半が残存する。口縁は波状であり波頂部は二ヶ所が残存する。残存部位から推定すれば，全体では 4 単位か 5 単位程度になるものと考えられる。頸部は緩くくびれ，口縁はやや外反する。最大径は胴部半ばと推定されるが，胴部下半以下を欠損するため不詳である。口縁には幅 3 cm 程，厚さ 4 mm 程の粘土紐が貼り付けられ肥厚する。粘土紐の上面には単節 LR 縄文が口縁に沿って横方向に施文される。縄文の節は粗い。頸部は無文である。口縁から 2 cm 程下の位置から頸部上半にかけて橋状把手が貼り付けられる。把手は波頂部下に配置される。把手には縄文が施され，下端には刺突を伴うボタン状貼付文が認められる。胴部は渦状，弧状の文様が充塡縄文で施される。縄文部と無文部が交互になるように施文されているが，一部に縄文施文部，無文部がそれぞれ連続する箇所も認められる。文様描線は幅 5〜6 mm，深さ 2 mm 程と太く深い。頸部と胴部は縄文を伴う粘土紐の貼り付けで区画される。粘土紐の上側は器面と平滑に連続するように撫でられるが，下側の処理は顕著でない。15〜17 は口縁部破片である。15 は折り返し状に肥厚する口縁の一部であり，肥厚部には単節 RL 縄文が横方向に施文された後，幅 2 mm 程の沈線が施される。肥厚部の下端はなぞられる。口唇部は磨かれる。16 は 15 と施文手法は類似するが，口縁は肥厚していない。17 は沈線のみが描かれる。18〜56 は，縄文を地文とし，沈線で楕円形や円形，曲線等の文様が施される胴部破片である。ほとんどが小破片で全体の文様構成を把握するには至らない。18 は，横方向に文様が展開するものと思われ，楕円形や円形の文様の一部が認められる。19〜23 も 18 と同様の文様構成となるものであろう。24, 25 は縄文地文に横方向の沈線が描かれたのち，24 では弧状の沈線が，25 では蛇行する沈線が描かれる。28〜31 は単節 LR 縄文が縦方向に施文されたのち，2 本の平行する沈線が横方向に描かれる。33〜42 では，縦位に沈線が描かれる。43〜56 は縄文施文のち沈線が施されるものであるが，沈線がわずかに確認できるのみで，全体の文様構成は不詳である。57, 58 は沈線のみが認められ，縄文は施文されない。59〜62 は充塡縄文による文様が描かれた胴部破片である。59〜61 に描かれる文様は，楕円や弧状の意匠の一部であろう。

　前述のように，第 III 群土器は本遺跡出土土器の主体を占め，全体で 2,010 g 出土した。II 層からの出土が最も多く認められたが，I 層からの出土も多い。

第 IV 群　縄文時代中期〜後期［第 30 図 63〜91，写真 17 の 63・64, 18, 19 の 89e〜91c］　縄文のみが施文された胴部破片で，中期から後期の所産と考えられるものを一括した。単節 LR 縄文が縦方向に施文されるものが大多数で，無節 Lr 縄文や単節 RL 縄文が施されるものは少量である。89 は RL 撚糸文が施されるものである。撚糸の条の間隔はやや広い。東北地方北部の後期初頭から前葉には，撚糸文のみが施された土器が一定量認められるが，89 はそのような土器の一部と考えられる。91 は網代痕をもつ底部破片である。いずれも剝離破片であり，器壁の厚さは不明である。当該期には網代痕をもつ土器は多く認められる。

　第 IV 群は全体で 618 g 出土した。出土層位は I・II 層であり，第 II・III 群と同様の傾向となる。

第 V 群　縄文時代晩期〜弥生時代前期［第 31 図 92〜100，写真 19 の 92〜100b］　縄文時代晩期から弥生時代前

第2節　縄文時代以降　125

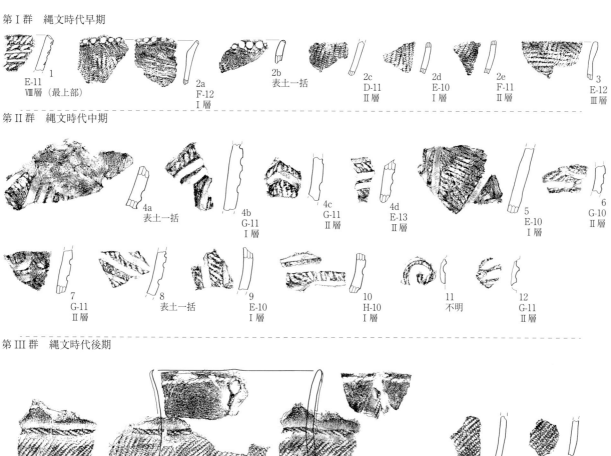

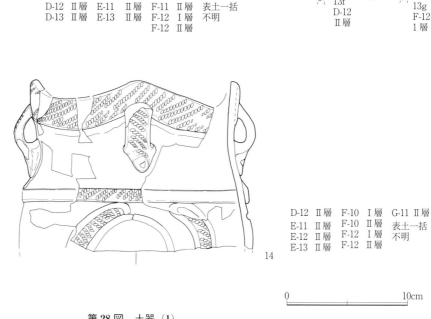

第28図　土器（1）

126　第5章　出土遺物の研究

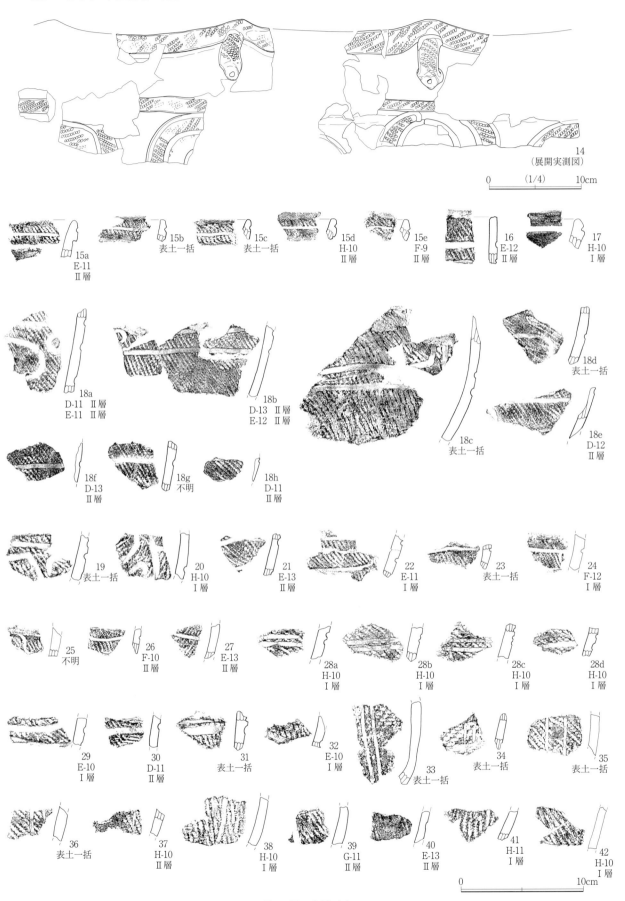

第29図　土器（2）

第2節　縄文時代以降　127

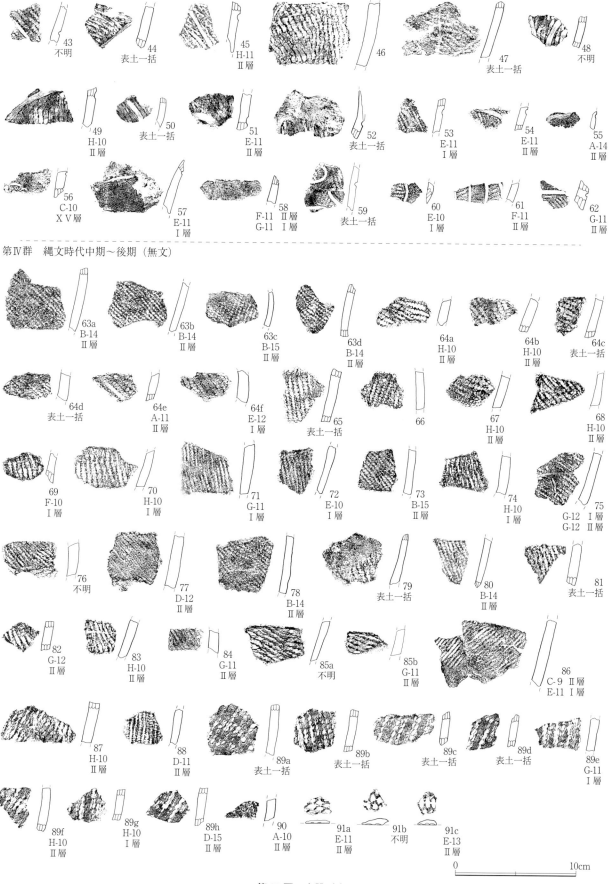

第Ⅳ群　縄文時代中期〜後期（無文）

第30図　土器（3）

第V群　縄文時代晩期～弥生時代前期

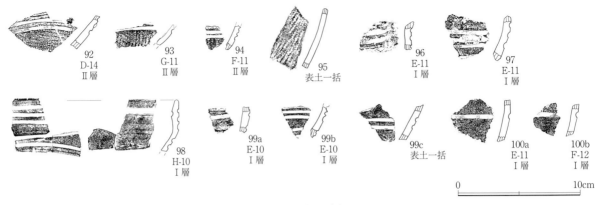

第31図　土器（4）

期の土器を一括した。いずれも小破片で全体の文様構成は不詳である。92～94 は，縄文地文に沈線による文様を施すものである。92 は，単節 LR 縄文を施文した後，沈線により変形工字文を描くものであろう。破片の右端付近には沈線上に粘土粒の貼り付けが認められる。粘土粒の貼り付けられた沈線の下方にもさらに一条の沈線が描かれる。92～94 は浅鉢形あるいは台付浅鉢形となるものであろう。95 は縄文のみの胴部破片である。96～100 は，縄文の施されない土器片である。98 には変形工字文の一部と考えられる文様が認められる。口縁から 3cm 程下方で屈曲する。口縁部内面にはやや太い沈線が 1 条認められる。99 も同様の文様をもつものであろう。99c では，沈線下方の無文部に凹凸がみられるが，縄文なのか器面の荒れ等によるものであるのか判然としない。100 は横走する沈線が 1 条のみ認められる。鉢形土器の胴部と考えられるが，下北地方にはあまり見られないようである。

　第V群は全体で 142g が出土した。I・II 層から出土しているが，I 層からの出土がやや多くなるようである。第V群とした土器片は，いずれも小破片であり積極的に型式分類を行うことは困難であるが，下北半島においては佐井村八幡堂遺跡出土土器に類例を求め得る（安藤編 2009）。92 はその中でも「八幡堂 3 群段階」（大坂 2009）とされた一群に近い。「八幡堂 3 群段階」は「砂沢式古段階」（品川 2005）と概ね併行するもので，他の第V群土器についても同様の時期の所産となる可能性があろう。

2．平面・垂直分布の傾向

　ここでは，出土区域の判明している破片について，平面および垂直分布を群ごとに検討する（第 32～34 図，第 47 表）。出土土器量の数値化には多様な方法が考えられるが，本洞窟の出土土器片の多くは細片であり，破片数のカウントは困難であることに加え，各土器片の破損状況の違いによる誤差が大きくなることが予想されたため，破片数ではなく重量を計測し比較することとした。なお，出土層位が判明している土器片でも，区域が不明なものに関しては分析の対象外とした。

　第 I 群土器は，I・II・III 層および VIII 層最上部から各 10g 前後が出土している。I・II・III 層からはほぼ同量が出土しており，明確な集中はみられない。VIII 層最上部からもわずかに出土しているが，VIII 層では縄文時代の遺物は明確には出土しておらず，上層からの混入と考えられる。平面では，F11・12 区周辺にやや集中するようだが，全体の量が僅少であるため積極的には指摘し得ない。

　第 II 群土器は，I 層から 100g，II 層から 45g が出土している。重量では I 層からの出土が多くみえるが，破片数では I 層出土が 4 点，II 層出土が 5 点とほぼ同量であり，層位による差異は指摘しがたい。平

第 2 節　縄文時代以降

第 43 表　土器観察表 (1)

分類	図版番号	出土位置 地区	出土位置 大別層位	器種	部位	文様の特徴	縄文 原体	縄文 方向	内面調整	残存高 (mm)	厚さ (mm)	重量 (g)	色調 色名・記号 (表／裏)	胎土 (肉眼観察により認められたもの)	焼成	備考
I	1	E-11	Ⅷ	深鉢	口縁部	横走沈線のち、沈線間には爪状の工具によるキザミ。口唇部に爪状の工具による連続キザミ。	―	―	ミガキ横	28.5	6.5	5	にぶい黄橙色／にぶい橙色 10YR6/4／7.5YR6/4	φ0.5～1mm 程の粒子（無色透明）やや多く、φ0.5mm 程の粒子（黒色）やや多く	良好	
I	2a	F-12	Ⅰ	深鉢	口縁部	口縁部に沿って横方向に、それ以下は縦方向に縄文施文。口唇部は棒状工具により連続刺突される。	RL 0段多条	―	粗い擦痕	31.5	6	10	にぶい黄褐色 10YR5/3	φ1mm 程の粒子（無色透明・黒色）少量	良好	内面に明確な稜あり
I	2b	―	Ⅰ	深鉢	口縁部	口縁部に沿って横方向に、それ以下は縦方向に縄文施文。口唇部は棒状工具により連続刺突される。	RL 0段多条	―	ミガキ横	20	4.5	9	黒褐色／にぶい橙色 10YR3/1／7.5YR6/4	φ0.5～1mm 程の粒子（黒色）やや多く、φ0.5～1mm 程の粒子（無色透明）少量	良好	
I	2c	D-11	Ⅱ	深鉢	胴部	―	RL 0段多条	縦	ナデ横	29	4.5	5	黒褐色／橙色 7.5YR3/1／7.5YR6/6	φ0.5～2mm 程の粒子（無色透明）やや多く、φ1mm 程の粒子（黒色・褐色）少量	良好	
I	2d	E-10	Ⅰ	深鉢	胴部		RL 0段多条	縦	粗い擦痕	25	4.5	3	橙色／にぶい黄橙色 7.5YR6/6／10YR6/4	φ0.5～1mm 程の粒子（黒色）やや多く、φ0.5～1mm 程の粒子（無色透明）少量	良好	
I	2e	F-11	Ⅰ	深鉢	胴部		RL 0段多条	縦	粗い擦痕	27	4.5	2	明黄褐色 10YR6/4	φ1mm 程の粒子（無色透明）多量、φ1mm 程の粒子（黒色・褐色）少量	良好	
I	3	E-12	Ⅲ	深鉢	口縁部	口縁部に沿って横方向、斜め方向に、それ以下は斜めかつ縦方向に縄文施文。	LR 0段多条	縦	ナデ横	30.5	5	10	にぶい黄橙色／褐灰色 10YR6/3／10YR4/1	φ0.5～1mm 程の粒子（無色透明）多量、φ0.5mm 程の粒子（黒色）多量、φ0.5mm 程の粒子（白色）少量	良好	器厚は不定
Ⅱ	4a	―	Ⅰ	深鉢	胴部	縄文のち沈線。沈線は 3 本 1 組。	RL	縦	ナデ横	34.5	9.5	44	灰黄色 2.5Y4/1	φ1mm 程の粒子（無色透明）多量、φ0.5～1mm 程の粒子（黒色）やや多く	良好	外面の大部分は剥離する
Ⅱ	4b	G-11	Ⅱ	深鉢	胴部	縄文のち沈線。沈線は 3 本 1 組。上端には沈線の端がわずかに確認出来る。	RL	縦	ナデ横	53	10.5	21	灰黄色 2.5YR6/2	φ1mm 程の粒子（黒色）多量、φ0.5mm 程の粒子（無色透明）やや多く	良好	
Ⅱ	4c	G-11	Ⅱ	深鉢	胴部	縄文のち沈線。	RL	縦	ナデ横	33	9	14	にぶい黄橙色 10YR7/4	φ0.5～1mm 程の粒子（無色透明）少量、φ0.5mm 程の粒子（黒色・白色）少量	良好	外面に石灰岩がわずかに付着する
Ⅱ	4d	E-13	Ⅰ	深鉢	胴部	縄文のち沈線。上下端に沈線の端がわずかに確認出来る。	RL	縦	ナデ横	35	9	7	黄灰色／にぶい黄色 2.5YR4/1／2.5Y6/3	φ1mm 程の粒子（黒色）やや多く、φ0.5～1mm 程の粒子（無色透明）少量	良好	
Ⅱ	5	E-10	Ⅰ	深鉢	胴部	縄文のち沈線。	RL	縦	ナデ横	53	9	50	暗灰黄色 2.5Y5/2	φ1mm 程の粒子（無色透明）多量、φ1mm 程の粒子（黒色・褐色）やや多く	良好	全体に摩耗
Ⅱ	6	G-10	Ⅱ	深鉢	胴部	縄文のち沈線。	RL？	縦？	ナデ	22	7.5	9	にぶい黄褐色 10YR6/3	φ0.5～1mm 程の粒子（無色透明・黒色）やや多く	良好	
Ⅱ	7	G-11	Ⅱ	深鉢	胴部	縄文のち沈線。	―	―	ナデ	34	8.5	13	灰黄褐色 10YR6/2	φ0.5mm 程の粒子（無色透明・黒色・褐色）やや多く	良好	全体に摩耗
Ⅱ	8	―	Ⅰ	深鉢	胴部	縄文のち沈線。	LR	縦	ナデ横	36	7.5	10	にぶい黄橙色 10YR6/4	φ0.5～1mm 程の粒子（無色透明）多量、φ0.5～1mm 程の粒子（黒色）やや多く	良好	
Ⅱ	9	E-11	Ⅰ	深鉢	胴部	縄文のち沈線。	LR	縦	ミガキ横	34.5	7	15	にぶい黄色 2.5Y6/3	φ0.5～1mm 程の粒子（無色透明・黒色）やや多く、φ2mm 程の粒子（無色透明）少量	良好	
Ⅱ	10	H-10	Ⅰ	深鉢	胴部	縄文のち沈線。	LR	縦	ナデ横	31	7.5	14	褐灰色／にぶい黄橙色 10YR4/1／10YR6/3	φ0.5～1mm 程の粒子（無色透明）多量、φ0.5～1mm 程の粒子（黒色・褐色）やや多く	良好	
Ⅱ	11	―	―	深鉢	胴部	縄文のち沈線。周囲に沈線の端がわずかに確認出来る。	LR？	―	剥落	9.5	4	3	灰黄色 2.5Y6/2	φ0.5mm 程の粒子（無色透明）やや多く	良好	
Ⅱ	12	G-11	Ⅱ	深鉢	胴部	縄文のち沈線。	―	―	剥落	20.5	5	2	にぶい黄橙色 10YR6/3	φ0.5mm 程の粒子（無色透明）やや多く	良好	
Ⅲ	13a	F-12 D-13 E-13 D-12 E-11 F-11	Ⅰ～Ⅱ	深鉢	口縁～胴部下半	口縁部は縄文側面圧痕のち粘土紐貼り付け。頭部無文。胴部縄文のみ。頸部と胴部は縄文を伴う粘土紐貼り付けにより区画する。	RL	―	ミガキ（口縁部・底部：横　胴部：縦）	159	4～8	320	橙色・にぶい褐色／にぶい黄褐色	φ2mm 程の粒子（黒色・灰色・白色）少量、φ1mm 程の粒子（無色透明・黒色）やや多く	良好	
Ⅲ	13b	―	Ⅰ	深鉢	胴部	―	RL	縦	ミガキ	49	5.5	9	橙色／灰黄褐色 7.5YR6/6／10YR4/2	φ0.5～1mm 程の粒子（無色透明・黒色）やや多く、φ0.5mm 程の粒子（無色透明）少量	良好	
Ⅲ	13c	F-12	Ⅱ	深鉢	胴部		RL	縦	ミガキ縦	28.5	5	6	にぶい黄橙色 10YR5/3	φ0.5～1mm 程の粒子（無色透明）少量	良好	
Ⅲ	13d	F-12	Ⅱ	深鉢	胴部		RL	縦	ミガキ	18	6	4	にぶい黄橙色 10YR5/3	φ0.5～1mm 程の粒子（無色透明）少量	良好	
Ⅲ	13f	D-12	Ⅱ	深鉢	胴部		RL	縦	ミガキ	18.5	5.5	5	橙色／にぶい黄橙色 5YR6/6／7.5YR5/3	φ0.5～1mm 程の粒子（無色透明）少量	良好	
Ⅲ	13g	F-12	Ⅰ	深鉢	胴部		RL	縦	不明瞭	7.5	5.5	3	灰黄色 10YR5/2	φ0.5mm 程の粒子（黒色）少量	良好	破断面を含む全面に石灰分が付着する。
Ⅲ	14	D-12 E-12 F-12 E-11 F-10 G-11	Ⅰ～Ⅱ	深鉢	口縁～胴部	波状口縁。口縁部に縄文を伴う粘土紐貼り付け。口頸部は縄文・刺突を伴う橋状把手。頸部無文。胴部は渦状・弧状の文様を充塡縄文により施文。頸部と胴部を縄文を伴う粘土紐貼り付けにより区画する。	LR	―	ミガキ：口縁部・横　頭部：縦	134	口縁部：8　頭部：5.5　胴部：7.5	644	褐灰色・にぶい褐色／にぶい黄褐色 7.5YR6/6・7.5YR5/3／10YR5/3	φ0.5～1mm 程の粒子（無色透明・白色・黒色）やや多く	良好	
Ⅲ	15a	E-11	Ⅱ	深鉢	口縁部	口縁部直下の肥厚部に横方向の縄文のち沈線。肥厚部上端はなぞられる。	RL	横	ミガキ横	30	9.5	12	灰黄褐色／にぶい黄褐色 10YR5/2／10YR5/3	φ0.5～2mm 程の粒子（無色透明）多量、φ1mm 程の粒子（黒色）多量	良好	
Ⅲ	15b	―	Ⅰ	深鉢	口縁部	縄文のち沈線。	RL	横	ミガキ横	12	7	8	灰黄褐色 10YR4/2	φ0.5～1mm 程の粒子（無色透明）多量、φ0.5mm 程の粒子（黒色）やや多く	良好	
Ⅲ	15c	―	Ⅰ	深鉢	口縁部	縄文のち沈線。肥厚部上端はなぞられる。口唇部は縄文施文後削かれる。	RL	横	ミガキ横	11	5	7	黒褐色／にぶい黄橙色 10YR3/1／10YR5/3	φ0.5mm 程の粒子（無色透明）多量、φ1mm 程の粒子（黒色）やや多く	良好	
Ⅲ	15d	H-10	Ⅱ	深鉢	口縁部	縄文のち沈線。	RL	横	ミガキ横	12	8	7	灰黄褐色 10YR4/2	φ0.5～1mm 程の粒子（黒色）多量	良好	
Ⅲ	15e	F-9	Ⅱ	深鉢	口縁部	縄文のち沈線。	RL	横	不明瞭	12.5	7	3	灰黄褐色 10YR4/2	φ0.5～1mm 程の粒子（無色透明）多量、φ1mm 程の粒子（白色）少量	良好	突起？小波状？
Ⅲ	16	E-12	Ⅰ	深鉢	口縁部	縄文のち沈線。下方端に沈線の端がわずかに確認出来る。	LR	縦	ミガキ横	41	7.5	9	橙色／にぶい黄橙色 7.5YR7/6／10YR7/4	φ0.5～1mm 程の粒子（無色透明）多量、φ1mm 程の粒子（黒色）やや多く	良好	
Ⅲ	17	H-10	Ⅰ	深鉢	胴部	口縁部直下に沈線。沈線は太く、深い。	―	―	ナデ横	24	10.5	11	黒褐色／明黄褐色 10YR3/1／10YR6/6	φ0.5～1mm 程の粒子（黒色・褐色）少量、φ0.5mm 程の粒子（黒色・褐色）少量	良好	
Ⅲ	18a	E-11 D-11	Ⅱ	深鉢	胴部	縄文のち沈線。沈線区画内は弱く磨り消す。	LR	縦	ミガキ	67	8	32	褐灰色／にぶい黄橙色 10YR4/1／10YR7/4	φ0.5～1mm 程の粒子（無色透明）多量、φ0.5～1mm 程の粒子（無色透明）やや多く	良好	
Ⅲ	18b	D-13 E-12	Ⅱ	深鉢	胴部	縄文のち沈線。	LR	縦	ミガキ	56	6	61	にぶい黄橙色 10YR7/4	φ0.5～1mm 程の粒子（無色透明・黒色）多量、φ0.5～1mm 程の粒子（褐色）やや多く	良好	
Ⅲ	18c	―	Ⅰ	深鉢	胴部	縄文のち沈線。	LR	縦	ミガキ	100	8.5	100	にぶい黄橙色／にぶい黄色 10YR6/3／2.5Y6/3	φ0.5～1mm 程の粒子（無色透明・黒色）やや多く	良好	

第44表 土器観察表 (2)

分類	図版番号	出土位置 地区	出土位置 大別層位	器種	部位	文様の特徴	縄文原体	縄文方向	内面調整	残存高(mm)	厚さ(mm)	重量(g)	色調 色名/記号 (表/裏)	胎土(肉眼観察により認められたもの)	焼成	備考
Ⅲ	18d	—	Ⅰ	深鉢	胴部	縄文のち沈線。沈線区画内は弱く磨り消す。	LR	縦	不明瞭	47	7	18	にぶい黄橙色 10YR6/3／10YR7/3	φ0.5～1mm程の粒子(無色透明・黒色・褐色)多量	良好	
Ⅲ	18e	D-12	Ⅱ	深鉢	胴部	縄文のち沈線。	LR	縦	ミガキ横	46	6	20	褐灰色／にぶい黄橙色 10YR4/1／10YR7/4	φ0.5～1mm程の粒子(無色透明・黒色)多量	良好	内面の大部分が剥落している
Ⅲ	18f	D-13	Ⅱ	深鉢	胴部	縄文のち沈線。	LR	縦	剥落	31.5	4	9	にぶい黄橙色／にぶい黄橙色 7.5YR6/4／10YR6/4	φ0.5～1mm程の粒子(無色透明・黒色)多量	良好	内面全面が剥落している
Ⅲ	18g	D-12	—	深鉢	胴部	縄文のち沈線。	LR	縦	不明瞭	39.5	7	15	褐灰色／にぶい黄橙色 10YR4/1／10YR6/4	φ0.5～1mm程の粒子(無色透明・黒色・白色)多量	良好	
Ⅲ	18h	D-11	Ⅱ	深鉢	胴部	縄文のち沈線。	LR	縦	剥落	20	4	3	灰黄褐色 10YR5/2	φ0.5～1mm程の粒子(黒色・白色)やや多く	良好	
Ⅲ	19	—	Ⅰ	深鉢	胴部	縄文のち沈線。	LR	縦	ナデ	36.5	8.5	20	にぶい黄橙色／にぶい黄橙色 10YR6/3	φ0.5mm程の粒子(無色透明)多量, φ1mm程の粒子(黒色・褐色)やや多く	良好	
Ⅲ	20	H-10	Ⅰ	深鉢	胴部	縄文のち沈線。右方端に沈線の端がわずかに確認出来る。	—	—	ミガキ	36	8	19	にぶい黄橙色／灰黄橙色 10YR6/3	φ0.5～1mm程の粒子(無色透明・黒色)多量	良好	
Ⅲ	21	E-13	Ⅱ	深鉢	胴部	縄文のち沈線。	LR	縦	ナデ	34	6.5	10	にぶい黄橙色／にぶい黄橙色 10YR6/3／10YR7/4	φ0.5～1mm程の粒子(黒色)やや多く, φ0.5mm程の粒子(無色透明)少量	良好	
Ⅲ	22	E-11	Ⅰ	深鉢	胴部	縄文のち沈線。	RL	横	ミガキ縦	33	7.5	25	にぶい黄橙色／灰黄褐色 10YR5/3	φ0.5～1mm程の粒子(黒色)多量, φ1mm程の粒子(無色透明)やや多く	良好	
Ⅲ	23	—	Ⅰ	深鉢	胴部	縄文のち沈線。	LR	横	擦痕横	20	6.5	10	灰黄褐色 10YR4/2	φ0.5mm程の粒子(無色透明)多量, φ1mm程の粒子(黒色)多量	良好	上方の破断面は擬口縁状になる
Ⅲ	24	F-12	Ⅰ	深鉢	胴部	縄文のち沈線。沈線の順序は横のち弧状。	RL	横	ミガキ縦	26	8.5	10	にぶい黄褐色 10YR5/3	φ1mm程の粒子(無色透明)やや多く, φ0.5～1mm程の粒子(黒色)少量	良好	
Ⅲ	25	—	—	深鉢	胴部	縄文のち沈線。沈線の順序は横のち蛇行。	LR	縦	ナデ縦	23.5	7	7	黒褐色 10YR3/1	φ0.5mm程の粒子(無色透明・白色・黒色)多量	良好	
Ⅲ	26	F-10	Ⅱ	深鉢	胴部	縄文のち沈線。	RL	横	不明瞭	21	5	7	暗灰黄色 10YR4/2	φ0.5mm以下の粒子(無色透明)多量, φ1mm程の粒子(黒色)少量	良好	
Ⅲ	27	E-13	Ⅱ	深鉢	胴部	縄文のち沈線。	RL	縦	ミガキ縦	21	6.5	7	にぶい黄褐色／灰黄褐色 10YR5/3／10YR5/2	φ0.5mm程の粒子(黒色)やや多く, φ0.5mm程の粒子(茶色)少量	良好	
Ⅲ	28a	H-10	Ⅰ	深鉢	胴部	縄文のち沈線。	LR	縦	不明瞭	26	8	12	灰黄褐色／にぶい黄褐色 5YR4/2／7.5YR5/3	φ0.5mm程の粒子(無色透明)やや多く, φ1mm程の粒子(黒色・白色)やや多く	良好	
Ⅲ	28b	H-10	Ⅰ	深鉢	胴部	縄文のち沈線。	LR	縦	不明瞭	27	8.5	16	にぶい黄橙色／にぶい赤褐色 10YR5/3／10YR5/4	φ1mm程の粒子(無色透明)多量, φ1mm程の粒子(黒色)少量, φ1～2mm程の粒子(白色)少量	良好	
Ⅲ	28c	H-10	Ⅰ	深鉢	胴部	縄文のち沈線。	LR	縦	不明瞭	27	9	13	灰黄褐色／明赤褐色	φ1～2mm程の粒子(灰色)多量, φ0.5～1mm程の粒子(無色透明)多量, φ1～2mm程の粒子(黒色)少量, φ1mm程の海綿状骨針?	良好	
Ⅲ	28d	H-10	Ⅰ	深鉢	胴部	縄文のち沈線。	LR	縦	不明瞭	24	7	8	黒褐色 5YR3/1	φ1mm程の海綿状骨針?, φ0.5mm程の粒子(無色透明)やや多く, φ1mm程の粒子(白色)少量	良好	
Ⅲ	29	E-10	Ⅰ	深鉢	胴部	縄文のち沈線。	LR	縦	ナデ	21	8	14	にぶい黄橙色／にぶい黄橙色 10YR4/3／10YR6/3	φ0.5～1mm程の粒子(無色透明・黒色)多量	良好	
Ⅲ	30	D-11	Ⅱ	深鉢	胴部	縄文のち沈線。縄文は左半分は縦回転, 右半分は横回転。	LR	—	ミガキ横	20.5	7	9	褐灰色／にぶい黄橙色 10YR4/1／10YR6/3	φ0.5mm程の粒子(無色透明)やや多く, φ0.5～1mm程の粒子(黒色)やや多く	良好	
Ⅲ	31	—	Ⅰ	深鉢	胴部	縄文のち沈線。	LR	縦	ナデ横	30.5	10	12	にぶい黄褐色／灰黄褐色 10YR5/3／10YR6/2	φ0.5mm程の粒子(無色透明・黒色)多量	良好	上方の破断面に圧痕(小石)
Ⅲ	32	E-10	Ⅰ	深鉢	胴部	縄文のち沈線。	LR	縦	不明瞭	24.5	6.5	8	灰黄褐色／にぶい黄橙色 10YR4/2／10YR7/3	φ0.5mm程の粒子(無色透明・黒色)多量	良好	
Ⅲ	33	—	Ⅰ	深鉢	胴部	縄文のち沈線。	RL	縦	ミガキ横	38	8	14	にぶい赤褐色／灰色 5YR5/3／7.5YR4/1	φ1mm程の粒子(無色透明・黒色)多量	良好	器壁の厚みから底部に近い部分であると考えられる。外面はやや摩耗する。
Ⅲ	34	—	Ⅰ	深鉢	胴部	縄文のち沈線。	RLR	縦	ミガキ横	30	6.5	9	橙色／黒褐色 5YR6/6／5YR3/1	φ1mm程の粒子(黒色)やや多く, φ0.5～2mm程の粒子(無色透明)やや多く	良好	
Ⅲ	35	—	Ⅰ	深鉢	胴部	縄文のち沈線。	LR	縦	不明瞭	31	7	18	黒褐色, にぶい黄褐色 10YR3/1／5YR5/4	φ1mm程の粒子(黒色・灰色)少量, φ1mm程の粒子(無色透明・黒色)少量	良好	
Ⅲ	36	—	Ⅰ	深鉢	胴部	縄文のち沈線。	LR	縦	不明瞭	24.5	8.5	11	にぶい黄褐色／にぶい黄橙色 10YR5/3／10YR6/4	φ0.5～1mm程の粒子(無色透明)少量, φ1mm程の粒子(茶色)少量, φ0.1mm程の粒子(黒色)少量	良好	上方の破断面は擬口縁状になる
Ⅲ	37	H-10	Ⅰ	深鉢	胴部	縄文のち沈線。	LR	縦	不明瞭	20	7	9	灰黄褐色／にぶい黄褐色 10YR4/2／7.5YR5/3	φ0.5mm程の粒子(無色透明・白色)やや多く, φ1mm程の粒子(黒色・暗褐色)少量	良好	
Ⅲ	38	H-10	Ⅰ	深鉢	胴部	縄文のち沈線。	RL	縦	ミガキ横	38	8	24	にぶい黄褐色 10YR5/3	φ0.5～1mm程の粒子(黒色・白色)やや多く	良好	内面にスス付着
Ⅲ	39	G-11	Ⅱ	深鉢	胴部	縄文のち沈線。	LR	縦	ミガキ	29.5	7.5	12	にぶい橙色／灰黄褐色 7.5YR6/4／10YR6/2	φ0.5～1mm程の粒子(黒色・白色)やや多く	良好	
Ⅲ	40	E-13	Ⅱ	深鉢	胴部	縄文のち沈線。沈線は極浅い。	LR	縦	ナデ横	25	6	8	灰黄褐色／にぶい黄橙色 2.5Y6/2／10YR6/2	φ0.5～1mm程の粒子(黒色)多量, φ0.5mm程の粒子(無色透明)やや多く	良好	全体に摩耗
Ⅲ	41	H-11	Ⅱ	深鉢	胴部	縄文のち沈線。	LR	縦	ミガキ横	24.5	7	10	黄褐色／黒色 7.5YR6/8／7.5YR3/1	φ0.5～1mm程の粒子(無色透明)多量, φ0.5mm程の粒子(黒色)少量	良好	
Ⅲ	42	H-10	Ⅰ	深鉢	胴部	縄文のち沈線。	LR	縦	ミガキ横	39	7.5	20	灰黄褐色／黒褐色 10YR5/2／10YR3/1	φ0.5～1mm程の粒子(黒色)多量, φ0.5mm程の粒子(無色透明)やや多く	良好	内面にスス付着
Ⅲ	43	—	—	深鉢	胴部	縄文のち沈線。	LR	縦	ナデ	29	7	7	黒褐色／にぶい黄褐色 10YR3/1／10YR5/3	φ1～2mm程の粒子(無色透明)少量, φ1mm程の粒子(褐色)少量	良好	
Ⅲ	44	—	Ⅰ	深鉢	胴部	縄文のち沈線。	RL?	—	ミガキ	30.5	8	12	暗灰黄色／にぶい黄橙色 2.5Y5/2／10YR6/2	φ0.5mm程の粒子(無色透明)多量, φ0.2mm程の粒子(白色)少量, φ0.1～1mm程の粒子(黒色)少量	良好	
Ⅲ	45	H-11	Ⅱ	深鉢	胴部	縄文のち沈線。	LR?	縦	擦痕横	37.5	7	10	褐灰色／黒褐色 10YR4/1／10YR3/1	φ0.5mm程の粒子(黒色)やや多く, φ1mm程の粒子(無色透明・暗褐色)少量	良好	
Ⅲ	46	G-11	Ⅱ	深鉢	胴部	縄文のち沈線。	LR	縦	ミガキ縦	51.5	9	42	灰黄褐色 10YR6/2	φ0.5～1mm程の粒子(黒色)多量	良好	外面, 内面に石灰岩付着
Ⅲ	47	—	—	深鉢	胴部	縄文のち沈線。	LR	縦	ナデ横	46.5	6.5	29	灰黄褐色／灰黄褐色 7.5YR5/2／7.5YR6/4	φ1mm程の粒子(黒色)多量, φ0.5～1mm程の粒子(白色)やや多く	良好	
Ⅲ	48	—	—	深鉢	胴部	縄文のち沈線。	LR?	—	ミガキ横	21	6	8	褐灰色／灰黄褐色 10YR4/1／10YR6/2	φ0.5～1mm程の粒子(黒色)やや多く	良好	
Ⅲ	49	H-11	Ⅱ	深鉢	胴部	縄文のち沈線。	LR	縦	ナデ	33	7	18	灰黄褐色／灰黄褐色 10YR4/2／10YR5/2	φ0.5mm程の粒子(無色透明)多量, φ0.5～1mm程の粒子(黒色)やや多く	良好	
Ⅲ	50	—	Ⅰ	深鉢	胴部	縄文のち沈線。	LR	—	ナデ	33	7	11	褐灰色／灰黄褐色 10YR4/1／2.5Y6/2	φ0.5mm程の粒子(黒色・白色)やや多く	良好	
Ⅲ	51	E-11	Ⅰ	深鉢	胴部	縄文のち沈線。	LR?	縦	ミガキ横	29.5	7.5	13	にぶい黄褐色／灰黄褐色	φ0.5～1mm程の粒子(無色透明・黒色)やや多く	良好	
Ⅲ	52	F-11	Ⅱ	深鉢	胴部	縄文のち沈線。	LR?	縦?	ミガキ	34.5	7	15	にぶい黄褐色／灰黄褐色 10YR5/3／10YR6/2	φ0.5～1mm程の粒子(無色透明)やや多く, φ0.5mm程の粒子(黒色)やや多く, φ0.5～1mm程の粒子(白色)少量	良好	外面の半分程が剥落している
Ⅲ	53	E-11	Ⅰ	深鉢	胴部	縄文のち沈線。	LR	縦	不明瞭	27	5.5	6	灰黄褐色／にぶい黄褐色 10YR5/3／10YR5/3	φ0.5mm程の粒子(黒色・無色透明・白色)多量	良好	全体にやや摩耗
Ⅲ	54	E-11	Ⅱ	深鉢	胴部	縄文のち沈線。	LR	縦	ミガキ	19.5	6	7	灰黄褐色／にぶい黄橙色	φ0.5mm程の粒子(黒色・無色透明)やや多く	良好	
Ⅲ	55	A-14	Ⅱ	深鉢	胴部	縄文のち沈線。	LR	縦	不明瞭	15	3.5	3	橙色／にぶい黄橙色 7.5YR6/6／10YR6/2	φ0.5mm程の粒子(黒色)やや多く	良好	内面全面が剥落している
Ⅲ	56	C-10	ⅩⅤ	深鉢	胴部	縄文のち沈線。	RL	横	ミガキ縦	20	7	9	にぶい黄褐色／灰黄色 10YR5/3／2.5Y6/2	φ0.5～1mm程の粒子(無色透明・黒色)やや多く	良好	

第2節 縄文時代以降

第45表 土器観察表 (3)

分類	図版番号	出土位置 地区	出土位置 大別層位	器種	部位	文様の特徴	縄文 原体	縄文 方向	内面調整	残存高(mm)	厚さ(mm)	重量(g)	色調 色名・記号 (表/裏)	胎土 (肉眼観察により認められたもの)	焼成	備考
Ⅲ	57	E-11	Ⅰ	深鉢	胴部	沈線。	−	−	ミガキ横	40	8	21	にぶい黄橙色/灰褐色 10YR6/3/10YR5/2	φ0.5～1mm程の粒子（無色透明・黒色）やや多く	良好	
Ⅲ	58	F-11 G-11	Ⅱ	深鉢	頸部？	沈線。	−	−	ミガキ横	21	7	12	灰黄褐色 10YR4/2	φ0.5mm程の粒子（無色透明）多量、φ0.5～1mm程の粒子（黒色）やや多く	良好	
Ⅲ	59	−	Ⅰ	深鉢	胴部	縄文のち沈線、一部磨消。	RL	−	ミガキ	33	5	10	灰黄褐色 10YR4/2	φ0.5～1mm程の粒子（無色透明）多量、φ1mm程の粒子（黒色）少量	良好	磨消は部分的。縄文の施文方向は不定。
Ⅲ	60	E-10	Ⅰ	深鉢	胴部	磨消縄文。左方端部に沈線の端がわずかに確認出来る。	RL	−	不明瞭	10.5	5	3	灰黄褐色 10YR4/2	φ0.5～1mm程の粒子（無色透明・黒色）多量	良好	
Ⅲ	61	F-11	Ⅰ	深鉢	胴部	磨消を伴う充塡縄文。	RL	−	ミガキ縦	11	6	6	灰黄褐色 10YR4/2	φ0.5～1mm程の粒子（無色透明）少量、φ2mm程の粒子（灰褐色）極少量	良好	
Ⅲ	62	G-11	Ⅱ	深鉢	胴部	縄文のち沈線。沈線の上方を磨り消す。	LR	縦	ミガキ横	17	9.5	5	灰黄橙色/にぶい黄橙色 10YR5/2/10YR6/3	φ1mm程の粒子（灰色）をやや多く、0.5mm程の粒子（黒色・無色透明）やや多く	良好	
Ⅳ	63a	B-14	Ⅱ	深鉢	胴部	−	LR	縦	ナデ	49	7	19	にぶい黄橙色/灰黄橙色 10YR6/3/10YR5/2	φ1mm程の粒子（無色透明）少量、φ1mm程の粒子（黒色）やや多く	良好	全体にやや摩耗
Ⅳ	63b	B-14	Ⅱ	深鉢	胴部	−	LR	縦	ミガキ縦	40	5.5	15	にぶい黄橙色/灰黄橙色 10YR6/1/10YR5/2	φ0.5mm程の粒子（無色透明）やや多く、φ1mm程の粒子（黒色）やや多く	良好	
Ⅳ	63c	B-15	Ⅱ	深鉢	胴部	−	LR	縦	ミガキ	28	4.5	10	灰黄褐色/にぶい橙色 10YR5/2	φ0.5～1mm程の粒子（無色透明）多量、φ0.5～1mm程の粒子（黒色）やや多く	良好	
Ⅳ	63d	B-14	Ⅱ	深鉢	胴部	−	LR	縦	ミガキ縦	42	6	8	にぶい黄橙色 10YR7/4	φ0.5mm程の粒子（無色透明）少量、φ1mm程の粒子（褐色・黒色）やや多く	良好	
Ⅳ	64a	H-10	Ⅰ	深鉢	胴部	−	LR	縦	不明瞭	20.5	7.5	11	黒褐色/橙色 5YR3/1/5YR6/6	φ0.5mm程の粒子（無色透明）多量、φ1～2mm程の粒子（白色）やや多く、φ1mm程の粒子（褐色）少量	良好	
Ⅳ	64b	H-10	Ⅰ	深鉢	胴部	−	LR	縦	不明瞭	28	7.5	11	にぶい橙色 7.5YR6/4	φ1～2mm程の粒子（白色）少量、φ0.5mm程の粒子（無色透明）少量、φ1mm程の粒子（黒色）少量	良好	
Ⅳ	64c	−	Ⅰ	深鉢	胴部	−	LR	縦	不明瞭	33	6.5	8	黒褐色/にぶい橙色 7.5YR3/9/7.5YR6/4	φ0.5mm程の粒子（無色透明）多量、φ1mm程の粒子（灰色）少量	良好	
Ⅳ	64d	−	Ⅰ	深鉢	胴部	−	LR	縦	擦痕（横）	20	8.5	9	褐灰色/橙色 10YR4/1/7.5YR6/6	φ0.5mm程の粒子（褐色）やや多く、φ1～1.5mm程の粒子（黒色・白色）少量	良好	
Ⅳ	64e	A-11	Ⅱ	深鉢	胴部	−	LR	縦	不明瞭	22	7	6	黒褐色/橙色 10YR3/1/5YR6/6	φ1～1.5mm程の粒子（褐色）やや多く、φ0.5mm程の粒子（無色透明）やや多く、φ1.5mm程の粒子（黒色）少量	良好	
Ⅳ	64f	E-12	Ⅰ	深鉢	胴部	−	LR	縦	横擦痕	24.5	9.5	9	黒褐色/橙色 7.5YR3/1/5YR6/6	φ0.5mm程の粒子（褐色）少量、φ1mm程の粒子（白色透明・黒色）少量	良好	
Ⅳ	65	−	Ⅰ	深鉢	胴部	−	LR	縦	不明瞭	44	8	16	黒褐色/橙色 7.5YR3/1/7.5YR6/4	φ0.5mm程の粒子（灰）やや多く、φ1～2mm程の粒子（黒色）やや多く、φ2mm程の粒子（白色）少量	良好	
Ⅳ	66	F-11	Ⅱ	深鉢	胴部	−	LR	縦	不明瞭	30	7	9	にぶい橙色/橙色 7.5YR6/4/7.5YR6/6	φ1mm程の粒子（無色透明）やや多く、φ0.5mm程の粒子（黒色）少量	良好	
Ⅳ	67	H-10	Ⅰ	深鉢	胴部	−	LR	縦	ナデ	27	7	11	橙色/黒褐色 7.5YR6/6/7.5YR3/1	φ0.5～1mm程の粒子（無色透明）やや多く、φ1～1.5mm程の粒子（灰色・白色）やや多く	良好	
Ⅳ	68	H-10	Ⅰ	深鉢	胴部	−	LR	縦	ナデ	27	7	11	褐灰色/黒色 10YR5/1/10YR2/1	φ1mm程の粒子（無色透明）少量	良好	
Ⅳ	69	F-10	Ⅰ	深鉢	胴部	−	LR	縦	ナデ	21	7	6	褐灰色/黒褐色 10YR5/1/10YR3/1	φ0.5mm程の粒子（無色透明）やや多く、φ1mm程の粒子（黒色）少量	良好	内面にスス付着
Ⅳ	70	H-10	Ⅰ	深鉢	胴部	−	LR	縦	不明瞭	32	7	17	褐灰色/灰黄褐色 7.5YR5/1/10YR5/2	φ1mm程の粒子（無色透明・黒色）少量	良好	縄文一部つぶれる。外面に石灰岩付着、内面にスス付着
Ⅳ	71	G-11	Ⅰ	深鉢	胴部	−	LR	縦	ナデ	40	7	19	橙色/褐色 7.5YR7/6/7.5YR4/1	φ0.5mm程の粒子（褐色・黒色）少量、φ1mm程の粒子（無色透明）少量	良好	内面にスス付着
Ⅳ	72	E-10	Ⅰ	深鉢	胴部	−	LR	縦	ミガキ	38	7	9	橙色/黒褐色 5YR6/6/5YR3/1	φ0.5mm程の粒子（無色透明）やや多く、φ1～1.5mm程の粒子（黒色）少量	良好	
Ⅳ	73	B-15	Ⅱ	深鉢	胴部	−	LR	縦	ミガキ	30.5	6	9	灰黄色/灰黄褐色 2.5Y6/2/10YR5/2	φ1mm程の粒子（黒色）少量	良好	
Ⅳ	74	H-10	Ⅰ	深鉢	胴部	−	LR	縦	不明瞭	30.5	9	12	褐灰色/にぶい橙色 10YR5/1/10YR6/3	φ0.5～1mm程の粒子（無色透明・褐色・灰色）少量	良好	内面にスス付着
Ⅳ	75	G-12	Ⅰ	深鉢	胴部	−	LR	縦	不明瞭	42	7	16	橙色/褐灰色 7.5YR6/6/7.5YR4/1	φ1mm程の粒子（無色透明）やや多く、φ1mm程の粒子（黒色）少量	良好	縄文および沈線一部つぶれる。外面に石灰岩付着
Ⅳ	76	F-12	−	深鉢	胴部	−	LR	縦	ミガキ	26	9	15	にぶい橙色/褐灰色 5YR7/4/7.5YR5/1	φ0.5mm程の粒子（無色透明・黒色）やや多く	良好	
Ⅳ	77	D-12	Ⅱ	深鉢	胴部	−	LR	縦	ナデ	41	9	22	灰黄褐色/にぶい黄橙色 10YR6/2/10YR7/3	φ0.5mm程の粒子（黒色）多量、φ0.5mm程の粒子（無色透明）少量	良好	縄文一部つぶれる。外面・内面にスス付着。
Ⅳ	78	B-14	Ⅱ	深鉢	胴部	−	LR	不明瞭	40.5	6	16	にぶい黄橙色/灰黄色 10YR6/3/10YR4/1	φ0.5mm程の粒子（無色透明）多量、φ0.5～1mm程の粒子（黒色）少量	良好	
Ⅳ	79	−	Ⅰ	深鉢	胴部	上半分の無文部は隆帯等の貼り付けの剥離痕の可能性あり。	LR	縦	ミガキ横	40.5	7.5	15	灰黄色/にぶい黄橙色 2.5Y7/2/10YR7/4	φ0.5mm程の粒子（無色透明・黒色）多量	良好	
Ⅳ	80	B-14	Ⅰ	深鉢	胴部	−	LR	縦	ナデ	39	6	9	にぶい黄橙色/黒褐色 10YR6/3/10YR3/2	φ0.5～1mm程の粒子（無色透明・黒色）やや多く	良好	表面にスス付着
Ⅳ	81	−	Ⅰ	深鉢	胴部	−	LR	縦	ミガキ	32	9	9	にぶい黄橙色 10YR6/3	φ1mm程の粒子（白色）少量、φ1mm程の粒子（黒色）少量	良好	
Ⅳ	82	G-12	Ⅱ	深鉢	胴部	−	LR	縦	ミガキ	25	7	7	にぶい黄橙色/灰黄褐色 10YR6/3/10YR5/2	φ0.5mm程の粒子（無色透明・黒色）多量	良好	
Ⅳ	83	H-10	Ⅱ	深鉢	胴部	−	LR	縦	ナデ	31	7	8	にぶい黄橙色/黒褐色 10YR7/3/10YR3/1	φ1mm程の粒子（褐色）やや多く、φ1mm程の粒子（黒色）少量	良好	
Ⅳ	84	G-11	Ⅰ	深鉢	胴部	−	LR	縦	ナデ	12	9	7	灰黄褐色/褐色 7.5YR6/2/7.5YR5/1	φ0.5mm程の粒子（無色透明・黒色）少量、φ1～1.5mm程の粒子（白色）少量	良好	
Ⅳ	85a	G-不明	Ⅱ	深鉢	胴部	−	Lr	−	ミガキ横	33	7	13	灰黄褐色/黒褐色 10YR4/2/10YR3/1	φ0.1mm程の粒子（無色透明）多量、φ1mm程の粒子（黒色）少量	良好	
Ⅳ	85b	G-11	Ⅱ	深鉢	胴部	−	Lr	縦	ナデ	20	8	6	灰黄褐色/にぶい黄橙色 10YR4/2/10YR5/3	φ0.5mm程の粒子（無色透明）やや多く、φ0.5mm程の粒子（黒色）少量	良好	
Ⅳ	86	C-9 E-11	Ⅱ	深鉢 片	胴部	−	RL	−	ミガキ横	53	8.5	46	橙色/黒褐色 7.5YR6/6/7.5YR3/1	φ0.5mm程の粒子（黒色）やや多く、φ0.5～1mm程の粒子（無色透明）少量	良好	下方は縄文施文のち磨り消されている。底部直上の破片。C9：16.2g、C9：16.5g、E11：13.3g。
Ⅳ	87	H-10	Ⅱ	深鉢	胴部	−	RL	縦	ナデ	32.5	8	18	黒色/黒褐色 10YR5/2/10YR3/1	φ1mm程の粒子（無色透明）少量、φ1.5mm程の粒子（黒色）少量	良好	
Ⅳ	88	D-11	Ⅱ	深鉢	胴部	−	RL	縦	ナデ	28	6.5	7	にぶい黄橙色/褐灰色 10YR6/3/10YR4/1	φ0.5mm程の粒子（黒色）やや多く	良好	縄文一部つぶれる。
Ⅳ	89a	−	Ⅰ	深鉢	胴部	−	撚糸 RI	縦	ミガキ縦	40.5	7.5	18	にぶい黄橙色 10YR5/3	φ0.5mm程の粒子（黒色）やや多く、φ0.1～1mm程の粒子（無色透明）少量、φ0.5mm程の粒子（白色）少量	良好	
Ⅳ	89b	−	Ⅰ	深鉢	胴部	−	撚糸 RI	−	ミガキ縦	34	9	14	黒褐色/にぶい黄橙色 10YR3/1/10YR5/3	φ0.5～1mm程の粒子（無色透明）多量、φ0.5～1mm程の粒子（白色）少量	良好	
Ⅳ	89c	−	Ⅰ	深鉢	胴部	−	撚糸 RI	−	ミガキ縦	24.5	6	13	橙色/にぶい橙色 5YR7/8/10YR5/1	φ0.5mm程の粒子（無色透明）やや多く、φ0.5～1mm程の粒子（黒色）やや多く、φ0.5mm程の粒子（白色）少量	良好	
Ⅳ	89d	−	Ⅰ	深鉢	胴部	−	撚糸 RI	縦	ミガキ縦	25	6	8	にぶい橙色 7.5YR6/6/10YR4/1	φ0.1mm程の粒子（無色透明）多量、φ0.5mm程の粒子（黒色）多量	良好	
Ⅳ	89e	G-11	Ⅰ	深鉢	胴部	−	撚糸 RI	縦	ミガキ横	27	7	11	灰黄色/にぶい黄褐色 7.5YR4/2/7.5YR6/3	φ0.5mm以下の粒子（無色透明・黒色）少量	良好	内外面及び断面に石灰岩付着。

132　第5章　出土遺物の研究

第46表　土器観察表（4）

分類	図版番号	出土位置 地区	出土位置 大別層位	器種	部位	文様の特徴	縄文 原体	縄文 方向	内面調整	残存高(mm)	厚さ(mm)	重量(g)	色調 名・記号(表／裏)	胎土(肉眼観察により認められたもの)	焼成	備考
Ⅳ	89f	H-10	Ⅱ	深鉢	胴部	―	撚糸RL	縦	ミガキ横	34.5	7	8	橙色／褐灰色 7.5YR7/6／7.5YR4/1	φ0.5〜1mm程の粒子（無色透明）多量	良好	
Ⅳ	89g	H-10	Ⅰ	深鉢	胴部	―	撚糸RL	縦	ミガキ横	31	6.5	10	褐灰色／にぶい橙色 7.5YR4/1／7.5YR7/4	φ0.1〜0.5mm程の粒子（無色透明）多量，φ0.5mm以下の粒子（黒色）やや多く	良好	
Ⅳ	89h	D-15	Ⅱ	深鉢	胴部	―	撚糸RL	縦	ミガキ横	24.5	6.5	9	褐灰色／にぶい橙色 7.5YR4/1／7.5YR7/4	φ0.5〜1mm程の粒子（無色透明・黒色）やや多く	良好	
Ⅳ	90	A-10	Ⅱ	深鉢	胴部		不明	不明	ミガキ	11.5	7	4	橙色／褐灰色 5YR6/6／7.5YR4/2	φ0.5〜1mm程の粒子（無色透明・黒色）少量	良好	
Ⅳ	91a	E-11	Ⅱ	深鉢	底部	網代痕（1超1潜1送り）	―	―	剥落	20	2.5	2	灰黄褐色 10YR4/2	φ1mm程の粒子（無色透明）やや多く，φ0.1mm程の粒子（黒色）やや多く	良好	
Ⅳ	91b	―	―	深鉢	底部	網代痕（1超1潜1送り）	―	―	剥落	5.5	12	2	褐灰色／黒褐色 10YR4/1／10YR3/1	φ0.5〜1mm程の粒子（無色透明）やや多く，φ0.5mm程の粒子（黒色）少量	良好	
Ⅳ	91c	E-13	Ⅱ	深鉢	底部	網代痕（1超1潜1送り）	―	―	剥落	4	16	1	橙色／褐灰色 7.5YR7/6／10YR4/1	φ1mm程の粒子（無色透明・黒色）やや多く	良好	
Ⅴ	92	D-14	Ⅱ	浅鉢？	胴部	縄文のち沈線。沈線上に貼り付けあり。	LR		ミガキ横	32.5	6	10	にぶい赤褐色／にぶい褐色 7.5YR6/3／7.5YR5/3	φ0.5mm程の粒子（黒色）多量，φ1mm程の粒子（無色透明）少量	良好	縄文一部つぶれる。外面，断面に石灰岩付着。
Ⅴ	93	G-11	Ⅱ	浅鉢？	胴部	縄文のち沈線。沈線のちミガキで線がつぶれる。	RL	縦	ミガキ	20.5	3.5	6	橙色／黒褐色 5YR6/6／5YR2/1	φ0.5〜1mm程の粒子（黒色）少量，φ0.5mm程の粒子（白色）少量	良好	内面の大部分は剥落する。
Ⅴ	94	F-11	Ⅱ	浅鉢？	頸部？	縄文のち沈線。上端に沈線の端が確認出来る。	RL	縦	ミガキ横	22	4.5	2	褐灰色 5YR4/1	φ1mm程の粒子（褐色・黒色）少量	良好	
Ⅴ	95	―	Ⅰ	鉢	胴部		RL	縦	ミガキ横	50	4.5	7	にぶい黄橙色／褐灰色 10YR6/3／10YR4/1	φ0.5mm程の粒子（無色透明）極少量，φ0.5〜1mm程の粒子（黒色）極少量	良好	
Ⅴ	96	E-11	Ⅰ	鉢？	頸部？	沈線。下端に沈線の端がわずかに確認出来る。	―	―	ミガキ横	22	5.5	5	にぶい橙色 7.5YR6/4	φ0.5mm程の粒子（無色透明・褐色・灰色）やや多く，φ1〜2mm程の粒子（無色透明・褐色・灰色）やや多く	良好	全体にやや摩耗。
Ⅴ	97	E-11	Ⅰ	鉢？	頸部？	沈線のち沈線上に貼り付けか（剥落のため不明）。下方端に沈線の端がわずかに確認出来る。	―	―	ミガキ横	36.5	6.5	9	にぶい褐色／灰褐色 7.5YR6/3／7.5YR5/2	φ0.5mm程の粒子（無色透明・黒色）やや多く，φ0.5mm程の粒子（褐色）少量	良好	
Ⅴ	98	H-10	Ⅰ	浅鉢？	口縁部	沈線。下方端に沈線の端がわずかに確認出来る。内面にも沈線あり。	―	―	ミガキ横	41	6	13	にぶい橙色／にぶい橙色 7.5YR7/4／7.5YR6/3	φ0.5mm程の粒子（黒色・褐色）やや多く，φ1〜2mm程の粒子（無色透明）やや多く	良好	
Ⅴ	99a	E-10	Ⅰ	浅鉢？	頸部？	沈線。上下端にそれぞれ沈線の端がわずかに確認出来る。	―	―	ミガキ横	21	6	3	にぶい黄橙色／にぶい赤褐色 10YR7/3／5YR5/3	φ0.5〜1mm程の粒子（無色透明・黒色）やや多く	良好	
Ⅴ	99b	E-10	Ⅰ	浅鉢？	頸部？	沈線。上下端にそれぞれ沈線の端がわずかに確認出来る。	―	―	ミガキ横	21	5	3	にぶい褐色／にぶい橙色 7.5YR6/3／7.5YR6/3	φφ0.5mm程の粒子（黒色・赤褐色）少量	良好	
Ⅴ	99c	―	Ⅰ	浅鉢？	頸部？	沈線。下半に表面に縄文らしき文様あるが不明瞭。上端に沈線の端がわずかに確認出来る。	―	―	ミガキ横	31.5	6	5	にぶい黄橙色／にぶい橙色 10YR6/3／7.5YR5/3	φ0.5〜1mm程の粒子（黒色・無色透明・赤褐色）少量	良好	
Ⅴ	100a	E-11	Ⅰ	鉢？	胴部	沈線。	―	―	ミガキ横	33.5	5.5	8	橙色／にぶい橙色 7.5YR6/6／7.5YR5/3	φ0.5mm程の粒子（無色透明・黒色）少量	良好	
Ⅴ	100b	F-12	Ⅰ	鉢？	胴部	沈線。	―	―	ミガキ	25	5	4	にぶい黄褐色 10YR5/3	φ0.5mm程の粒子（黒色）少量，φ0.5〜1mm程の粒子（白色）少量	良好	

　面ではⅠ・Ⅱ層ともにG11区周辺に集中する。

　第Ⅲ群土器は，Ⅰ層から490g，Ⅱ層から1,052gが出土している。細片が多く，正確な破片数はカウントしていないが，各破片の大きさは概ね揃っており，サイズの違いによる重量誤差は少ないと考えられることから，Ⅱ層が主体的な包含層と考えてよいだろう。平面ではE12，F12区周辺に集中する。Ⅱ層ではわずかにA・B・C列にも及んでいる。北側のE・F・G列では調査区内の北東側に集中がみられたが，A・B・C列では南西となっており，概ね北東から南西の線を主軸とする範囲に分布するようである。第Ⅲ群に属する土器片のうち，器形の推定が可能な第28図13・14の分布も示しておいた。いずれもⅠ・Ⅱ層から出土しているが，Ⅱ層からの出土が多く，第Ⅲ群の他の土器片と同様の傾向を示す。平面分布についても同様である。

　第Ⅳ群土器は，Ⅰ層から175g，Ⅱ層から264gが出土している。第Ⅲ群と同様にⅡ層が主体的な包含層と考えられる。平面分布をみると，Ⅰ層ではG11，H10区周辺に分布するようであり，他群と同様の傾向を示す。しかし，Ⅱ層ではH10区周辺以外にもB14区やC9区周辺にほぼ同量が分布するという点で他群と傾向を異にしている。

　第Ⅴ群土器は，Ⅰ層から70g，Ⅱ層から39gが出土している。全体の量が少ないため主体的に包含する層位を指摘するのは躊躇されるが，Ⅰ層一括（出土区域不明）で取り上げた土器片が19g存在することも鑑みると，Ⅰ層が主体的な包含層と考えてもいいかも知れない。平面的にはⅠ層ではE11，H10区の周

第2節　縄文時代以降　133

第Ⅰ群　縄文時代早期

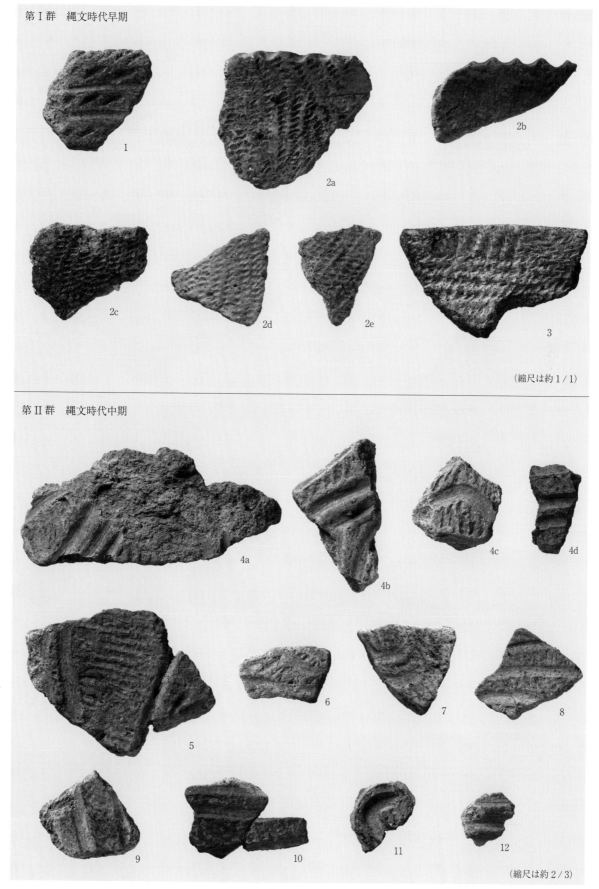

（縮尺は約1/1）

第Ⅱ群　縄文時代中期

（縮尺は約2/3）

写真12　土器（1）

134　第5章　出土遺物の研究

第Ⅲ群　縄文時代後期

(縮尺は約2/3)

(13の部分拡大)

写真13　土器 (2)

第 2 節　縄文時代以降　135

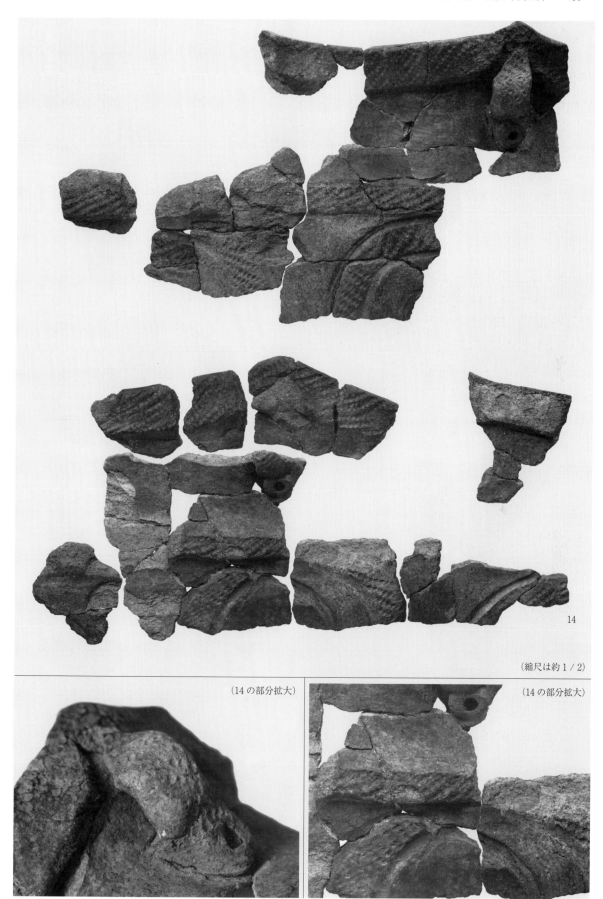

（縮尺は約 1 / 2）

（14 の部分拡大）　（14 の部分拡大）

写真 14　土器（3）

136　第5章　出土遺物の研究

（縮尺は約2/3）

写真15　土器（4）

写真16 土器（5）

138　第5章　出土遺物の研究

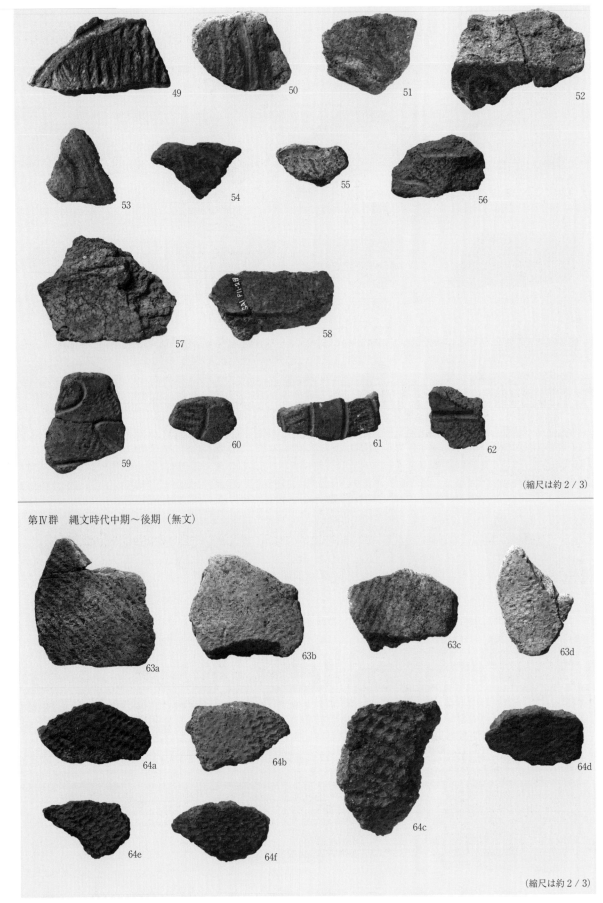

（縮尺は約2／3）

第Ⅳ群　縄文時代中期〜後期（無文）

（縮尺は約2／3）

写真17　土器（6）

写真18 土器 (7)

140　第5章　出土遺物の研究

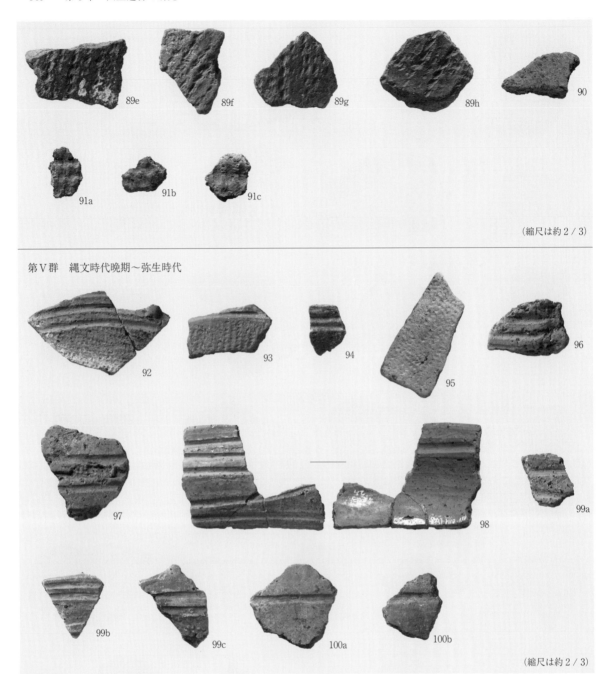

（縮尺は約2/3）

第Ⅴ群　縄文時代晩期〜弥生時代

（縮尺は約2/3）

写真19　土器（8）

辺に分布し他群と同様の傾向を示す。Ⅱ層では，H10区の周辺を中心とした調査区北東側に加えて，調査区南側にも少量分布する。

　分類不可能であった土器片の分布も，概ね他群と同様の傾向を示す。Ⅲ層，Ⅳ層からも少量が出土しているが，主体的に包含するのはⅡ層である。平面的には，調査区北東側に最も濃く分布し，次いで南西側に分布する。南東側にもやや集中がみられる。

　全体的にはⅠ・Ⅱ層を主体とし，調査区北東側のF12，G11区周辺に集中がみられるようである。Ⅱ層については，調査区南西側のB14区周辺にも分布が及ぶことがある。いずれにしても，全体的に出土量が少なく，各群においても積極的に分布の傾向を指摘することは難しい。また出土破片数が少ないことか

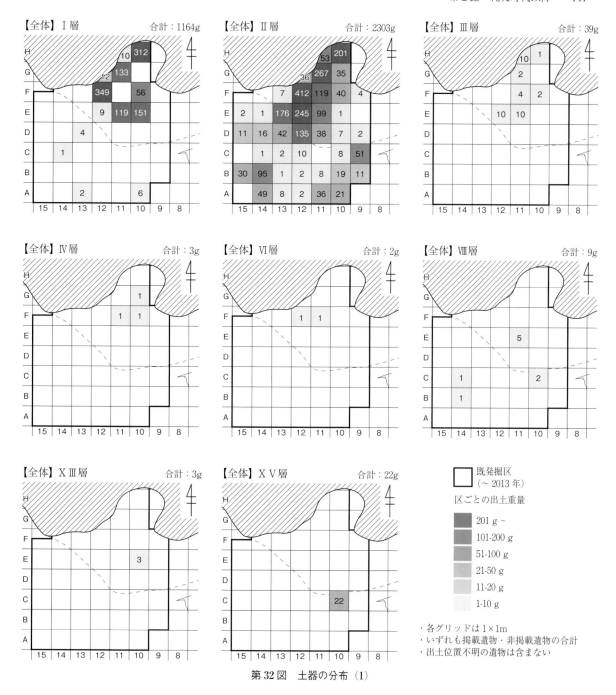

第32図　土器の分布（1）

ら，各土器片の大きさの違いによって生じる重量分布の誤差が大きいことも意識しなければならない。ただ，縄文時代の石器の分布と比較してみても大きな齟齬はないようである（本節第2項参照）。分布の方向についても，概ね北東から南西の線を主軸としており，縄文時代の石器の分布と整合的である。ただ，石器分布の検討においても考慮されているように，Ⅰ・Ⅱ層は北東から南西に向かって堆積しているようであり，当初調査区北東側に存在していたものが，堆積の過程で南西側に流出した可能性は否定できない。大枠での理解として捉えておきたい。

（千葉　毅・高山理美）

142　第5章　出土遺物の研究

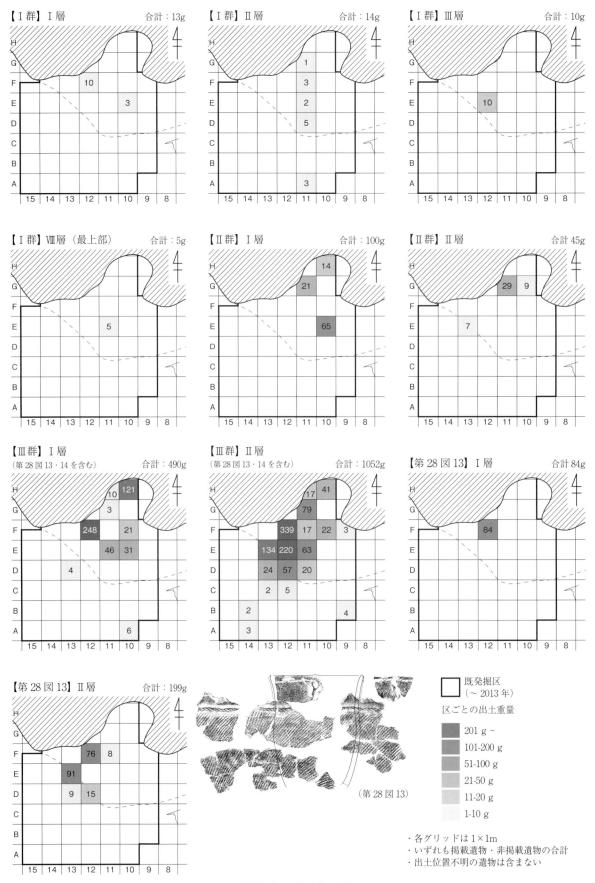

第33図　土器の分布（2）

第2節 縄文時代以降 143

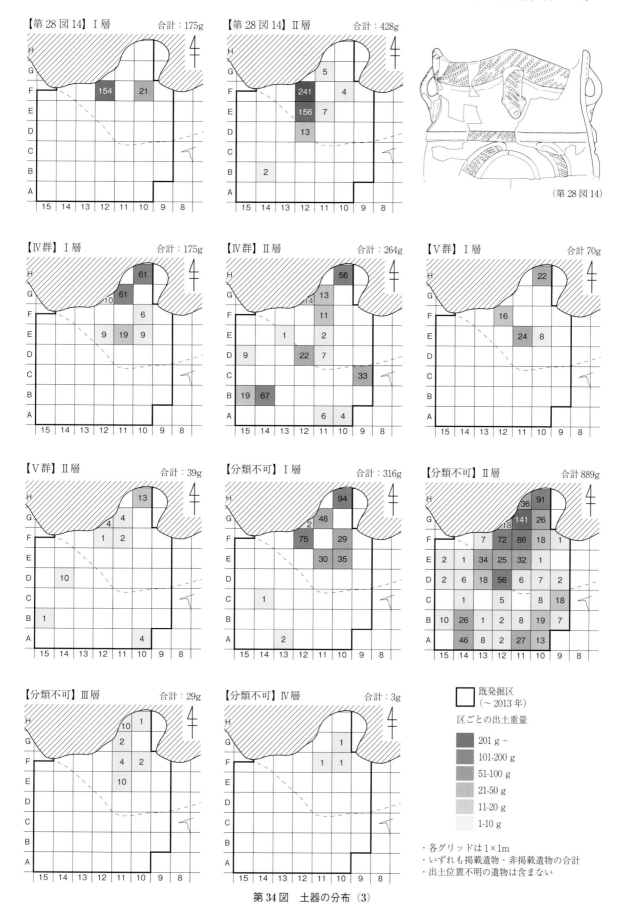

第34図 土器の分布（3）

第47表　土器重量表

	I層	表土一括	II層	III層	IV層	V層	VI層	VII層	VIII層	IX層	X層	XI層	XII層	XIII層	XIV層	XV層	XVI層	層位不明	合計
I群　（　）は非掲載［内数］	13	9	14 (7)	10					5										51 (7)
II群　（　）は非掲載［内数］	100	54	45															3	202
III群　（　）は非掲載［内数］	490 (28)	372 (42)	1052 (109)													9		87 (11)	2010 (190)
IV群　（　）は非掲載［内数］	175	149	264															30	618
V群　（　）は非掲載［内数］	70 (25)	19 (7)	39 (23)															14 (14)	142 (69)
分類不可（非掲載）	(316)	(189)	(889)	(29)	(3)		(2)		(4)					(3)		(13)		(244)	(1692)
合計　（　）は非掲載［内数］	1164 (369)	792 (238)	2303 (1028)	39 (29)	3 (3)		2 (2)		9 (4)					3 (3)		22 (13)		378 (269)	4715 (1958)

3. 第III群土器と類例との型式学的比較

　第III群は縄文時代後期の土器を一括した。東北地方北部において，縄文時代後期初頭から前葉の土器編年研究は多くの蓄積があるものの，未だ見解の一致を見ないようである。また型式名についても研究者ごとに異なる場合や，同じ型式名を用いていても指し示す土器群が必ずしも一致しないことが認められる（千葉・高山2014）。このような現状を鑑みれば，本洞窟出土土器群をこれまで提唱されてきた型式にそのまま比定させることはあまり生産的ではないように思われる。そのような観点から，ここでは第III群土器に対し型式名を付与することはおこなわない。まずは他遺跡から出土した類例との型式学的な比較により，第III群土器の特徴を検討してみたい。ただし本洞窟出土土器の多くは細かく破砕されており，器形や文様の検討が困難なものがほとんどである。ここでは，第III群のなかでも出土量が多く，全体の器形や文様の推定が可能な第28図13・14について検討する。

　まず13についてみていく。13の口頸部には，縄文を伴う粘土紐が縦位に貼付けられ，頸部と胴部の区画にも同様の粘土紐が貼付けられる。これらの要素は，岩手県二戸市上村遺跡Ce68竪穴住居址出土土器（第35図1）に共通する。やや外反する口縁，頸部がくびれ胴部上半が緩く張る器形も共通する。一方で相違点もいくらか指摘できる。まず第35図1は波状口縁となるのに対し，13の口縁は平縁である。また第35図1は胴部に文様を持つが，13は地文のみである。縄文原体には，第35図1はRLR複節縄文，13ではRL単節縄文が用いられる。粘土紐についても，13にみられる指頭状の押圧は第33図1には認められない。13の類例として，八戸市牛ヶ沢（3）遺跡A地区出土土器（第35図2〜4），八戸市弥次郎窪遺跡（第35図5）も注目したい。これらと13に共通する要素は，口縁上端より5mmほど下がったところに施文される縄文側面圧痕（第35図2・5），口頸部に縦位に貼付けられる粘土紐（第35図2〜4・10），頸部と胴部の区画の粘土紐貼付け（第35図2〜4・10），粘土紐上の指頭状の押圧（第35図4・5），横方向の粘土紐より下方が縄文施文のみである点（第35図2・5）等となる。また施文順序について，縦位の粘土紐貼付けの後に口縁部直下の縄文側面圧痕が施されるという点も共通する。相違点としては，口頸部に縦位に貼付けられた粘土紐が蛇行する点（第35図2・4），同粘土紐が無文である点（第35図2），同粘土紐に連続刻みが施される点（第35図5），頸部と胴部の区画粘土紐に連続刻みが施される点（第35図2・5），13では粘土紐を直接押圧するのに対し第35図4は円形の貼付けに指頭押圧を伴う点，縦位の粘土紐が胴部にも貼り付

けられる点（第35図3・4），口縁部上端がやや肥厚し縄文を伴う点（第35図3・4），直線的に開く器形となる点（第35図2）等が挙げられる。

次に14についてみていく。14の類例としては，五戸町中ノ沢西張遺跡出土土器（第35図7），六ヶ所村沖附（1）遺跡出土土器（第35図8），六ヶ所村沖附（2）遺跡出土土器（第35図9），青森市蛍沢遺跡出土土器（第35図10）等が挙げられる。これらに共通してみられる点としては，波状口縁となる点，頸部がくびれ胴部上半がやや張る点，口縁部が肥厚し縄文が施される点，胴部に充塡縄文による渦状の文様を有する点が挙げられる。第35図7の胴部文様は渦状にはならないが，充塡縄文による帯状の文様が施される点で14に近似する。相違点としては，頸部と胴部が沈線と縄文により区画される点（第35図7〜10），胴部文様の上端の沈線が口縁形態に沿い波状となる点（第35図7），頸部に充塡縄文による文様が施される点（第35図10）がある。また，共通点に胴部文様の類似性を指摘したが，第35図9・10では胴部に方形区画を有する点で14および第35図7・8との差異が認められる。さらに，14の頸部にみられるような橋状把手が付されていない点，節の細かい縄文原体が使用されている点においても14との差異を指摘できる。

慶應義塾大学では東通村札地遺跡出土土器を所蔵している（第37図）。本資料は13・14と類似する要素をもっており，これらの関係を検討する際に良好な比較対象になると考えられることから，ここで紹介しておきたい。なお，本資料は『青森県史　資料編　考古2縄文後期・晩期』（青森県2013）において写真とともに紹介されている。

以下にその観察所見を記す。残存部位は口縁部から胴部下半で，底部は欠失する。胴部は全周せず約半分が残存する。口縁は6単位の波状となる。頸部は緩くくびれ，口縁は外反する。最大径は胴部半ばに位置する。口縁部には横方向に単節LR縄文が施され，口縁部と頸部の区画には幅5mm程の粘土紐が貼り付けられる。粘土紐の上面には縄文が施される。口縁の各波頂部からは同様の粘土紐が垂下し，先の粘土紐と連結する。粘土紐の側面には縄文が押圧される。頸部は無文である。頸部と胴部は3条の沈線により区画される。両沈線間は2条の帯縄文となるが，沈線を描く際に生じた粘土の処理のため，やや突出する。特に上方の帯縄文では，あたかも粘土紐を貼り付けたかのようである。胴部には2条の平行沈線により「U」字状の文様が描かれ，沈線間は磨り消される。胴部の半分程は欠失してしまっているため断定はできないが，「U」字状の文様は口縁の波頂部に対応する位置に描かれるようである。「U」字状の文様の下方には，わずかに沈線が確認され，おそらく胴部文様の下端区画の一部であると考えられる。また，これらの沈線が，いずれも幅5mm程度とやや太い点には注意しておきたい。

ここで13，14と札地遺跡出土土器を比較してみよう。まず，13と共通する要素として，口縁部と頸部の区画に幅5mm程の粘土紐が貼り付けられる点，口縁部に縦位の粘土紐が貼り付けられ先の粘土紐と連結する点がある。14との共通点としては，波状となる口縁や器形，頸部が無文である点が挙げられる。広義の磨消縄文手法により文様が描かれている点は共通するが，14では充塡縄文となるのに対し，札地遺跡出土土器では狭義の磨消縄文である点は注意しておきたい。以上のことから，札地遺跡出土土器は13，14の中間的様相を示すものと理解できそうである。

同様に13，14の中間的様相を示すものとして，五戸町中ノ沢西張遺跡出土土器（第35図6）にも注目したい。第35図6と13の類似点としては，粘土紐が横方向に貼り付けられ，粘土紐上には縄文が施文されている点が挙げられる。第35図6は縦方向にも粘土紐が貼り付けられている点で13との差異を指摘で

146　第5章　出土遺物の研究

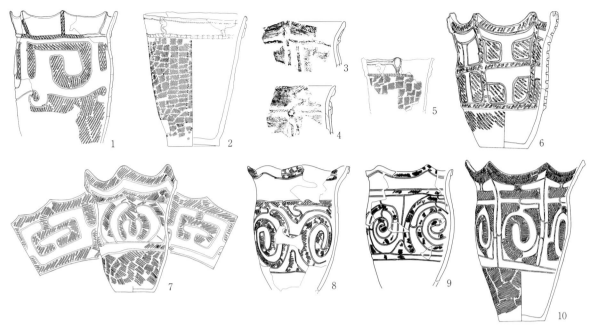

第35図　第III群土器の参考資料
1：上村遺跡 Ce68 竪穴住居址［岩手県二戸市］　2〜4：牛ヶ沢(3)遺跡 A 地区［青森県八戸市］　5：弥次郎窪遺跡第3号焼土［青森県八戸市］　6〜7：中ノ沢西張遺跡第1号竪穴式住居跡床面［青森県五戸町］
8：沖附(1)遺跡［青森県六ヶ所村］　9：沖附(2)遺跡［青森県六ヶ所村］　10：蛍沢遺跡［青森県青森市］

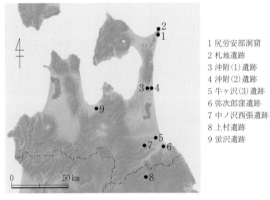

1 尻労安部洞窟
2 札地遺跡
3 沖附(1)遺跡
4 沖附(2)遺跡
5 牛ヶ沢(3)遺跡
6 弥次郎窪遺跡
7 中ノ沢西張遺跡
8 上村遺跡
9 蛍沢遺跡

第36図　第III群土器の参考資料の遺跡位置

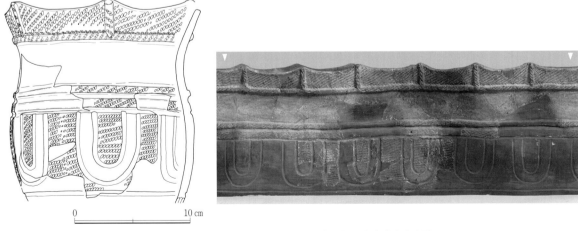

第37図　慶應義塾大学所蔵の青森県東通村札地遺跡出土土器

きる。次に第35図6と14を比較してみる。第35図6は波状の口縁を持ち，口縁部は肥厚し縄文が施される。第35図6の胴部には縄文の磨り消しによる文様が施されている。これは詳細に観察すると，全面に縄文を施した後，粘土紐の貼り付け，沈線による区画，磨り消しという順序で施文されていることが分かる。充塡縄文とならず，狭義の磨消縄文であることは先に紹介した札地遺跡出土土器と共通する。これらの点から，第35図6もまた13，14の中間的様相を示すものと言えるだろう。なお第35図6は，14の類例として示した第35図7と同じ住居跡床面から出土しており，当該期において希有な一括性の高い資料であることも重要である。

　ここまで東北地方の他遺跡から出土した土器を参考資料として，その類似点と相違点をみてきた。類例として提示した土器群は，いずれも後期初頭から前葉という幅の中で捉えられてきたものの，その中での位置付けは研究者によって前後の捉え方すら異なり，未だ整理されているとは言えないものばかりである。

　当該地域は，縄文時代中期後葉に大木式系土器が流入して以来，地域差が顕著に認められることが指摘されており，後期初頭もその地域差を保ちつつ変化している時期である。そのように考えれば青森県津軽地方，三八・上北地方，下北半島を「東北地方北部」といった大枠に括り，同一型式として理解しようとすることはもとより困難であると言えよう。本洞窟が立地する下北半島においては，当該期遺跡の報告例は他地域に比しても少ない。その中で，本洞窟同様に下北郡東通村に位置する札地遺跡から，先に提示した13，14の中間的様相を示す土器が出土していることは重要であろう。下北半島から出土した3個体のみから，その地域性を積極的に指摘するのは躊躇われるが，東北地方北部の全体的な様相を把握するためには，まずはこのように細かな区域に即して当該期の土器を検討していくことが求められよう。これまで提唱されてきた東北地方北部の当該期型式群では，設定当時の資料的制約もあるが，こういった小地域差を把握，評価するには至っていない。

　ここでは，個別の資料の比較に留まってしまったが，このような細かな様相の違いを東北地方北部内部における小地域ごとに即して再考することが，当該期土器群をさらに適切に位置付けることに繋がるものと考えている。もちろん，本洞窟の位置する下北半島においては，北海道南部との関係性も重要になってくるだろう。

　第Ⅲ群土器の位置付けに関しては，その見通しを述べるに留まった。今後，下北半島の地域差を考慮に入れて従来の分類を再検討していくことで，第Ⅲ群土器をより型式学的に位置づけていきたい。

（高山理美・千葉　毅）

4. 洞窟内での土器利用について

　本洞窟内での土器利用についての情報はわずかであり，具体的な検討をすることは難しい。器種は，第Ⅰ〜Ⅳ群ではすべて深鉢と考えられる。第Ⅴ群には浅鉢もしくは台付鉢と考えられる破片がわずかにみられるが，小破片であり不詳である。また，出土土器のうちに，使用に伴うと考えられる付着物や使用痕は確認できなかった。

　そのような視点でみてみると，唯一，第28図14には示唆的な出土・遺存状況を見出すことができる。本資料は胴部下半以下を欠損しているが，欠損破断面は輪積痕に沿ってほぼ水平となっている（第28図14）。また，本資料と同一個体と考えられる破片は多数検出されているが，胴部下半以下の部位と考えられる破片は一点も見当たらない。これらのことから，この土器は埋没以前に胴部下半以下を欠失していた

148　第5章　出土遺物の研究

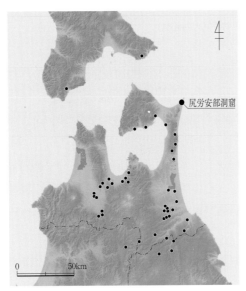

第38図　「再葬土器棺墓」の分布図（葛西2002をもとに作成）

可能性が考えられる。

　本資料の時期である縄文時代後期初頭から前葉は，東北地方北部から北海道南部では壺形土器，深鉢形土器を用いた土器棺墓が多く認められることが知られている（葛西2002・2006など，第38図）。またその中には，頸部付近を水平に切断した「切断壺形土器」が用いられることも多く認められる。本資料の器種は深鉢形土器であると考えているが，上述のように，四単位の橋状把手が認められる点等には壺形土器との関連は無視し得ない。そして，本資料はⅡ層のF-12区周辺から出土しているが，これに近接する区域からは人骨も出土しているのである（本節第5項参照）。

　これらの状況を積極的に解釈すれば，本資料がこれらの人骨との関わりを持つものである可能性を指摘することが出来るかもしれない。葛西（2002・2006）によれば，土器棺墓の最盛期は「蛍沢期」であり，本資料の時期とも整合的である。土器棺墓に用いられる土器のサイズについても葛西が提示している（第39図）。本資料の胴部最大径は，残存部から推定すると19.2cm程度と考えられる。葛西の示した「切断壺形土器」のサイズ幅を参照すると，本資料はやや大型の部類に含まれるようである。また，本資料は胴部以下を欠いているが，葛西によると同様の出土状態は少なからず認められるようである（第40図）。葛西のまとめた「切断壺形土器」の出土状態によると「上体のみ」は20.7％を占め，「上下合体」「下体のみ」に次いで認められる出土状態とされている。ただ，葛西はそれらの違いについて，使用形態の差を反映したものではなく「本来は上下合体であったものが，後世の攪乱によって移動したとも考えられる」としている。現時点においては，本資料の出土状態についての解釈は難しい。もちろん攪乱の可能性は排除できないが，あるいは「伏甕」のような他の使用法も考慮されてよいだろう。

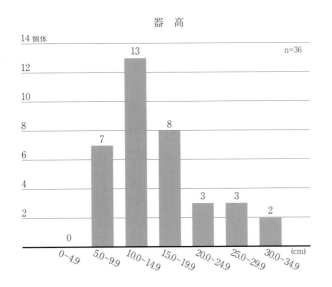
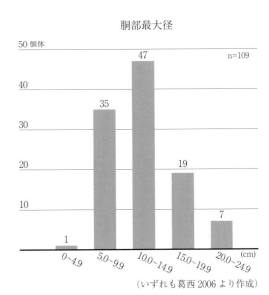

（いずれも葛西2006より作成）

第39図　「切断壺形土器」のサイズ別個体数

本資料の周辺から検出されている人骨は，乳児人骨1体，成人骨1体である。本資料が仮に土器棺のように人骨に関連するものだったとしても，どちらの人骨に伴うのか，あるいは合葬のような形態かといった点には言及しがたい。埋没の過程で土器も人骨も散乱し，当初の位置を保っているとは考えにくく，出土区域や分布のみからでは判断できない。いずれにしても，現状では上記の土器利用の可能性をより直接的に示すような状況は見出せておらず，ここではその可能性を指摘するに留めておきたい。

(千葉　毅)

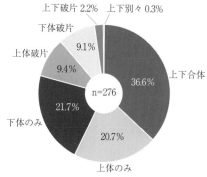

第40図　「切断壺形土器」の出土状態
(葛西2006より作成)

引用・参考文献

安藤広道編 (2009) 東日本先史時代土器編年における標式資料・基準資料の基礎的研究―平成18～20年度科学研究費補助金 (基盤研究C) 研究成果報告書― (課題番号：18520589, 研究代表者：安藤広道), 慶應義塾大学文学部.

大坂　拓 (2009) 下北地域における初期弥生土器編年. 安藤広道編, 東日本先史時代土器編年における標式資料・基準資料の基礎的研究―平成18～20年度科学研究費補助金 (基盤研究C) 研究成果報告書―, 慶應義塾大学文学部, pp. 113-125.

葛西　勵 (2002) 再葬土器棺墓の研究―縄文時代の洗骨葬―, 再葬土器棺墓の研究刊行会.

品川欣也 (2005) 砂沢式土器の細分と五所式土器の位置づけ. 石川日出志編, 科学研究費補助金基盤研究B2 関東・東北弥生土器と北海道続縄文土器の広域編年, 明治大学文学部, pp. 31-42.

千葉　毅・高山理美 (2014) 東北地方北部における縄文時代後期初頭から前葉土器編年研究の現状と課題―青森県安部遺跡出土土器の理解のために―. 縄文時代, 25: 91-116.

本間　宏 (1987) 縄文時代後期初頭土器群の研究 (1). よねしろ考古, 3: 31-50.

本間　宏 (1988) 縄文時代後期初頭土器群の研究 (2). よねしろ考古, 4: 71-84.

長尾正義 (2004) 山中 (1) 貝塚　三沢市埋蔵文化財調査報告書第22集, 三沢市教育委員会.

二本柳正一・角鹿扇三・佐藤達夫 (1957) 青森県上北郡早稲田貝塚. 考古学雑誌, 43 (2): 35-58.

領塚正浩 (1996) 東北地方北部に於ける縄文時代早期前半の土器編年 (上・下). 史館, 27・28.

第2項　石器

これまでの尻労安部洞窟の発掘調査では，縄文時代に属する合計79点の石器が出土している。その器種組成は，石鏃12点，石匙2点，石錐2点，スクレイパー3点，彫器様石器1点，二次剥離剥片1点，打製石斧1点，剥片20点である。これ以外に，発掘により生じた土壌の水洗選別作業により，37点の微細剥片が得られている。本項では，まず出土した定形的石器について器種ごとに形状・製作手順・破損状況などの事実記載をおこない，さらに出土資料群全体および器種ごとの垂直分布・平面分布についてその傾向等を述べ，最後に出土石器群の所属時期や性格等についての評価をおこなう。

1　事実記載

石　鏃 [第41図1～11, 写真20の1～11]　石鏃は，合計12点出土している。尖端部分のみ遺存し全体形状等が不明な資料 [C-14区I層出土] 以外のすべてを図示した。出土資料は，9が玉髄製である以外，すべ

150　第5章　出土遺物の研究

て珪質頁岩製である。基部形状および茎部の有無により，1〜4は凸基有茎石鏃，5〜7は平基有茎鏃，8・9は尖基鏃，10は平基無茎鏃，11は凹基無茎鏃と分類した。以下，この細分ごとに，その細かな形状，剥離手順・頻度，破損状況等について個別に詳述する。

　1〜4は，凸基有茎鏃であり，3・4は尖端部および茎部を，1・2は茎部のみを欠損している。1は，裏面中央やや下半に主要剥離面が観察されることから，剥片素材と判断した。二次的剥離は，概ね裏面左側縁，正面右側縁，同左側縁，裏面右側縁という手順で行われる。尖端部分の剥離頻度は密であり，薄手に仕上げられている。その一方，裏面では器体中央部に至らない剥離面も多く，厚みが十分に減じきれていない。[A14区出土 4.77g] 2の二次的剥離は，裏面右側縁，正面左側縁，同右側縁，裏面左側縁という手順で行われている。それらの剥離の多くは器体中央に至り，剥離頻度も密で，1に比べて鏃身部の整形は精緻である。[A13区II層出土 2.46g] 3の二次的剥離は，正面右側縁，裏面右側縁，正面左側縁，正面左側縁という手順で行われる。前二者に比べて剥離頻度は粗であり，器体中央部の厚みが十分に減じきれていない。[H10区II層出土 1.73g] 4は，茎部の欠損した凸基有茎鏃と判断したが，鏃身部は細身で，その上半左右両側縁が共に内湾するという特徴的な平面形状をなすため，石錐である可能性もある。裏面下部の二次的剥離は縁辺部にとどまり，素材剥片の剥離面を残すが，全体的には精緻な縁辺調整がほどこされ薄手に仕上げられている。[C14区II層出土 1.09g]

　5〜7は，平基有茎鏃であり，いずれも尖端部及び茎部の一部を欠損する。5の鏃身部の二次的剥離は，裏面左側縁，正面右側縁，同左側縁，裏面右側縁という手順で行われる。正面の特に右側縁の調整が粗く，素材剥片の剥離面が大きく残る。裏面尖端付近には，尖端部欠損時の衝撃剥離も観察される。[F12区II層出土 0.53g] 6の鏃身部の二次的剥離は，正面右側縁，裏面右側縁，同左側縁，正面左側縁という手順

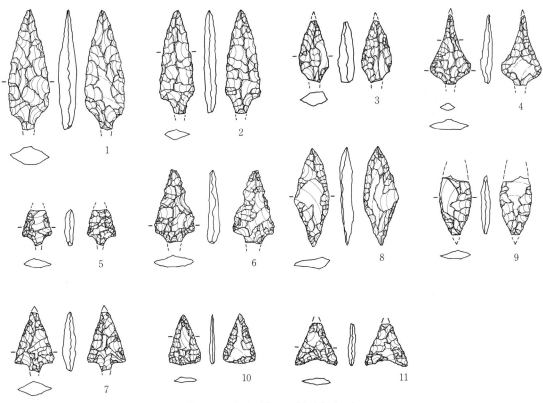

第41図　縄文時代の石器（1）（2/3）

でおこなわれる。鏃身部の縁辺調整が行われた後に，裏面から正面への調整という手順により茎部が作出される。正面・裏面ともに右側縁の剝離が粗く，側縁部が全体的にジグザグ状になる。[AT10区Ⅱ層出土 1.94 g] 7の鏃身部の二次的剝離は，正面右側縁，裏面左側縁，同左側縁，正面左側縁という手順で行われる。いずれの剝離も器体中央に至るものが多く，今回報告する他の石鏃に比べて精緻な調整が特徴的であるが，茎部作出の際の二次的剝離は比較的粗い。正面尖端付近および茎部末端付近には，それぞれ先端部・茎部欠損時の衝撃剝離が認められる。[F12区Ⅱ層出土 1.21 g] （渡辺丈彦）

　8は完形の，9は上半部及び基部を欠損した尖基鏃である。いずれも裏面に主要剝離面が観察されることから剝片素材と判断できる。8の二次的剝離は，裏面左側縁，正面右側縁，同左側縁，裏面右側縁という手順で行われている。その多くは，表裏両面ともに縁辺部にとどまる。正面左側縁中央および裏面右側縁中央の剝離頻度は低く，左側縁が湾曲するのに対して鋭角に屈曲する。[C09区Ⅱ層出土 2.54 g] 9の二次的剝離は，正面は基部及び右側縁，裏面は基部及び左右両側縁に施されるが，裏面左右側縁からのものは，器体中央に至らないものが多い。これら二次的剝離の手順は，概ね裏面から正面という順で進んだと考えられる。裏面基部付近の二次的剝離は，素材剝片のバルブを除去し器体の厚みを減じる意図もあったものと考えられる。[A15区ⅩⅢ層出土 1.10 g]

　10は，器体平面形がほぼ均等な二等辺三角形を呈する平基無茎鏃である。裏面に主要剝離面が観察されることから，剝片素材と判断できる。表裏両面ともに丁寧な二次的剝離が施されているが，器体中央部まで至らないものもあり，特に裏面基部の加工は縁辺部に限られる。これらの二次的剝離は，大まかには裏面両側縁，正面両側縁，裏面基部，正面基部という手順で進んだと推測される。[C13区Ⅷ層出土 0.40 g]

　11は，尖端部の欠損した凹基無茎鏃である。二次的剝離は比較的精緻に行われ，その剝離面は表裏面とも器体中央に至るものが多い。二次的剝離は，まず表裏面ともに左側縁から行われ，その後それぞれの右側縁，裏面の基部，正面基部という手順で行われたと推測できる。裏面尖端に残されている剝離面は，使用にともなう衝撃剝離である可能性が考えられる。[F13区Ⅱ層出土 0.62 g] （田中　亮）

石　匙　[第42図12・13，写真20の12・13] 本洞窟からは珪質頁岩製の縦型石匙が2点出土した。12は大型，13は小型という差があるが，比較的厚みのある縦長剝片を素材とすること，素材剝片の打面を遺存すること，打面やや下部両側縁への二次加工により摘部を作出すること，裏面の調整頻度は低く主要剝離面を大きく残すこと，正面左側縁部に連続する平坦剝離が認められ，それに先行する微細な調整剝離が裏面右側縁に集中することなど，多くの共通点をもつ。これらは，縄文時代早期後葉から前期前葉に北海道から東北地方に広く分布する松原型石匙のもつ諸特徴（秦1991）と一致する。また両者ともに，正面の二次的剝離は精緻であり，その剝離手順は12が左側縁から右側縁へ，13は右側縁から左側縁へというものである。[12: F10区Ⅱ層下部～Ⅲ層上部出土 33.43 g, 13: 2003年度調査西壁清掃土出土 4.93 g]

石　錐　[第42図14・15，写真20の14・15] 本洞窟からは，珪質頁岩製の石錐が2点出土している。14・15のいずれも，打面を遺存する不定形剝片を素材とする。二次的な剝離頻度は極めて低いが，素材剝片末端付近の表裏両面に集中的な二次的剝離が認められ，それを錐部作出の意図によるものと判断し，石錐に分類した。14は，正面右側縁に原礫面，左側縁上半部分に連続的な小剝離が観察される。15は，裏面上端右半（素材剝片左側縁）に，連続的な小剝離が認められる。[14: H10区Ⅳ層出土 10.05 g, 15: G11区Ⅳ層出土 8.99 g]

スクレイパー［第42図16〜18, 写真20の16〜18］　本洞窟からは, 縦長剥片を素材とするスクレイパーが3点出土している。使用石材は, 16が玉髄, 17・18は珪質頁岩である。16は図示に際して, 器形全体のバランスを考え主剥離面を残す面を正面に配置した。正面の二次的剥離は, 左右側縁から末端にかけてほぼ全周に連続的に施されるのに対して, 裏面は概ね左右両側縁からのものに限定される。そのため左右両側縁に比較して, 末端部分の刃部角が大きい。［G11区II層出土　4.63g］　17は, サイズや, 末端部分の形状が円弧を呈する点で16に近似するが, 両側縁が内湾すること, そして裏面右側縁に数回の平坦剥離が施されるものの, 基本的に二次調整が正面に限られ, 側縁の刃部角が大きいことが異なる。正面の二次的加工は, 右側縁がほぼ縁辺部に限られるのに対して, 左側縁及び末端のものは器体中央付近まで至るものが多く, 特に末端の調整は入念である。［G11区II層出土　4.89g］　18は正面右側縁に連続的な二次加工を施すことによりスクレイピングエッジを形成している。しかし素材そのものが薄手で, 刃部角も浅いことから, 石鏃の素材あるいは未成品である可能性も考えられる。［G11区II層出土　5.96g］

彫器様石器［第42図19, 写真20の19］　本洞窟からは, 玉髄製の縦長剥片を素材とした彫器様石器1点が出土した。背面に観察される剥離面と, 主要剥離面の剥離方向が180度異なることから, 素材剥片は, 両設打面を有する石核から剥離されたものと推定される。樋状剥離面は, 下端からのものが左側縁に二面, 上端からのものが右側縁に二面観察される。正面下端にみられる小剥離は, 素材剥片に残された頭部調整と考えられるが, 彫刻刀面作出に伴う調整剥離の可能性もある。［H10区II層出土　3.59g］

二次剥離剥片［第42図20, 写真20の20］　本洞窟からは, 珪質頁岩製の二次剥離剥片1点が出土した。素材となった剥片は, 原礫面を残す剥片素材の石核から剥離されたものであり, その主要剥離面が正面に大きく残る。素材剥片の末端がヒンジフラクチャー状であること, そして正面・裏面とも上端から二次的剥離が行われたことにより, 器体全体の縦断面はレンズ状を呈する。また, 正面下端, 裏面上下端に微細な剥離が集中していることなどもあわせて考えると, 本資料が楔形石器として利用されていた可能性も指摘できる。［H11区III層出土　13.91g］

打製石斧［第42図21, 写真20の21］　本洞窟からは, 珪質頁岩製の打製石斧が1点出土した。基部・刃部ともに欠損しているが, 遺存部分の形状・剥離の状態から打製石斧に分類した。表裏両面ともに左右両側縁からの二次的剥離が器体中央に至るが, 縁辺部分の最終調整がほぼ認められないことから, 製作途上で破損した資料と推定される。裏面下端に認められる小剥離は, 破損時に生じたものであろう。［G11区III層出土　13.31g］

（矢島祐介）

2. 出土石器群の垂直分布と平面分布

垂直分布　微細剥片を除いた石器資料42点の内, 出土層位の判明している資料は41点ある。その層ごとの出土点数は, I層3点, II層24点, II層下部〜III層上部1点, III層4点, IV層2点, VIII層5点, XIII層2点となる。II層からの出土が圧倒的に多く, 全体の58.5％を占める。次に定形的石器について器種ごとの出土層位を検討する。

　石鏃については, 層位が判明している資料11点のうち, I層出土のものが1点, II層が8点, VIII層1点, XIII層が1点ある。第4章第2節第1・2項で詳述している様に, VIII層は無遺物の間層であり, XIII層は旧石器時代（後期更新世）に所属すると評価される層位である。今回報告資料のうち, VIII層及びXIII層出土の石鏃が各1点あるが, それぞれC13区とA15区出土である。C13区ではII層とVIII層

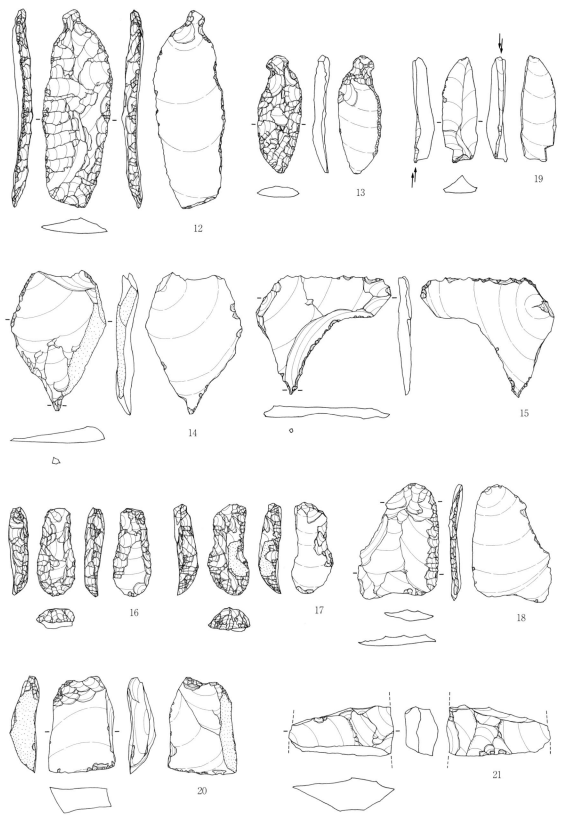

第42図 縄文時代の石器 (2) (S=12：1/2, 13〜21：2/3)

154　第5章　出土遺物の研究

写真20　縄文時代の石器（S=2/3）

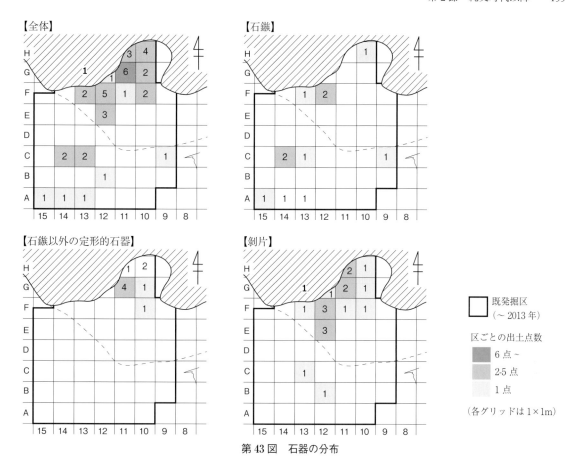

第 43 図　石器の分布

間の，A15 区では II 層と XIII 層の間の堆積が薄く，極めて近接した垂直位置関係にあることを考慮すると，この 2 点の資料は，II 層に本来は包含されていたものがより下層に落ち込み，混入した可能性が高い。このことから，本洞窟出土の石鏃については基本的に II 層に所属すると評価できる。

石鏃以外の器種については，石匙 1 点が II 層下部〜III 層上部，石錐 2 点が IV 層，スクレイパー 3 点が II 層，彫器様石器 1 点が II 層，二次剝離剝片 1 点が III 層，打製石斧 1 点が III 層から出土している。前述の石鏃と同様，スクレイパーや彫器様石器については II 層からの出土に限られる。その一方，それぞれ少数の出土のため慎重な判断を行う必要があるが，石匙・石錐・二次剝離剝片については II 層より下層の III・IV 層に所属する可能性が考えられる。

平面分布［第 43 図］　微細剝片を除いた 42 点の石器のうち，出土地区の判明している資料は 39 点ある。出土石器全体の分布をみると，E12 区，F10〜13 区，G10〜13 区，H10・11 区にまたがる平面分布のまとまり（以下，北集中）と，A13〜15 区，B12 区，C13・14 区のやや散漫なまとまり（以下，南集中）が認められる。器種ごとでは，石鏃もやはり南北 2 ヶ所の集中に分かれるが，南集中の割合が比較的高く，出土石器全体でみた場合の南集中のほとんどが石鏃で占められることがわかる。その他の器種については，石匙 1 点が F10 区，石錐が隣接する G10 区と H10 区から各 1 点，スクレイパー 3 点が G10 区，彫器様石器 1 点が H10 区，楔形石器のある二次剝離剝片 1 点が H11 区，打製石斧 1 点が G11 区から出土している。このことから，石鏃以外の定形石器のすべてが，北集中のより限られた場所（F10 区，G10・11 区，H10・11 区）から出土していることがわかる。以上から，石鏃は南集中を主体とし，一部北集中の南西寄りに分布するのに対して，それ以外の定形的石器は，北集中の北東のみに分布するといえる。II 層が洞奥（北集

中付近）から，前底部（南集中付近）に向かい傾斜して堆積すること，そして南集中の主体を占める石鏃が，他の定形的石器に比較して小型かつ軽量であることを考えると，本来の石鏃の分布も北集中にあり，それが南西方向に流れて堆積した可能性も否定はできない。ただし，北集中に限定してみた場合においても，石鏃とそれ以外の定形的石器の平面分布は明瞭にわかれており，両者が平面分布を異にしていた可能性は高い。

3. 出土石器群の評価

前項までに本洞窟から出土した石器について，その事実記載を行い，さらに垂直及び平面分布についての傾向を述べた。本項ではその結果を考慮しながら出土石器群の評価を行う。

出土した定形的石器の器種組成は，石鏃，石匙，石錐，スクレイパー，彫器様石器，楔形石器の可能性の高い二次剥離剥片，打製石斧であり，石鏃の割合が著しく高い。出土した石鏃の平面形態は基部形状の差はあるものの，2点の例外を除き有茎鏃あるいは尖基鏃に分類される。出土層位はⅡ層と考えられ，平面分布は北集中の南西部及び南集中であり，比較的後者の割合が高い。東北地方北部においては，有茎鏃・尖基鏃は縄文時代前期から出現するものの，その最盛行期は後期・晩期であり，有茎鏃が大部分を占めそれを補う程度の割合で尖基鏃が出土するようになる（工藤1977）。また，出土した土器も縄文時代後期初頭から前葉の土器を主体とすること（本節第1項を参照）を考慮すれば本遺跡出土の石鏃も同時期の所産と考えてよい。

次に石鏃とは分布域を異にし，北集中北東側でまとまって出土した石器の内，石匙，石錐，彫器様石器，楔形石器の可能性の高い二次剥離剥片，打製石斧について評価を行う。上記石器の内，彫器様石器を除く器種は，Ⅱ層最下部からⅣ層にかけての出土であり，石鏃の垂直分布と比べるとより下部から出土している。また出土した石匙2点が縄文時代早期後葉〜前期前葉に比定される松原型に分類できること，彫器様石器が，北海道渡島半島南端付近の縄文早期後葉の遺跡に見られる器種であること（北海道埋文セ1996）を考慮すると，石鏃・スクレイパーを除く他の定形石器は縄文時代早期後葉に所属する可能性が高い。このことについては，少数ではあるが縄文時代早期中葉・後葉と考えられる土器が出土していること（本節第1項を参照）と調和的である。

なお，スクレイパーについては，得られた3点すべてがⅡ層からの出土であるが，平面的な分布域は北集中の北東側になる。垂直分布（出土層位）と平面分布でみた場合とで評価がわかれ，縄文時代後期あるいは早期のいずれに所属するかは判断できない。

以上をまとめると，本洞窟から出土した石器には，縄文時代後期と早期の二つ時期のものがある。前者は狩猟具を，後者は加工具を主体とするという器種組成の差については，二つの時期に洞窟内あるいは洞窟周囲で行われた活動の差を反映している可能性を指摘することができる。　　　　　　　　（渡辺丈彦）

引用・参考文献

工藤竹久（1977）北日本の石槍・石鏃について．北奥古代文化，第9巻：40-55.

秦　昭繁（1991）特殊な剥離技法をもつ東日本の石匙―松原型石匙の分布と製作時期について―．考古学雑誌，第76巻4号：1-29.

北海道埋蔵文化財センター（1996）北海道埋蔵文化財センター調査報告書第97集　中野B遺跡―函館空港拡張整備工事用地内埋蔵文化財発掘調査報告書―，北海道埋蔵文化財センター．

第3項　骨角製品

　骨角製品は7点が出土した。そのうち製品は3点で，他は未成品及び破損品である。出土層位はⅠ～Ⅲ層であるが，資料数が僅少であり傾向を指摘するには至らなかった。第48表に，各資料の観察事項を示した。以下，各資料についての説明をおこなう。なお，分類等に関しては金子・忍澤（1986），東京国立博物館編（2009）等を参考にした。

1. 事実記載　［第44・45図］

　第44図1は，鹿角製の単式釣針である。アグの先端を欠く。全体的に縦長で細身の形態となり，全長は60mmである。軸頭部から5mm程の部分に糸がかりと考えられる溝（チモト）が作出される。チモトは他の表面に比べ摩耗が進んでいる。軸は緩く内湾しながら湾曲部に至る。鉤先部も軸部と同様に内湾気味に立ち上がる。鉤長は38mmである。アグは内側に作出される。アグの先端を欠くが，鉤先からアグまでの長さは概ね20mm程度と推定される。チモト下方と湾曲部に穿孔が加えられる。穿孔部分の断面形態から，穿孔は両面からおこなわれたことが窺われる。これら穿孔の性格については後述する。基体表面には粗い擦痕が全体的に認められる。湾曲部で破損しており現状では二つの破片となっている。いずれもF11区のⅡ層より検出された。破断面に顕著な風化は認められず，二つの破片が同一区から出土していることから，堆積の過程で破損したものと考えられる。

　縦長細身でフトコロが狭くなる点，内アグである点，鉤先からアグまでの長さが鉤長の3分の1から2分の1になる点等は続縄文時代前半期の恵山式期の釣針と類似している。ただ，恵山式期の釣針とはチモトの形態が異なり，また恵山式期の釣針に比べ装飾性に乏しい点等に差異も認められる。また，本洞窟に恵山式土器は確認されておらず，それよりやや遡る縄文時代晩期から弥生時代初頭の土器片が出土している。形態的特徴から，本資料が縄文時代後期以前の所産とは考え難い。これらのことから，本資料は縄文時代晩期から弥生時代初頭の頃の所産と考えられ，後の恵山式期の釣針の一つの祖形となった可能性も指摘しておきたい。今後，類例が蓄積したところで再検討が必要となろう。

　2は，鹿角製の結合式釣針の鉤先部である。外側にアグを持ち，先端は尖る。基体には縦方向，柄部には横方向の擦痕がみられる。柄部表面には凹凸が多く，軸と結合するためと考えられる突起や溝が作出される。軸との結合面に加工はみられず，平坦でない。

　本洞窟周辺で本資料と同様の特徴を有する例はあまり知られておらず，その系統，時期を特定するのは困難である。青森県八戸市赤御堂貝塚や同市長七谷地貝塚出土の縄文時代早期の結合式釣針には，全体の器形や柄部の突起部分に類似しているものがある（江坂1957，市川ほか1980）。また，先端からアグまでの長さが全体の3分の1から2分の1程度になる点でも一致している。しかし，赤御堂貝塚例が無アグ，または内アグであるという点では本例とは異なる。一方で，北海道函館市恵山貝塚出土の続縄文式期の結合式釣針にも，アグの形態や全体のサイズにおいて類似する資料がみられる（江坂1958，佐藤・五十嵐1996）。しかし，恵山貝塚例では軸との結合部分が斜めに削り落とされている特徴がみられるが，本例にはそのような加工は認められない。ここでは，全体の器形を評価し縄文時代早期の所産としておきたい。

　3はシカ中足骨を利用した太型針である。頂部の一部と先端部を欠損している。頂部には穿孔が認められ，穿孔周辺には一部に海面質が露出している。基体は先端に向かって細くなる。全体的によく研磨され，

158　第5章　出土遺物の研究

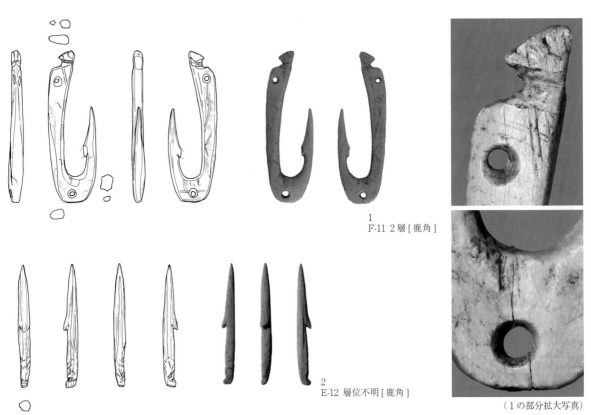

1
F-11 2層 [鹿角]

2
E-12 層位不明 [鹿角]

（1の部分拡大写真）

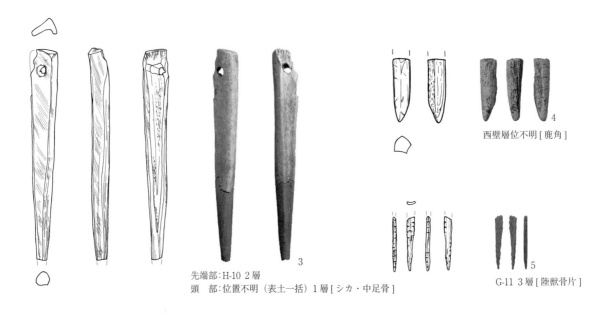

先端部：H-10 2層
頭　部：位置不明（表土一括）1層 [シカ・中足骨]
3

4
西壁層位不明 [鹿角]

5
G-11 3層 [陸獣骨片]

0　　　　　　　　　　10cm

第44図　骨角製品（1）

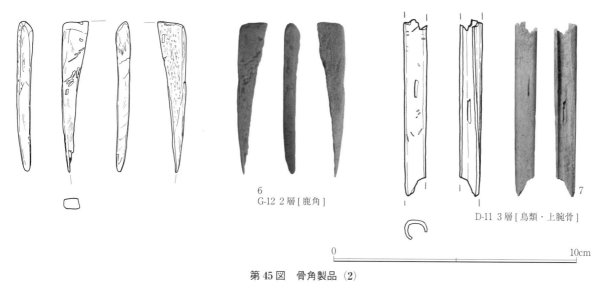

第 45 図　骨角製品 (2)

第 48 表　骨角製品観察表

図版番号	種　類	調査区	層　位	回収方法	最大長(mm)	最大幅(mm)	重量(g)	材　質	残存状況	備　考
1	単式釣針	F-11	2	水洗	60	19	3.4	鹿角	略完形。アグの先端を欠く。	チモト下方と湾曲部に穿孔あり。
2	結合式釣針の先端部	E-12	不明	水洗	49	6	1.0	鹿角	完形	
3	太型針	頭部：不明 先端部：H-10	頭部：1 先端部：2	水洗	84	10	4.9	シカ中足骨	略完形。先端を欠く。	頭部に穿孔あり。
4	刺突具（破損品）	不明	不明	水洗	26	7	0.8	鹿角	先端から26 mm残存	全体に摩耗する。
5	刺突具（破損品）	G-11	3	水洗	21	3	0.1	陸獣骨	先端から21 mm残存	両側面に細かな刻みあり。
6	不明	G-12	2	水洗	60	12	2.3	鹿角	破片	周縁は磨かれる。
7	不明	D-11	3	水洗	71	9	1.5	鳥類上腕骨	中間部破片	

　表面は光沢を持つ。広範囲に右下がりの擦痕がみられる。素材本来の表面が多く残存しており，頂部では海綿質も確認できる。先端部から3分の1程の部分で破損している。H10区出土の先端部破片と，出土位置不明の頭部破片が接合した。破断面に風化等は認められない。

　4・5は刺突具破片である。4は，鹿角製刺突具の先端部破片である。破断面を含み表面全体が摩耗している。太さや断面形は3に類似する。5は，陸獣骨片を利用した刺突具破片である。先端から22 mmが残存する。扁平に加工され，両側面に複数の刻みを施す。基体は先端部に向かって細くなる。4・5とも先端がやや尖ることから刺突具と判断したが，残存部が僅少であり他の器種の可能性もある。

　第45図6は加工痕をもつ鹿角片である。基体前面には多数の凹みがあり，端部には削り込みがみられる。後面には海綿質がやや残る。一方の側面は整形されているが，もう一方の面には加工痕がみられず，割り面だと考えられる。鹿角を素材とする点と厚さの類似から，1のような単式釣針の未製品である可能性も考えられる。7は加工の認められる不明破片である。

　3〜7の所属時期はいずれも不詳である。3は，形態的な特徴から縄文時代中期〜後期の範疇の可能性が高いと考えられるが，時期的な変化の乏しい器形であり，俄かには判断しがたい。4〜7については時期決定の根拠に乏しい。縄文時代早期〜弥生時代初頭・続縄文時代初頭という幅で捉えておきたい。

（千葉　毅・舩城　萌）

2. 穿孔をもつ釣針の機能について

　これらの骨角製品の中で，穿孔をもつ釣針（第44図1）は注目に値する。縄文時代から弥生時代，続縄文時代にみられる単式釣針において，チモトに穿孔される例は認められるが，湾曲部にも穿孔される例は管見にして知らない。これらの穿孔は何のためのものなのであろうか。

　これらの穿孔が釣針としての機能を強化するものであるという立場で考えれば，チモト下方の穿孔は，より糸を強力に結束させるためのものと言えようか。穿孔と溝が共存する例は恵山貝塚にも存在する（第46図8・9）。ただ，恵山貝塚出土例では溝上に穿孔が加えられており，本資料とは若干異なる。湾曲部の穿孔は説明しづらい。例えば疑似餌や孫針のようなものを付加するためのものだろうか。あるいは水中での釣針を安定させるために錘を垂下させるためのものか。恵山貝塚例でも，穿孔ではないが湾曲部に垂下物を付加するためとも考えられる形態をした釣針がある（第46図9）。ただ，そのような機能であれば湾曲部に直接結びつけることも可能であろうし，そもそも使用時に負荷のかかる湾曲部に穿孔を加えることは，釣針としての強度を著しく低下させる。実際，本資料も使用によるものではないと考えられるが，湾曲部の穿孔箇所で破損している。湾曲部に穿孔の認められる類例を列島外に求めると，北欧のヴァイキング時代（8～10世紀）の釣針やロシアのエカテリニンスキー遺跡出土の釣針（新石器時代）が希少な例として知られている（直良1976）。直良は，穿孔をもつ同遺跡の釣針群について「疑似餌的効果」と関連する可能性を指摘している。ただし，これらの釣針は孔を穿つためにあらかじめ湾曲部を大きく作出してある（第46図10～13）点で，本洞窟出土資料と特徴を異にする。さらに言えば，この穿孔に釣針としての機能を強化する効果があるのであれば，他に類例が知られていてもよさそうなものだが，現状ではほとんど類例を見出せていない点にも疑問が残る。

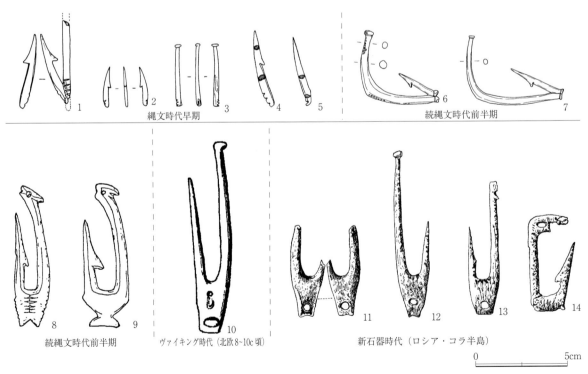

第46図　尻労安部洞窟出土骨角製品の類例

以上の点を踏まえると，本資料にみられる穿孔については釣針本来の機能とは直接関連しないものと考えられそうである。釣針の上下端付近に穿たれていることから垂飾品の可能性も考えられよう。ただそうだとしても，チモトを含め全体に摩耗や小さな傷が多く認められることから，実際に使用された釣針が転用されたものと考えておきたい。

(千葉　毅)

引用・参考文献

市川金丸・一町田工・鈴木克彦・金子浩昌（1980）長七谷地貝塚．青森県埋蔵文化財発掘調査報告書第 57 集，青森県教育委員会．

江坂輝彌（1957）三戸郡大館村十日市赤御堂貝塚略報．奥南史苑，2，青森県文化財保護協会八戸支部，pp. 1-16.

江坂輝彌（1958）日本石器時代における骨角製釣針の研究．史学，31（1-4），三田史学会，pp. 542-586.

金子浩昌・忍澤成視（1986）骨角器の研究　縄文篇Ⅰ・Ⅱ，考古民俗叢書 23，慶友社．

後藤　明（1982）北方考古学における骨角製漁具の技術と機能をめぐる諸問題．北海道考古学，18，北海道考古学会，pp. 23-34.

佐藤智雄・五十嵐貴久（1996）能登川コレクションの骨角器について．市立函館博物館研究紀要，6，市立函館博物館，pp. 1-32.

東京国立博物館編（2009）東京国立博物館所蔵　骨角器集成，東京国立博物館．

直良信夫（1976）ものと人間の文化史・釣針，財団法人法政大学出版局．

渡辺　誠（1966）縄文文化時代における釣針の研究．人類学雑誌，74（1），日本人類学会，pp. 19-46.

第 4 項　動物遺体．

1. 海産無脊椎動物遺体（貝類・甲殻類およびウニ類遺体）

尻労安部洞窟では，完新世の層準に当たる Ⅵ～Ⅱ 層（縄文時代早期～後期）から，少なからぬ量の海産貝類遺体が出土した。また，同層準にはカメノテ・カニ類，ウニ類の遺体も少量含まれていた。ここでは，以下，それら無脊椎動物遺体について，発掘時に各調査区から肉眼で発見された資料と掘削土から 2～4 mm 目のフルイを用い水洗・分離された資料の概要を報告する。

(1) 海産貝類遺体の内容

2005 年刊行の概報（佐藤 2005）に既に 12 種を報告していた出土海産貝類遺体に関しては，その後 2012 年までの発掘資料も加え，精査を重ねた結果，多板綱（ヒザラガイ類）1 種類，腹足綱 24 種類，二枚貝綱 7 種からなる計 31 種を確認するに至った（第 49 表）。時間的な制約から，アワビと二枚貝について殻頂部，アワビ以外の巻貝類について殻口部が遺存する資料のみを観察，同定の対象としたが，それでも同定標本（NISP）の総数は 5,380 点にのぼった。それらについては，大多数が岩壁側の F, G, H10・11・12 区から採集されており（第 47 図），うち 4,981 点までが，縄文時代中期後葉から後期前葉に比定される Ⅱ 層の資料に当たる。

第 50 表には，同定した各種資料の内訳と，縄文時代中期後葉から後期前葉に比定される Ⅱ 層とそれ以前に堆積した Ⅲ～Ⅵ 層に大別集計した各種の最小個体数（MNI）を一覧した。また，同表の MNI 値については，第 48 図に百分率のグラフとしても示した。Ⅱ 層および Ⅲ～Ⅵ 層とも出土貝類の主体が，外洋

岩礁性種に当たるタマキビ類，ムラサキインコによって占められる点。その一方，Ⅲ～Ⅵ層にはⅡ層に比べ内湾砂泥底に生息するアカニシが目立つ点。この図からはそれらを指摘することができる。以下，本洞窟の主要海産貝類種について観察所見，計測結果等を記しておく。

ムラサキインコ・タマキビ類　本洞窟において主体を占めるタマキビ類・ムラサキインコは，いずれも潮間帯の岩礁・転石に付着・群棲するという共通した生態的特徴をもつ（奥谷2000，山田ほか2010）。本洞窟の海産貝類採集活動は周辺に存在する岩礁域においておこなわれ，群棲するこれら貝類を積極的に採集・利用していたといえる。生息域を同じくする岩礁性のクボガイ，カモガイ等も，そうした貝類採集活動の中で共に採集・利用されたのであろう。上記の貝種は，下北半島尻屋・尻労地域の岩礁・転石地帯に，今日なお多数生息することが知られている（石山1981，青森県史編さん自然部会2003）。

　ムラサキインコについては，計測に耐える資料の多くが殻長4cm前後を測る成貝であったが，殻長1cm程度の幼貝も散見された。幼貝から成貝を含む資料のあり方からは，貝床（ベッド）を岩礁域に形成するムラサキインコを一括して採集し利用していた様子が窺える。しばしばタマキビ類・ムラサキインコとともに出土する骨角製篦は，その採集に用いられた道具であると推測されている（西本1993b）。また，岩手県中沢浜貝塚の貝層（縄文時代前期末，中期末）から多量に出土したムラサキインコの利用について検討を行った熊谷賢によれば，岩礁に付着する同種を一括採集するには，その足糸を切る道具が不可欠であったと推測され，実際同貝塚からは多量の骨篦も出土しているという（熊谷2007）。骨篦に類する遺物の出土こそ確認されていないものの，尻労安部洞窟を利用した縄文時代人達もムラサキインコの採集に当たり，何等かの道具を用いた可能性を考慮しておく必要があろう。

クロアワビ　Ⅱ層の海産貝類組成において7%を占める本種は，個体数こそタマキビ類やムラサキインコに比べ少ないものの，小型の海産貝類遺体が多い出土資料のなかにあって，サイズが大きく光沢のある真珠層が目を惹く。主体を占めるタマキビ類・ムラサキインコと同様に外洋岩礁域に生息し，本洞窟周辺の沿岸域で採集されたものと考えられる。

　完形個体も出土しているが，破損している破片資料が多く見られた。本報告では殻頂部が遺存する個体を1個体として計数した。また，殻長分布を調べるため殻長の計測を行った。完形個体についてはデジタルノギス（NTD12P-15PMX，Mitutoyo）を用いて計測し，破損している個体は完形個体との比較により殻長を復元し求めた。第49図にⅡ層出土アワビの殻長分布を階級幅10mmのヒストグラムで示し，各成長段階における凡その目安となる年齢と索餌対象とする海藻類も合わせて示した。本洞窟では殻長10mm程度の稚貝から100mmを超える大型個体まで出土しており，様々なサイズの個体が採集され遺跡へ持ち込まれていたことが分かる。なかでも殻長約30～40mm台の個体が最も多く出土している。

　エゾアワビは潮間帯から水深20mの岩礁域に生息し（奥谷2000），成長段階に応じて異なる海藻類を食べ，生息深度を変えることが知られる（高見ほか2012）。すなわち，0～1歳貝に相当する殻長10mm前後の個体は無節サンゴモ群落域，殻長20～40mmを測る1～2歳貝は小型海藻群落域，殻長60mm前後に達した成貝は大型海藻群落域をそれぞれ主たる生息域とし，殻長30mm以下の稚貝は大型海藻類を索餌出来ないため大型海藻群落域にほとんど生息していないという（佐々木2001，高見ほか2012，三重県水産研究所2013）。当洞窟から主体的に出土した殻長30～40mmの個体は水深数m，少なからず出土している大型の個体はより深所に生息していたものと推測される。こうしたアワビについては，飛沫帯や潮間帯に生息するタマキビ類やムラサキインコの採取以上に熟練を要したと推察される。

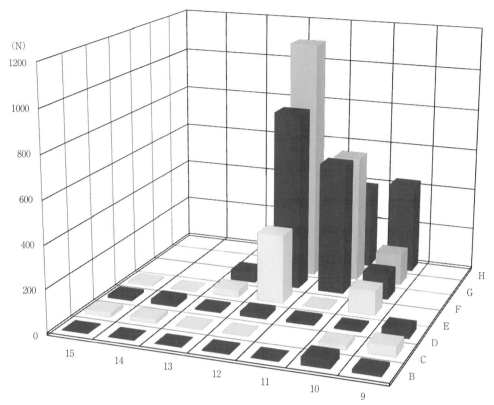

第47図　海産貝類遺体のグリッド別出土量（NISP=5,380）

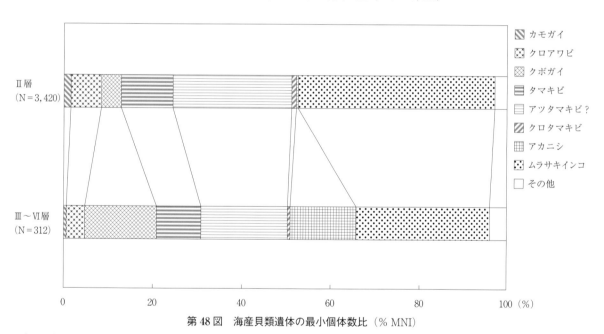

第48図　海産貝類遺体の最小個体数比（％MNI）

各層とも二枚貝の最小個体数（MNI）については左右いずれか多い方の殻数を採用した。またⅢ～Ⅵ層の最小個体数（MNI）については各層毎に算出した値を合計した。

第 49 表　海産貝類遺体種名表 （表記は奥谷 2000 に従った）

軟体動物門　MOLLUSCA
 多板綱　POLYPLACOPHORA
  ヒザラガイ類　　　　　　　　　　　*Neoloricata fam.* indet.
 腹足綱　GASTROPODA
  ベッコウガサ　　　　　　　　　　　*Cellana grata*
  ユキノカサガイ　　　　　　　　　　*Niveotectura pallida*
  カモガイ　　　　　　　　　　　　　*Patelloida saccharina*
  カサガイ類　　　　　　　　　　　　*Patellogastropoda fam.* indet.
  クロアワビ　　　　　　　　　　　　*Haliotis* (Notohaliotis) *discus*
  サルアワビ　　　　　　　　　　　　*Tugalina* (Scelidotoma) *gigas*
  クボガイ　　　　　　　　　　　　　*Chlorostoma lischkei*
  イシダタミ　　　　　　　　　　　　*Monodonta labio*
  アラレタマキビ　　　　　　　　　　*Nodilittorina radiata*
  タマキビ　　　　　　　　　　　　　*Littorinarina* (Littorina) *brevicula*
  アツタマキビ？　　　　　　　　　　*Littorina mandshurica*?
  クロタマキビ　　　　　　　　　　　*Littorina* (Neritrema) *sitkana*
  キタクリイロカワザンショウ　　　　*Augstassiminea* sp.
  カズラガイ　　　　　　　　　　　　*Phalium* (Bezoardicella) *flammiferum*
  オオウヨウラク　　　　　　　　　　*Ceratostoma inornatus*
  エゾヨウラク　　　　　　　　　　　*Ceratostoma inornatus endermonis*
  エゾチヂミボラ　　　　　　　　　　*Nucella freycinetti*
  レイシ　　　　　　　　　　　　　　*Thais (Reishia) bronni*
  イボニシ　　　　　　　　　　　　　*Thais (Reishia) clavogera*
  アカニシ　　　　　　　　　　　　　*Rapana venosa*
  クロスジムシロ　　　　　　　　　　*Reticunassa fratercula*
  ゴマフホラダマシ　　　　　　　　　*Enzinopsis menkeana*
  エゾイソニナ　　　　　　　　　　　*Sealesia modesta*
  クラウスオトメフデ　　　　　　　　*Pusia inermis kraussi*
 二枚貝綱　BIVALVIA
  コベルトフネガイ　　　　　　　　　*Arca boucardi*
  エゾタマキガイ　　　　　　　　　　*Glycymeris yessonsis*
  イガイ　　　　　　　　　　　　　　*Mytilus coruscus*
  ムラサキインコ　　　　　　　　　　*Septifer virgatus*
  ヤマトマシジミ　　　　　　　　　　*Corbicula japonica*
  コタマガイ　　　　　　　　　　　　*Gomphina melanaegis*
  マツカゼ　　　　　　　　　　　　　*Irus mitis*
節足動物門　ARTHROPODA
 甲殻綱　CRUSTACEA
  カメノテ　　　　　　　　　　　　　*Mitella mitella*
  カニ類　　　　　　　　　　　　　　*Crustacea fam.* indet.
棘皮動物門　ECHINODERMARA
 ウニ綱　ECHINOIDEA

G-●は G10・11・12 区のうちいずれかの調査区の 2 層で出土した資料である。

第50表　海産貝類遺体一覧表

出土地区		ヒザラガイ類殻板	ベッコウガサ	ユキノカサガイ	カモガイ類	カサガイ類	クロアワビ	サルアワビ	クボガイ	イシダタミ	アラレタマキビ	タマキビ	アツタマキビ?	クロタマキビ	カズラガイ	オオウヨウラク	エゾヨウラク(幼)	エゾチヂミボラ	エゾチヂミボラ(幼)	レイシ	イボニシ	アカニシ	クロスジムシロ	ゴマフホラダマシ	エゾタマキガイ	イガイ R	イガイ L	ムラサキインコ R	ムラサキインコ L	ヤマトシジミ R	ヤマトシジミ L	コタマガイ R	マツカゼ L	カメノテ頭状部	計
Ⅱ層(2a層,2b層含む)	B9				1		1		3	3								1										4	4						17
	B10				1	3	1		1	7																		10	18						41
	B11			1						1																									2
	B12					1			2	1																		2							6
	B13								1	1																									2
	B15			1						1																		1							3
	C4																											5	5						10
	C9			3		1			1	2	9																	15	17						48
	C10			1			1			2																		8	8						20
	C12																												1						1
	C13								2	1																									3
	C14					3			5	3																		4	2						17
	C15					1	1		2	10																		1	4						19
	D9			2	1		1		5	1																		12	18						40
	D10			1					3	3	1																								8
	D11				1				2	3																		3	3						12
	D12			3		2			2	4								1										7	2					1	22
	D13			2		3			1	1																			1						8
	D14		1		1	2	1			3																		6	8						22
	D15					1			1	6	1																	4	1					1	15
	E10			1		3	2		2	7																		43	29	1					88
	E12		1	14		23	5	1	8	10	3			1				1	1					1				122	136						327
	E13	1				5	1			1								1	1									13	9						32
	E14																												1						1
	E15					3																			1				4						8
	F10			4		11			10	1				16	27						1							21	15	1					107
	F11		3	2		20		18	1			65	143	1		1			1		2	3	1			1	2	168	144				3		579
	F12		4		4	20	62		31		1	19	63	6					1	1							3	300	310					11	837
	F13			2		21	1			1	1																	12	14						52
	G-●	1			4	1	10	1	18	3		37	108	8				1					1					1	2					10	207
	G10			1		5			16	37	3																	22	24						108
	G11		1	1		26		14				39	99	4			1	1		4						1		147	172	1			13		524
	G12					20			30	6		116	255	10				1	1							1		324	335			1	3		1103
	H10			1		1			12	3		19	68						1									157	150					1	413
	H11			6		8		6				24	38				1											97	94					5	279
Ⅱ層 計		1	9	3	54	24	236	1	155	15	1	394	918	36	1	1	1	2	1	5	15	3	3	1	1	3	5	1509	1530	2	1	—	48	4981	
Ⅱ層 MNI		1	9	3	54	24	236	1	155	15	1	394	918	36	1	1	1	2	1	5	15	3	3	1	1		5		1530	2		1	—		3420
Ⅲ層	D13					1																													1
	D14																												1						1
	E10			1			2		1																			13	9						26
	E11																			1									1						2
	E13																												1						1
	F10						1			3	1							4									1	4	3						17
	F11					1	2	2	2	6								8										8	8					1	38
	F12					2	6			1								4										5	5						23
	G10			1		2			10		2	2		1				1	1									7	3						30
	G11					3			5	13	1							9										13	25						69
	G12						5		3	2								4										8	8		1				31
	H10	2							1	2								6																	11
	H11					1	13		10	21	1							1										17	23						87
Ⅳ層	F11									1								1																	2
	F12									1																									1
	G10						2		2	3								1										2	1	1	1				11
	G11					2				2								2																	6
	G12								1	1																									2
	H10					1	1											1										2	1						6
Ⅴ層	G11					1																													1
	H11					4	3		1	4								2										6	6						26
Ⅵ層	F11																			1															2
	F12					1			1									1																	3
	G11								1	2																									3
Ⅲ～Ⅵ層 計		—	2	—	2	—	13	—	50	3	—	31	61	2	2	—	—	—	—	1	1	46	—	—	—	1	—	85	95	1	1	1	—	1	399
Ⅲ～Ⅵ層 MNI		—	2	—	2	—	13	—	50	3	—	31	61	2	2	—	—	—	—	1	1	46	—	—	—	1	—		95	1	1	—			312
Ⅱ～Ⅵ層合計		1	11	3	56	24	249	1	205	18	1	425	979	38	3	1	1	2	1	6	16	49	3	1	1	2	3	5	1594	1625	3	2	1	1	49	5380

2層中G-●として集計した資料はG10・11・12区のうちいずれかの調査区から出土した資料に当たる。

166　第5章　出土遺物の研究

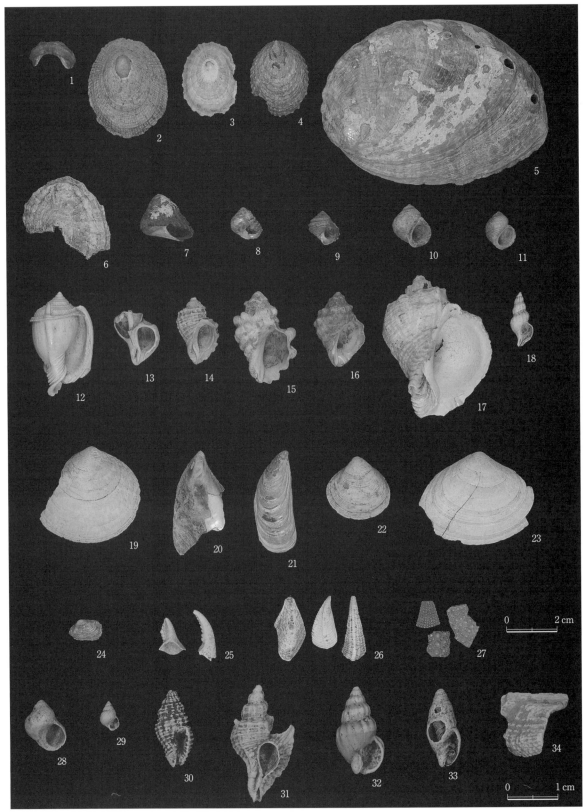

写真21　尻労安部洞窟出土の海産貝類遺体

1. ヒザラガイ類　2. ベッコウガサ　3. ユキノカサガイ　4. カモガイ　5. クロアワビ　6. サルアワビ　7. クボガイ　8. イシダタミ　9. タマキビ　10. アツタマキビ?　11. クロタマキビ　12. カズラガイ　13. オオヨウラク　14. エゾチヂミボラ　15. レイシ　16. イボニシ　17. アカニシ　18. エゾイソニナ　19. エゾタマキガイ　20. イガイ　21. ムラサキインコ　22. ヤマトシジミ　23. コタマガイ　24. マツカゼ　25. カニ類　26. カメノテ　27. ウニ類　28. アラレタマキビ　29. キタクリイロカワザンショウ　30. ゴマフホラダマシ　31. エゾヨウラク　32. クロスジムシロ　33. クラウスオトメフデ　34. コベルトフネガイ

明治・大正期の尻労においても重要な漁獲対象であったアワビは（小川ほか1970），中・近世にも盛んに採集されていたとみられ，実際，浜尻屋貝塚（14〜15世紀前半），大平貝塚（17世紀前葉），岩谷近世貝塚（18世紀代）からその所産たる貝殻も多数出土している（東通村史編集委員会1999）。もっとも，上記3遺跡から出土したアワビの殻長分布には，少なからぬ相違も認められるという（東通村史編集委員会1999）。そこで，アワビの採集・利用を考えるにあたり，本洞窟から出土したアワビ殻についても殻長分布を調べ，上記の中・近世貝塚群と比較を試みた（第49・50図）。

その結果，俵物の生産に関わった近世アイヌによる遺跡と目される大平貝塚，岩谷貝塚では殻長50 mm以上の大型の資料が目立ったのに対し，本洞窟から出土したアワビ殻の場合，殻長30 mmにピークをもつ比較的小型の個体が主体を占め，殻長分布が浜尻屋貝塚の資料群と近似することが明らかとなった。浜尻屋貝塚は，大平貝塚，岩谷貝塚と異なり，主に自家消費された魚介類の遺体によって形成されたと考えられている点も勘案すると（東通村史編集委員会1999），この結果は大変興味深い。

アワビの漁法に関しては，史料・民俗誌にヤスを用いた突き漁についての記載を見い出せる（東通村史編集委員会1999）。しかしながら，上記の中・近世「アワビ貝塚」の出土資料中，刺突痕が見られるのは殻長70〜80 mm以上を測る殻のうち1〜13%ほどに過ぎず，突き漁は必ずしも主たる漁法ではなかった様子が窺えるという（東通村史編集委員会1999）。観察の結果，本洞窟から出土したアワビ殻も突刺痕は全く確認されなかった。したがって，本洞窟から出土したアワビ殻も突き漁以外の漁獲物に由来するとみてよい。

なお，尻労周辺は古くからマコンブの好漁場としても知られている（小川ほか1970，桐原・藤川2011）。出土遺物から海藻類利用の痕跡を示すことは難しいが，様々な成長段階のアワビが多く出土した点からは本洞窟周辺海域に餌となる海藻類が豊富に存在していたことも窺える。それら海藻類については，もとより，本洞窟を利用した縄文時代人も採取していた可能性を考慮すべきだろう。

アカニシ 出土層位はⅢ〜Ⅵ層に偏りを示した。完形を保つ資料が少なく，軸唇部周辺のみを保つ資料が目立ったが，それらも含め，出土個体の主体は殻高60〜70 mmを測る成貝が占めるとみてよい。

縄文時代の遺跡からはしばしば本種を素材とする貝製品が出土することも知られる。しかしながら，本洞窟から貝輪や加工痕をもつ個体は確認されなかった。もっとも，本種が内湾砂泥底を生息域とする種に当たる点は注目に値する。岩礁域の生息種が主体を占める本洞窟の海産貝類種にあって，その性格は慎重に評価しなければならない。

カズラガイ Ⅱ層およびⅢ層から3点の資料が出土した（第51表，写真22）。本種は今日房総半島以南の列島や台湾周辺の水深10〜50 mの砂底に生息することが知られるが（奥谷2000），出土資料についてはいずれも殻表が磨滅していることから，打ち上げ貝とみられる。写真2に示した通り，いずれの資料についても，一部に欠損箇所をもつものの，人為的な加工痕は認められない。

もっとも，他の縄文遺跡には本種の口唇部を弧状に切断・加工した製品の出土例が知られる（第51図，金子・忍沢1986）。本洞窟と同様後期の遺跡に当たる渡島半島東南部に位置する戸井貝塚からは，そうした製品が4点出土したという（第51図1〜4，西本編1993）。また他の時期に目を転じても青森県東道ノ上（3）遺跡（前期），宮城県大木囲貝塚（前期），岩手県貝鳥貝塚（中〜晩期），千葉県西広貝塚（後晩期）に類例が知られる。加えて，縄文時代の遺跡にはタカラガイ科貝類を素材とする同様の製品の出土例も少なくない。実際，上述の戸井貝塚，東道ノ上（3）遺跡でも，それぞれタカラガイ，メダカラを素材とする製品が出土した。さらに青森県最花貝塚（中期末）や鹿児島県柊原貝塚（後期）では，それぞれ本種の近縁

168　第5章　出土遺物の研究

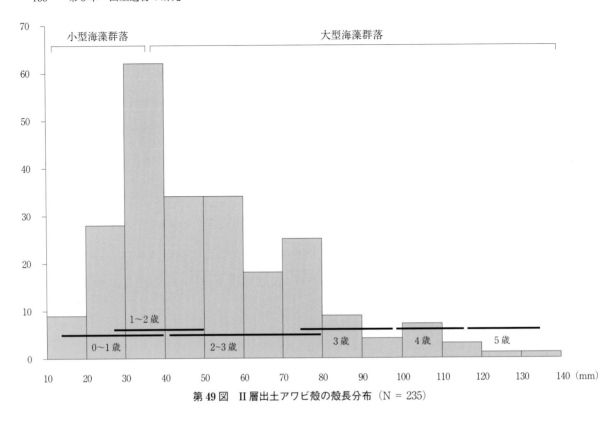

第49図　II層出土アワビ殻の殻長分布（N＝235）

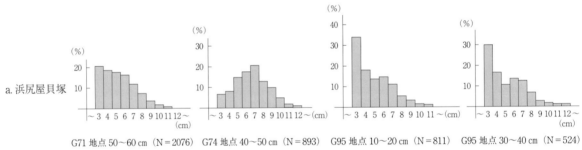

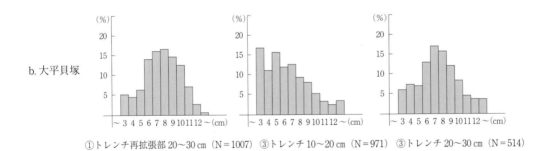

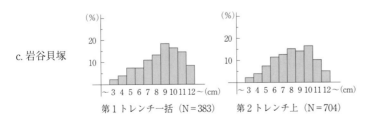

第50図　浜尻屋貝塚・大平貝塚・岩谷貝塚から出土した中近世アワビ殻の殻長分布（東通村史編集委員会1999を改変）

第2節　縄文時代以降

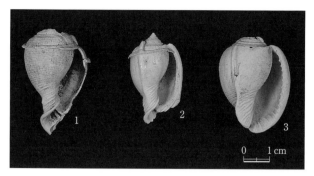
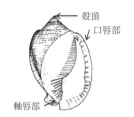

カズラガイ各部位各称
（北海道亀田郡戸井町教委員1993改変）

写真22　尻労安部洞窟出土カズラガイ

第51表　出土カズラガイ一覧表

No.	出土地点	殻径・殻高（mm）	出土状況
1	D-15　2a層	－・約60	殻頂と，口唇部，軸唇部が欠損している。
2	G-10　3層	24.8・40.95	軸唇部と口唇部下部が欠損している。螺塔・体層部には本種に特徴的な縦縞模様がうっすらと確認できた。
3	G-11　3層	30.83・－	殻頂が欠損している。全体的に磨滅している。

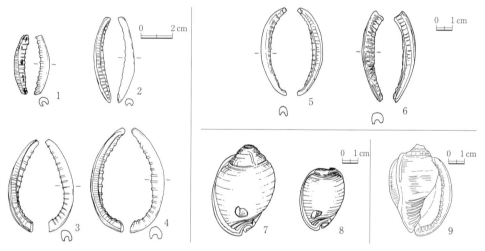

第51図　縄文時代のカズラガイ貝製品

1～4：戸井貝塚（後期）　　5・6：東道ノ上（3）遺跡（前期）　　7・8：貝鳥貝塚（中～晩期）　　9：西広貝塚（後期）
（市原市教委2007，金子1971，成田ほか2006，北海道亀田郡戸井町教委1993を改変）

種であるウラシマガイ，タイコガイの口唇部を素材とする貝製品が出土している。忍沢（2005）は縄文時代人のタカラガイへの関心は殻表の光沢や色彩ではなく，連続する刻みを持った口唇部の形態であったと指摘する。また，西本（1993a）は形状が類似する本種がタカラガイの代用に用いられた可能性も説く。こうした指摘も踏まえたとき，当洞窟から出土したカズラガイ3点は，未加工ながらも，本州最北端の出土例として注目に値する。わけても，Ⅱ層出土資料は口唇部が縦に欠損していることから，本種貝製品の素材となる口唇部が切り取られた可能性も考慮しておくべきだろう。

(2) カニ類・ウニ類遺体の内容

　海産貝類に混じりカニ類の破片資料もF12区Ⅱ層で2点，G11区Ⅱ層で2点，G12区Ⅱ層で2点，計6点採集されていた。いずれもツメ先端部の破片で，1cm前後の小破片資料であった。

170　第5章　出土遺物の研究

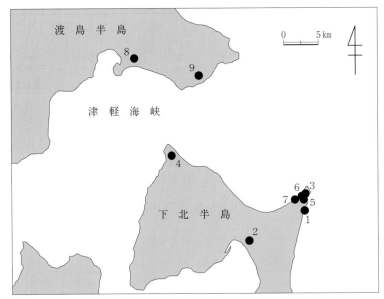

第52図　下北半島北部および渡島半島南部の貝類出土遺跡群

第52表　下北半島北部および渡島半島南部の貝類出土遺跡群（遺跡No.は第52図に対応）

No.	遺跡名	時期	主体となる貝類	参考文献
1	尻労安部洞窟	縄文中・後期	ムラサキインコ・タマキビ類	—
2	最花貝塚	縄文中期末	ヤマトシジミ	金子1970
3	札地貝塚	縄文晩期	スガイ・クボガイ・イシダタミ	金子1970
4	ドウマンチャ貝塚	縄文晩期	タマキビ・クボガイ・エゾボラ	江坂ほか1970
5	浜尻屋貝塚	14〜15世紀前半	アワビ・タマキビ・クボガイ・ウニ類	東通村史編集委員会1999
6	大平貝塚	17世紀前葉	クボガイ・タマキビ・イボニシ・アワビ・ウニ類	東通村史編集委員会1999
7	岩谷近世貝塚	18世紀代	アワビ・クボガイ・タマキビ・ウニ類	東通村史編集委員会1999
8	煉瓦台貝塚	縄文中・後期	ハマグリ・アサリ	函館市史1980
9	戸井貝塚	縄文中・後期	タマキビ・ヒメエゾボラ・イガイ類	函館市史1980

　また，本洞窟からはウニ類の棘，殻の破片資料，嘴状口器，中間骨も少量出土した。殻については大半が5mm四方以下に小破片化していたが，嘴状口器，中間骨の出土数からみて，出土個体数は数個体から10個体程とみてよい。

(3) 下北半島北部における縄文時代人の海産貝類・ウニ類の利用

　以上，尻労安部洞窟から出土した海産の無脊椎動物遺体について，その概要を述べてきた。先学も指摘する通り，尻労は，尻屋に至る岩礁海岸と，猿が森方面へと続く砂浜海岸との結節点に発達した集落に当たる（小川ほか1970）。しかしながら，本洞窟からは，打ち上げ貝に由来するとみられる資料以外，砂泥性貝類がほとんど出土しなかった。このことからは，縄文時代人がもっぱら付近の岩礁域で得た海産貝類を本洞窟に持ち込んでいた様子が窺える。ここでは，以下，出土貝類・ウニ類の内容を下北半島北部および渡島半島南部に位置する他の遺跡群（第52図，第52表）のそれと比較するなか，津軽海峡周辺域に暮らした縄文時代人の海産貝類・ウニ類の利用について若干の考察を加えておく。

　残念ながら，当該地域における既知の縄文貝塚群にあって，出土貝類遺体の詳細が報告されている遺跡

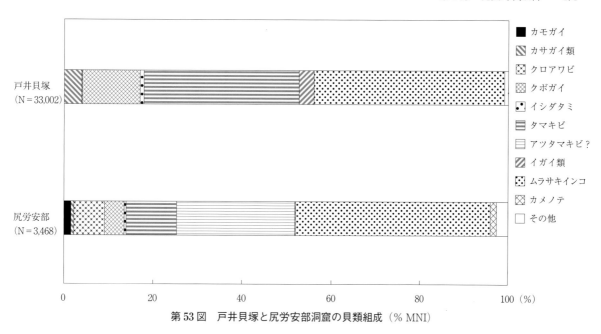

第53図　戸井貝塚と尻労安部洞窟の貝類組成（% MNI）

は少なく，もとより，調査年度の古い遺跡の場合，報告も定性的な記述にとどまっている。また，早くより宅地化が進んだ函館市街地などの場合，学史的に著名な貝塚群の幾つかも既に破壊され，出土動物遺体の詳細を把握し得ない状況にある（函館市 1980）。

　それでも，亀田半島沿岸の縄文時代貝塚群にも，周辺の海岸環境の違いに起因し，大別してハマグリ・アサリといった砂底性貝類を主体とする貝塚群とタマキビ・ヒメエゾボラ・イガイ類といった岩礁性貝類を主体とする貝塚群が存在することはつとに指摘されてきた（函館市 1980）。今回比較対象として取り上げた貝塚群の出土貝類種についても，内湾の砂底域や湾奥に注ぐ河川の下流域に面した煉瓦台貝塚や最花貝塚ではハマグリ，アサリ，ヤマトシジミといった二枚貝，外洋に面する他の遺跡群では岩礁性の小型巻貝類と，その組成に明確に違いが認められる（第52表）。西本（1993b）も指摘した通り，群棲する岩礁性小型貝類は，容易に採取でき，安定した漁獲量も見込める食料であったと考えられ，特に岩礁海岸が続く下北半島北部海岸域に展開した縄文時代人達も積極的に利用した様子が窺える。

　今回比較の対象とした遺跡群のなか，戸井貝塚は，貝類遺体の内容が唯一定量的に報告された遺跡に当たる。しかもこの戸井貝塚は，縄文時代後期初頭から前葉に比定され，本洞窟のⅡ層と形成時期が重なる。そこで，第53図には本洞窟と戸井貝塚の出土海産貝類の組成を比較した。この図からは，まずもってタマキビ類・ムラサキインコを主体とし，外海岩礁性種群で構成されるという点において，両遺跡の貝類組成が相互に良く似た特徴を示している点を指摘できる。しかしながら，その一方，両者の貝類組成を今少し仔細に比較すると，戸井貝塚のそれと比べ本洞窟の出土貝類組成については相対的にアワビの占める割合が高いことにも気づかされる。加えて，当洞窟と戸井貝塚とでは，ウニ類の出土量に顕著な相違が認められた点も注目に値する。戸井貝塚では，厚さ1～2cmの「ウニ層」が堆積し，貝片よりもウニ類の棘や殻片が多く出土する地点も認められたが（西本編 1993），本洞窟にそうした堆積層は確認されていない。

　第52表に列挙した下北半島の他の縄文貝塚でも，ウニ類遺体は総じてごく少量しか出土していない。各貝塚の定性的記述にあたっても，ドウマンチャ貝塚では1地点で「ウニの棘が少量まとまって出土し

た」という記載を見いだせるに過ぎず，札地貝塚に至ってはウニ類は種名表にすら記載されてない状況にある。

海藻類を主餌とし，ウニ類とも生息域が重なるアワビについては，先述の通り，本洞窟からも少なからず出土した。また，同じ下北半島北端域でも時代が異なる中・近世の貝塚では，アワビとともに多量のウニ類の遺体が確認されている。それにも関わらず，本洞窟における縄文時代の層準には，ウニ類がごく少量しか含まれていない点は興味深い。この点については，縄文時代，下北半島北部沿岸域においてウニ類が積極的に漁獲されていなかった可能性や，漁獲はされていてもその廃棄方法が異なっていた可能性，さらに同海域におけるウニ類の生息量自体が少なかった可能性なども考慮し，今後慎重に検討すべき課題となろう。

(4) むすび

数多の縄文時代遺跡群の存在が知られる下北半島にあって（江坂1970），動物遺体の定量的な分析・報告が実施された遺跡は，本洞窟が初例となる。もっとも，貝類遺体については，過去，札地貝塚，ドウマンチャ貝塚，最花貝塚からも任意に採集されており，それらの一部は同志社大学，慶應義塾大学に保管されている。近い将来，これらの資料も精査する機会を得，下北半島に展開した縄文時代人の海産物の利用について更なる知見が得られることを願って，小稿のむすびとする。

（吉永亜紀子・黒住耐二・佐藤孝雄）

引用・参考文献

青森県史編さん自然部会（2003）青森県史　自然編　生物，青森県，青森，pp. 514-517.

石山尚珍（1981）下北半島（津軽海峡側）における貝類の遺骸群集について，地質調査所月報，32（8）: 449-457.

市原市教育委員会編（2007）市原市西広貝塚Ⅲ，市原市埋蔵文化財調査センター調査報告2，市原市教育委員会.

江坂輝弥（1970）下北半島の先史・原史時代遺跡，下北　自然・文化・社会，九学会連合・下北調査委員会，平凡社，pp. 112-116.

江坂輝弥・渡辺　誠・高山　純（1970）大間町ドウマンチャ貝塚，下北　自然・文化・社会，九学会連合・下北調査委員会，平凡社，pp. 129-144.

小川　博・川村喜一・桑野幸夫・杉山荘平・坪井洋文（1970）尻労村の生態，下北　自然・文化・社会，九学会連合・下北調査委員会，平凡社，pp. 416-438.

金子浩昌（1970）下北半島における縄文時代の漁猟活動，下北　自然・文化・社会，九学会連合・下北調査委員会，平凡社，pp. 117-128.

金子浩昌（1971）貝器と貝製品，貝鳥貝塚第4次調査報告，岩手県花泉町教育委員会・岩手県文化財愛護委協会，pp. 159-165.

金子浩昌・忍沢成視（1986）骨角器の研究　縄文篇Ⅰ，慶友社.

金子浩昌・忍沢成視（1986）骨角器の研究　縄文篇Ⅱ，慶友社.

桐原慎二・藤川義一（2011）青森県尻屋の漁業者ダイバーによる磯焼け域によるコンブ群落回復の試み，水産工学，48（1）: 29-34.

熊谷　賢（2007）中沢浜貝塚出土の微小貝について―ムラサキインコ二枚貝床内在生物の生態学的調査による検討―，列島の考古学Ⅱ―渡辺誠先生古稀記念論文集―，渡辺誠先生古稀記念論文集刊行会，pp. 111-124.

佐々木良（2001）エゾアワビの加入機構に関する生態学的研究，宮城県水産研究報告，1: 1-86.

佐藤孝雄（2005）動物遺体，阿部祥人編　下北半島石灰岩地帯における洞窟遺跡の調査，平成14年度～平成15年

度科学研究費補助金（基盤研究 C2）研究結果報告書，慶應義塾大学文学部民族学考古学研究室，pp. 15-19.
高見秀輝・元 南一・河村知彦（2012）エゾアワビの成長に伴う棲み場の変化，日本水産学会誌，78（6）: 1213-1216.
成田滋彦・平山明寿・斎藤慶吏・伊藤由美子編（2006）東道ノ上（3）遺跡，青森県埋蔵文化財調査報告 424，青森県教育委員会.
西本豊弘（1984）北海道の縄文・続縄文文化の狩猟と漁撈—動物遺存体の分析を中心として—，国立歴史民俗博物館研究報告，4,: 1-15.
西本豊弘（1993a）貝製品，戸井貝塚 III，北海道亀田郡戸井町教育委員会，pp. 118-120.
西本豊弘（1993b）戸井貝塚の狩猟・漁撈・採集活動，戸井貝塚 III，北海道亀田郡戸井町教育委員会，pp. 175-179.
函 館 市（1980）函館市史 通説編第一巻，函館市.
東通村史編集委員会（1999）東通村史 遺跡発掘調査報告編，東通村.
三重県水産研究所（2013）アワビ種苗放流マニュアル H24 年度改訂版，三重県水産研究所.
山田ちはる・垣尾太郎・栗田浩成・伊谷 行（2010）高知県浦ノ内湾におけるイガイ科二枚貝類 3 種の繁殖期，黒潮圏科学（Kuroshio Science），3: 138-143.

2．陸産貝類遺体

ここでは，詳細な年代の不明な VIII 層と X 層を含め，完新世の堆積層 VI 層（縄文時代早期〜中期後葉？）から I 層（弥生時代〜現代）までに得られた陸産貝類について述べる。また，検討サンプルの状況や各種の観察は，後期更新世のもの（第 5 章第 1 節第 2 項）と同様である。

(1) 出土貝類リスト

最初に，得られた貝類の分類と特徴・分布域等を示す。なお，後期更新世の層から確認された種に関しては，記述を省略し，写真については第 5 章第 1 節第 2 項に掲載したもの（写真 6）を使用する。

　ア　軟体動物門　Mollusca—腹足綱　Gastropoda
A　アマオブネ目　Neritopsina
　　ヤマキサゴ科　Helicinidae
ヤマキサゴ　*Wardemaria japonica*　［写真 6 の 1］
B　原始紐舌目　Architaenioglossa
　　ゴマガイ科　Diplommatinidae
ヒダリマキゴマガイ　*Diplommatina* (*Sinica*) *pusilla*　［写真 6 の 2］　殻高 2.2 mm 程度の細長い紡錘形，左巻，殻表にはやや密で明瞭な縦肋を持つ。殻口は反転・肥厚する。林縁生息種。
ウゼンゴマガイ　*Diplommatina* (*Sinica*) *uzenensis*　［写真 6 の 3］　殻高 2.9 mm 程度の俵型，右巻，殻表にはやや密で明瞭な縦肋を持つ。殻口は反転・肥厚する。林内生息種。
C　吸腔目　Sorbeoconcha
　　イツマデガイ科　Pomatiopsidae
オカマメタニシ　*Blanfordia japonica bensoni*　［写真 6 の 4］
D　有肺目　Pulmonata
　　オカミミガイ科　Ellobiidae
ニホンケシガイ　*Carychium nipponense*　［写真 6 の 5］　殻高 1.6 mm 程度の細長い楕円形，右巻，殻表は

平滑で，縫合のくびれは弱い。殻口は反転・肥厚する。林縁生息種。

ケシガイ *Carychium pessimum* ［写真6の6］　殻高1.7mm程度の細長い楕円形，右巻，殻表には弱いながら成長肋が明瞭で，縫合はくびれる。林内生息種。

　　ヤマボタル科　Cionellidae

ヤマボタル *Cochlicopa lubrica* ［写真6の7］

　　キセルモドキ科　Enidae

キセルモドキ *Mirus reinianus* ［写真6の8］

　　キセルガイ科　Clausiliidae

ツムガタモドキギセル *Pinguiphaedusa pinguis platyauchen* ［写真6の9］　殻高28mm程度の塔型，左巻，成貝では殻口が反転・肥厚する。殻口の上板は強く，下板は奥に位置し，稜を持たない。林内生息種。

ヒメギセル *Mundiphaedusa ("Vitriphaedusa") micropeas* ［写真6の10］　殻高9mm程度の塔型，殻口の上板は強く，下板はかなり奥に位置し，弱く，稜を持たない。林内生息種。

エゾコギセル *Pictophaedusa monelasmus* ［写真6の11］　殻高9mm程度の塔型，殻口の上板を欠き，下板は稜を持ち，明瞭。林内生息種。今回のサンプルでは，現生の群よりも殻が厚質であった。

　　オカクチキレガイ科　Subulinidae

オカチョウジ類似種 *Allopeas* sp. cf. *kyotoense* ［写真6の12］　殻高8mm程度の塔型，右巻，殻口は肥厚・反転しない。体層は少し膨れる。オカチョウジは林縁生息種。

ホソオカチョウジ類似種 *Allopeas* sp. cf. *pyrgula* ［写真6の13］　殻高11mm程度の高い塔型，体層は膨れず，側面は直線的。ホソオカチョウジは開放地生息種。オカチョウジ類の分類学的な検討は遅れており，今回は種小名の確定を避けた。

　　ナタネガイ科　Punctidae

ナタネガイ類似種 *Punctum* sp. cf. *amblygonum* ［写真6の14］　殻径2.0mm程度の円盤型で，右巻，螺層はやや突出し，縫合はくびれ，周縁は稜を持たないが弱く角張る。殻表にやや粗で明らかな成長肋を持つ。臍孔は比較的広く開く。ナタネガイは林縁生息種。

ハリマナタネ？ *Punctum japonicum*？ ［写真6の15］　殻径1.6mm程度の円盤型で，螺層は少し高く，縫合はくびれず，周縁は角張らない。殻表にやや粗で不明瞭な成長肋を持つ。ハリマナタネガイは林縁生息種。ナタネガイ科の分類学的な検討は遅れており，種小名の最終確定は行わなかった。

　　パツラマイマイ科　Discidae

パツラマイマイ *Discus pauper* ［写真6の16］

　　ベッコウマイマイ科　Helicarionidae

カサキビ *Trochochlamys crenulata* ［写真6の17］　殻径3.1mm程度の円錐形で，周縁に稜を持ち，角張る。縫合はくびれず，側面は直線的。林縁生息種。

オオキビ *Trochochlamys labilis labilis* ［写真6の18］　殻径7mm程度の円錐形で，周縁に弱い稜を持ち，角張る。縫合はくびれる。林内生息種。

ハリマキビ類 *Parakaliella* sp. cf. *harimensis* ［写真6の19］　殻径3.2mm程度のソロバン玉形で，周縁は稜を持たないが僅かに角張る。螺層数は他種よりも少ない。ハリマキビは開放地生息種。

ヒメハリマキビ？ *Parakaliella pagoduloides*？ ［写真6の20］

ヒメベッコウ　*Discoconulus sinapidium*［写真6の21］　殻径1.9mm程度の円盤型で，右巻，螺層はやや突出し，縫合はくびれず，周縁は丸い。殻表は平滑で，成長肋はない。臍孔は開かない。林縁生息種。

ヤクヒメベッコウ　*Discoconulus yakuensis*［写真6の22］　殻径2.1mm程度の円盤型で，ほぼヒメベッコウと同様であるが，大形になり，同じサイズでは螺層数が少なくなる。林内生息種。

ナミヒメベッコウ類？　*Yamatochlamys? sp.*［写真6の23］　殻径2.8mm程度の円盤型で，およそヒメベッコウと同様であるが，大形になり，螺塔がやや高い。林内生息種と思われる。

ウラジロベッコウ　*Urazirochalamys doenitzii*［写真6の24］　殻径6.5mm程度の円盤型で，螺層は少し高く，周縁は丸い。殻表は平滑。臍孔は狭いが明らかに開く。林縁生息種。

クリイリベッコウ　*Japanochlamys cerasina*［写真6の25］　殻高7mm程度の低い円錐形で，周縁に弱い稜を持つが，突出せず，丸く見える。縫合は僅かにくびれる。林内生息種。

　　　コハクガイ科　Gastrodontidae

オオコハクガイ類　*Zonitoides* sp. cf. *yessoensis*［写真6の26］

コハクモドキ類　Zonitidae

ヒメコハクモドキ？　*Retinella radiatella*?［写真6の27］

　　　エゾエンザ科　Pristilomatidae

ヒメコハクガイ類似種　*Hawaiia* sp. cf. *minuscula*［写真6の28］　殻径2.6mm程度の円盤型で，ナタネガイ類に良く似る。しかし，殻表が平滑なことと，臍孔が大きなことで識別できる。種小名は未決定であるが，開放地生息種と考えられる。

　　　ナンバンマイマイ科　Camaenidae

ニッポンマイマイ　*Satsuma japonica*［写真6の29］　殻径26mm程度の低い円錐形で，螺層数は多く，周縁に弱いが稜を持ち，体層底面は広く，平坦。臍孔は開く。林縁生息種。

　　　オナジマイマイ科　Bradybaenidae

マメマイマイ（トビシママメマイマイ）　*Trishoplita commoda conulina*［写真6の30］　殻径9.5mm程度のかなり低い円錐形で，螺層数は多く，周縁に稜はなく，丸い。臍孔は狭く開く。林縁生息種。

アオモリマイマイ　*Euhadra aomoriensis*［写真6の31］

ムツヒダリマキマイマイ　*Euhadra decorata*［写真6の32］

(2) 量的組成

　出土の詳細を，第53表に示した。このうち，フルイ目のサイズを示したものは，受け取りサンプルの記述である。F12区に関しては，ムツヒダリマキマイマイの大形個体が多く，その貝殻中に由来すると考えられるキビガイ類等の2mm目未満のサイズの個体も多く，これらは別に表記した。目のサイズを示したF12区のI層とII層では，二つの目のサイズで篩われたもの以外にもサンプルが存在し，これも別途に示してある。各部位の出土数から求めた最少個体数（MNI）も示した。殻皮が残るなど，明らかに現生個体と考えられたもの（cで表示）も少数含まれており，発掘時における周辺からの混入と考えられるため，最少個体数からは除いてある。逆に，多少色彩が残っており，現生個体の可能性もあるもの（c?で表示）は，ほぼI・II層に限られており，堆積状況によっては色彩が残存していることも時に経験することであり，今回はMNIの算出に含めた。

176　第5章　出土遺物の研究

第53表　尻労安部洞窟の主に縄文時代層（X層より上部）から得られた貝類遺体の出土詳細

調査区	層		ヤマキサゴ	MNI*2	ウゼンゴマガイ MNI	ヒダリマキゴマガイ MNI	オカマメタニシ MNI	ニホンケシガイ MNI	ケシガイ MNI	ヤマボタル MNI	キセルモドキ	MNI	ツムガタモドキギセル MNI	エゾコギセル	MNI	ヒメギセル	MNI	小形キセルガイ	MNI	オカチョウジ類似種	MNI	ホソオカチョウジ類似種	MNI	オカチョウジ類同定不能	MNI	パツラマイマイ	MNI	ナタネガイ類似種 MNI	ハリマナタネ? MNI
F12	I層*3		1lj,5u	6	2a 2						1a,5u	6													1ljc,1 mj	1		
F12	I層	9.5 mm	4a	4							6(2c?)a, 10(2c?)ab, 1ljc?	17	2ab 2												1ac,1 ljc	1		
F12	I層	4.0 mm	3a	3							3u	3													2 lj	2		
F12	II層*3		1229(291c?)a, 14amL, 24ab, 110 lj, 1 ljb, 19 mj, 8u,1o	1383	4a 4	1a 1		2a 2	2a 2	2	9(7c?)a	9	13(10c?)a, 59(13c?)ab, 3 mj, 47(13c?)u	63			1a, 8ab	11	1a, 4ab	6	9(6c?)lj	1	2(1c)a, 2 ljc, 1uc	1	1abc?, 3(c?)lj	5	2(1c)u	9(1c,3c?)a, 138(4c,21c?)lj, 45(1c,11c?)mj, 3(1c?)u	189		
F12	II層	9.5 mm	14a, 8 lj,1u	23							23a,10ab, 3 lj,3 ljb, 1 mj, 1 mjb,3u	41			1ab	1									4a,7 lj, 1 ljb	12		
F12	II層*4	2.0 mm>	4 mj,5sj	9							1sj	1													12(7c?)mj, 9(8c?)sj	21	5 lj 5	1a, 1 mjc 1
F12	II層	4.0 mm	82a1amL, 23ab, 6 lj	111							1u	1													4(3c?)a, 9(8c)lj, 3(1c)mj	4		
C13	IIa層		783a, 46amL, 18ab, 9 lj, 1 ljb, 24u,7f	862							1a,5ab, 19(1c?)u	20	1a 1				1 lj	1					3 (2c, 1c?)a	1	1ac, 8(1c?)lj, 5 mj, 2u	15		
F12	VI層		457a, 28 mL, 57ab, 24 lj, 12 mj, 69u,2o	590			15a, 5ab, 4u	20			1ab	1	1a,2ab,2u	3							1w	1			3 lj, 4 mj,2u	9		
F12	VIII層		439a, 36amL, 83ab, 23 lj, 37 mj, 74u	609			26a, 6ab, 3 mj, 12u	41			3a, 3amL, 4ab	10									1 ljb	1			4a,29 lj, 21 mj, 5sj, 1u	60		
C13	VIII層		95a, 15amL, 21ab, 5u,1f	116							4u	4													1ac?	1		
C13	VIIIb層		1a,1f	2																								
C13	VIIIb'層		7a, 1ab, 2 lj, 39u	48																								
F11	X層		78a, 5amL, 3ab,3u	86																					2a,10 lj,4 mj	16		
C13	10層		3a	3																								

a：成貝，b：体層（外唇を含む），c：色彩残り，f：破片，lj：大形幼貝，mj：中形幼貝，mL：殻口欠，o：フタ，sj：小形幼貝，u：殻頂，w：螺層．
＊1：ほとんどムツヒダリマキマイマイ，＊2：最少個体数（現生個体cは除く），＊3：F-12グリッドの同じ層のサンプルと重複しないない，＊4：9.5 mm目の巻貝殻内中の2 mm未満のもの。

カサキビ	MNI	オオキビ	MNI	ハリマキビ類	MNI	ヒメハリマキビ?	MNI	ヒメベッコウ	MNI	ヤクヒメベッコウ	MNI	ナミヒメベッコウ類?	MNI	ウラジロベッコウ	MNI	クリイロベッコウ	MNI	ベッウマイマイ類同定不能	オオコハクガイ類	MNI	ヒメコハクモドキ?	MNI	ヒメコハクガイ類似種	MNI	ニッポンマイマイ	MNI	マメマイマイ	MNI	アオモリマイマイ	MNI	ムツヒダリマキマイマイ	MNI	陸貝同定不能*1
																															4u	4	
														1u	1				1ac, 1ljc								3(1c)f	2	3a,79(2c)ab 4mj,2mjb, 6u	86	100f
				1ljb	1									1lj	1						1ljc?	1									1u	1	
3lj, 2mj	5	1a, 1lj, 4mj, 1sj	7			1lj	1	1lj	1	2lj,1ljb	3			4a, 12lj, 3ljb, 2mj, 1mjb, 8u	26	2a, 2mj	4		1a,3(1c?)lj	4	1ljc?	1	1ljc?	1	3lj, 1sj,1u	5	4lj, 5mj	9	1sjc?, 1fc?	1	1a, 5ab, 46(3c,39c?)sj, 39(2c,4c?)u, 7f	81	
														3(1c?)a	3										2lj, 1ljb	2					16ab,15mj, 10mjb, 3sj,7u	60	
3lj, 2ljb, 11mj	16			4(3c?) mj	4	1ljc?, 5mjc?	6	4(2c?)lj	4	8(1c,5c?)lj	7	7(2c?)lj	7	1mjc, 1sj, 1sjc	1			9u					1a, 46(25c)ljc, 6(1c)mj	27							7sj	7	
		1a	1											1ac?	1						1lj	1			1ljc?	1					1sj,15u	16	
														2ac, 1ljc?	1												1mjc?	1	1u	1	2ab,20u,6f	20	4f
																		?1sj	3lj	3					5lj, 2mj, 1u	8	1u,2f	1			1a,1ab,4ljb, 1mj,2mjb, 1sj,14u	22	400f
		3lj, 1ljb, 1u	4	1lj	1	1a,3lj	4												3lj	3	11(1c?)a,30(1c?)lj	41					15sj, 3u	18			1ab,7mj, 1mjb,26u	33	
																															2u	2	2f
																															7f	1	
																															1u	1	
																					1lj	1					2sj	2			1ab, 11u,56f	11	
																															1f	1	

第54表　層ごとの最少個体数（現生個体を除く）

			ヤマキサゴ	ムツヒダリマキマイマイ	パツラマイマイ	アオモリマイマイ	オカメタニシ	オオコハクガイ類	ヤマボタル	ヒメコハクガイ	ヒメハリマキビ?	キセルモドキ	オオキビ	ハリマキビ類	オカチョウジ類似種	小形キセルガイ	エゾコギセル	ヒメギセル	マメマイマイ	ウラジロベッコウ	ヒメコハクガイ類似種	カサキビ	ヤクヒメベッコウ	ナミヒメベッコウ類?	ナタネガイ類似種	ヒメベッコウ	ハリマナタネ?	ニッポンマイマイ	ホソオカチョウジ類似種	ウゼンゴマガイ	クリイロベッコウ	ニホンケシガイ	ケシガイ	ヒダリマキゴマガイ	ツムガタモドキギセル
完新世後半	弥生～現代	F12 I層/全体	13	86	3	2				1		18		1							2								2						2
	縄文中期後葉～後期前葉	F12 II層/全体	1524	145	208	2		5	9	1	7	116	8	4	1		12	6	10	31	28	21	11	7	5	5	1	8	5	4	4	2	2	1	
		C13 IIa層	862	20	15	1						20				1	1			1	1															
完新世前半		F12 VI層	590	22	9	1	20	3	1			3				1			8																	
更新世末～完新世初頭?		F12 VIII層	609	33	60	18	41	3	10	41	4		4	1	1																					
		C13 VIII層群/全体	142	3								4																								
		F11 X層	86	11	16	2				1																										
		C13 X層	3	1																																

　出土の詳細をわかりやすくするために，MNIのみを第54表に示した。この第54表のMNIは同じ調査区のサンプルの出土部位を一括して計算しているために，必ずしも第53表の同じ層（例えばF12区II層）のMNIの単純な総和ではない。まず，詳細は不明な更新世末～完新世初頭と考えられているVIII層とX層からは得られた種数は縄文期よりも少なかった。そして，その組成は後期更新世のヤマキサゴが大半を占め，それにムツヒダリマキマイマイとパツラマイマイが次ぐという種組成・量的組成と，ほぼ同様であった。ただ，パツラマイマイの割合が多くなっていることと，僅かにVIII層ではオオキビ等3種のそれ以前には確認されていなかった種が少数得られている点は指摘できよう。完新世前半のVI層でも大きな変化はなく，キセルガイ類とマメマイマイが新たに確認された。

　縄文時代中・後期のII層からは，30種とかなり多数の種が認められた。ただ，その多くがケシガイ類・ゴマガイ類・ベッコウマイマイ類等の2mm目未満のフルイで確認されるサイズの種であった。ただ，ウラジロベッコウ・ツムガタモドキギセル・クリイロベッコウ・ニッポンマイマイは，4mm目以上のサイズを有しており，下部の層では存在していなかったか，個体数が少なかった可能性も高いと考えられる。一方，縄文期以降に確認できなかった種は，唯一オカメタニシのみであった。そして，下部のVI・VIII・X層と同様に，ヤマキサゴが極めて優占しており，パツラマイマイやキセルモドキの割合も比較的高かった。この組成から洞窟周辺は森林的な環境であったと考えられる。

　これが，弥生～現代のI層では，ヤマキサゴが激減し，ムツヒダリマキマイマイが増加し，キセルモドキも多いという組成に変化し，森林が開かれた可能性が示唆される。

　なお，どの層のサンプルにおいても，焼けている陸産貝類の破片は含め認められず，やはり陸産貝類は食用ではなかったと考えている。また，淡水性種は抽出されなかった。

(3) 後期更新世から現在までの陸産貝類相の変遷

　本洞窟の陸産貝類組成では，詳細な考古学的発掘によって，後期更新世から現在までの陸産貝類の変遷を見事に示すことができた国内初の例と言える。そのため，最後に，この変遷をまとめておきたい。

　2mm目未満のサイズの種を除き，明らかな現生個体（「第8・53表」のc）を現生として取り扱い，その

第55表　尻労安部洞窟から得られた陸産貝類遺体の分類学的位置・分布・生息場所

		後期更新世の出土	現在の分布域 北海道	東北	西日本	生息場所
腹足綱　Gastropoda						
ヤマキサゴ科　Helicinidae						
ヤマキサゴ	*Waldemaria japonica*	P		●	●	林内
ゴマガイ科　Diplommatinidae						
ヒダリマキゴマガイ	*Diplommatina (Sinica) pusilla*			●	●	林縁
ウゼンゴマガイ	*Diplommatina (Sinica) uzenensis*			●		林内
イツマデガイ科　Pomatiopsidae						
オカマメタニシ	*Blanfordia japonica bensoni*	P		●	●	林縁
オカミミガイ　Ellobiidae						
ニホンケシガイ	*Carychium nipponense*			●	●	林縁
ケシガイ	*Carychium pessimum*			●	●	林内
ヤマボタル科　Cionellidae						
ヤマボタル	*Cochlicopa lubrica*	P		●	●	林縁
キセルモドキ科　Enidae						
キセルモドキ	*Mirus reinianus*	?P		●	●	林内
キセルガイ科　Clausiliidae						
ツムガタモドキギセル	*Pinguiphaedusa pinguis platyauchen*			●	(●)	林内
ヒメギセル	*Mundiphaedusa ("Vitripha.") micropea*			●		林内
エゾコギセル	*Pictophaedusa monelasmus*			●	●	林内
オカクチキレガイ科　Subulinidae						
オカチョウジ類似種	*Allopeas* sp. cf. *kyotoense*		[●]	[●]	[●]	[林縁]
ホソオカチョウジ類似種	*Allopeas* sp. cf. *pyrgula*		[●]	[●]	[●]	[開放地]
ナタネガイ科　Punctidae						
ナタネガイ類似種	*Punctum* sp. cf. *amblygonum*			[●]	[●]	[林縁]
ハリマナタネ？	*Punctum japonicum*?			[●]	[●]	[林縁]
パツラマイマイ科　Discidae						
パツラマイマイ	*Discus pauper*	P	●	●	●	林縁
ベッコウマイマイ科　Helicarionidae						
カサキビ	*Trochochlamys crenulata*			●	●	林縁
オオキビ	*Trochochlamys labilis labilis*		●	●		林内
ハリマキビ類	*Parakaliella* sp. cf. *harimensis*			[●]	[●]	[開放地]
ヒメハリマキビ？	*Parakaliella pagoduloides*?	P		[●]	[●]	[林内]
ヒメベッコウ	*Discoconulus sinapidium*			●	●	林縁
ヤクヒメベッコウ	*Discoconulus yakuensis*			●	●	林内
ナミヒメベッコウ類？	*Yamatochlamys*? sp.			?		?
ウラジロベッコウ	*Urazirochalamys doenitzii*			●	●	林縁
クリイリベッコウ	*Japanochlamys cerasina*			●		林内
コハクガイ科　Gastrodontidae						
オオコハクガイ類	*Zonitoides* sp. cf. *yessoensis*	P		?		[林縁]
コハクモドキ類　Pristilomatidae						
ヒメコハクモドキ？	*Retinella radiatella*?	P	[●]	[●]		[林縁]
エゾエンザ科　Pristilomatidae						
ヒメコハクガイ類似種	*Hawaiia* sp. cf. *minuscula*		[●]	[●]	[●]	[開放地]
ナンバンマイマイ科　Camaenidae						
ニッポンマイマイ	*Satsuma japonica*			●	●	林縁
オナジマイマイ科　Bradybaenidae						
マメマイマイ（トビシママメマイマイ）	*Trishoplita commoda conulina*		●	●	(●)	林縁
アオモリマイマイ	*Euhadra aomoriensis*	P		●		林縁
ムツヒダリマキマイマイ	*Euhadra decorata*	P		●		林縁

（　）は別亜種が分布するもの，［　］は類似の種の情報。

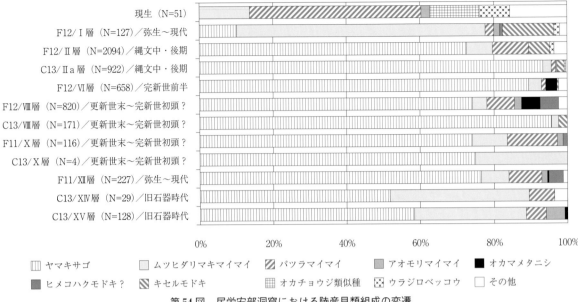

第 54 図　尻労安部洞窟における陸産貝類組成の変遷

　層別の割合を示したのが第 54 図である。後期更新世（旧石器時代）の第 5 章第 1 節第 4 項で述べたように，最終氷期最寒冷期に確認された種は全て完新世前半やそれ以降に確認されており，現在は北海道にのみ生息するような種は認められなかった。その詳細な量的組成においても，後期更新世から完新世後半（縄文時代中期後葉〜後期前葉）の II 層まではヤマキサゴが優占し，後期更新世では 50〜60％ 程度であるが，それ以降は 70％ と高率になっている。ムツヒダリマキマイマイは，後期更新世に多く，I 層でも極めて多くなっていた。パツラマイマイとアオモリマイマイもほぼ全ての層から得られ，現生では前種が約半数を占めていた。キセルモドキの割合は縄文〜現代に高かった。現生では，オカチョウジ類似種とウラジロベッコウも比較的多かった。

　後期更新世層から完新世後半（縄文時代後期）までの時代では，キセルガイ類やキビガイ類の産出が認められ，新たな種が分散してきた可能性も想定される。一方前述のように，オカマメタニシは縄文中期以降の層からは確認されておらず，何らかの要因で本地域から減少したと考えられる。オカマメタニシ等のイツマデガイ科で陸域に適応したものは，多雪という自然環境に深く関連している考えがあり（加藤 1983，Kameda & Kato 2011），もしかすると積雪量が本種の減少に関与しているのかもしれない。また，長野県の標高約 1500 m に位置する湯倉洞窟遺跡では，縄文時代草創期からの連続した堆積物中から陸産貝類が抽出されており，草創期にはパツラマイマイが優占し，ヒメギセル等のキセルガイ類は早期から確認されるようになり，前期〜後期にその割合を増加させていた（黒住・金子 2001，黒住 2009 も参照）。本洞窟でのキセルガイ類の出現と類似した現象であり，時代的にも近似しており，湿性な環境を求めるキセルガイ類の存在は森林環境の変化（優占樹種の入れ替わり）を示している可能性も考えられる。

　完新世の包含層では，2 mm 目未満のフルイで多数の資料が抽出されていたことにもよるが，多くの種が確認されている。その中には，カサキビやニッポンマイマイのように西日本にも分布する種も存在し（第 3 表），新たな種が南から分散してきた可能性もあろう。弥生時代〜現代の I 層では，ヤマキサゴの割合が激減し，ムツヒダリマキマイマイが逆に増加し，キセルモドキも 20％ 近くと高率になるという変化が認められている。

混入したものであるが，現生個体では組成が大きく変化し，ヤマキサゴは認められず，パツラマイマイが大半を占め，オカチョウジ類似種とウラジロベッコウも多くなっている。ただ，現生のみが確認された種はなかった。

陸産貝類各種の生息環境（第 55 表）から，洞窟周辺の植生景観を推測すると，林内生息種のヤマキサゴが I 層と現生以外では常に半数以上を占め，林縁生息種のムツヒダリマキマイマイを加えると 80～90％となり，洞窟周辺は森林に囲まれていたと考えられる。この林内生息種の多い組成は，北海道苫小牧市の縄文早期末のニナルカ遺跡（黒住 1997）や青森県小川原湖南西に位置する縄文前期の東道ノ上（3）遺跡（黒住・黒澤 2006）の開放地生息種や林縁生息種がほとんどを占めるものとは大きく異なっている（黒住 2009 も参照）。

洞窟周辺は森林に囲まれていた環境が II 層まで連続して入るものの，II 層では南から分散してきた種が認められた。この陸産貝類の分散は，下北半島先端でのブナ林花粉の出現時期と頻度から，2.5 万年前には皆無だったものが，8000 年前にわずかに認められ，6000 年前には極めて多くなるという拡大の過程（内山 1998）と同調するようにも思われる。

そして，第 54 図の II 層から I 層，現生個体への変化は，遺跡の周辺環境が森林から林縁，開けた場所へ変化することを示しており，その要因は人間による環境改変（具体的には森林伐採）と考えられる。このことは，死殻が多いとは述べられているものの，1950 年代には尻労周辺で II 層と同様な組成の陸産貝類が確認されていること（波部 1958）からもわかる。

今回，約 2 万年前から現在までの陸産貝類の変遷をうまく示すことができたと考えている。今後，後期更新世（旧石器時代）層を中心に，2 mm 目を通過するような微小な種にも注意を払い，確実な堆積物によってより精度の高い結果が得られるものと考えられる。

（黒住耐二）

引用・参考文献

内山　隆（1998）ブナ林の変遷．In 安田喜憲・三好教夫（編），図説日本列島植生史，pp. 195-206．朝倉書店．

加藤　真（1983）イツマデガイ亜科の生物学的再構成．いそこじき，54: 13-24.

黒住耐二（1997）ニナルカ遺跡出土の貝類遺存体について．In 苫小牧市教育委員会・苫小牧市埋蔵文化財センター（編），柏原 27・ニナルカ・静川 5.6 遺跡，pp. 445-455．苫小牧市教育委員会・苫小牧市埋蔵文化財センター．

黒住耐二（2009）微小陸産貝類が示す古環境．In 小杉　康ら（編），縄文時代，第 3 巻，大地と森の中で―縄文時代の古生態系―，pp. 124-138，同成社．

黒住耐二・金子浩昌（2001）軟体動物．In 高山村教育委員会・湯倉洞窟遺跡発掘調査団（編），湯倉洞窟―長野県上高井郡高山町湯倉洞窟調査報告―，pp. 418-433．長野県高山村教育委員会．

黒住耐二・黒澤一男（2006）青森県東道ノ上（3）遺跡から得られた微小陸産貝類遺体．In 青森県埋蔵文化財調査センター（編），東道ノ上遺跡（3），青森県文化財調査報告書，424，第二分冊，pp. 12-17．青森県教育委員会．

波部忠重（1958）青森県下北半島の陸産貝類．資源科学研究所彙報，46/47: 62-66.

Kameda Y, and Kato M. (2011) Terrestrial invasion of pomatiopsid gastropods in the heavy-snow region of the Japanese Archipelago. *BMC Evolutionary Biology,* 11: 118.

182　第5章　出土遺物の研究

3. 海産魚類遺体

(1)はじめに

　2001年から2012年にかけて実施した調査の結果，尻労安部洞窟の縄文時代層準（II～VI層）からは，総計2,065点にのぼる海産魚類遺体を採集することができた。それらについては，発掘時に肉眼で採集された資料と，掘削土から2mm・4mm目のフルイを用い水洗・分離された資料の双方を含み，うち1,734点までが縄文時代中期後葉から後期前葉に比定されるII層の資料，余す331点がIII層以下VI層までの出土資料に当たる。海産貝類遺体と同様，大多数が岩壁寄りのE・F・G・H区から採集されたそれらにも，被熱資料は含まれていなかった。

　当洞窟の出土魚種に関しては，2005年刊行の概報において筆者の一人である佐藤が5種を報告していたが（佐藤2005），その後2012年までの発掘資料をも対象に精査した結果，出土種は17種類を数えるに至った（第56表）。第57～63表には同定した各種資料の内容を一覧した。また，第64表には出土層位をII層とそれ以下に大別し，同定標本数（NISP）と最小個体数（MNI）を示し，第55図にII層出土魚類遺体の組成もグラフ化した。同図表からも読み取れる通り，当洞窟の魚類組成は，沿岸岩礁域から砂礫域にかけて生息するフサカサゴ科，アイナメ科，フグ科と，より外洋沖合にも生息域をもつマダイによって構成される点に特徴づけられる。特にフサカサゴ科，アイナメ科を含むカサゴ目は，洞窟の眼下に広がる岩礁域に今日なお多数生息しており，縄文時代人達は主に近傍の沿岸水域で得た漁獲物のみを当洞窟に持ち込んでいたことを窺わせてくれる。

　本稿で用いる魚類骨格の大別名称については第56図に示した。主体種となるフサカサゴ科，アイナメ科，フグ科，マダイについてはデジタルノギス（NTO12P-15PMX, Mitutoyo）を用い出土部位の計測を行い，その結果を第65～68表，第57～60図に示した。以下，出土資料の概要を記した上で，若干の考察も加えておく。

(2)出土魚類遺体の概要

ア　ニシン亜目

　列島各地の近海のごく表層に生息する本科については（落合編1994），椎体径2mm前後を測る椎骨が15点のみ出土した。

　江戸時代，尻労集落では，1755（宝暦5）年と1813（文化10）年にイワシの豊漁に恵まれたという。また，その後，明治から大正にかけては，7月下旬から10月下旬までを主たる漁期とするイワシ類地曳網漁が尻労における漁業の中心であったことも知られる（小川ほか1970）。しかし，昭和の初期以降，イワシ漁の漁獲高は衰退し，イカ漁が尻労集落における漁業の中心を占めるようになった。

　周知の通り，イワシ類については数十年サイクルで漁獲量が著しく変動することが

第56表　魚類遺体種名表

軟骨魚綱　CHONDRICHTHYES			
ドチザメ科	Triakididae sp.		
サメ類	Erasmobranchii fam indet.		
硬骨魚綱　OSTEICHTHYES			
ニシン亜目	Clupeoidei sp.	スズキ	Lateolabrax japonicus
タラ科	Gadidae sp.	フサカサゴ科	Scorpaenidae sp.
チダイ？	Evynnis japonica?	アイナメ科	Hexagrammidae sp.
マダイ	Pagrus major	ヒラメ科	Paralichthyidae sp.
タイ科	Sparidae sp.	カレイ亜目	Pleuronectoidei sp.
ウミタナゴ	Ditrema temmincki	カワハギ科	Monacanthodae sp.
マアジ属	Trachurus sp.	フグ科	Tetraodontidae sp.
ブリ	Seriola quinqueradiata		

表記は『原色海水魚類図鑑』（蒲浦・岡村1985）に従った。

第57表　タイ科一覧表

調査区	層	マダイ 前頭骨	副蝶形骨	前上顎骨 L	前上顎骨 R	歯骨 L	歯骨 R	主上顎骨 L	主上顎骨 R	口蓋骨 R	主鰓蓋骨 L	主鰓蓋骨 R	前鰓蓋骨 R	間鰓蓋骨 R	角骨 L	角骨 R	方骨 L	方骨 R	舌顎骨 L	舌顎骨 R	腹鰭条棘 R	背鰭棘 R	血管棘	神経棘	チダイ? 前上顎骨 R	タイ科 顎骨破片	遊離歯	関節骨 L	角骨 R	計
B12	2a																										1			1
B13	2a												1														2			2
B14	2a																													1
C4	2a																										1			1
C12	2a																									2				2
C13	2a																										6			6
D9	2a			1																										1
D11	2a																										2			2
D12	2a																										5			5
D12	2b			1	1																									2
D13	2a																										3			3
D13	2b																										6			6
D14	2a			1																						1	1			3
D14	2b																										1			1
D15	2a																										2			2
E11	2				1																					1	1			3
E12	2a							1																						1
E12	2b		1																							1	36			38
E13	2																										1			1
E13	2a																										2			2
E13	2b			1	1								1														3			6
E15	2a																										1			1
F11	2							1														1								2
F12	2			1	3	1	1	1	2			1			1	1	1		1							1	34			49
F13	2b																	1									4			5
G11	2					1	1							1																3
G12	2	1				1		1			1	1							1								20	1	1	28
G12	2b																										2			2
H11	2																			1	1									2
E13	3					1																					3			4
E14	3					1																								1
G10	3					1																					2			3
G12	3																										3			3
G11	4					1																								1
G12	4							1																			1			2
D10	5																										1			1
G12	5									1																				1
H11	5																										2			2
G11	6																										1			1
計		1	1	3	6	5	4	2	4	1	1	2	2	1	2	2	1	2	1	1	1	1	1	1	5	147	1	1	200

知られており（長澤・鳥澤編1991），そうした現象を「魚種交替」によって説明する向きもある（河井2000）。それゆえ，当洞窟の魚類遺体にイワシ類の資料が目立たない点については，まずもって縄文時代における周辺海域への回遊量自体の少なさに起因する可能性も考慮する必要がある。ただし，明治から大正期にかけて，イワシ漁の主たる漁場は，洞窟より南方に位置する尻労の前浜から猿が森辺りまでの砂浜海岸にあったと聞く（小川ほか1970）。また，先に報告した通り，当洞窟の出土海産貝類遺体も，大多数が岩礁域に生息する種によって占められていた。それらも勘案すると，当洞窟を利用した縄文時代人達は，ほぼ周辺の岩礁域でのみ漁撈活動を行い，砂浜海岸域の表層回遊魚を漁獲対象としなかったか，漁獲してはいてもその漁果を当洞窟にほとんど持ち込まなかったと考えるべきかもしれない。

イ　タイ科

フサカサゴ科，アイナメ科に次ぐ53点（タイ科遊離歯147点を除く）の資料を確認した。チダイとおぼしき資料も1点含まれていたが，大多数を占めたのはマダイの遺体にほかならない。いずれも成魚に由来するそれらは，前上顎骨と歯骨の計測値から，殆どが体長50cmを越す個体の資料とみてよい（第65・66表，第57図）。体長30cm未満の未成魚のマダイ，さらに内湾に生息域をもつクロダイの遺体を確認できなかったのは，おそらく外洋に面した当洞窟の立地に起因しよう。

ウ　フサカサゴ科

メバル属（ソイ類）およびカサゴ属（カサゴ）の遺体は総計373点ととりわけ多く得られ，図表中に「フサカサゴ科」として一括・集計した。季節的に多少の深浅移動をおこなうことも知られるものの（長澤・鳥澤編1991），ともに岩礁域を主たる生息域とする根魚であるソイ・カサゴ類は，当洞窟を利用した縄文時代人もほぼ周年漁獲し得た可能性が高い。

本科については，頭部から尾部までほぼ全身の資料が得られ，出土各部位を計測（第58図），体長が判明している現生標本の値と比較した。結果，頭部骨と椎体のサイズに不一致が認められた。第59図（a.～g.）が示す通り，頭部骨については，その多くが体長20cm強から30cm前後の個体に由来するとおぼしき資料であったのに対し，胴部・尾部を構成する椎骨には，10cm台のより小さな個体に由来する資料が目立った。この点は，同一魚種であっても，体長の違いによって異なる解体・処理がなされていた可能性示す証左として注目に値する。

エ　アイナメ科

年間を通じて岩礁域の浅瀬に生息する本科には（長澤・鳥澤編1991），フサカサゴ科に次ぐ218点の資料が得られた。出土部位の殆どは椎骨で占められ，計測の結果，その多くが体長15cm前後の個体に由来することも確認した。体長20cmを超える個体に由来するとおぼしき椎骨が僅かしか認められない点は，同様に岩礁性の根魚であるフサカサゴ科とも共通する特徴といえる。

オ　フグ科

堅牢なエナメル質に覆われた歯板ほか頭部骨を中心に計52点が出土し，トラフグ属とみられる資料も含まれていた。現生のトラフグ標本と歯板の計測値を比較した結果，出土資料の主体は体長40cm台の

第58表　フサカサゴ科遺体一覧表

調査区・層		前鋤骨	前頂骨	基底後頭骨	副蝶形骨	前上顎骨 L	前上顎骨 R	歯骨 L	歯骨 R	後側頭骨 L	後側頭骨 R	主上顎骨 L	主上顎骨 R	主鰓蓋骨 L	主鰓蓋骨 R	前鰓蓋骨 L	前鰓蓋骨 R	角骨 L	角骨 R	方骨 L	方骨 R	舌顎骨 L	舌顎骨 R	口蓋骨 L	口蓋骨 R	間鰓蓋骨 L	間鰓蓋骨 R	擬鎖骨 L	擬鎖骨 R	上擬鎖骨 L	上擬鎖骨 R	担鰭骨	第1椎体	腹椎	尾椎	計
B9	2a											1		1						1																3
B10	2a																																1	1	1	3
B12	2a															1																	2		1	4
B14	2a																																	3		3
B15	2a															1																	1	1		3
C4	2a																																		1	1
C9	2a											1	1	1																					1	4
C12	2a													1																						1
C13	2b				1																														1	2
C14	2a					1		1								1										1										4
C15	2a	1						1																										2		4
D10	2																																	1		1
D12	2a					1	1							1															1			1		2		7
D13	2a																																	1	2	3
D13	2b																																	2	1	3
D14	2a															1											1									2
D14	2b					1								1																				1		3
D15	2a					1				1	1																									3
E11	2		1							1																		1						1		4
E12	2a						1					1																						2		4
E12	2b				2					1																								11	7	21
E13	2a																																			1
E13	2b				1																												1	1	3	6
E14	2a							1								1																		1		3
E15	2a					1	1			1																				1	1	1	1			7
F10	2							1																										1	1	3
F11	2					1		2	1			1	1	2	4	2	1	1				1	1	1				1	2			1		4	1	28
F12	2	1				2	3					1		2	2	1	1	2		1	1	2		1	1			1		1	1	1	2	11	13	49
F12	2b																																	1	2	3
F13	2b																																	1	2	3
G-●	2											2	2	1	2																	1				8
G10	2																									1								1		2
G11	2	1				1	2	3	2	2	1		2	3	5	4	1		1	4	2			2		2	2					1		4	1	46
G12	2			1		1	2	5	1			2	2	2	1	1	2	3	1	3	1	3	1	1	2	1						2	3	19	17	76
G12	2b																																	3	2	5
H10	2							1							1																				1	3
H11	2					1		1			2					1																				5
E10	3											1																						1	1	3
E11	3																																	1	1	2
E14	3																																	1		1
F11	3											1																								1
G10	3					1				1																									1	3
G11	3																								1											1
G12	3																																	3		3
H11	3			1		3				1	1		1	2	2							1		1						1	3	4	21
G10	4													1																						1
H11	5					1		1																										2	2	6
計		2	2	1	1	12	13	11	10	4	4	8	9	18	10	11	13	8	7	11	12	4	3	3	2	5	2	5	2	5	1	6	15	82	71	373

2層中 G-● として集計した資料はG10・11・12区のうちいずれかの調査区から出土した資料に当たる。

第59表　アイナメ科一覧表

調査区	層	前鋤骨	前上顎骨 L	前上顎骨 R	歯骨 L	歯骨 R	主上顎骨 L	主上顎骨 R	方骨 L	方骨 R	角骨 L	角骨 R	第1椎体	腹椎	尾椎	計
B9	2a														1	1
B10	2a													1	2	3
B12	2a													1	5	6
B12	2b													1		1
B13	2a														1	1
B14	2a														3	3
B15	2a										1			1		2
C9	2a													1	1	2
C10	2a														1	1
C14	2a														2	2
C15	2a													6	2	8
D9	2a							1						1	1	3
D11	2													1		1
D12	2a														5	5
D12	2b														2	2
D13	2a														1	1
D13	2b													5		5
D14	2a														1	1
D14	2b														2	2
D15	2a														1	3	4
E11	2													1		1
E12	2a														1	5	6
E12	2b						1								16	10	27
E13	2														1		1
E13	2a														1	1	2
E13	2b														1		1
E15	2a			1										1		2
F11	2														1	1
F12	2				1	1			1		1		2	13	25	44
F13	2b														4	6	10
G-●	2														1	1	2
G11	2		2												1	3
G12	2	1				1							2	13	23	40
G12	2b														1	1	2
H10	2														2		2
H11	2						1									1
E13	3														1		1
F12	3															1	1
G12	3			1											3	5	9
G10	4							1							1		2
G11	4														1	1	2
G12	4															1	1
H11	5														1	1	2
G11	6														1		1
計		1	2	2	1	2	1	1	2		1	1	8	82	113	218

第60表　Ⅱ層種不明魚類遺体一覧表

調査区	層	前上顎骨 R	歯骨 L	方骨 R	椎骨破片	鰭条棘破片	鱗	魚骨破片	計
B9	2a				3			1	4
B10	2a				7				7
B12	2a				4			31	35
B13	2a				3			2	5
B14	2a				9			3	12
B15	2a							2	2
C9	2a				2			1	3
C4	2a				1				1
C13	2a				20	6		32	58
C14	2a		1		1	1		9	12
C15	2a				5	4		6	15
D9	2a				3			2	5
D10	2				2				2
D11	2b				2				2
D12	2a				19	5		4	28
D12	2b							1	1
D13	2a				6			1	7
D13	2b		1		15			1	17
D14	2a				5	2	1	8	16
D14	2b				1			2	3
D15	2a				6	6		11	23
E11	2				1	3			4
E12	2a				10			1	11
E12	2b				78	7		4	89
E13	2				6				6
E13	2b				3				3
E14	2a							1	1
E15	2a				17	7		13	37
F10	2							1	1
F11	2				3	12		26	41
F12	2	1			119	12		66	198
F12	2b				3				3
F13	2b				12				12
G-●	2				6	1		1	8
G10	2				1			5	6
G11	2				1	7		30	38
G12	2				157	5	32	15	209
G12	2b				2				2
H10	2				2	2		6	10
H11	2				2	2		9	13
計		1	1	1	536	84	33	294	950

2層中G-●として集計した資料はG10・11・12区のうちいずれかの調査区から出土した資料に当たる。

第61表 フグ類遺体一覧表

調査区・層		前頭骨	頭頂骨	基底後頭骨	前上顎骨 L	前上顎骨 R	歯骨 L	歯骨 R	方骨 L	主上顎骨 L	主上顎骨 R	主鰓蓋骨 L	主鰓蓋骨 R	前鰓蓋骨 L	前鰓蓋骨 R	口蓋骨 L	擬鎖骨 L	角舌骨 L	角舌骨 R	椎体	計
B13	2a				2	1															3
B14	2a															1					1
B15	2a																		1		1
C14	2a	1	1		1		3		1					1							8
C15	2a				1	1				1											3
D12	2a				1																1
D13	2b								1												1
D14	2a			1	1											1			1		4
E12	2a															1					1
E12	2b								1										1		2
F10	2				1																1
F11	2							1		1	1					1			1		5
F12	2				2		1	1	1										1		6
G-●	2	1																			1
G11	2				1	1				1											3
G12	2				1	2															3
H10	2											1							1		2
H11	2				2																2
G11	3				1																1
G12	3															1					1
H10	4													1							1
H10	5				1																1
計		2	1	1	11	6	6	2	3	2	2	2	2	1	2	2	1	3	3		52

2層中G-●として集計した資料はG10・11・12区のうちいずれかの調査区から出土した資料に当たる。

個体に由来すると推測できた（第60図，第67・68表）。フグ科は日本各地の沿岸に生息するが，トラフグの場合，3歳で体長40cm前後，5歳で50cm前後に成長，成長とともに沖合に移動し，冬には外海で過ごすという（落合編1994）。よって，当洞窟のフグ科資料もトラフグだとすれば，冬季以外の時期に沿岸で漁獲された3・4歳魚に由来する可能性が高い。

カ その他

上記各魚種に加え，サメ類，タラ科，ウミタナゴ，マアジ，ブリ，スズキ，カレイ類，ヒラメ類，ウマヅラハギ属にもそれぞれ，1点ないし2点の資料が得られた。サメ類の資料のうち1点は椎体径3mm弱を測るドチザメ科の椎体であった。また，タラ科，ブリ，スズキの資料は，いずれも体長30〜40cm以上の成魚に由来するとみてよい。

戸井貝塚（縄文後期初頭）や浜尻屋貝塚（中世）など周辺の遺跡群においては，サメ類の遺体が魚類同定標本（NISP）のうち数％から十数％を占める量出土したことが報告されている。加えて，カレイ類，ヒラメ科の遺体についても魚類同定標本に占める割合は，戸井貝塚，岩屋近世貝塚の場合20％以上，浜尻屋貝塚に至っては35％強に達したという（西本1993，東通村編集委員会編1999）。こうした事実に鑑みたとき，当洞窟にそれらの遺体ごく少量しか確認できなかった点は注目に値しよう。

第62表　その他魚類遺体一覧表

調査区・層		サメ類 遊離歯	ドチザメ科 椎体	タラ科 角骨L	カワギ科 背鰭棘	ニシン亜目 椎体	スズキ 主鰓蓋骨R	カレイ類 腹椎	カレイ亜目 尾骨	ヒラメ科 歯骨R	ブリ 腹椎	ウミタナゴ 歯骨L	マアジ属 尾椎	計
B10	2a					1								1
B12	2a										1			1
B12	2b					1								1
B13	2a											2		2
D12	2a					1								1
D13	2b					1								1
D14	2a						1							1
D15	2a												1	1
E12	2a					2								2
E12	2b		1			2								3
E13	2b	1												1
E14	2a			1										1
E15	2a					1								1
F11	2							1		1				2
F12	2					1								1
F13	2b					1								1
G12	2					2			1					3
H10	2				1									1
G12	3					1								1
G10	4				1									1
H11	5					1								1
計		1	1	1	2	15	1	1	1	1	1	2	1	28

第63表　層種不明魚類遺体一覧表

調査区・層		椎骨破片	鰭条棘破片	魚骨破片	計
E10	3	1	1		2
E11	3		1		1
E13	3	1	1	2	4
F11	6	1			1
F12	3	6		5	11
F12	4	3			3
F12	6	2			2
G10	3	1		3	4
G10	4	2	3	6	11
G11	3		1	4	5
G11	4	6		9	15
G11	5	1			1
G11	6	1		7	8
G12	3	32	2	14	48
G12	4	5			5
H10	3		1		1
H10	4	3			3
H10	5	2			2
H11	3	3	1	33	37
H11	5	41		39	80
計		111	11	122	244

(3) 岩礁性魚類に偏る出土魚類組成

　海産貝類遺体の報告でも述べた通り，津軽海峡沿岸域の遺跡群にあって，出土動物遺体の定量的な分析が試みられた先例は少ない。それでも，戸井貝塚（北海道・渡島半島南東部，縄文後期初頭），札地貝塚（下北半島・尻屋崎，縄文晩期），ドウマンチャ貝塚（下北半島・大間先，縄文晩期），浜尻屋貝塚（下北半島・尻屋崎，中世），岩谷近世貝塚（下北半島・尻屋崎，近世）に関しては，精度の差こそあれ，出土動物遺体が採集され，その内容が把握されている。そこで，第61図には，上記5遺跡の出土魚類遺体の組成（% NISP）を比較した。

　図中わけても注目すべきは，形成時期も近く，出土海産貝類遺体の主体も等しくタマキビ類・ムラサキインコなど岩礁性貝類が占める戸井貝塚と当洞窟の出土魚類遺体の組成に少なからぬ相違が認められる点であろう。戸井貝塚の魚類遺体は，フサカサゴ科，アイナメ科など岩礁性の根魚を凌ぐ数の資料が表層回遊魚の小型イワシ類に得られ，さらに，砂泥底性のヒラメ，カレイ類，大型のマグロ類，サメ類の遺体も目立つ点で，尻労安部洞窟と著しく異なる組成を示す。ともに水洗篩別資料であることも鑑みるにつけ，両遺跡の出土魚類遺体の組成に顕著な相違が認められる点は興味深い。

　また，下北半島に位置する縄文時代の遺跡群に目を転じても，尻労安部洞窟と同様の魚類組成が確認さ

第2節 縄文時代以降

第64表 魚類遺体 MNI・NISP 一覧表

種 名	Ⅱ層 MNI	Ⅱ層 NISP	Ⅲ～Ⅵ層 MNI	Ⅲ～Ⅵ層 NISP
ドチザメ科	1	1	—	—
サメ類	1	1	—	—
ニシン亜目	10	13	2	2
タラ科	1	1	—	—
チダイ？	1	1	—	—
マダイ	16	39	6	6
タイ科	5	141	1	13
ウミタナゴ	2	2	—	—
マアジ属	1	1	—	—
ブリ	1	1	—	—
スズキ	1	1	—	—
フサカサゴ科	45	331	12	42
アイナメ科	40	199	8	19
ヒラメ科	1	1	—	—
カレイ亜目	2	2	—	—
ウマヅラハギ属	1	1	1	1
フグ科	24	48	4	4
種不明	—	950	—	244
計	153	1734	34	331

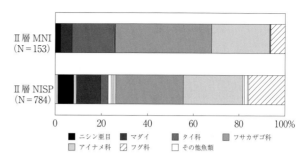

第55図 Ⅱ層魚類組成（種不明魚破片は除く）

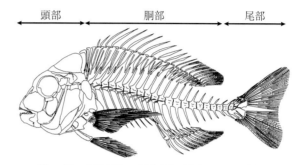

第56図 魚類骨格の大別名称（落合1994を改変）

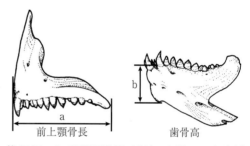

第57図 タイ科計測箇所（山崎・上野2008を改変）

第65表 タイ科前上顎骨長計測値

調査区	層	左右	計測値（mm）	備 考
現生標本		L	38.4	体長455mm
D9	2a	L	計測不可	現生標本と同等サイズ
E11	2	R	44.7	
E12	2b	R	40.0	チダイ
E13	2b	L	40.0	
E13	2b	R	40.5	
F12	2	R	35.0	欠損した先端部を補ったPML
F12	2	R	40.0	欠損した先端部を補ったPML
F12	2	L	32.0	欠損した先端部を補ったPML
F12	2	R	44.6	
G11	2	R	50.0	
G12	2	L	44.5	
G11	4	R	計測不可	現生標本よりも大きい

第66表 マダイ歯骨高計測値

調査区	層	左右	計測値（mm）	備 考
現生標本		L	12.1	体長455mm
F12	2	R	16.5	
G12	2	R	16.1	
D14	2a	L	計測不可	現生標本と同等サイズ
D12	2b	R	計測不可	現生標本よりも大きい
D12	2b	L	15.5	
E14	3	L	9.2	
E13	3	R	15.5	

前上顎骨　　歯骨　　方骨　　第1椎骨・腹椎　　尾椎

第58図 フサカサゴ科，アイナメ科各部位計測箇所（樋泉1999，山崎・上野2008を改変）

第5章 出土遺物の研究

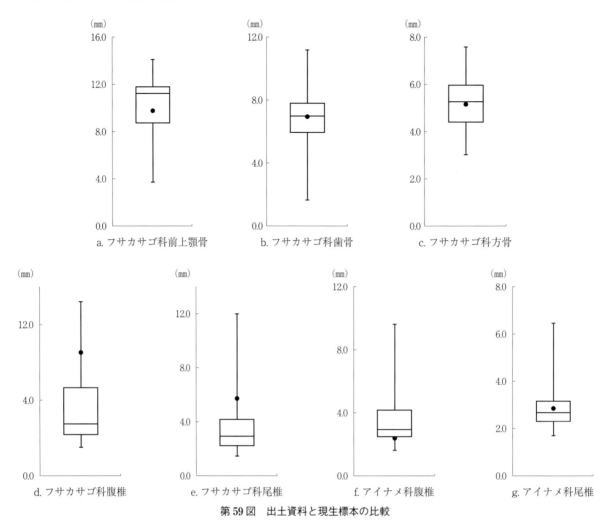

第59図 出土資料と現生標本の比較

a～e：● = ソイ（体長275mm）現生標本計測値　f・g：● = アイナメ（体長145mm）現生標本計測値

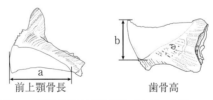

第60図 フグ科歯骨高計測箇所（山崎・上野2008を改変）

第67表 フグ類前上顎骨計測値

調査区	層	左右	計測値（mm）
現生標本	—	L	29.9
C14	2a	L	15.6
C15	2a	L	29.3
C14	2a	R	28.3
G11	2	L	22.3

第68表 フグ類歯骨計測値

調査区	層	左右	計測値（mm）
現生標本	—	L	15.0
B13	2a	L	9.5
C14	2a	L	14.2
C14	2a	L	14.2
F11	2	R	14.2
F12	2	R	9.5
G12	2	L	14.9
G12	2	L	12.3

れた事例は知られていない。あくまで定量化し得た資料のみを対象に作成した第 61 図の組成を見る限り，ドウマンチャ貝塚，札地貝塚の出土魚類遺体も，出土資料の圧倒的多数は，東北地方における縄文遺跡群の代表的な出土魚種とされるマダイが占め（金子 1970，金子ほか 1982），岩礁性魚種の遺体を主体に構成される点で，尻労安部洞窟のそれとある意味共通する特徴を備えているようにもみえる。しなしながら，ドウマンチャ貝塚，札地貝塚の魚類遺体はいずれも肉眼で任意採集された資料に当たり，本来の組成を示しているか定かでない。事実，発掘者らの報告によれば，ドウマンチャ貝塚には，一部小型のイワシ類が集中的に出土した箇所が確認され，定量化を試みた場合，それらが出土魚類遺体のかなりの割合を占める可能性が指摘されている（江坂ほか 1970）。加えて，札地遺跡の資料についても，図中に定量化した慶應義塾大学所管資料（吉富・佐藤 2005）はあくまでも発掘時肉眼による任意採集資料に過ぎず，金子浩昌氏が別途同定，定性的な報告を行った資料には，マダイとカサゴ目のほか，ネズミザメやカツオの遺体も含まれていたという（金子 1967）。さらに，中・近世の遺跡ながら，尻労安部洞窟ともほど近い浜尻屋，岩屋近世貝塚の魚類遺体も，カレイ類，タラ類の遺体を多数含む点など，その組成は上記縄文遺跡群のそれと著しく異なる。

　津軽海峡沿岸域の他の遺跡群に比べ当洞窟の魚類遺体がことのほか岩礁性魚種に偏る組成を示す点は，漁場や漁法とも関わる漁撈戦略の違い，さらには他の遺跡群がいずれも開地の集落遺跡であることに鑑み，遺跡の性格差という観点からも論じる必要があろう。

(4) 出土部位構成の偏りと人の営為

　当洞窟においては，成魚のマダイに由来する頭部構成部位が 22 個体分も得られたにもかかわらず，それらに後続する椎骨を 1 点も見出すことができなかった（第 62 図）。また，フサカサゴ科・アイナメ科に関しても，出土した頭部構成部位，椎骨は，それぞれ体長 20～30 cm 台，10 cm 台と推測し得る相互にサイズの異なる資料群によって構成されていた（第 59 図）。

　もとより，こうした部位組成の偏りが生じた要因として，まずもって検討すべきは，遺存の良し悪し，サンプリング・バイアスの影響であろう（cf. 植月学 2004）。しかしながら，当洞窟の魚類遺体群は遺存条件がことのほか良い石灰岩洞窟に埋蔵され，しかも 2 mm 目までのフルイも用いて採集された資料に当たる。それゆえ，上記の偏りは，自然の営力（タフォノミックな要因）や調査・報告者によるエラーではなく，あくまで遺跡形成者の営為に起因すると考えざるをえない。その観点に立つとき，可食部に富み有用度の高い胴部・尾部に伴う椎骨をマダイに一点も確認できず，フサカサゴ科・アイナメ科にしても体長 20 cm 未満の個体に由来する資料に得られるばかりであった点は，意味深長におもえてくる。こうした出土部位の偏りは，縄文時代が種やサイズの違いに応じて魚類に異なる解体・消費活動を行っていた可能性も示唆してくれる。

　興味深いことに，マダイについて頭部構成骨のみが出土する状況は戸井貝塚でも確認されている（西本 1993，第 63 図）。残念ながら出土部位とサイズの関係について同報告書から詳細を読み取ることはできないが，上記の可能性は，今後，周辺遺跡出土魚類遺体の部位組成も精査した上で，慎重に議論すべき課題となろう。

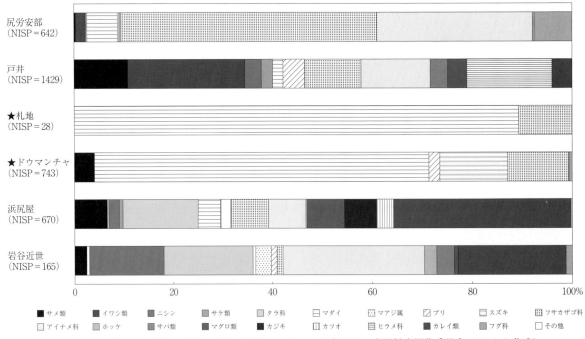

第 61 図　各遺跡の魚類組成（% NISP）（江坂ほか 1970，西本 1993，東通村史編集委員会 1999 から作成）

各遺跡とも種不明魚骨は除外した。★印の遺跡は肉眼での任意採集資料のみを示している。無印の遺跡は発掘時に採集された資料と柱状またはブロックサンプルから回収された資料を合算し示した。

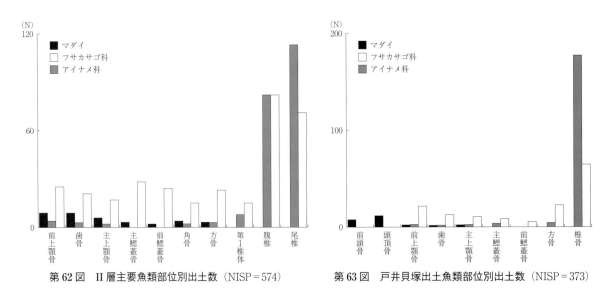

第 62 図　Ⅱ層主要魚類部位別出土数（NISP = 574）　　第 63 図　戸井貝塚出土魚類部位別出土数（NISP = 373）

(5) むすび

　以上，2002 年以降 2012 年までの発掘調査で出土した魚類遺体にその概要を示し，若干の考察を加えた。下北半島に数多確認されている縄文時代の遺跡群のなか，出土魚類遺体を水洗篩別し，その定量的な把握が試みられた先例は知られていない。それだけに，小稿で報告した資料群は極め高い学術価値をもつが，洞窟という特殊な環境下に遺された遺体群である点にも鑑みると，それらの内容をもって，ただちに本州最北端に展開した縄文時代人の漁撈活動全般を云々することには躊躇も感じざるをえない。当地における縄文時代人の漁撈活動についていささかでも一般化が許されるとすれば，同様に篩別採集された開地遺跡出土資料の内容を把握した後のこととなろう。下北半島には，むつ市最花貝塚はじめ，今なお良好に保存状態を保つ縄文時代の貝塚群も遺されていることから，今後の調査・研究に期待したい。

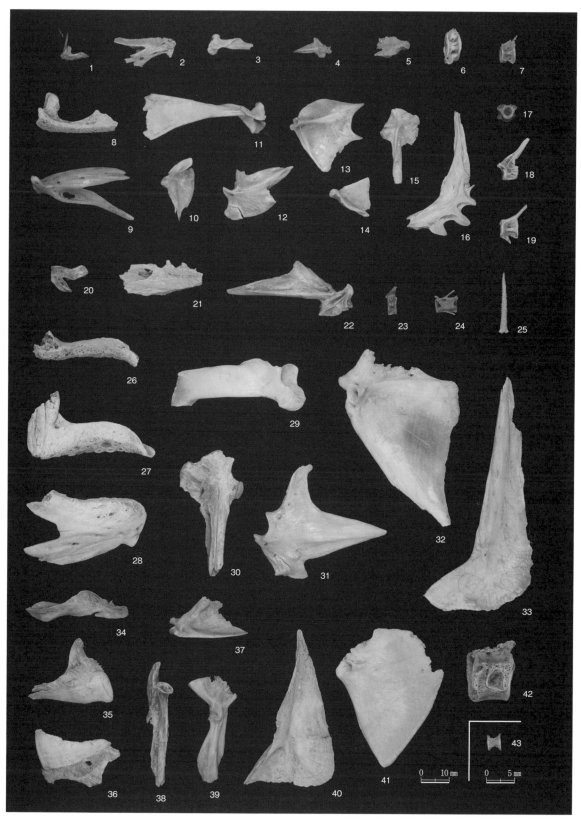

写真23 尻労安部洞窟出土海産魚類遺体

アイナメ 1前上顎骨, 2歯骨, 3主上顎骨, 4角骨, 5方骨, 6腹椎, 7尾椎 フサカサゴ科, 8前上顎骨, 9歯骨, 10口蓋骨, 11主鰓蓋骨, 12角骨, 13主鰓蓋骨, 14方骨, 15舌顎骨, 16前鰓蓋骨, 17第1椎体, 18腹椎, 19尾椎, 20ウミタナゴ科歯骨, 21ヒラメ歯骨, 22タラ科角骨, 23カレイ科腹椎, 24マアジ属尾椎, 25カワハギ科背鰓棘, 26チダイ前上顎骨, マダイ, 27前上顎骨, 28歯骨, 29主上顎骨, 30舌顎骨, 31角骨, 32主鰓蓋骨, 33前鰓蓋骨, フグ科, 34主上顎骨, 35前上顎骨, 36歯骨, 37方骨, 38主舌骨, 39角舌骨, 40前鰓蓋骨, 41スズキ主鰓蓋骨, 42ブリ腹椎, 43ニシン亜目椎体

(吉永亜紀子・佐藤孝雄)

引用・参考文献

江坂輝弥・渡辺　誠・高山　純（1970）大間町ドウマンチャ貝塚，下北　自然・文化・社会，九学会連合・下北調査委員会，平凡社，PP. 129-144.

小川　博・川村喜一・桑野幸夫・杉山荘平・坪井洋文（1970）尻労村の生態，下北　自然・文化・社会，九学会連合・下北調査委員会，平凡社，pp. 416-438.

落合　明編（1994）魚類解剖大図鑑，緑書房.

金子浩昌・西本豊弘・永浜真理子（1982）狩猟・漁撈対象動物の地域性，季刊考古学 1: 18-24.

金子浩昌（1970）下北半島における縄文時代の漁猟活動，下北　自然・文化・社会，九学会連合・下北調査委員会，平凡社，pp. 117-128.

河井智康（2000）大衆魚の世界，日本放送出版会，pp. 161-262.

蒲浦稔治・岡村　収（1985）原色日本海水魚類図鑑Ⅰ・Ⅱ，保育社.

佐藤孝雄（2005）動物遺体，阿部祥人編　下北半島石灰岩地帯における洞窟遺跡の調査，平成 14 年度〜平成 15 年度科学研究費補助金（基盤研究 C2）研究結果報告書，慶應義塾大学文学部民族学考古学研究室，pp. 15-19.

長澤和也・鳥　澤雅（1992）漁業生物図鑑　北のさかなたち，（株）北日本海海洋センター.

西本豊弘（1993）戸井貝塚Ⅲ，北海道亀田郡戸井町教育委員会.

東通村史編集委員会（1999）東通村史　遺跡発掘調査報告編，東通村.

山崎京美・上野輝彌（2008）硬骨魚類の顎と歯，アート＆サイエンス工房 TALAI.

吉富えりか・佐藤孝雄（2005）下北郡東通村札地貝塚の脊椎動物遺体，動物考古学 22: 138.

4．両生類・爬虫類遺体

ここでは，尻労安部洞窟の発掘を開始した 2002 年から 2012 年までの調査で得られた完新世（Ⅱ〜Ⅹ層）の両生類・爬虫類遺体について，その種組成および観察所見を報告する。

(1)資料と方法

発掘区から出土した全ての両生類・爬虫類を観察することは時間的に困難であったため，発掘区南側の C13 区と北側の F12 区を資料調査の対象区に選定し，Ⅱ層（縄文中期後葉〜後期前葉），Ⅲ〜Ⅵ層（縄文早期〜中期），Ⅶ〜Ⅹ層（更新世末〜完新世初頭？）から出土した両生類・爬虫類を資料とした（表土に相当するⅠ層の出土物は除外）。上記 2 区の掘削土は原則として 2mm 目のフルイで水洗選別し，フルイ上に残った資料を全て採取した。

種の同定は，両生類・爬虫類ともに文献（河村・樽野 1993，広島大学生物学会ほか 1971）を参考に肉眼による形態観察に基づき実施した。現生標本との照合が不十分であるため目までの同定に留めたが，大きさに顕著な差異の認められた無尾目については，大型，中型，小型，極小型の 4 タイプに分類した。

(2)同定結果

ア　両生類

Ⅱ層とⅥ層から無尾目遺体（Anura fam. indet.）について，105 点が得られた。出土部位は椎骨，上腕骨，橈尺骨などで，骨体のサイズからみて少なくとも 4 種のカエル類を含むと推測し得る。C13 区からの出土数が 4 点であったのに対して，F12 区では 100 点と多く，地点による出土量の差異が認められた。Ⅱ層か

第69表　完新世層準から出土した無尾目遺体

	II層					VI層			完新世全体	
	C13区		F12区			F12区				
	出土部位	NISP MNI	出土部位	NISP	MNI	出土部位	NISP	MNI	NISP	MNI
大型			後頭顆 R1 肩甲骨肩甲窩 R1 橈尺骨近位部 R1 距骨？R1　椎骨2	6	1	副蝶形骨1	1	1	7	2
中型			翼状骨 L1R2 上腕骨近位部 R2 遠位部 L1R1 橈尺骨 R1	8	2				8	2
小型			環椎1　上腕骨完存 R1 上腕骨遠位部 L5R5 橈尺骨 L1R1　腸骨 L1R1 烏口骨 R1　椎骨5　椎骨片1	23	5				23	5
極小型	上腕骨 R1 椎骨3	4　1	環椎1　上腕骨遠位部 R1 腸骨 L1　椎骨50	53	7*				57	8
タイプ不明			指骨8　指骨破片2	10	—				10	—
合計		4　1		100	8		1	1	105	17

NISP：Number of Identified Specimens（同定標本数），MNI：Minimum Number of Individuals（最小個体数）。
*椎骨の出土数が多いため，椎骨数50を環椎をのぞいた仙骨までの椎骨数8で割り，小数点以下を繰り上げて求めた。

第70表　完新世層準から出土したヘビ亜目遺体

	II層				III層			IV層			VI層			VIII層					完新世全体	
	C13区		F12区			F12区			F12区			F12区			C13区			F12区			
出土部位	NISP	MNI	出土部位	NISP	MNI	出土部位	NISP	MNI	出土部位	NISP	MNI	出土部位	NISP	MNI	出土部位	NISP	MNI	出土部位	NISP	MNI	NISP MNI
椎骨24 椎骨片1	25	1	椎骨480 椎骨片2	482	1+*	椎骨1	1	1	椎骨6 椎骨片1	7	1	椎骨18	18	1	椎骨4	4	1	椎骨3	3	1	540　7+*

NISP：Number of Identified Specimens（同定標本数），MNI：Minimum Number of Individuals（最小個体数）。
*ヘビ亜目の椎骨は200個以上あり，種間差も存在するため，200個以上数えた場合はMNIを1個体以上として「1+」と表記した。

らの出土が全体の出土量の大半を占め，VI層から出土した資料は1点にとどまる。種名と区・層別の出土量を第69表に示した。

イ　爬虫類

II層からVIII層にかけてヘビ亜目遺体（Serpentes fam. indet.）540点が得られた。トカゲ亜目（Lacertilia fam. indet.）に同定される資料はみられなかった。出土部位は全て椎骨である。C13区からの出土数が29点であったのに対してF12区では511点を数え，両生類と同様に地点による出土量の偏りが認められた。層位別にみるとII層では507点，それ以下の層位では合計して33点と，II層に出土が集中する傾向がみられた。種名と区・層別の出土量を第70表に示した。

(3) 観察所見

カットマークや焼成痕は確認されず，ヒトの関与を直接的に示す証左は得られなかった。後続する鳥類の報告では，骨体表面に観察された消化痕と思しき形状の存在をもとに，II層から出土した小型鳥類の一部が猛禽類など肉食鳥類のペレットに由来する可能性が指摘されている（第5章第2節第4項5）。カエル類やヘビ類も肉食鳥類の食餌になりうる動物であるため，骨体表面の形状変化を検討したが，消化痕に比

196　第5章　出土遺物の研究

定される小窩や凹凸は認められなかった。

(4) むすび

　C13区とF12区の完新世層準から無尾目遺体105点，ヘビ亜目遺体540点が出土した。もっとも，これら両生類・爬虫類遺体に人類活動の所産に当たる資料が含まれているかは判然としない。C13区とF12区とで同遺体群の出土量が著しく異なることは，今後この点を検討する上においても，注目に値しよう。

（高橋鵬成・澤田純明・佐藤孝雄）

引用・参考文献

河村善也・樽野博幸（1993）化石編4.脊椎動物4.2両生類，爬虫類，鳥類，哺乳類　4.2.1骨・歯の形態．日本第四紀学会編　第四紀試料分析法　2研究対象別分析法，東京大学出版会, pp. 354-355.

広島大学生物学会・池田嘉平・稲葉明彦（1971）日本動物解剖図説．第1版，森北出版．

5. 鳥類遺体

　ここでは，2002年度以降の調査で地点を記録して採取された資料，およびC13区とF12区から検出された資料を中心に，出土した鳥類遺体について報告する。

(1) 資料と方法

　尻労安部洞窟の2002年度以降の調査で出土した鳥類遺体は軽く1,000点を超え，その抽出は作業の途上である。今回報告を依頼された資料は，地点記録資料46点，C13区出土資料7点，およびF12区出土資料237点（6点の地点記録資料を含む）の計284点である。資料は発掘調査中に視認，採取されたもののほか，採取した土壌を4mm以上のフルイで水洗選別して得られたものである。C13区およびF12区については，これまでにすべての資料の抽出が終了している。層位別にみると，地点記録採取資料はⅡ層から29点とⅢ層から17点，C13区はⅡ層から7点，F12区はⅠ層から23点，Ⅱ層から176点，Ⅲ層から32点，Ⅳ層から1点，Ⅵ層から5点である。なお，今回報告対象外とされた資料もこれまでに453点を分析している。

　資料は現生骨標本との肉眼比較で同定した。現生標本として，川上和人氏（森林総合研究所：KP）および江田（EP）の所蔵標本を利用した。骨の部位の名称はBaumel et al（1993）および日本獣医解剖学会（1998）に，分類群名は基本的に日本鳥学会（2012）に従い，同書で言及されていないカモ科の亜科や族の分類はAmerican Ornithologist' Union（1998）に従った。資料の残存状態は，資料にほとんど損傷がないものは完存，近位端や遠位端の関節が半分以上残っているものはそれぞれ近位端，遠位端とした。また，主要四肢骨では骨幹のほぼ中央にある栄養孔が残存している骨は骨体部として記載した。資料のうち，趾骨，椎骨，肋骨，関節骨を含まない下顎骨，および先端部のみが残存している上顎骨は同定対象とせず，種不明として数を記載した。一方，資料の破損が著しいために鳥綱以下の同定ができなかった資料は同定不能とした。各資料について骨の表面の粗さと骨端の癒合状態に基づく成長段階，同定時に目に付いた解体痕や加工痕を記載した。骨の成長段階は，すべての部位について骨端が未癒合のものは幼鳥，骨端が癒合しているものの形成が不完全な資料と骨体表面が粗い資料は若鳥，他は成鳥とした。また，破損して髄腔を

観察できた資料では骨髄骨様の交織骨の有無を記載した。最少個体数は各分類群における大きさの変異を考慮せず，同定した分類群を単位に算出した。

(2) 結　果

報告対象とした284点中205点（約72％）で目以上を単位とした同定ができた。ウズラ，キジ科，カモ亜科，ハト科，アホウドリ科，ミズナギドリ科，ウミツバメ科，ウ科，ウミスズメ科，フクロウ科，スズメ目の8目10科が確認された（第71～74表）。また，報告対象外の資料中には，これらのほかにカモメ科，キツツキ科，クイナ科，アビ科，カラス科，ヒヨドリ科が確認された。同定破片数はミズナギドリ科が約30％で最も多く，ウ科とスズメ目がそれぞれ20％，ウミスズメ科が約13％，ウズラを含むキジ科が約7％，ウミツバメ科が約6％でこれに続いた。すべての分類群で骨角器製作などに伴う加工痕は認められなかった。以下，各分類群の特徴，および資料が豊富ですべての遺物が抽出されているF12区を中心にその出土状況について記載する。

ア　ミズナギドリ科

地点記録遺物として15点，C13区から1点，F12区から50点（地点記録遺物5点を含む）の計61点が出土した。F12区での内訳はI層から5点（鳥類の同定破片数の約28％），II層から25点（同約21％），III層から20点（同約71％）である。ハシボソミズナギドリ（EP-268）程度の大きさの資料を中心に，同標本より小さい資料，ハイイロミズナギドリ（EP-132）程度の大きさの資料までが含まれた。複数種に由来すると考えられる。出土したミズナギドリ類の自由上肢骨はハイイロミズナギドリ属に類似した扁平なものが多く，オオミズナギドリ（EP-92）に比定されるような骨幹の細いものはほとんど含まれていない。F12区のII層から出土した胸骨（写真27の1）とF10区のI層から出土した尺骨は一部が火を受けて黒色化していた。同様に火を受けた資料はH11区のII層からも検出されている。また同区のII層からは小動物の咬痕のある足根中足骨と，骨表面が荒れ，小孔の散在する上腕骨が認められた。

イ　ウ科

地点記録遺物として15点，F12区から26点の計41点が出土した。F12区における内訳はI層から6点（鳥類の同定破片数の約33％），II層から18点（同約15％），III層から1点（同約4％），VI層から1点である。ヒメウ（EP-95）程度の大きさの資料が資料の約25％，ウミウ（EP-88）やカワウ（EP-54）程度の大きさの資料が約15％で，他は両者の中間程度の大きさであった。複数種からなり，上記の3種が含まれる可能性がある。C15区II層から出土した足根中足骨とF12区I層から出土した大腿骨は，骨幹の粗い若鳥のものであった。F12区のVI層から検出された手根中手骨は全体が火を受けて黒色化していた。同様に火を受

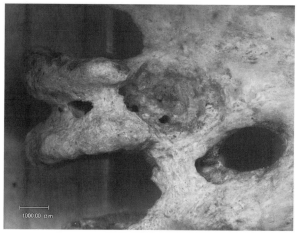

写真24　消化痕と思しき痕跡が認められたウ科の足根中足骨

けて黒色化した資料はH10区のⅠ層で3点，F10区のⅡ層で1点検出されている。報告対象資料中では明瞭なカットマークなどは認められていないが，F10区のⅠ層から検出された橈骨の骨幹遠位端よりとE11区のⅡ層から検出された手根中手骨の伸筋突起にはカットマークが認められた。F12区のⅡ層から表面がかなり荒れて，小孔の散在する上腕骨が確認された。同様の痕跡のある足根中足骨（写真24）は報告対象外のF11区のⅡ層でも検出されている。

ウ　スズメ目

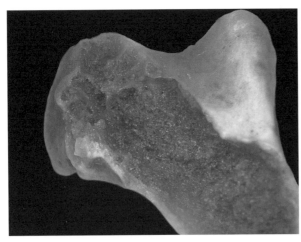

写真25　スズメ目の大腿骨で認められた交織骨

地点記録遺物として1点，F12区から40点が検出された。F12区の層位別にみると，Ⅰ層から2点（鳥類の同定破片数の約11％），Ⅱ層から34点（同29％），Ⅲ層から3点（同11％），Ⅵ層から1点である。今回の報告対象資料では41点中20点が，報告対象外の資料を含めても91点中41点が上腕骨で，出土部位は上腕骨に偏っていた。このため，各層で算出した最少個体数は同定破片数に比べて多い傾向があった。出土した上腕骨は，含気窩の有無などの形質から少なくとも9つのタイプに分類できた。これらのうち2つはカラス科とヒヨドリ科に相当すると考えられるが，今回の報告対象資料中には両科は含まれていなかった。分けられた各タイプ中でもサイズに大きな変異が認められ，資料中には10種以上の種が含まれると考えられた。スズメ目の同定に関する詳細は他稿に譲ることとしたい。F12区のⅡ層からは骨髄骨と思われる交織骨が確認された（写真25）。カットマークなど，人為的な痕跡は認められていない。

エ　ウミスズメ科

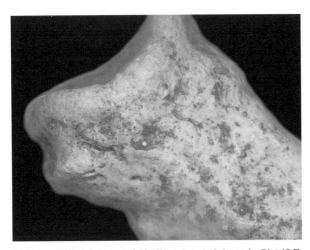

写真26　消化痕と思しき痕跡が認められたウミスズメ科の橈骨

地点記録遺物として5点，C13区から1点，F12区から21点の計27点が検出された。F12区での内訳は，Ⅰ層から1点（鳥類の同定破片数の約6％），Ⅱ層から18点（同15％），Ⅲ層から2点（同7％）である。ハシブトウミガラス（EP-158）程度の大きさの資料を中心に，ウトウ（EP-106）程度の資料，ウミオウム（EP-24）程度の資料，同標本より小さい資料が認められた。複数種が含まれると考えられる。F12区Ⅱ層から出土した橈骨（写真26）2点と上腕骨1点は表面が荒れており，凹凸が散在していた。明瞭なカットマークなどは認められていない。

第71表　尻労安部洞窟出土鳥類遺体種名表（NISPとMNI）

分類群名	学名	点取り遺物 II NISP	点取り遺物 III NISP	C13 II NISP	F12*2 I NISP	F12*2 I MNI	F12*2 II NISP	F12*2 II MNI	F12*2 III NISP	F12*2 III MNI	F12*2 IV NISP	F12*2 VI NISP
ウズラ	Coturnix japonica			1			5	1				
キジ科[複数種]	Phasianidae spp.	1	1		1	1	5	2				
カモ亜科	Anatinae sp.						1	1				
ハト科[複数種]	Columbidae spp.			1			1	1				
アビ科*1	Gaviidae sp.											
アホウドリ科	Diomedeidae sp.						1	1				
ミズナギドリ科[複数種]	Procellariidae spp.	8	7	1	5	2	25	3	20	2		
ウミツバメ科[複数種]	Hydrobatidae spp.			1	3	1	8	2	1	1		
ウ科[複数種]	Phalacrocoracidae spp.	11	4		6	1	18	2	1	1		1
クイナ科*1	Rallidae sp.											
カモメ科[複数種]*1	Laridae spp.											
ウミスズメ科[複数種]	Alcidae spp.	5		1	1	1	18	2	2	1		
フクロウ科	Strigiformes sp.						3	1	1	1		
キツツキ科[複数種]*1	Picidae spp.											
カラス科*1	Corvidae sp.											
ヒヨドリ科*1	Pycnonotidae sp.											
スズメ目[複数種]	Passeriformes spp.	1			2	1	34	8	3	2		1
種不明鳥類		1	1	2	2		38		1		1	3
同定不能鳥類		2	4		3		19		3			
合計	17分類群	29	17	7	23	7	176	24	32	8	1	5

*1 今回分析対象外資料からのみ出土している分類群。
*2 地点記録遺物も含む。

第72表　鳥類遺体出土量表（地点記録遺物）

大別層位	区	分類群	部位	左右	残存
II	A14	ウ科	上腕骨	右	s-d1
	B14	ミズナギドリ科	手根中手骨		w1
		ウミスズメ科	上腕骨	左	s-d1
	B15	ミズナギドリ科	上腕骨	左	s1
	C15	ミズナギドリ科	上腕骨	右	s-d1
		ウ科	尺骨	左	s-d1
			上腕骨	左	sfr1
			足根中足骨	左	p-s1†
	D12	ウ科	烏口骨	左	s1
	D14	ウ科	上腕骨	左	sfr1
	E11	同定不能鳥類	四肢骨		sfr1
			尺骨		sfr1
	E12	ミズナギドリ科	上腕骨	右	s1
				左	d1
		ウ科	足根中足骨	左	p-s1
		スズメ目	脛足根骨	右	w1
	E14	ウ科	尺骨	右	p-s1
	E15	ウミスズメ科	上腕骨	右	s1
	F12	種不明鳥類	肩甲骨	右	p1
	G12	キジ科	上腕骨	左	d1
		ミズナギドリ科	烏口骨	左	w1
			尺骨	右	p-s1
				左	p-s1
		ウ科	尺骨	右	p-s1
			上腕骨	左	s-d1
			脛足根骨	左	d1
		ウミスズメ科	上腕骨	右	w1;s1
				左	s-d1
III	D14	ウ科	烏口骨	左	s-d1
	E10	キジ科	橈骨	左	s1
		種不明鳥類	趾骨		p-s1
		同定不能鳥類	四肢骨		sfr4
	F12	ミズナギドリ科	烏口骨	左	w1
			上腕骨	右	p-s1
				左	s-d1;d1
			橈骨	左	w1
	G12	ミズナギドリ科	尺骨	右	s-d1
			橈骨	右	d1
		ウ科	尺骨	左	d1
			上腕骨	左	s-d1
			足根中足骨	左	w1

w. 完存　p. 近位端　s. 骨体部　d. 遠位端　fr. 破片　† 若鳥
烏口骨では肩端をdとした。

第73表　鳥類出土量表（C13区）

大別層位	分類群	部位	左右	残存
II	ウズラ	尺骨	右	d1
	ハト科	足根中足骨	左	p-s1
	ミズナギドリ科	手根中手骨	右	s1
	ウミツバメ科	足根中足骨	左	d1
	ウミスズメ科	烏口骨	右	w1
	種不明鳥類	趾骨		2

w. 完存　p. 近位端　s. 骨体部　d. 遠位端

第74表 鳥類遺体出土量表（F12区）

	分類群	部位	左右	残存
I	キジ科	尺骨	左	s-d1
	ミズナギドリ科	関節骨	右	1
		上腕骨	左	s-d1；d1
		手根中手骨		w1
		大指基節骨	左	1
	ウミツバメ科	上腕骨	左	s-d1
		尺骨	左	w1
		大指基節骨	右	w1
	ウ科	関節骨	右	1
		橈骨	右	d1
			左	p-s1
		手根中手骨	左	p-w1
		大指基節骨	右	1
		大腿骨	右	p1†
	ウミスズメ科	寛骨	右	1
	スズメ目	上腕骨	右	w1
		手根中手骨	右	w1
	種不明鳥類	上顎骨		2
	同定不能鳥類	四肢骨		sfr2
		尺骨		sfr1
II	ウズラ	烏口骨	左	w1
		上腕骨	右	d1
			左	p1
		脛足根骨	左	d1
		足根中足骨	左	s-d1
	キジ科	橈骨	左	d1
		尺骨	左	d2
		手根中手骨	右	w1
		足根中足骨	左	d1
	カモ亜科	大指末節骨	左	w1
	ハト科	烏口骨	左	w1
	アホウドリ科	橈骨	左	sfr1
	ミズナギドリ科	胸骨		1
		烏口骨	右	w1
		肩甲骨	右	p1
		鎖骨		1
		上腕骨	左	sfr1
		橈骨	右	p2；d1
			左	p2；d1
		尺骨	左	w1；p1；d1
		大指基節骨	右	w3
			左	w1；d1
		大腿骨	右	d1
		脛足根骨	右	d1
			左	s1；d1
		足根中足骨	右	w1
			左	w1
	ウミツバメ科	上腕骨	右	d1
			左	s1；s-d1；d1
		尺骨	右	p-s1
		手根中手骨	右	d1
		足根中足骨	右	s-d2
	ウ科	関節骨	右	1
		方形骨	左	1
		上腕骨	左	sfr1
		橈骨	右	p1
			左	p1
		尺骨	右	s2
			左	p1；s1；d2；sfr1
		小翼節骨	左	w1
		大指末節骨	右	w1
			左	p-s1
		脛足根骨	左	s1
		足根中足骨	右	d1
			左	w1

	分類群	部位	左右	残存
	ウミスズメ科	関節骨	右	1
		胸骨		2
		烏口骨	右	w1；d1
			左	p1；d1
		肩甲骨	右	1
		上腕骨	右	p1
		橈骨	右	p1；d1
			左	p2；d2
II		尺骨	右	d1
			左	w1
		大腿骨	左	
	フクロウ科	手根中手骨	左	w1
		足根中足骨	右	w1
			左	s-d1
	スズメ目	烏口骨	右	p-s1
			左	w1
		肩甲骨	左	w1；p-s1
		上腕骨	右	w5；p1；p-s2；d2
			左	w3；p-s1；d1
		尺骨	右	w1；d1
			左	w2；p-s1；s-d1
		手根中手骨	右	w1
			左	
		大指基節骨	右	w1
		大腿骨	左	d1*
		脛足根骨	左	p1*
		足根中足骨	右	w3
			左	s-d1
	種不明鳥類	上顎骨		4
		下顎骨		3
		肩甲骨	右	p1#
		上腕骨	右	s-d1
			左	d1
		橈骨		p1
		足根中足骨	右	w1
		椎骨		6；fr2
		肋骨		4
		趾骨		w10；p1；d3
	同定不能鳥類	頭骨		fr2
		下顎骨	左	sfr1
		胸骨		sfr1
		肩甲骨	右	pfr1
			左	pfr1
		鎖骨		1；sfr1
		橈骨	右	p1
			左右不明	p1
		寛骨	右	3
		四肢骨		sfr5
		足根中足骨		dfr1
III	ミズナギドリ科	胸骨		2
		烏口骨	右	p-s1
			左	w1#
		橈骨	右	p1
			左	w1#；p1
		上腕骨	右	p-s1#；s1；d2
			左	s-d1#；d1#
		尺骨	左	w1；d1
		手根中手骨	右	w1
			左	p1；p-s1；s-d1；d1
	ウミツバメ科	上腕骨	左	s-d1
	ウ科	橈骨	右	p1
	ウミスズメ科	烏口骨	左	p-s1
		肩甲骨	右	1
	フクロウ科	上腕骨	左	s-d1
	スズメ目	上腕骨	右	w1；d1
			左	w1
	種不明鳥類	趾骨		p1
	同定不能鳥類	四肢骨		sfr2
		手根中手骨		s1
IV	種不明鳥類	趾骨		d1
VI	ウ科	手根中手骨	右	d1
	スズメ目	上腕骨	右	p1
	種不明鳥類	椎骨		fr1
		趾骨		w2

w：完存　p：近位端　s：骨体部　d：遠位端　fr：破片
＊：骨髄骨あり　†：若鳥　＃：地点記録遺物　烏口骨では胸端をp，肩端をdとした。胸骨では烏口骨との関節部，鎖骨では中央部を計数。

オ　キジ科（ウズラを含む）

　地点記録遺物として2点，C13区から1点，F12区から11点の計14点が検出された。F12区での内訳は，I層から1点（鳥類の同定破片数の約6%），II層から10点（同8%）である。C13およびF12区のII層から出土した計6点は，キジ（EP-143）やヤマドリ（EP-144）に比べてかなり小さく，ウズラ（EP-29）と同程度の大きさであったことからウズラと同定した。他の8点では，キジ（EP-143）とヤマドリ（EP-144）とそれぞれ同程度の大きさの資料が各4点認められた。ウズラのほか，両種が含まれる可能性がある。F12区のII層から出土した尺骨と足根中足骨は骨表面がかなり荒れており，多数の凹凸が認められた。カットマークなど，明瞭な人為的な痕跡は認められていない。

カ　ウミツバメ科

　C13区から1点，F12区から12点が検出された。F12区における出土量はI層が3点（鳥類の同定破片数の約17%），II層が8点（同7%），III層が1点（同4%）である。クロウミツバメ（KP292-3）より小さい資料がほとんどで，わずかに同標本と同大の資料が認められた。複数種を含むと考えられる。明瞭な人為的な痕跡は認められなかった。

キ　その他の鳥類

　報告対象資料では，フクロウ科，ハト科，アホウドリ科，カモ亜科が認められた。フクロウ科はF12区のII層から3点，III層から1点が検出された。すべてオオコノハズク（EP-16）程度の大きさの資料である。ハト科はC13・F12区のII層から各1点が検出された。前者はアオバト（KP317-4）と，後者はキジバト（EP-17）とほぼ同大の資料であった。アホウドリ科とカモ亜科はともにF12区のII層から1点ずつ出土した。前者はコアホウドリ（EP-151）と，後者はカルガモ（EP-84）と同程度の大きさであった。このほか，報告対象外資料では，II層を中心にカモメ科，キツツキ科，クイナ科，アビ科が検出された。カモメ科ではオオセグロカモメ（EP-11）やウミネコ（EP-10）とほぼ同大の資料が，キツツキ科ではコゲラ（KP358-3）とアオゲラ（KP350-2）とほぼ同大の資料が，クイナ科ではバン（EP-12）よりかなり小さい資料が認められた。これらの資料はこれまでに分析したII層の資料432点中1%以下を占めるに過ぎない。アビ科はI層からオオハム（EP-9）とほぼ同大の資料が1点認められた。

(3) 尻労安部洞窟の鳥類遺体群の形成過程

　報告対象とした284点中約72%で目以上を単位とした同定ができた。鳥類の骨はVI層より上層の完新世前半以降の包含層から確認され，更新世末以前の包含層からは出土していなかった。全包含層における同定破片数はミズナギドリ科が最も多く，これにウ科とスズメ目，ウミスズメ科，ウズラを含むキジ科，ウミツバメ科が続いた。まとまった資料が得られたF12区では，各包含層における分類群の組成に顕著な違いが認められた。I層ではウ科が約33%（18点中6点）でもっとも多く，これにミズナギドリ科（5点，約28%）が続いた。II層ではスズメ目が約29%（119点中34点）でもっとも多く，これにミズナギドリ科が約21%（25点），ウミスズメ科とウ科がそれぞれ約15%（18点）で続いた。III層ではミズナギドリ科が約71%（28点中20点）と突出して多かった。最少個体数でみると，出土部位の上腕骨への偏りが認められたスズメ目が各包含層で同定破片数に比べて高い割合で出土していた（I層：14%，II層：33%，III

202　第5章　出土遺物の研究

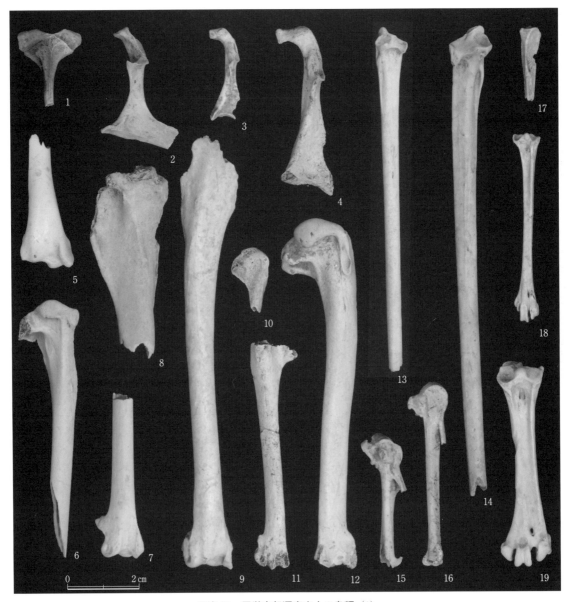

写真 27　尻労安部洞窟出土の鳥類 (1)

1・2, 6・7, 13, 16, 18：ミズナギドリ科　3・4, 10-12：ウミスズメ科　5・15：キジ科　8-9, 14, 19：ウ科　17：カモ亜科
1：胸骨　2-4：烏口骨　5-12：上腕骨　13-14：尺骨　15-16：手根中手骨　17：大指末節骨
5, 7, 11, 13, 17, 17-19 は左，胸骨を除き他は右。

層：25％)。各包含層による組成の違いは遺体群の形成過程の違いを反映するものと考えられる。

　尻労安部洞窟では，他の該期の遺跡でほとんど出土しないスズメ目やウミツバメ科を中心にウズラ，キツツキ科など，小型鳥類の遺体が大量に出土することが特徴的であった。これらの骨が多数検出されたことの一因は，水洗選別で資料が丹念に採取されたためと考えられる。一方で，水洗選別を実施した調査でもここまで多数のスズメ目が出土するのは例外的であり，さらにウミツバメ科やキツツキ科が日本の遺跡から出土する例も極めて稀である。貝塚遺跡データベース (ACI Sokendai; http://aci.soken.ac.jp/soars/LoginForm.do) での検索と筆者のこれまでの文献調査では，キツツキ科は石城山遺跡（沖縄県石垣市）で，ウミツバメ科は大石山遺跡（東京都利島村）で確認されているに過ぎない。火を受けた痕跡のある骨やカットマークの認められた骨が含まれることから，鳥類遺体に人によって扱われたものが含まれることは確実で

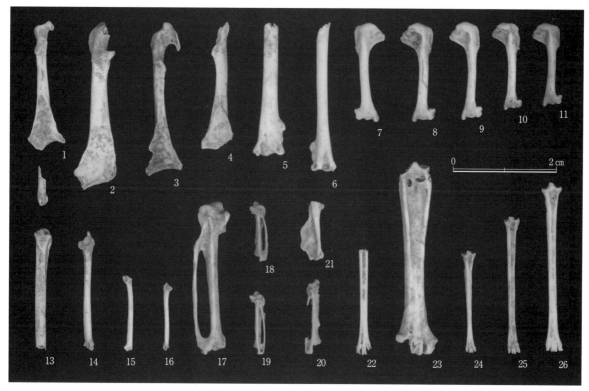

写真 28　尻労安部洞窟出土の鳥類（2）
1・12：ウズラ　2：ハト科　3・4, 7-11, 14-16, 18-21, 24-26：スズメ目　5・6, 13, 22：ウミツバメ科　17, 23：フクロウ科　6-7, 13, 16, 18：ミズナギドリ科　1-4：烏口骨　5-11：上腕骨　12-16：尺骨　17-20：手根中手骨　21：大指基節骨　22-26：足根中足骨
1-3, 6-7, 15-17, 20 は左，他は右。

ある。一方で，洞窟の堆積物であるという観点からも，人為以外による堆積の可能性も考慮するべきであろう。とくに，表面が荒れ，きわめて小さな孔や凹凸が散在する骨がII層を中心に複数認められたことは特筆に価する。これらの骨表面の痕跡は消化痕の可能性がある。洞窟の上部やその周辺に生息した大型のタカ類やフクロウ類が吐き戻したペレットが堆積に一部含まれる可能性も極めて高いといえるだろう。大型のタカ類はスズメ目などの小型の鳥類のみならず，ミズナギドリ科など中型の鳥類もその狩猟対象とすることが知られている（樋口ほか 1996）。さらにそれより大きなウ科やアホウドリ科であっても，海岸に漂着した斃死個体などであればやすやすとその肉が利用されたことは想像に難くない。人為と非人為の堆積物の占める割合などの検討は今後の課題である。

　骨格標本を閲覧させていただいた川上和人氏（森林総合研究所），デジタルマイクロスコープによる撮影にご協力いただいた藤田祐樹氏（沖縄県立博物館・美術館）に末筆ながら篤く御礼申し上げます。

（江田真毅）

引用・参考文献

日本獣医解剖学会（1998）『家禽解剖学用語』，日本中央競馬会．
日本鳥学会（2012）『日本鳥類目録改訂　第7版』，日本鳥学会．
樋口広芳・森岡弘之・山岸哲（1996）『日本動物大百科3』，平凡社．
American Ornithologist' Union. (1998) The AOU Check-list of North American Birds, 7th Edition, American

Ornithologist' Union, Washington, D. C.

Baumel J. J., King A. S., Breazile J. E., Evans H. E., and Berge J. C. V. (1993) Handbook of Avian Anatomy: Nomina Anatomica Avium, Nuttall Ornithological Club, Cambridge.

6. 小型哺乳類遺体

　青森県下北半島北東端にある尻労安部洞窟の完新世の層準からは，長年の発掘調査で採取された堆積物を精密に水洗処理することによって，非常に多くの小型哺乳類遺体が得られている。北日本の遺跡や化石産地で完新世の小型哺乳類遺体が多産し，それが詳しく研究され報告されている例はきわめて少なく，岩手県のアバクチ洞穴遺跡と風穴洞穴遺跡（河村 2003a・b）や北海道の静川 22 遺跡（河村 2002）くらいであろう。これらの遺跡に比べて，尻労安部洞窟では，はるかに多くの小型哺乳類遺体が得られており，その研究には大きな意義があると考えられる。

　この洞窟の完新世の小型哺乳類遺体群集には，それが人為的に集められ，食料源として利用されたことを示す積極的な証拠がなく，一方でそれを含む堆積物が石灰岩に形成された小さな洞窟とその前庭部に堆積しており，遺体が集積し保存されやすい条件にあったと考えられることから，この群集は主に自然の営力によって集積したと考えている。したがって，この群集を研究することによって，完新世の本州北部の動物相を復元する上で他に例のない貴重なデータが得られるばかりか，この地域の当時の古環境を推定する上でも重要なデータが得られることが期待できる。また，この洞窟では完新世の堆積物の下位に連続して後期更新世の堆積物があり，そこからも小型哺乳類遺体が出土しているので（河村ほか 2015），この洞窟の群集は地球環境の激変期にあたる後期更新世から完新世にかけての時期の動物相の変遷史を記録していると考えられるという点からも重要である。

　ここでは，2003 年から 2012 年までの発掘調査で採取された堆積物の水洗処理によって得られた小型哺乳類遺体のうち，完新世の層準のものについて，その研究結果を報告する。また完新世の層の下位にあって，後期更新世の層準との間に挟まれる時代未詳の層準から，同様にして得られたものの研究結果についても，あわせて報告する。

(1) 調査区と層序

　この洞窟の調査区は，第 64 図のように設定されている。これらの調査区のうち，今回の研究に用いた小型哺乳類遺体を抽出した堆積物が採取された調査区と層を同じ図に示した。この洞窟の堆積物については，第 73 表のような層区分がおこなわれている。発掘調査時の層区分はその後に整理され，この表の最左欄の I～XVII 層にまとめられた。そのうちの I 層から VI 層までが完新世のものである。また，その下位にある VII 層から X 層までは時代未詳で，更新世末から完新世初頭にかけてのものらしい。

　出土した小型哺乳類遺体につけられたラベルには，すべて発掘調査時の層名が記入されているので，将来の遺体の整理や再調査に役立つように，第 75 表には I～X 層のそれぞれと発掘調査時の層名との対応関係も示しておいた。また，この表には各層の時代とその根拠や年代に関する情報なども載せられている。

(2) 遺体の抽出

　2003 年と 2004 年の発掘調査で採取された堆積物は，9 mm 目，4 mm 目，2 mm 目，0.5 mm 目のフル

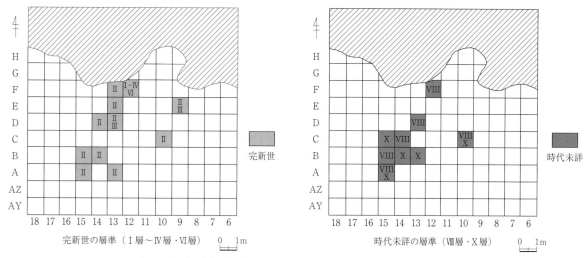

第 64 図　小型哺乳類遺体を抽出した堆積物が採取された調査区と層

灰色の部分は採取された調査区を，各調査区内のローマ数字は層名を表す。

第 75 表　尻労安部洞窟の完新世と時代未詳の層準の層序と各層の時代

ここで用いた層区分	発掘調査時の層区分	時　代	時代の根拠	備　考
Ⅰ層	1層	現代～弥生時代	土器編年	
Ⅱ層	2層，2a層，2b層，2b'層	縄文時代後期前葉～中期後葉	土器編年	放射性炭素年代も測定されている（4.1ka*）
Ⅲ層	3層	縄文時代中期後葉以前で早期を含む（完新世前半）	土器編年	放射性炭素年代も測定されている（3.7，8.7ka*）
Ⅳ層	4層			
Ⅴ層	5a層，5b層，5c層			
Ⅵ層	6層，6'層			
Ⅶ層	7層	時代未詳（？完新世初頭～更新世末）		本来は人工遺物が出土しないが，上位層からの混入の可能性がある。放射性炭素年代も測定されているが，新しすぎる年代値（4.3～5.3ka*）である。
Ⅷ層	8層，8a層，8a（下部）層，8b層，8b'層，8c層，8d層，8e層，8（下部）層			
Ⅸ層	9層			
Ⅹ層	10層，10a層，10b層，10（下部）層			
Ⅺ層～ⅩⅦ層	河村ほか（2015）の第9表参照	後期更新世	放射性炭素年代	

＊未較正の放射性炭素年代値。

イで水洗されたが，そのうち4mm目のフルイの上に残った堆積物つまり9～4mmの粒度のものと，2mm目の篩の上に残った堆積物つまり4～2mmの粒度のもの，それに0.5mm目のフルイの上に残った堆積物つまり2～0.5mmの粒度のものから小型哺乳類遺体を抽出した。遺体を抽出した堆積物は，F12区のⅠ～Ⅳ層から採取されたものである（第76表）。

2005年の発掘調査で採取された堆積物については，同様に水洗され篩分けされた4～2mmの粒度のものと，2～0.5mmの粒度のものから小型哺乳類遺体を抽出した。遺体を抽出した堆積物は，F12区のⅥ層とⅧ層から採取されたものである（第76表）。

2006年から2012年までの発掘調査で採取された堆積物については，同様に水洗されフルイ分けされた

第76表 小型哺乳類遺体を抽出した堆積物の発掘年，粒度とそれが採取された調査区と層

発掘調査の年	遺体を抽出した堆積物の粒度	調査区	堆積物の採取された層（括弧内は発掘調査時の層区分）
2003・2004年	9～4mm, 4～2mm, 2～0.5mm	F12区	Ⅰ層～Ⅳ層（1層，2層，3層，4層）
2005年	4～2mm, 2～0.5mm	F12区	Ⅵ層（6層，6'層），Ⅷ層（8a層，8a（下部）層，8b層，8（下部）層）
2006～2012年	2～0.5mm	A13区	Ⅱ層（2a層）
		A15区	Ⅱ層（2a層），Ⅷ層（8b層），Ⅹ層（10a層）
		B13区	Ⅹ層（10層）
		B14区	Ⅱ層（2a層），Ⅹ層（10b層）
		B15区	Ⅱ層（2a層），Ⅷ層（8b'層）
		C10区	Ⅱ層（2a層），Ⅷ層（8a層），Ⅹ層（10a層，10b層）
		C14区	Ⅷ層（8b層）
		C15区	Ⅹ層（10a層）
		D13区	Ⅱ層（2a層，2b層），Ⅲ層（3層），Ⅷ層（8b層）
		D14区	Ⅱ層（2b'層）
		E9区	Ⅱ層（2層），Ⅲ層（3層）
		E13区	Ⅱ層（2b層）
		F13区	Ⅱ層（2b層）

2～0.5mmの粒度のものから小型哺乳類遺体を抽出した。遺体を抽出した堆積物は，第76表に示した多くの調査区の多くの層から採取されたものである。

これらの水洗で2mm目のフルイとして用いられたのは，2010年の発掘調査以前にはプラスチック製の方形のカゴで，底面と側面がメッシュになっているもの（底面は約2.0×2.0mm目で，側面は約2.0×2.8mm目）と2mm目の標準フルイであった。一方，2011年の発掘調査以後は2mm目の標準フルイのみが使用されている。

なお，堆積物の水洗による小型哺乳類遺体の抽出やその後の整理・保管の方法は，基本的には河村（1992a）の方法に従った。

(3) 遺体の分類と出土状況

抽出した小型哺乳類遺体については，愛知教育大学で保管されている日本産の現生小型哺乳類骨格標本や第四紀小型哺乳類化石標本と比較するとともに，文献の記述（酒井・花村1969・1973・1976，酒井ほか1978，Kawamura 1988・1989，阿部2007など）も参考にして分類をおこなった。また翼手目の一部の種で愛知教育大学に比較可能な標本のないものについては，中華民国台中市にある国立自然科学博物館所蔵の現生標本との比較もおこなった。

遺跡や化石産地から出土する小型哺乳類遺体（化石）を分類する場合，それぞれの遺体の部位や保存状

態によって，科やそれより上位の分類群までしか分類できないものがある。一方で，属や種のレベルまで分類できるものもある。今回は，それぞれの種類で形態的特徴がよくわかっていて，しかも遺体として出土することの多い上・下顎骨や歯を選び，その中でも属または種のレベルまで同定できるものに限定して研究を行った。そのように限定しても，研究した標本の総数は5,514点に達した。その層別の内訳を第77表に示した。

第77表 属または種レベルまで同定できた小型哺乳類遺体の層別の標本数

時代と層		属または種のレベルまで同定できた標本の数
完新世	I層	906
	II層	2,916
	III層	682
	IV層	87
	VI層	336
時代未詳	VIII層	479
	X層	108
	総計	5,514

I～IV層とVI層を合わせた完新世の層準から得られた標本の合計は4,927点で，全体の約90％を占める。それらの層の中ではII層から得られたものが圧倒的に多い。このことは，この層に多くの小型哺乳類遺体が含まれていたということだけでなく，第64図左側に示したように，この層の堆積物が他の層よりはるかに多くの調査区で採取されたことによっている。一方，VIII層とX層を合わせた時代未詳の層準から得られた標本は約10％にすぎなかった。この層準の堆積物は，第64図右側に示したように多くの調査区で採取されているので，この層準の遺体の含有率は完新世の層準のものよりかなり低くなっていると考えられる。なお，河村ほか（2015）に示されているように，さらに下位の後期更新世の層準（XI・XIII・XIV層）では標本数はさらに少なく，遺体の含有率もさらに低くなっていると考えられる。

小型哺乳類は，分類学的にはトガリネズミ形目[1]，翼手目，兎目，齧歯目の4目に属する哺乳類を指すのが一般的であるが，兎目や齧歯目の中にはノウサギやムササビのように体がかなり大きなものも含まれている。今回研究対象とした遺体は第76表に示した粒度の堆積物から抽出したものであり，小型哺乳類と言ってもそのように比較的大きなものは大部分が研究対象から除外されていることになる。それらについては，中・大型哺乳類に含めて別に報告される（澤浦ほか2015）。

今回の遺体群集を全体として見ると，これら4目のすべてがそこに含まれていることがわかる（第78・79表）。また，遺体の大部分は齧歯目であり，トガリネズミ形目はそれよりはるかに少なく，翼手目はさらに少なかった。兎目は時代未詳の層準出土の1点のみであったが，このことは上述のように兎目の骨や歯が大きく，今回研究した群集からは大部分が除外されていることによる。各目に属するそれぞれの種類が構成する遺体群集の特徴を次にまとめる。また，各種類の分類や形態的特徴についても後述する。

（4） 遺体群集の特徴

各層から得られた小型哺乳類遺体を分類し，上述のように属や種のレベルまで同定できた標本について，その個数を層ごとに数えて第78表（完新世の層準のもの）と第79表（時代未詳の層準のもの）に示した。さらに，それぞれの層で遺体総数に対する各種類の出土割合を計算して第80表にまとめた。これらの表のもとに，各層の群集の特徴をまとめる。

ア 完新世の層準

A I層

この層の群集の遺体総数は906点である（第78表）。トガリネズミ形目はそのうち約12％にすぎないが，

第78表 完新世の層準（I～IV・VI層）出土の小型哺乳類遺体の種類別・調査区別・層別の個数

（本研究で取り扱ったもので、属または種のレベルまで同定できたものの個数）

種類（和名・学名）	I層 F12区	II層 A13区	II層 A15区	II層 B14区	II層 B15区	II層 C10区	II層 D13区	II層 D14区	II層 E9区	II層 E13区	II層 F12区	II層 F13区	III層 D13区	III層 E9区	III層 F12区	IV層 F12区	VI層 F12区
トガリネズミ形目 Soricomorpha[1]																	
トガリネズミ科 Soricidae																	
シントウトガリネズミ *Sorex shinto*	1	—	—	—	—	—	—	—	—	—	2	—	—	—	—	—	—
ニホンジネズミ *Crocidura dsinezumi*	28	3	—	—	—	—	—	—	11	5	73	—	1	1	22	—	7
モグラ科 Talpidae																	
ヒメヒミズ *Dymecodon pilirostris*	9	4	—	—	—	—	—	—	—	—	28	—	—	—	5	1	—
ヒミズ *Urotrichus talpoides*	67	19	—	10	3	—	10	—	10	3	190	—	3	—	55	6	13
モグラ属（種不明）*Mogera* sp. indet.	6	3	—	—	—	—	3	—	1	—	7	—	—	—	—	—	2
翼手目 Chiroptera																	
キクガシラコウモリ科 Rhinolophidae																	
キクガシラコウモリ *Rhinolophus ferrumequinum*	8	3	—	—	—	—	—	—	—	—	43	—	—	—	59	25	67
コキクガシラコウモリ *Rhinolophus cornutus*	2	—	—	—	—	—	1	—	—	—	6	—	—	—	1	—	—
ヒナコウモリ科 Vespertilionidae																	
ノレンコウモリに近似の種類 *Myotis* cf. *nattereri*	—	—	—	—	—	—	—	—	—	—	5	—	—	—	3	—	—
?チチブコウモリ属（種不明）?*Barbastella* sp. indet.	—	—	—	—	—	—	—	—	—	—	1	—	—	—	—	—	—
ウサギコウモリ *Plecotus aurata*	8	—	—	—	—	—	—	—	—	—	5	—	—	—	—	—	—
コテングコウモリ *Murina ussuriensis*[2]	3	—	—	—	—	—	—	—	—	—	2	—	—	—	—	—	—
齧歯目 Rodentia																	
リス科 Sciuridae																	
ニホンリス *Sciurus lis*	—	—	—	—	—	—	—	—	—	—	—	—	—	—	—	—	4
ムササビ *Petaurista leucogenys*	3	—	—	—	—	—	—	—	—	—	3	—	—	—	1	2	—
モモンガ *Pteromys momonga*	2	—	—	—	—	—	—	—	—	1	6	—	—	—	2	—	2
ネズミ科 Muridae[3]																	
トウホクヤチネズミに近似の種類 *Phaulomys* cf. *andersoni*	156	17	12	3	11	89	3	6	15	11	158	1	1	1	30	5	34
ハタネズミ *Microtus montebelli*	156	68	3	15	7	41	12	5	13	13	441	1	5	—	137	14	30
ハタネズミ属（種不明）*Microtus* sp. indet.	360	142	7	61	23	94	49	14	59	56	681	6	19	2	244	31	122
アカネズミ *Apodemus speciosus*	54	11	4	2	—	7	5	3	15	5	98	—	5	—	44	2	34
ヒメネズミ *Apodemus argenteus*	42	17	1	9	—	10	16	—	7	3	104	—	7	—	32	1	21
ヤマネ科 Gliridae																	
ヤマネ *Glirulus japonicus*	1	—	—	—	—	—	—	—	—	—	1	—	—	—	2	—	—

第79表 時代未詳の層準（VIII・X層）出土の小型哺乳類遺体の種類別・調査区別・層別の個数

（本研究で取り扱ったもので、属または種のレベルまで同定できたものの個数）

種類（和名・学名）	VIII層 A15区	VIII層 B15区	VIII層 C10区	VIII層 C14区	VIII層 D13区	VIII層 F12区	X層 A15区	X層 B13区	X層 B14区	X層 C10区	X層 C15区
トガリネズミ形目 Soricomorpha[1]											
トガリネズミ科 Soricidae											
シントウトガリネズミ *Sorex shinto*	—	—	—	—	—	2	—	1	—	—	—
ニホンジネズミ *Crocidura dsinezumi*	—	1	—	6	—	1	—	1	—	—	—
モグラ科 Talpidae											
ヒメヒミズ *Dymecodon pilirostris*	—	6	—	2	—	1	—	3	—	—	—
ヒミズ *Urotrichus talpoides*	—	—	—	9	—	13	—	4	—	1	1
翼手目 Chiroptera											
キクガシラコウモリ科 Rhinolophidae											
キクガシラコウモリ *Rhinolophus ferrumequinum*	—	1	—	—	—	20	—	—	—	—	—
コキクガシラコウモリ *Rhinolophus cornutus*	—	—	—	—	—	—	—	—	—	1	—
ヒナコウモリ科 Vespertilionidae											
ノレンコウモリに近似の種類 *Myotis* cf. *nattereri*	—	—	—	1	—	—	—	—	—	—	—
ウサギコウモリ *Plecotus auritus*	—	—	—	—	—	1	—	—	—	—	—
兎目 Lagomorpha											
ウサギ科 Leporidae											
ノウサギ属（種不明）*Lepus* sp. indet.	—	—	—	1	—	—	—	—	—	—	—
齧歯目 Rodentia											
リス科 Sciuridae											
モモンガ *Pteromys momonga*	—	—	—	—	—	1	—	—	—	—	—
ネズミ科 Muridae[3]											
トウホクヤチネズミに近似の種類 *Phaulomys* cf. *andersoni*	15	21	3	11	2	26	13	3	—	—	—
ハタネズミ *Microtus montebelli*	3	17	1	35	—	7	2	11	2	—	2
ハタネズミ属（種不明）*Microtus* sp. indet.	18	26	6	115	1	56	8	35	3	6	—
アカネズミ *Apodemus speciosus*	—	7	—	3	—	17	1	1	—	—	—
ヒメネズミ *Apodemus argenteus*	—	2	—	5	1	14	1	8	—	—	—
ヤマネ科 Gliridae											
ヤマネ *Glirulus japonicus*	—	—	—	—	—	1	—	—	—	—	—

第80表　小型哺乳類遺体の種類別・層別の割合 （単位：%）

種　類（和名）	完新世の層準					時代未詳の層準	
	Ⅰ層	Ⅱ層	Ⅲ層	Ⅳ層	Ⅵ層	Ⅷ層	Ⅹ層
トガリネズミ形目							
シントウトガリネズミ	0.11	0.07	—	—	—	0.42	—
ニホンジネズミ	3.09	3.16	3.52	—	2.08	1.67	0.93
ヒメヒミズ	0.99	1.10	0.73	1.15	—	1.88	2.78
ヒミズ	7.40	8.40	8.50	6.90	3.87	4.59	5.56
モグラ属（種不明）	0.66	0.48	—	—	0.60	—	—
翼手目							
キクガシラコウモリ	0.88	1.58	8.65	28.74	19.94	4.38	0.93
コキクガシラコウモリ	0.22	0.24	0.15	—	—	—	0.93
ノレンコウモリに近似の種類	—	0.17	0.44	—	—	0.21	—
？チチブコウモリ属（種不明）	—	0.03	—	—	—	—	—
ウサギコウモリ	0.88	0.17	—	—	—	0.21	—
コテングコウモリ	0.33	0.07	—	—	—	—	—
兎目							
ノウサギ属（種不明）	—	—	—	—	—	0.21	—
齧歯目							
ニホンリス	—	—	—	—	1.19	—	—
ムササビ	0.33	0.10	0.15	2.30	—	—	—
モモンガ	0.22	0.24	0.29	—	0.60	0.21	—
トウホクヤチネズミに近似の種類	17.22	11.18	4.69	5.75	10.12	16.28	14.81
ハタネズミ＋ハタネズミ属（種不明）	56.95	62.11	59.68	51.72	45.24	59.50	63.89
アカネズミ	5.96	5.14	7.18	2.30	10.12	5.64	1.85
ヒメネズミ	4.64	5.73	5.72	1.15	6.25	4.59	8.33
ヤマネ	0.11	0.03	0.29	—	—	0.21	—

　それには5種類が含まれていた。この5種類のうち，最も多いのがヒミズ（*Urotrichus talpoides*）で，遺体総数の約7%を占め，トガリネズミ形目の遺体の半数以上に達する。次いで多いのがニホンジネズミ（*Crocidura dsinezumi*）で約3%である。残りのヒメヒミズ（*Dymecodon pilirostris*），モグラ属（種不明）（*Mogera* sp. indet.），シントウトガリネズミ（*Sorex shinto*）は全体の約1%か，それ以下でごくわずかであった。

　翼手目は遺体総数の約2%をすぎないが，4種類が含まれていた。その4種類の中ではキクガシラコウモリ（*Rhinolophus ferrumequinum*）とウサギコウモリ（*Plecotus auritus*）が多く，残るコキクガシラコウモリ（*Rhinolophus cornutus*）やコテングコウモリ（*Murina ussuriensis*）[2]はごくわずかであった。

　それらに対して齧歯目はきわめて優勢で，遺体総数の約85%を占めているが，その種類数はさほど多くない。齧歯目の中で後述するようにハタネズミ属（*Microtus*）の遺体には，種レベルまで分類できる部位と，属レベルまでしか分類できない部位があり，ここでは前者をハタネズミ（*Microtus montebelli*），後者をハタネズミ属（種不明）（*Microtus* sp. indet.）として分類しているが，両者は同一種である可能性が高いので，これらを1種類として取扱うと，齧歯目は7種類となる（第80表ではそのように取扱っている）。この7種類のうち，ハタネズミとハタネズミ属（種不明）を合わせた数は遺体総数の約57%にもおよび，齧歯目の中でもそれがきわめて優勢で，そのことがこの群集の顕著な特徴となっている。次いで多いのがトウホクヤチネズミに近似の種類（*Phaulomys* cf. *andersoni*）で，全体の約17%であった。アカネズミ（*Apodemus speciosus*）やヒメネズミ（*Apodemus argenteus*）はそれよりかなり少なく，それぞれ約6%と約

5%であった。残る3種類はムササビ（*Petaurista leucogenys*）とモモンガ（*Pteromys momonga*）とヤマネ（*Glirulus japonicus*）で，いずれもごくわずかで1%以下であった。

B　II層

この層の群集の遺体総数は2,916点で，すべての層の中で最も多い（第78表）。トガリネズミ形目はそのうちの約13%で，I層の群集での割合とほぼ同じであり，I層と同じ5種類で構成されていた。そのうち最も多いのがヒミズで約8%，次いで多いニホンジネズミが約3%で，残りのシントウトガリネズミ，ヒメヒミズ，モグラ属（種不明）はごくわずかで，約1%かそれ以下であった。これら各種類の出土割合も，I層のものとよく似ている。

翼手目は遺体総数の約2%で，I層の翼手目とほとんど同じ値になっている。この層では翼手目は6種類で，I層より多様であり，そこにはI層では見られなかったノレンコウモリに近似の種類（*Myotis* cf. *nattereri*）と？チチブコウモリ属（種不明）（? *Barbastella* sp. indet.）が含まれていた。翼手目で最も多いのはキクガシラコウモリで，その大部分を占め，他の5種類はごくわずかであった。

齧歯目は遺体総数の約85%で，I層の齧歯目とほぼ同じ値になっている。I層と同様に，ハタネズミとハタネズミ属（種不明）を1種類として扱うと齧歯目は7種類で，その種類構成はI層と同じである。出土割合では，ハタネズミとハタネズミ属（種不明）を合わせた数が遺体総数の約62%を占め，トウホクヤチネズミに近似の種類が約11%，アカネズミが約5%，ヒメネズミが約6%であったが，他の3種類（ムササビ・モモンガ・ヤマネ）はごくわずかであった。このように，齧歯目の群集もI層のものとよく似ていることがわかる。

C　III層

この層の群集の遺体総数は682点である（第78表）。トガリネズミ形目はそのうちの約13%でI層やII層での割合とほぼ同じであるが，種類数は3でそれらの層より少ない。その3種類のうち，最も出土割合が高いのはヒミズで約9%，次いでニホンジネズミが約4%で，最も少ないヒメヒミズは1%以下であった。これらの値は，I層やII層でのそれらの出土割合に近い値である。

一方，翼手目は遺体総数の約9%で，I層やII層での割合よりはるかに高くなっている。翼手目は3種類からなるが，その大部分をキクガシラコウモリが占め，残るコキクガシラコウモリとノレンコウモリに近似の種類はごくわずかで，いずれも1%以下であった。

齧歯目は遺体総数の約78%であり，I層やII層での割合よりやや低くなっているが，このことはこの層で翼手目の割合が高くなっているためである。齧歯目でハタネズミとハタネズミ属（種不明）を1種類として取扱うと，齧歯目の種類数は7となり，その数や種類構成はI層やII層と同じである。出土割合を見ると，ハタネズミとハタネズミ属（種不明）を合わせた数は全体の約60%，トウホクヤチネズミに近似の種類は約5%，アカネズミは約7%，ヒメネズミは約6%で，I層やII層よりも，トウホクヤチネズミに近似の種類の割合が低く，アカネズミの割合がやや高くなっている。残る3種類（ムササビ，モモンガ，ヤマネ）がごくわずかである点は，I層やII層と同じである。

D　IV層

この層の群集の遺体総数は約87点にすぎず（第78表），他の層との出土割合の比較はそれほど信頼度が高いとは言えない。トガリネズミ形目は遺体総数の約8%で，ヒメヒミズとヒミズの2種のみからなり，後者が前者よりはるかに多い。翼手目は約29%に達しているが，キクガシラコウモリ1種のみからなる。

齧歯目は約63%で，ハタネズミとハタネズミ属（種不明）を1種類として取扱うと，5種類からなり，I～III層から出土しているモモンガとヤマネは見られなかった。ハタネズミとハタネズミ属（種不明）を合わせた数は，全体の約52%，トウホクヤチネズミに近似の種類は約6%である。他の3種類（ムササビ・アカネズミ・ヒメネズミ）はわずかであった。

E　VI層

この層の群集の遺体総数は336点である（第78表）。トガリネズミ形目はそのうちの約7%で，I～III層より低い割合になっている。種類数は3で，それらの層より少ない。その3種類のうち，最も出土割合が高いのはヒミズで約4%，次いでニホンジネズミが約2%で，モグラ属（種不明）は1%以下であった。

翼手目は遺体総数の約20%に達し，I～III層よりはるかに高い割合になっているが，種類はキクガシラコウモリ1種のみである。

齧歯目は遺体総数の約74%で，I～III層の割合よりやや低い。ハタネズミとハタネズミ属（種不明）を1種類として数えたときの種類数は6で，I～III層と同じであるが，内容はやや異なっていて，この層ではムササビやヤマネは見られず，代わりにニホンリス（*Sciurus lis*）が含まれていた。出土割合を見ると，ハタネズミとハタネズミ属（種不明）を合わせた数は遺体総数の約45%で，I～III層での割合よりやや低い。一方，トウホクヤチネズミに近似の種類の割合は約10%で，アカネズミも約10%，ヒメネズミは約6%であった。残る2種類（ニホンリスとモモンガ）はわずかであった。

イ　時代未詳の層準

A　VIII層

この層の群集の遺体総数は479点である（第79表）。トガリネズミ形目はそのうちの約9%で，完新世のI～III層の値よりやや低く，VI層の値に近い。トガリネズミ形目は4種類で構成され，そのうちヒミズは最も数が多く，約5%である。ニホンジネズミとヒメヒミズはほぼ同数出土していて，それぞれが約2%であった。シントウトガリネズミはごくわずかで，モグラ属（種不明）は出土していない。

翼手目は遺体総数の約5%で，完新世のIII層やVI層よりかなり低いが，I層やII層よりは高い。翼手目は3種類からなるが，その大部分はキクガシラコウモリで，残りのノレンコウモリに近似の種類とウサギコウモリはごくわずかであった。

兎目はノウサギ属（種不明）（*Lepus* sp. indet.）のみで，遺体数もごくわずかであった。

齧歯目は遺体総数の約86%を占め，完新世のIII層やVI層より割合がやや高く，I層やII層とは同程度で，きわめて優勢であった。種類数は，ハタネズミとハタネズミ属（種不明）を1種類と数えると，6であり，ムササビが含まれていないことを除くと，種類構成はI～III層と同じである。これら6種類のうち，ハタネズミとハタネズミ属（種不明）を合わせた数は遺体総数の約60%で，それは遺体総数の中できわめて優勢である。トウホクヤチネズミに近似の種類は約16%，アカネズミは約6%，ヒメネズミは約5%であった。残りの2種類（モモンガとヤマネ）はごくわずかであった。

B　X層

この層の群集の遺体総数は108点で（第79表），VIII層と比べて少なく，他の層との比較はそれほど信頼度が高いとは言えないであろう。トガリネズミ形目はそのうちの約9%で，それを構成する3種類のうちでは，ヒミズが最も多く約6%で，残る2種類（ニホンジネズミとヒメヒミズ）はわずかである。翼手目

は遺体総数の約2％にすぎず，2種（キクガシラコウモリとコキクガシラコウモリ）がそれぞれわずかに出土しているだけである。一方，齧歯目は非常に優勢で遺体総数の約89％を占めており，ハタネズミとハタネズミ属（種不明）を合わせた数は，遺体総数の約64％に達し，齧歯目の中でもそれは特に優勢である。次いでトウホクヤチネズミに近似の種類が約15％，ヒメネズミが約8％，アカネズミが約2％であった。完新世のⅠ～Ⅲ層に含まれていたムササビ，モモンガ，ヤマネは出現しなかった。

ウ 全体の特徴と層準による変化

この洞窟の完新世と時代未詳の層準の遺体群集全体に見られる最も顕著な特徴は，どの層の群集にも絶滅種や現在の本州に分布していない種類が含まれていないことである。それらの群集を構成するのは，すべて現在の本州に分布する種類か，それに近いものである。また，どの層の群集でもハタネズミとハタネズミ属（種不明）を合わせた数が非常に多いことも他の著しい特徴で，それが遺体総数の半数近くか，それ以上を占めている（約45～64％）。それ以外の多くの種類が残りの遺体群集を構成していることになる。それら残りの種類の中で比較的出土数が多いものには，後述するように層準によって出土数がかなり変化するものもあるが，全体として見ると，この遺跡の完新世と時代未詳の層準の遺体群集の内容は，層による変化がさほど顕著ではない。

ハタネズミとハタネズミ属（種不明）以外の種類は，その中でも出土割合がやや高いグループ（出土割合が一般に2％以上）と出土割合が低いグループ（出土割合が一般に2％未満で，層によっては出土しない）に分けることができる。前者にはニホンジネズミ，ヒミズ，キクガシラコウモリ，トウホクヤチネズミに近似の種類，アカネズミ，ヒメネズミが属している。齧歯目のネズミ科のものは，すべてこのグループに属している。一方，後者にはシントウトガリネズミ，ヒメヒミズ，モグラ属（種不明），コキクガシラコウモリ，ノレンコウモリに近似の種類，？チチブコウモリ属（種不明），ウサギコウモリ，コテングコウモリ，ノウサギ属（種不明），ニホンリス，ムササビ，モモンガ，ヤマネが属している。翼手目のほとんどの種類と，齧歯目のリス科とヤマネ科のすべての種類がこのグループに含まれる。

出土割合がやや高いグループに属する種類には，層準によって出土割合がかなり変化するものと，あまり変化しないものがある。このグループのジネズミやヒミズは層準による変化はさほど大きくないが，キクガシラコウモリは大きく変化する。キクガシラコウモリはⅠ層やⅡ層では約1～2％だったのが，Ⅲ層になると約9％に増加し，さらにⅣ層やⅥ層ではそれぞれ約29％と約20％にもなる。ところがⅧ層になると急減して約4％になり，さらにⅩ層では約1％となってⅠ層やⅡ層のレベルにもどる。トウホクヤチネズミに近似の種類もかなり変化し，Ⅰ層やⅡ層ではそれぞれ約17％と約11％でこれらの種類の中ではかなり優勢であるが，Ⅲ層やⅣ層ではそれぞれが約5％と約6％となって，急激に減少している。一方，Ⅵ層では増加して約10％となり，Ⅷ層やⅩ層ではさらに増加して（それぞれ約16％と約15％），Ⅰ層やⅡ層のレベルまで回復している。アカネズミはⅠ～Ⅲ層では約5～7％であるが，Ⅳ層では減少して約2％になり，Ⅵ層では約10％に増えるが，Ⅷ層では約6％，Ⅹ層では約2％まで減少し，出土割合がかなり変動する。ヒメネズミもⅠ～Ⅲ層では約5～6％であるが，Ⅳ層では約1％に減少する。一方，Ⅵ層やⅧ層では約5～6％に回復し，Ⅹ層ではさらに増加して約8％になっている。

出土割合の低いグループの種類では，出土数が少ないため，層準による変化は明瞭ではない。

(5) 各種類の説明

　各種類に同定した遺体の形態的特徴や同定の理由を，以下に種類ごとに説明する。説明にあたって必要な記載用語のうち，トガリネズミ形目については河村（1992b）に，翼手目については河村・河村（2013）に，齧歯目については Kawamura（1988）にしたがった。なお，以下の説明では属の特徴を一般的に述べている場合でも，その特徴は今回の遺体に保存されている部位のものに限定し，それ以外の部位の特徴については述べていない。

ア　トガリネズミ形目
A　トガリネズミ科

　この洞窟の完新世と時代未詳の層準から得られたトガリネズミ形目の遺体の中で，トガリネズミ科（Soricidae）の特徴をもつものはすべて小型で，歯が赤染しているものと，歯が白いものとに容易に分けることができる。以下に説明するように，前者をシントウトガリネズミ，後者をニホンジネズミと同定した。

シントウトガリネズミ［写真29の1］

　歯が赤染しているものは，完新世の層準（I層・II層）や時代未詳の層準（VIII層）からごくわずかに得られているにすぎないが，それには次のような特徴が見られた。

　P^4 の歯冠頰側面にある歯帯は薄い。下顎体は細長く，その下縁は頰側観で背側に向って緩やかにカーブしている。オトガイ孔は小さく，M_1 の protoconid のやや前方の位置に開口している。I_1 の歯冠はナイフ形で，他の歯よりはるかに大きく，その切縁には3個の小咬頭が見られる。P_4 には，protoconid のほか，その後方に別の咬頭（protostylid）が見られ，それらがつくる稜の舌側は，浅い谷間（Repenning 1967 の posterolingual basin）になっている。M_1〜M_3 の頰側面にある歯帯は薄く，波打っていない。またこれらの歯の entoconid は，entoconid crest（entocristid）で metaconid とつながっている。M_3 の talonid は退化していない。これらの特徴は，トガリネズミ属（*Sorex*）に見られるもので，このことはこれらの遺体がこの属に属していることを示している。

　阿部（2007）によれば，現在の日本に分布するトガリネズミ属の種には，チビトガリネズミ（*S. minutissimus*），ヒメトガリネズミ（*S. gracillimus*），バイカルトガリネズミ（*S. caecutiens*），オオアシトガリネズミ（*S. unguiculatus*），アズミトガリネズミ（*S. hosonoi*），シントウトガリネズミの6種があるが，そのうち前4者は津軽海峡以北の北海道に，後2者は津軽海峡以南に分布する。今回の遺体は，これらの種のうち，シントウトガリネズミの現生標本と大きさや形態がよく一致することから，それらをシントウトガリネズミと同定した。シントウトガリネズミは現在，近畿以東の本州や四国，佐渡の高山や山地に点々と分布し，その地域の森林や草地に生息している。

ニホンジネズミ［写真29の2と3］

　この洞窟の完新世と時代未詳の層準から得られたトガリネズミ科の遺体で，歯が白いものは数が多く，トガリネズミ科の大部分を占め，ほとんどすべての層から出土している。そのようなものには，次のような特徴が見られた。

　吻は比較的幅が広い（カワネズミ属 *Chimarrogale* と同程度）。I^1 はフック形の大きな歯で，その前咬頭は後咬頭よりはるかに高い。I^1 と P^4 の間にある単尖歯は3本で，そのうち最も前方のもの（I^2）は他の2本（I^3 と C）よりはるかに大きい。P^4 や M^1，M^2 では talon がよく発達し，咬合面観ではこれらの歯の歯冠

第5章 出土遺物の研究

写真 29 の説明

シントウトガリネズミ　*Sorex shinto*

1：I_1, C, P_4, M_1～M_3 の植立した右下顎骨（SAM-1282）。1a：背側観（咬合面観），1b：頬側観。F12区のⅠ層出土。

ニホンジネズミ　*Crocidura dsinezumi*

2：左 I^1, C, P^4, M^1～M^3 と右 I^1, P^4, M^1～M^3 の植立した頭骨（SAM-1304）。2a：背側観，2b：腹側観（口蓋観）。F12区のⅡ層出土。

3：I_1, C, P_4, M_1～M_3 の植立した左下顎骨（SAM-1326）。3a：背側観（咬合面観），3b：頬側観。F12区のⅡ層出土。

ヒメヒミズ　*Dymecodon pilirostris*

4：P^4, M^1, M^2 の植立した左上顎骨（SAM-1392）。4a：頬側観，4b：咬合面観。F12区のⅡ層出土。

5：P_4, M_1～M_3 の植立した左下顎骨（SAM-1374）。5a：背側観（咬合面観），5b：頬側観。F12区のⅡ層出土。

ヒミズ　*Urotrichus talpoides*

6：左 P^3, P^4, M^1, M^2 と右 P^4, M^1, M^2 の植立した頭骨（SAM-1450）。6a：背側観，6b：腹側観（口蓋観）。F12区のⅡ層出土。

7：I_1, C, P_4, M_1～M_3 の植立した左下顎骨（SAM-1502）。7a：背側観（咬合面観），7b：頬側観。F12区のⅡ層出土。

モグラ属（種不明）　*Mogera* sp. indet.

8：P_1～P_4 と M_1～M_3 の植立した右下顎骨（SAM-1640）。8a：背側観（咬合面観），8b：頬側観。F12区のⅠ層出土。

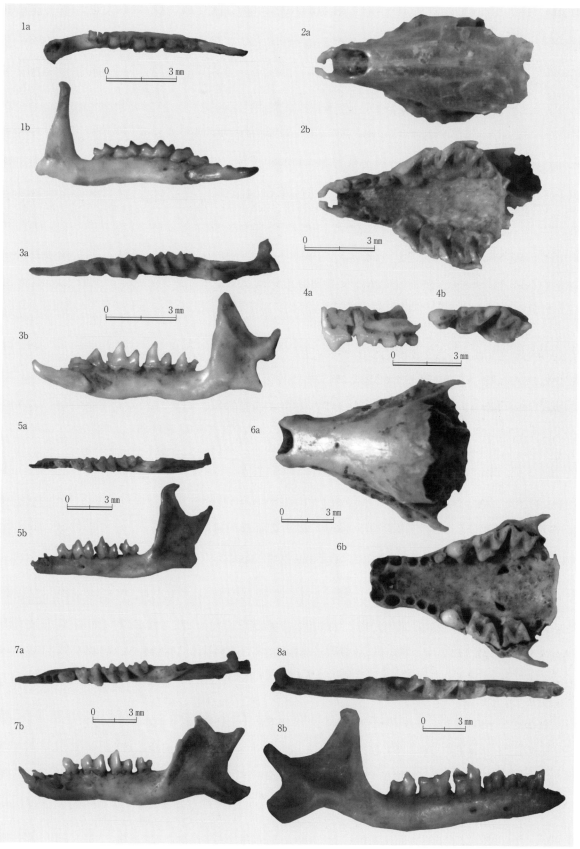

写真 29　完新世の層準出土のトガリネズミ形目

後縁は，はっきり湾入している。また，M^1 や M^2 では hypocone がよく発達しているので，咬合面観ではこれらの歯の歯冠舌側縁にも湾入が見られる。

下顎体は細長く，その下縁は頬側観で背側に向って緩やかにカーブしている。オトガイ孔は比較的大きく，M_1 の protoconid のやや前方の位置にあるが，そこから背側前方に向って溝がのびている。関節突起を後方から見ると，上下に関節面があって，それらは舌側でつながっており，その頬側は別の斜面になっている（Repenning 1967 の labial emargination）。I_1 はナイフ形の巨大な歯であるが，その切縁には小咬頭は見られない。P_4 には protostylid は見られず，protoconid の後面は後方へ下降する浅い谷間（Repenning 1967 の posterior sulcus）になっている。M_1 の頬側面には強く波打った特徴的な歯帯が見られる。M_1 や M_2 の entoconid は，entoconid crest で metaconid とつながっている。M_3 の talonid はかなり退化し，trigonid よりはるかに小さい。

このような特徴は，ジネズミ属（*Crocidura*）の特徴と一致している。現在の日本本土にはこの属のニホンジネズミ1種のみが広く分布しているが，今回の遺体をニホンジネズミの現生標本と比較すると，大きさや形態がよく一致した。そのため，それらをニホンジネズミと同定した。ニホンジネズミは現在，森林や草地に生息している。

B　モグラ科

この洞窟の完新世と時代未詳の層準から得られたトガリネズミ形目の遺体の中で，モグラ科（Talpidae）の特徴をもつものは，相対的な大きさで，小型，中型，大型の種類に大別できる。以下に説明するように，小型のものをヒメヒミズ，中型のものをヒミズ，大型のものをモグラ属（種不明）と同定した。これらのうち，ヒメヒミズとヒミズはヒミズ亜科（Scalopinae）に，モグラ属（種不明）はモグラ亜科（Talpinae）に属している。

ヒメヒミズ［写真29の4と5］

モグラ科で小型のものは，完新世や時代未詳の層準では，ほとんどの層から出土している。その出土数はどの層でも中型のもの（ヒミズ）よりかなり少ないが，大型のもの（モグラ属）よりは多い。それには，次のような特徴が見られる。

P^4 の paracone は，モグラ属のそれより太く頑丈であるが，ヒミズ属（*Urotrichus*）のそれよりは太くない。同じ歯の歯冠前端の歯帯は棚状であり，歯冠の後舌側面には歯帯が見られるが，その発達はヒミズ属ほどよくない。M^1 の歯冠前縁は，咬合面観では直線状であり，同じ歯の parastyle はモグラ属（*Mogera*）のそれより発達が悪い。この歯の歯冠舌側縁は咬合面観で直線状である。M^2 の歯冠前舌側面には，protocone のすぐ前に浅い溝がある。

下顎体は，ヒミズ属のそれに比べて細長い。オトガイ孔は2カ所にあり，前方ものは P_2 の下方に，後方のものは M_1 の歯冠中央の下方に開口している。M_3 の後端から筋突起前縁までの距離は，ヒミズ属のそれより相対的に長い。筋突起はヒミズ属のそれより前後幅が小さい。下顎切痕はヒミズ属のそれより深く腹側に湾入しており，関節突起の先端は，ヒミズ属のそれより高い位置にある。下顎犬歯は小さく，下顎小臼歯は4本である。P_4 の歯冠はヒミズのそれに比べて，咬合面で前後に細長い外形をしている。M_1 の trigonid は，talonid に比べてかなり小さい。M_1 や M_2 の entostylid は，モグラ属のそれより小さい。M_3 の talonid は退化していないが，モグラ属のそれのように後方へのびることはない。M_1〜M_3 の歯冠頬側面の歯帯は不明瞭で，hypoflexid の入り口に見られる。

このような特徴は，ヒメヒミズ属（*Dymecodon*）の特徴に一致している。この属は日本の固有属で，ヒメヒミズ1種のみからなる。そこで，このような特徴をもつ遺体をヒメヒミズの現生標本と比較したところ，形態や大きさが互いによく一致した。そのため，それらをヒメヒミズと同定した。ヒメヒミズは現在，本州・四国・九州の高山・山地の森林に分布しているが，北海道には分布していない。

ヒミズ［写真29の6と7］

モグラ科で中型のものは，完新世や時代未詳の層準のすべての層から出土しており，出土数も他のモグラ科の種類よりはるかに多く，トガリネズミ形目の中で最も出土割合の高い種類である。それには，次のような特徴が見られる。

吻の前縁は背側観で比較的平らで，中央が前方へ突出することはない。I^1はI^2よりかなり大きく，上顎犬歯はI^2よりかなり小さく消失しているものもあった（写真29の6b）。小臼歯は4本で，そのうちP^1〜P^3は小さい。P^4のparaconeは太く頑丈である。同じ歯の歯冠前縁の歯帯は欠けているものもあれば，棚状になっているものもある。同じ歯の歯冠の後舌側にはprotoconeから続く幅の広い歯帯があり，その幅は咬合面観でヒメヒミズ属のそれより広い。M^1の歯冠前縁は咬合面観で直線状，またはやや窪んでいる。同じ歯のparastyleは，モグラ属のそれより発達が悪い。M^2のprotoconeは，咬合面観でモグラ属のそれより後方に位置している。M^2の歯冠舌側縁は，咬合面観でprotoconeの両側で弱く湾入している。

下顎体は，ヒメヒミズ属のそれに比べて丈が高い。オトガイ孔は2ヵ所にあり，前方ものはP_3の下方に，後方のものはM_1のprotoconidの下方に開口している。M_3後端から筋突起前縁までの距離は，ヒメヒミズ属やモグラ属のそれより相対的に短い。筋突起は頬側観でヒメヒミズ属のそれより前後に幅が広く，下顎切痕の湾入はヒメヒミズ属のそれより浅く，関節突起の先端はヒメヒミズ属のそれより低い。角突起は，頬側観で背腹側方向の幅が広い。I_1は，下顎犬歯よりかなり大きい。小臼歯は3本で，そのうち前方の2本（P_2とP_3）は小さく，下顎犬歯とほぼ同じ大きさである。P_4の歯冠は咬合面観で，ヒメヒミズのそれより幅の広い外形をもつ。M_1のtrigonidは，talonidに比べてかなり小さい。M_1やM_2のentostylidはモグラ属のそれに比べて小さい。M_3のtalonidは退化していないが，モグラ属のそれのように後方へのびることはない。M_1やM_2の歯冠頬側面の歯帯は，hypoflexidの入口だけに見られる。

以上のような特徴は，ヒミズ属（*Urotrichus*）の特徴と一致している。ヒミズ属はヒメヒミズ属と同様に日本の固有属で，ヒミズ1種のみからなる。そこで，このような特徴をもつ遺体をヒミズの現生標本と比較したところ，形態や大きさが互いによく一致した。そのため，それらをヒミズと同定した。ヒミズは現在，本州・四国・九州とその属島に分布しているが，北海道には分布していない。その主な生息地は森林や草地である。

モグラ属（種不明）［写真29の8］

モグラ科で大型のものは，モグラ亜科に属すると考えられ，それは完新世の層準（I層，II層，IV層）と時代未詳の層準（X層）から，それぞれ少数出土している。それには次のような特徴が見られる。

P^4のparaconeは咬合面観で細長く，鋭くとがった切縁を作っている。P^4の歯冠前端の歯帯は棚状ではなく，小咬頭になっている。同じ歯の歯冠の後舌側部にある歯帯はprotoconeから頬側方向に急速にせばまり，metastyle基部に到達する前に消失している。M^2のparastyleはよく発達し，前舌側に突出している。この歯の歯冠前縁は，直線状または前方に弱く突出し，湾入していない。この歯のprotoconeの頂部は，咬合面観でヒミズ属のそれより前方にあって，paraconeの頂部と同じ頬舌方向の直線上にならん

でいる。この歯の protocone より後方の歯冠舌側面は，やや窪んだ凹面になっている。咬合面観で M^3 の W 字形の稜の後半部は退化していて，前半部よりかなり小さい。

下顎体は，頬側観で前後に細長く，オトガイ孔は P_3 と P_4 の境界の下方と，M_1 の中央の下方に開口している。M_3 の後端から筋突起前縁までの距離は，ヒミズ属のそれより相対的に長く，その部分の下顎体は背側後方に向って上昇して，下顎枝に移り変わっている。下顎枝は頬側観で，ヒメヒミズ属やヒミズ属のそれより全体に前後に長い。筋突起は，頬側観で比較的前後に幅が広く，下顎切痕の湾入はヒメヒミズ属やヒミズ属のそれより浅い。角突起は，頬側観で比較的短く幅が広い。下顎切歯は 2 本で，犬歯は 1 本であり，それらがほぼ同じ大きさであることは，歯槽の穴の大きさからわかる。P_1 は P_2 よりはるかに大きく，その後方の小臼歯は P_2 から P_4 の順に大きくなる。P_4 の歯冠は咬合面観で前後に細長い。M_1 の後端と M_2 の前後端，M_3 の前端にはよく発達した付加咬頭が見られる（前端のものは parastylid，後端のものは entostylid）。M_3 の talonid は退化しておらず，ヒメヒミズ属やヒミズ属のそれに比べて前後にやや長くなっている。

日本で，現生のものおよび化石として知られているモグラ亜科の属には，ミズラモグラ属（*Euroscaptor*）とモグラ属がある。日本産のものでは前者が後者より小型で，下顎切歯の数が互いに異なっている。今回の遺体は前者より大きく，後者に属するアズマモグラ（*Mogera imaizumii*）と同程度の大きさをもっていることや，下顎切歯の数が 2 本であることから，モグラ属と同定した（ミズラモグラ属では 3 本）。日本本土産のモグラ属の種には，大きいものから順にサドモグラ（*M. tokudae*），コウベモグラ（*M. wogura*），アズマモグラの 3 種があるが，それぞれの大きさの変異にはかなりの重なりがあり，断片的な骨や歯ではこの 3 種を区別できないため，今回の遺体をモグラ属（種不明）とした。

イ　翼手目

A　キクガシラコウモリ科

キクガシラコウモリ科（Rhinolophidae）の属は，McKennna and Bell (1997) の分類表によれば，化石属を除くとキクガシラコウモリ属（*Rhinolophus*）のみである。この洞窟の完新世や時代未詳の層準から得られたキクガシラコウモリ科の遺体は，次に説明するように，この属の特徴をもっている。

キクガシラコウモリ［写真 30 の 1 と 2］

キクガシラコウモリや次に述べるコキクガシラコウモリが属するキクガシラコウモリ属の顎骨や歯には，次のような特徴が見られる。

上顎犬歯は大きく，その舌側面は削り取られたような凹面になっている。上顎小臼歯は 2 本で P^2 は著しく退化し，P^3 はない。P^4 は前後径に比べて頬舌径が大きい。P^4 や M^1，M^2 では talon が発達しているため，それらの歯の後縁は咬合面観でやや湾入している。M^3 の咬合面に見られる W 字形の稜の後半の V 字形の部分は前半の部分と比べるとかなり退化しているが，その V 字形は識別できる。

下顎体の犬歯より前方の部分は短く，下顎体の前縁は頬側観で急傾斜の直線をなす。筋突起は非常に低く，下顎切痕は頬側観で腹側に向って弱く湾入している程度で，関節突起と筋突起の先端の高さの差は小さい。そのため関節突起の上端は筋突起の上端よりやや低い程度である。角突起は比較的細長く，頬側または頬側後方に向って強く突出している。下顎切歯は 2 本である。下顎犬歯は大きく，鋭く尖っていて，その後面は削り取られたような垂直面になっている。下顎小臼歯は 3 本あるが，そのうちの P_3 は著しく

退化している。P_4〜M_3 の頰側面にある歯帯は薄く，上下に波打っていないか，弱く波打つ程度である。M_1 と M_2 の paraconid は，前方に向って突出している。M_3 の talonid はまったく退化していないので，咬合面観では M_1 や M_2 と同様の W 字形の稜が見られる。

　この洞窟の完新世と時代未詳の層準から得られた翼手目の遺体には，このような特徴をもつものがかなり含まれていたが，それには大型のものと小型のものがあり，それらは大きさで明確に区別できる。大型のものは，キクガシラコウモリの現生標本と大きさや顎骨と歯の特徴がよく一致したので，キクガシラコウモリと同定した。キクガシラコウモリと同定した遺体は，完新世の層準でも時代未詳の層準でも翼手目の中で最も数が多かった。キクガシラコウモリは現在，ヨーロッパから日本にかけての旧北区南部に広く分布する種で，洞窟を主な生息場所としている。

コキクガシラコウモリ［写真 30 の 3 と 4］

　キクガシラコウモリ属の特徴をもつ遺体の中で，キクガシラコウモリと同定したものより著しく小さいものは，コキクガシラコウモリの現生標本と大きさのほか，顎骨や歯の特徴がよく一致したので，コキクガシラコウモリと同定した。キクガシラコウモリとしたものと比べて，P^2 や P_3 の退化がそれほど進んでいないという特徴も見られた。特に P_3 は歯槽の穴の位置から，咬合面観で歯列の軸の上にならんで生えており，頰側へずれて生えていたのではないと考えられる。コキクガシラコウモリと同定したものは，I層〜III層とX層ではキクガシラコウモリと共産しているが，その数は一般に後者よりはるかに少ない。コキクガシラコウモリは，現在は日本のみに分布する固有種で，洞窟棲の種である。

B　ヒナコウモリ科

　上に述べたキクガシラコウモリ科の遺体に，大型のものと小型のものがあるのに対して，ヒナコウモリ科（Vespertilionidae）の特徴をもつものは，すべて小型であった。次に説明するように，それらはホオヒゲコウモリ属（*Myotis*），？チチブコウモリ属（*Barbastella*），ウサギコウモリ属（*Plecotus*），テングコウモリ属（*Murina*）の 4 属に分類された。

ノレンコウモリに近似の種類［写真 30 の 5 と 6］

　ノレンコウモリやモモジロコウモリ（*Myotis macrodactylus*）が属するホオヒゲコウモリ属は多くの種を含む属で，阿部（2007）によれば，現在の日本に分布するものだけでも 9 種が知られている。この属の顎骨や歯には次のような特徴が見られる。

　上顎切歯は 2 本で，上顎小臼歯は 3 本である。P^2 は一般に P^3 より大きい。P^4 の頰舌径は M^1 のそれよりかなり小さい。P^4〜M^2 には明瞭な talon は見られないが，その後縁は咬合面観でやや湾入していることが多い。M^3 の後部はかなり退化し，咬合面観で M^1 や M^2 に見られる W 字形の稜はこの歯では著しく非対称になっている。

　下顎体の犬歯より前の部分は比較的長く，頰側観で下顎体前縁は比較的緩い角度で後方へ傾斜している。下顎枝前縁には，垂直に近い方向にのびる細く強い稜があって，その後方の下顎枝の頰側面は顕著に窪んでいる。下顎切歯は 3 本で，下顎犬歯は比較的小さい。下顎小臼歯は 3 本で，そのうち P_2 は一般に P_3 より大きい。M_1〜M_3 の頰側面の歯帯は厚く，やや波打っている。M_1〜M_3 の paraconid は，キクガシラコウモリ属のそれのように強く前方に突出することはない。M_3 の talonid は退化しておらず，trigonid とほぼ同じ大きさである。

　この洞窟の完新世と時代未詳の層準から出土した翼手目の遺体群集の中に，以上のような特徴を示すも

写真 30 の説明

キクガシラコウモリ　*Rhinolophus ferrumequinum*

1：左 C, P^4, M^1〜M^3 と右 P^4, M^1〜M^3 の植立した頭骨（SAM-1646）。1a：背側観，1b：腹側観（口蓋観）。F12 区のⅡ層出土。
2：P_4, M_1〜M_3 の植立した左下顎骨（SAM-1658）。2a：背側観（咬合面観），2b：頬側観。F12 区のⅡ層出土。

コキクガシラコウモリ　*Rhinolophus cornutus*

3：左 M^1, M^2 と右 M^1, M^2 の植立した頭骨（SAM-1747）。3a：腹側観（口蓋観），3b：背側観。F12 区のⅡ層出土。
4：P_4, M_1〜M_3 の植立した右下顎骨（SAM-1729）。4a：背側観（咬合面観），4b：頬側観。F12 区のⅠ層出土。

ノレンコウモリに近似の種類　*Myotis* cf. *nattereri*

5：左 P^4, M^2, M^3 と右 P^4 の植立した頭骨（SAM-1745）。5a：背側観，5b：腹側観（口蓋観）。F12 区のⅡ層出土。
6：P_4, M_1〜M_3 の植立した左下顎骨（SAM-2182）。6a：背側観（咬合面観），6b：頬側観。F12 区のⅢ層出土。

?チチブコウモリ属（種不明）　?*Barbastella* sp. indet.

7：I_1 と M_3 の植立した左下顎骨（SAM-4025）。7a：背側観（咬合面観），7b：頬側観。F12 区のⅡ層出土。

ウサギコウモリ　*Plecotus auritus*

8：左 P^4, M^1〜M^3 と右 P^4, M^1〜M^3 の植立した頭骨（SAM-1743）。8a：背側観，8b：腹側観（口蓋観）。F12 区のⅡ層出土。
9：M_2 と M_3 の植立した右下顎骨（SAM-1753）。9a：背側観（咬合面観），9b：頬側観。F12 区のⅡ層出土。

コテングコウモリ　*Murina ussuriensis*

10：P^4, M^1〜M^3 の植立した左上顎骨（SAM-1737）。10a：頬側観，10b：咬合面観。F12 区のⅠ層出土。
11：C, P_3, P_4, M_1〜M_3 の植立した左下顎骨（SAM-1750）。11a：背側観（咬合面観），11b：頬側観。F12 区のⅡ層出土。

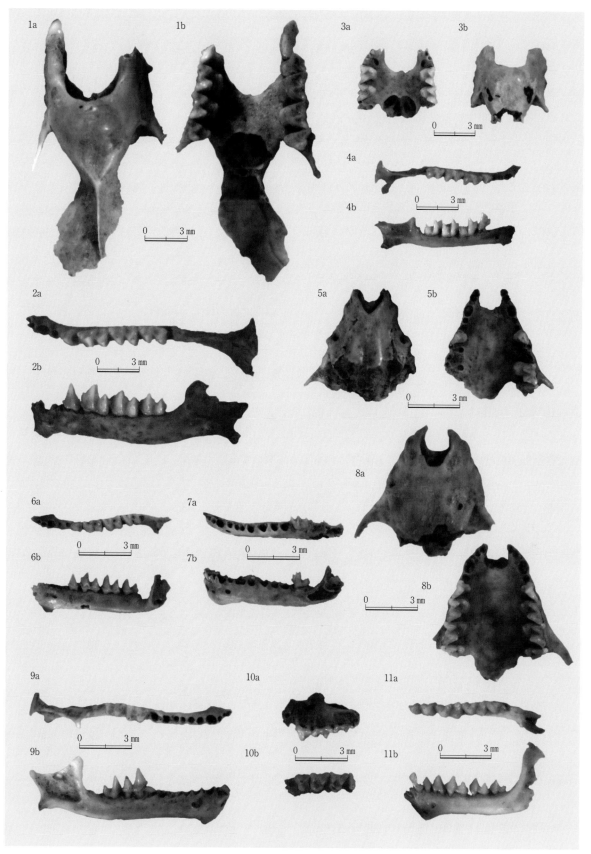

写真30 完新世の層準出土の翼手目

のが少数含まれていた。それらは、ホオヒゲコウモリ属の中で中型種とされるモモジロコウモリの現生標本とほぼ同じ大きさであったが、大型種とされるクロアカコウモリ（*M. formosus*）の現生標本よりかなり小さかった。阿部（2007）によれば、日本産のホオヒゲコウモリ属の種で中型種とされるのは、モモジロコウモリのほか、ドーベントンコウモリ（*M. daubentonii*）、カグヤコウモリ（*M. frater*）、ノレンコウモリがある。阿部（2007）の図を参考にすれば、カグヤコウモリはP^3がP^2より著しく小さく舌側にずれて生えていることで、今回の遺体とは区別できる（今回の遺体ではP^3はP^2よりやや小さい程度で、歯列からずれて生えていない）。また、ドーベントンコウモリでは、骨口蓋前縁の湾入が口蓋観で上顎犬歯よりやや後方まで達している点で今回の遺体とは異なる（今回の遺体では上顎犬歯の中央の位置）。モモジロコウモリについては、現生標本との比較や阿部（2007）の記載や図から、今回の遺体より背側観での吻の先端の幅が広いことや、頬骨弓の前端基部に湾入部があることが異なっている。以上のことから。今回の遺体は現在の日本に分布する中型種の中では、ノレンコウモリに最も近いと考えられるが、ホオヒゲコウモリ属に多く種があることを考えると、上述のような比較はかならずしも十分ではないので、ここではこれらの遺体をノレンコウモリに近似の種類としておく。ノレンコウモリは旧北区の種で、現在はヨーロッパ、西アジア、東アジアの日本周辺などに分布し、洞窟や樹洞などを棲み家としている。

?チチブコウモリ属［写真30の7］

完新世の層準（F12区のⅡ層）から出土した1個の下顎骨には、以下のような特徴があって、他の翼手目の種類から区別できる。

この下顎骨は、今回の遺体群集でウサギコウモリとしたものよりやや小さい。P_3より前方の下顎骨下縁は頬側観で緩やかに前方に向って下降し、強く下方に突出することはない。下顎骨に残っている歯と歯槽の穴から、切歯は3本、犬歯は1本、小臼歯は2本、大臼歯は3本であることがわかる。M_3のtalonidは退化していない。

日本とその周辺地域に現在分布しているヒナコウモリ科の属の中で、下顎に切歯が3本、小臼歯が2本あるものは、アブラコウモリ属（*Pipistellus*）、クビワコウモリ属（*Eptesicus*）、ヤマコウモリ属（*Nyctalus*）、ヒナコウモリ属（*Vespertilio*）、チチブコウモリ属（*Barbastella*）、テングコウモリ属（*Murina*）がある。これらのうち、アブラコウモリ属やクビワコウモリ属、ヤマコウモリ属は、P_3より前方の下顎骨下縁が頬側観で強く下方に突出することで、この下顎骨とは異なる。ヒナコウモリ属は、下顎骨の切歯や小臼歯の生えている部分がより短いことで、この下顎骨とは異なっている。テングコウモリ属は、M_3のtalonidが強く退化していることで、この下顎骨と区別できる。

上にあげた属の中で、この下顎骨は残るチチブコウモリ属のものである可能性が高いと考えられたので、阿部（2007）に示されているチチブコウモリ（*Barbastella leucomelas*）の下顎骨の図と比較したところ、それらは互いに似ていることがわかった。ただし、今回の下顎骨は保存がさほどよくないことや、上記のような比較がかならずしも十分でないことから、ここではこの下顎骨を？チチブコウモリ属とすることにした。

ウサギコウモリ［写真30の8と9］

ウサギコウモリ属の頭骨・下顎骨や歯には次のような特徴が見られる。

吻は比較的幅が狭く、口蓋観で骨口蓋前縁の湾入部は比較的小さく、その後縁は上顎犬歯の位置にある。上顎切歯は2本で、上顎小臼歯も2本である。P^3は退化しておらず、上顎犬歯やP^4と同じ歯列にならん

が前後径に比べて比較的小さい。P^4〜M^3 に talon は見られず，咬合面観でそれらの〔…〕湾入していない。M^1〜M^3 の歯冠舌側縁は丸味を帯びている。M^2 は前後径に比べて〔…〕く，その咬合面に見られる W 字形の稜は，その後部が前部よりかなり大きい。M^3〔…〕は著しく退化し，1 本の直線状の稜となっている。

〔…〕前の部分は比較的短いが，下顎体の前縁は頬側観でキクガシラコウモリ属のその部分〔…〕く，なめらかな曲線を描いている。下顎枝の前縁は頬側観でほぼ垂直であり，筋突起〔…〕る。下顎切痕は頬側観で後方に向って緩やかな曲線を描いて下降し，関節突起の先端〔…〕かなり低い。角突起は比較的細長く，頬側後方に向ってのびている。下顎切歯は 3 本〔…〕的小さい。下顎小臼歯も 3 本で，P_2 や P_3 は退化していない。M_1〜M_3 の歯冠頬側面〔…〕っていないか，弱く波打つ程度である。M_3 の talonid は退化していない。

〔…〕時代未詳の層準から得られた翼手目の遺体には，このような特徴をもつものが少数〔…〕はウサギコウモリ属に属するものと考えられる。現在の日本に分布するウサギコウ〔…〕ギコウモリ（*Plecotus auritus*）のみである。そこで，ウサギコウモリの現生標本とそ〔…〕たところ，大きさや形態がよく一致した。そのため，それらをウサギコウモリと同定〔…〕は現在，ヨーロッパから日本までの旧北区中部に広く分布する種で，森林棲で主に

〔…写真 30 の 10 と 11〕

コテングコウモリやテングコウモリ（*Murina leucogaster*）を含むテングコウモリ属の顎骨や歯には，次のような特徴が見られる。

上顎犬歯は比較的小さい。P^2 はなく，上顎小臼歯は 2 本で，P^3 は比較的大きい。P^4 や M^1，M^2 では，歯冠の前後径が頬舌径に比べて比較的大きい。P^4 では，paracone の前方によく発達した歯帯があって，そこでは歯冠前縁が前方へ突出している。同じ歯の後縁は，咬合面観でわずかに湾入しているにすぎない。M^1 と M^2 には明瞭な talon は見られない。M^3 は退化が著しく，その歯冠は前後径が頬舌径より著しく小さくなっている。また，咬合面観で M^1 や M^2 に見られる W 字形の稜は，この歯ではその後半部が欠けており，前半部も mesostyle がないので，その形は著しく非対称になっている。

下顎骨前縁の頬側観での傾斜は，キクガシラコウモリ属のそれより緩い。筋突起は高く，そのために下顎切痕は後方に向って比較的急な角度で下降している。下顎切歯は 3 本で，下顎犬歯は比較的小さく，その歯冠は頬側観でやや湾曲している。下顎小臼歯は 2 本である。P_4〜M_3 の頬側面には比較的厚い歯帯があって，上下に波打っている。M_3 の talonid は退化が著しく，trigonid よりはるかに小さくなっている。

以上のようなテングコウモリ属の特徴をもつ遺体が，この洞窟の完新世の層準からわずかに得られた。日本本土に分布するテングコウモリ属の種は，稀少種で分類学的に問題があるものを除くと，大型のテングコウモリと小型のコテングコウモリの 2 種である。今回の遺体をテングコウモリの現生標本と比べると，それより明らかに小さい。コテングコウモリの現生標本との比較はできなかったが，今回の遺体の特徴が阿部（2007）にある現生のコテングコウモリの図や記載と矛盾しないことから，それをコテングコウモリと同定した。コテングコウモリは現在，東シベリアから日本とその周辺の地域に分布する種であり，森林棲で樹洞を主な棲み家としている。

ウ 兎　目

ここで研究した兎目の遺体は，VIII 層から得られた保存状態の悪い I^1 の破片が 1 点のみであった。それは形態や大きさから，ナキウサギ科（Ochotonidae）のものではなく，ウサギ科（Leporidae）のものであることがわかる。現在の日本本土に分布するウサギ科の属はノウサギ属（*Lepus*）のみで，この属のノウサギ（*Lepus brachyurus*）の現生標本の切歯と比較したところ，両者の間には大きな差はなかった。今回は研究した遺体がごくわずかで，保存状態もよくないことから，それをウサギ属（種不明）と同定することにした。

エ　齧歯目

A　リス科

リス科（Sciuridae）の動物は，後述するネズミ科（Muridae）のものとは異なり，上・下顎に小臼歯をもっており，その頬歯はネズミ科やヤマネ科（Gliridae）のものとは大きく異なった形態をもっている。この洞窟の完新世や時代未詳の層準の遺体群集では，リス科の特徴を示す遺体は非常に少ないが，X 層を除くすべての層から出土している。それらは，大きさや頬歯の形態で容易に 3 種類に分けられる。以下に説明するように，それらのうちで最も大きいものはムササビ，中型のものはニホンリス，最も小さいものはモモンガと同定した。

ニホンリス [写真 31 の 1]

リス科の遺体で中型のものは，最も数が少なく，すべてが遊離した頬歯で，全般に保存状態が悪い。出土層準も完新世の VI 層に限られる。それらには次のような特徴が見られる。

頬歯の歯冠は低く，咬合面観でのその外形は一般に，モモンガ属（*Pteromys*）のそれより丸味を帯びている。上顎頬歯には，モモンガ属やムササビ属（*Petaurista*）のそれに一般に見られる posterior cross loph や posterolingual diagonal flexus，それに postfossette がない。P^4 や M^1 の歯冠の舌側には前後にのびる稜が 1 本あり，そこから 4 本の稜が頬側に向って分かれ，それら 4 本の稜は歯冠頬側縁に達している。M_2 の歯冠は，中央が窪んで浅い盆地状の talonid basin となり，その周囲を歯冠縁に沿って低い稜が取り囲んでいる。talonid basin の表面はなめらかである。

このような頬歯の特徴は，リス属（*Sciurus*）に見られるものである。この属の種は，現在の日本では本州・四国・九州とその属島の一部にニホンリスが，北海道にキタリス（*Sciurus vulgaris*）が分布しており，前者は本州で中・後期更新世と完新世の化石が報告されている（Kawamura 1988，河村 1991）。これら 2 種を比べると，前者の方が後者より小型であるが，今回の遺体をニホンリスの現生標本と比較したところ，その大きさや形態が一致した。そのため，それらをニホンリスと同定した。現生のニホンリスは，森林で樹上生活をしている。

ムササビ [写真 31 の 2]

リス科の遺体で大型のものは，完新世の層準の I～IV 層からそれぞれ少しずつ出土しており，その出土数は全体として小型のもの（モモンガ）とほぼ同じである。ただし，遺体が大きいために，前述のように一部が中・大型哺乳類に含まれていて，実際の出土状況はそれについての報告（澤浦ほか 2015）も合わせて考える必要がある。ここで研究した遺体は，ほとんどが遊離した頬歯で，それには次のような特徴が見られた。

その歯冠は，リス属やモモンガ属のものより高く，より複雑な模様をもつことでそれらと容易に区別できる。上顎臼歯には，歯冠舌側にある前後方向の1本の稜と歯冠中央〜頬側にある4本の頬舌方向の稜のほか，posterior cross loph があり，その舌側と頬側にそれぞれ posterolingual diagonal flexus と postfossette がある。下顎臼歯の歯冠には，リス属やモモンガ属のそれに見られるような広く平らな talonid basin は見られず，そこには多くの稜や溝や窪みがあって，それらがきわめて複雑な模様をつくっている。

このような特徴は，ムササビ属の臼歯に見られる特徴である。ムササビ属で現生のものや化石として日本で知られる種はムササビのみである。そこで今回の遺体をムササビの現生標本と比較したところ，両者は大きさや形態が一致した。そこで，それらをムササビと同定した。現生のムササビは日本の固有種で，本州・四国・九州に分布し，森林の樹上で生活している。ムササビの化石は，本州・四国・九州の中・後期更新世と完新世の堆積物から報告されている（Kawamura 1988，河村 1991）。

ニホンモモンガ［写真31の3］

リス科の遺体で小型のものは，完新世の層準（I〜III層とVI層）と時代未詳の層準（VIII層）から少しずつ出土している。それらには次のような特徴が見られる。

頬歯は低歯冠で，咬合面観での歯冠の外形はリス属のものより角張っている。上顎臼歯には，その歯冠舌側に前後にのびる稜があり，その稜の舌側面には protocone の前後にそれぞれ溝がある。この稜から頬側に向って3本の稜が分かれ，それらは歯冠の頬側縁まで達している（M^3 では，歯冠後縁に沿ってもう1本稜がある）。これら3本の稜のうち，最も後方のもの（M^3 では後から2番目のもの）から後方に posterior cross loph が分れ，その舌側と頬側にはそれぞれ posterolingual diagonal flexus と postfossette が形成されている。

下顎臼歯では，歯冠頬側にある3個の咬頭は稜で結ばれ，その稜は咬合面観でジグザグになっている。この稜は歯冠前縁の稜と後縁の稜につながっている。これらの稜で囲まれた talonid basin は舌側に向って開口している。talonid basin の表面は，リス属のそれのようになめらかである。下顎臼歯のうち M_3 は歯冠が後方へのびているため，このような基本構造に加えて，その後部に頬舌方向にのびる稜が1本付加されている。

このような特徴は，モモンガ属の頬歯に見られる特徴である。現在の日本に分布するモモンガ属の種は，本州・四国・九州に分布するニホンモモンガと，北海道に分布するタイリクモモンガ（*Pteromys volans*）の2種で，前者は本州で中・後期更新世と完新世の化石が報告されている（Kawamura 1988，河村 1991）。これら2種を比べると，前者は後者より大きく，今回の遺体は前者と大きさや形態が一致するので，それをニホンモモンガと同定した。現生のニホンモモンガは，ムササビと同様，森林で樹上生活をしている。

B ネズミ科

ネズミ科[3]の動物は小臼歯をもたず，その頬歯は上下3本の大臼歯のみである。ネズミ科の動物は，この遺跡の遺体群集では非常に多い。それには稜柱状で非常に高歯冠の臼歯をもつハタネズミ亜科（Arvicolinae）のものと，鈍丘歯型で中程度の高さの臼歯をもつネズミ亜科（Murinae）のものがあり，特に前者の数が多い。次に説明するように，前者はスミスネズミ属（*Phaulomys*）[4]とハタネズミ属（*Microtus*）に，後者はアカネズミ属（*Apodemus*）に分類された。

トウホクヤチネズミに近似の種類［第65図の1〜4］

トウホクヤチネズミとスミスネズミ（*Phaulomys smithii*）からなるスミスネズミ属は，ハタネズミ属や

写真 31 の説明

ニホンリス *Sciurus lis*

1：右 M_2（SAM-3735）。1a：咬合面観，1b：頬側観。F12 区の VI 層出土。

ムササビ *Petaurista leucogenys*

2：M_3 の植立した左下顎骨片（SAM-2）。2a：頬側観，2b：咬合面観（背側観）。F12 区の II 層出土。

モモンガ *Pteromys momonga*

3：$M^1 \sim M^3$ の植立した左上顎骨（SAM-3）。3a：咬合面観（腹側観），3b：頬側観。F12 区の II 層出土。

アカネズミ *Apodemus speciosus*

4：$M^1 \sim M^3$ の植立した左上顎骨（SAM-2242）。4a：咬合面観，4b：頬側観。F12 区の III 層出土。
5：I_1, $M_1 \sim M_3$ の植立した右下顎骨（SAM-912）。5a：背側観（咬合面観），5b：舌側観。F12 区の II 層出土。

ヒメネズミ *Apodemus argenteus*

6：$M^1 \sim M^3$ の植立した左上顎骨（SAM-1222）。6a：咬合面観，6b：頬側観。F12 区の III 層出土。
7：I_1, $M_1 \sim M_3$ の植立した右下顎骨（SAM-1219）。7a：背側観（咬合面観），7b：舌側観。F12 区の III 層出土。

ヤマネ *Glirulus japonicus*

8：I_1 の植立した右下顎骨（SAM-2098）。8a：背側観，8b：舌側観。F12 区の II 層出土。

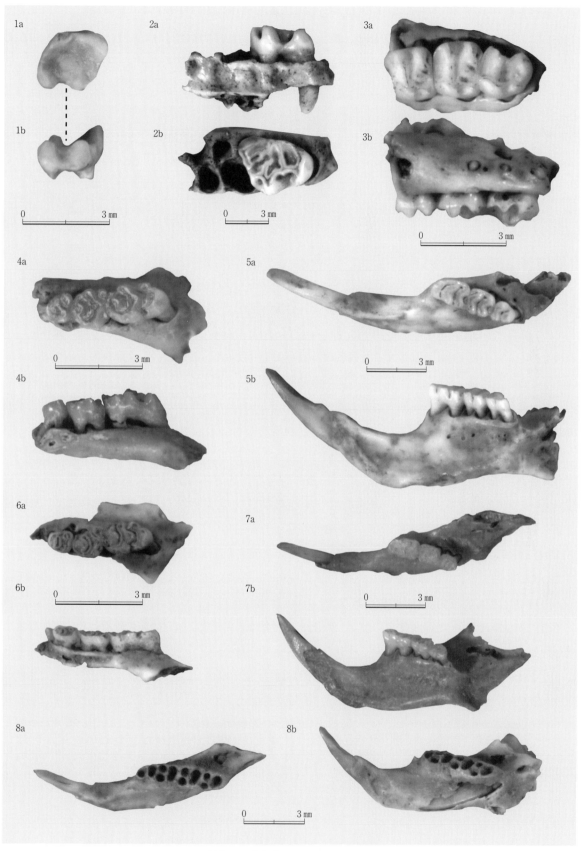

写真31　完新世の層準出土の齧歯目

ヤチネズミ属（*Myodes*）[5]，ビロードネズミ属（*Eothenomys*）とは臼歯に次のような違いがある。ハタネズミ属とは，臼歯の咬合面に見られる凸角（salient angle）がより丸味を帯びていてハタネズミ属のものほど尖っていないこと，それぞれの三角紋（triangle）の間やそれらと前・後環（anterior loop, posterior loop）との間にある象牙質の狭くなった部分（isthmus）がしばしば広くなって開いていること（たとえば第65図の3），それぞれの三角紋が一般にハタネズミ属のそれほど規則正しく交互に配列していないこと，エナメル質の厚さがハタネズミ属ほど場所によってはっきり分化していないことで区別できる。スミスネズミ属の臼歯の咬合面の模様は，ヤチネズミ属のものに似ているが，その臼歯は無根で，歯根の形成されるヤチネズミ属とは，無根の有無あるいは歯根形成の兆候の有無で区別できる。また臼歯が無根のビロードネズミ属の典型的な種とは，M^1とM^2の後端に付加的な凸角が見られないこと，三角紋が一般により交互に配列していることなどの特徴で区別できる。

　以上のようなスミスネズミ属の特徴を示す遺体が，この洞窟の完新世と時代未詳の層準のすべての層からかなりの数で得られた。しかし，次にのべるハタネズミやハタネズミ属（種不明）としたものの合計と比べると，その数はかなり少ない。スミスネズミ属の種は現在，主に本州中部から東北に分布するトウホクヤチネズミと，主に本州西部・四国・九州に分布するスミスネズミの2種であるが，今回の遺体をトウホクヤチネズミの現生標本と比較すると両者は特徴がよく一致した。しかし，トウホクヤチネズミとスミスネズミとの区別は，遺体として保存されている部位では困難であるので，ここでは厳密な同定を避けて，それらの遺体をトウホクヤチネズミに近似の種類とすることにした。トウホクヤチネズミは現在，上記のような地域の森林に生息している。

　ハタネズミ［第65図の5～15］

　ハタネズミを含むハタネズミ属は，その臼歯の特徴でヤチネズミ属やスミスネズミ属，あるいは*Mimomys*や*Allophaiomys*といったそれの祖先属と区別できる。ハタネズミ属の臼歯は無根で，その咬合面を見ると各凸角はよく尖っている。三角紋は各isthmusが閉じて互いが独立し（そのような状態を閉じた三角紋と呼ぶ），規則正しく交互に配列している。そのエナメル質は部分によって厚さがはっきりと分化していて，各凹角の奥では薄くなっている。M^3の後環は，舌側に凹角が発達して複雑な形のものが多い。一方，M_1には閉じた三角紋が4個以上ある。

　このような特徴をもつ臼歯やそれの植立した上・下顎骨は，尻労安部洞窟の完新世や時代未詳の層準の遺体群集には非常に多く含まれていた。それらはハタネズミ属に同定できるが，さらに種レベルの同定となると，次のような問題がある。ハタネズミ属の種は，化石（遺体）として出土した場合，一般にM^3やM_1の特徴をもとに区別されているので，M^3やM_1が単独で出土するか，それらが植立した上・下顎骨が出土している場合は種を区別できるが，それらの以外の骨や歯では種が区別できない。この洞窟の完新世や時代未詳の層準の遺体群集で種の区別ができるものについては，次のような特徴をもっているので，すべてをハタネズミという現生種に同定できる。

　M^3では，後環は一般に幅が狭く，その舌側に1個または2個の凹角が発達し，後環は全体としてCやFのような形になっている（第65図の5～10）。M_1では閉じた三角紋が5個以上あり，後方から数えて5番目の舌側凸角（LSA5）と4番目の頬側凸角（BSA4）がよく発達している（第65図の11～15）。

　この洞窟の完新世や時代未詳の層準の遺体群集で，ハタネズミと同定できた標本のうちM^3は，その咬合面に1個の前環と3個の閉じた三角紋，それに比較的複雑な形で変異に富む後環が1個見られる。

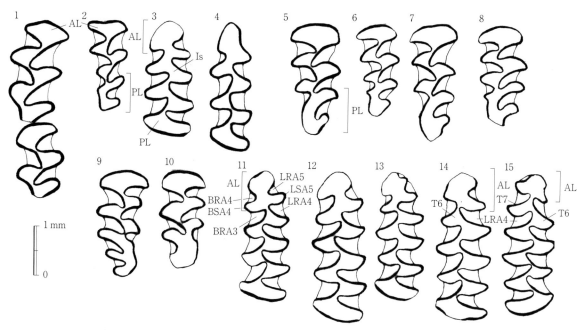

第65図　完新世の層準（F12区II層）出土のハタネズミ亜科の臼歯咬合面の模様

トウホクヤチネズミに近似の種類（*Phaulomys cf. andersoni*）
1：左M^1とM^2（SAM-7）　2：右M^3（SAM-68）　3：左M_1（SAM-46）　4：左M_1（SAM-44）。
ハタネズミ（*Microtus montebelli*）
5：右M^3でC_1型（SAM-197）　6：右M^3でC_2型（SAM-195）　7：右M^3でF_1型（SAM-198）　8：右M^3でF_2型（SAM-394）　9：左M^3でE型（SAM-193）　10：右M^3でR_1型（SAM-190）　11：左M_1でO型（SAM-125）　12：左M_1でI_1型（SAM-124）　13：左M_1でI_2型（SAM-123）　14：左M_1でAct型（SAM-119）　15：右M_1でAct型（SAM-355）
AL：前環　BRA：頬側凹角　BSA：頬側凸角　Is：isthmus　LRA：舌側凹角　LSA：舌側凸角　PL：後環　T：三角紋

Kawamura（1988）は，日本産の現生ハタネズミや中・後期更新世と完新世のハタネズミ化石のM^3の後環の変異を分析したが，そこではいくつかの形態型（morphotype）が識別され，その出現頻度が調査された。今回の遺体群集のハタネズミのM^3のうち，遺体数の多いF12区II層出土のものについても同様の方法で変異を分析を行ったところ，次のような形態型が見られた。なお，Kawamura（1988）にあげられているそれ以外の形態型（BC_2型，BF_1型，BF_2型，R_1型，R_2型）は見られなかった。

C_1型：後環は幅が狭くC字型で，その頬側縁に凸角がない（第65図の5）。
C_2型：後環は幅が狭くC字型で，その頬側縁に凸角がある（第65図の6）。
F_1型：後環は幅が狭くF字型で，その頬側縁に凸角がない（第65図の7）。
F_2型：後環は幅が狭くF字型で，その頬側縁に凸角がある（第65図の8）。
E型：後環は幅が狭くE字形（第65図の9）。
BC_1型：後環は幅が広くC字型で，その頬側縁に凸角がない（第65図の10）。

それぞれの形態型に属するM^3の個数を第79表に示した。この表からC_1型やF_1型は出現頻度が高く，C_2型やF_2型の頻度はそれよりかなり低いが，E型やBC_1型は稀にしか出現しないことがわかる。このような傾向はKawamura（1988）が示した現生ハタネズミの集団に見られる傾向とほぼ一致しており，多くのハタネズミの化石群集が示す傾向ともおおよそ一致している。

今回の群集でハタネズミと同定できた標本のうち，M_1では一般に咬合面に比較的複雑な形をした前環1個と5個の閉じた三角紋，それに1個の後環が見られる。頬側と舌側の最も前方の凹角（BRA4とLRA5）は一般によく発達していて，前環に明瞭なくびれをつくっている。一部の標本では近心側から数

230　第5章　出土遺物の研究

第81表　F12区Ⅱ層出土のハタネズミの M^3 における形態型別の標本数とその割合

各形態型については本文参照。比較のために，この遺跡の後期更新世のXⅢ層での標本数も示しておいた（河村ほか2015参照）。

	C_1型	C_2型	F_1型	F_2型	E型	BC_1型	合計
Ⅱ層	24	6	20	11	1	1	63
（割合%）	(38.1)	(9.5)	(31.7)	(17.5)	(1.6)	(1.6)	
XⅢ層	9	1	1	1	0	0	12

えて4番目の舌側凹角（LRA4）がよく発達して，6番目の閉じた三角紋をつくっているものもある（第65図の14）。さらに，ごく稀にその前方に7番目の閉じた三角紋が形成されているものもある（第65図の15）。M^3 の場合と同様，Kawamura（1988）は M_1 の前環にいくつかの形態型を識別して，その出現頻度を調査したが，今回の化石群集のハタネズミの M_1 のうち，遺体数の多いF12区Ⅱ層のものについても同様の分析をおこない，次のような形態型が見られることがわかった。なお，Kawamura（1988）のあげている形態型で，それ以外のもの（R型）は見られなかった。

O型：LRA4とBRA3の最も奥の点がほぼ同じ位置にあり，両点間の距離が0.1mm以下（第65図の11）。

I_1型：LRA4の最も奥の点がBRA3のそれより前方にずれて，両点間の距離は0.1mm以上。前者の点はLSA5とBSA4の先端を結ぶ線より後方にある（第65図の12）。

I_2型：LRA4の最も奥の点がBRA3のそれより前方にずれ，前者の点はLSA5とBSA4の先端を結ぶ線上にある（第65図の13）。

A型：LRA4の最も奥の点がBRA3のそれよりはるかに前方にずれ，前者の点はLSA5とBSA5の先端を結ぶ線より前方にある。

Act型：LRA4が非常に深くなり，Isthmusが狭くなって6番目の閉じた三角紋（T6）が形成されているもの。上述のような7番目の閉じた三角紋（T7）が形成されているものもこれに含めた（第65図の14・15）。

それぞれの形態型に属する標本の個数を第82表に示した。この表からO型，I_1型，I_2型はそれぞれ出現頻度が高く，それらが今回の群集のハタネズミの M_1 の大部分を占め，一方でA型やAct型はかなり低い頻度でしか出現しないことがわかる。このような傾向は，Kawamura（1988）が示した現生ハタネズミの集団やハタネズミ化石の多くの群集で見られる傾向とおおよそ一致している。

ハタネズミは現在，本州・九州とその属島の一部に分布する日本の固有種で，草原的な環境の場所を好んで生息している。その化石は本州・九州の中・後期更新世の堆積物から産出してるが（Kawamura 1988, 河村1991），最近になって現在ハタネズミが分布していない四国からも更新世の化石が発見された（河村・西岡2011）。

ハタネズミ属（種不明）

前項で述べたように，尻労安部洞窟の完新世や時代未詳の層準から出土したハタネズミ属の遺体のうち，遊離した M^3 や M_1 とそれらの臼歯が植立した上・下顎骨以外の骨や歯では，種の区別ができないので，それらは一括してハタネズミ属（種不明）に分類した。この洞窟の完新世や時代未詳の層準ではハタネズミ属の種は，ハタネズミ1種だけしか出土していないので，これらもハタネズミである可能性は非常に高い。しかし後述のように，この遺跡の後期更新世の層準ではハタネズミ属の遺体の中にわずかに絶滅種

第82表　F12区Ⅱ層出土のハタネズミのM₁における形態型別の標本数とその割合

	O型	I₁型	I₂型	A型	Act型	合計
Ⅱ層	84	79	73	13	13	262
（割合%）	(32.1)	(30.2)	(27.9)	(5.0)	(5.0)	

各形態型については本文参照。

（ニホンムカシハタネズミ）が含まれていることがわかっているので（河村ほか2015），ここでは慎重を期して種の同定のできない部位については，あえてハタネズミ属（種不明）とすることにした。

　前項でハタネズミ属の臼歯の特徴を述べたが，それ以外でハタネズミ属（種不明）とした骨や歯に共通して見られる特徴には次のようなものがある。下顎骨で臼歯歯槽と下顎枝の間の部分は深く窪んでいる。M^1とM^2の咬合面観では，最も後方にある三角紋の舌側と頬側のエナメル壁がやや湾入し，それぞれがsecond minor foldとsecond secondary foldと呼ばれる窪みをつくり（Kawamura 1988のFig. 98参照），その中にセメント質が見られる。M_2の咬合面観でも最も前方にある三角紋の舌側と頬側のエナメル壁が湾入し，それぞれfirst secondary foldとanterior labial foldと呼ばれる窪みをつくり（Kawamura 1988のFig. 98参照），その中にセメント質が見られる。ただし，後者は前者より窪みがかなり弱く，その部分のエナメル壁が窪まずに直線状になっているものもある（特に若い個体）。M_3の咬合面観ではfirst secondary foldは弱いが，その中にセメント質が見られる。一方，anterior labial foldは弱い窪みとして識別でき，その中にセメント質が見られるものと，見られないものがある。

　ハタネズミ属は前期更新世後期〜中期更新世のはじめに全北区で起った草原の拡大に伴って放散したグループで（河村1990参照），それに属する多くの種は前項のハタネズミを含め，草原やそれに類する場所を主な生息地としている。

　アカネズミ［写真31の4と5］
　アカネズミや次に述べるヒメネズミをその構成員とするアカネズミ属（*Apodemus*）は，ネズミ亜科に属していて，この亜科の他の属とは臼歯の特徴で区別できる。クマネズミ属（*Rattus*）やハツカネズミ属（*Mus*）とは，M^1やM^2にposterostyleやposterior cingulumが見られること，M_1にmedial anteroconidがあり，M_1とM_2の頬側には棚状につながった付加咬頭が見られることなどで区別できる。カヤネズミ属（*Micromys*）とは，歯冠がやや高いこと，各咬頭がよく連続し，それぞれの独立性がそれほど高くないこと，各咬頭がよく膨らんでいること，M_1の歯根が2本であることなどで区別できる。

　尻労安部洞窟の完新世や時代未詳の層準の小型哺乳類遺体群集には，そのような特徴でアカネズミ属に同定される遺体が多数含まれていた。アカネズミ属の遺体には，大型のものと小型のものがあり，臼歯の大きさで両者を区別できる（Kawamura 1989; 河村1991）。大型のものは日本産の現生のアカネズミと大きさや臼歯・下顎骨の形態がよく一致したので，アカネズミと同定した。アカネズミの遺体は，完新世や時代未詳の層準ではⅩ層を除くと，アカネズミ属全体の約半数から2/3程度を占めていて優勢であった（第78〜80表）。一方，Ⅹ層では少なく，ヒメネズミの方がはるかに多かった。アカネズミは現在，北海道を含む日本本土とその属島に分布する日本の固有種で，森林や草地に生息している。

　ヒメネズミ［写真31の6と7］
　アカネズミ属に同定された遺体のうち小型のものは，日本産の現生のヒメネズミと大きさや臼歯・下顎

骨の形態が一致したので、ヒメネズミと同定した。ヒメネズミとアカネズミは、単に大きさだけではなく、臼歯の形態にもかなり違いがあり、そのことはKawamura (1989) や河村 (1991) に述べられているが、そのような違いは今回の遺体にも見られた。ヒメネズミはこの洞窟の完新世や時代未詳の層準からかなりの数が出土しているが、アカネズミよりは一般に少ない（第78・79表）。ヒメネズミは現在、北海道を含む日本本土とその属島に分布する日本の固有種で、森林棲の種である。

C　ヤマネ科

ヤマネ科の動物はネズミ科のものとは異なり、第4小臼歯をもっていて、その頬歯は上・下顎とも4本である。頬歯は非常に低歯冠で、その咬合面には頬舌方向や斜めにのびる稜が数多く見られる。ヤマネ科で現在日本に分布するのはヤマネ属（*Glirulus*）のみであり、日本の第四紀の堆積物から産出するヤマネ科の化石もすべてこの属に同定されている（Kawamura 1989, 河村 1991）。

ヤマネ［写真31の8］

ヤマネ属の特徴を示す遺体は、今回の群集ではごくわずかに見られた。それらは完新世の層準のものが3点と、時代未詳の層準のものが1点である。それらを日本産のヤマネの現生標本と比較すると、形態や大きさがよく一致したので、それらをヤマネと同定した。それらのうち、頬歯は今回の遺体群集の齧歯目の中ではヒメネズミを除くと最小で、ヤマネに特有の頬歯の特徴がはっきりと見られた。下顎骨はヒメネズミのそれとほぼ同じ大きさであるが、下顎骨にはP_4の2本の歯根に対応する歯槽の穴が2個、M_1〜M_3の各3本の歯根に対応する歯槽の穴がそれぞれ3個あって、M_1〜M_3の歯槽の穴がそれぞれ2個でP_4のないヒメネズミの下顎骨とは容易に区別できる。ヤマネは現在、本州・四国・九州とその属島の一部に分布する日本の固有種で、森林で主に樹上生活をする。

(6) 考　察

ア　動物群と古環境

前述のように、完新世や時代未詳の層準の堆積物から出土した種類は、すべて現在の本州に分布する種類か、それに近いものであった。したがって、それらの種類が現在の生息している環境をもとに、それらの層準の堆積物が堆積した当時の環境を推定できる。

ハタネズミを含むハタネズミ属の種は現在、全北区の温帯〜寒帯の草原や草原的な環境の場所を好んで生息している。ここでハタネズミやハタネズミ属（種不明）としたものはハタネズミ属に一括できるが、その出土割合がきわめて高いのが、この洞窟の完新世や時代未詳の層準の遺体群集の著しい特徴であった。このことから、それらの層準の堆積物が堆積した当時は、この遺跡周辺ではずっと草原が卓越する環境が続いていたと考えられる。一方、それぞれの出土割合はハタネズミ属よりはるかに低いが、ニホンリスやムササビ、モモンガ、トウホクヤチネズミに近似の種類、ヒメネズミ、ヤマネといった森林生活者がそれらの層準で出土していることにも注目する必要がある。これらの種類の出土は、洞窟周辺に広がっていた草原には、どの時期にもところどころに森林が点在していた、あるいはこの洞窟周辺ではどの時期にも草原に接して森林が広がっていたことを示していると考えられる。

この洞窟の完新世や時代未詳の層準では、前述のように層による遺体群集の変化は、全体としてさほど顕著ではないが、キクガシラコウモリやトウホクヤチネズミに近似の種類、アカネズミやヒメネズミは層によってその出土割合にやや目立った変化がある。このような変化は、この洞窟やその周辺での微妙な環

境の変化や，それぞれの種類の種間関係の変化によるものであろう。

イ　この洞窟の後期更新世の群集との比較

　この洞窟で，完新世や時代未詳の層準と比べてはるかに遺体の出土数が少ない後期更新世の層準の遺体群集は，河村ほか（2015）によって詳しく研究されている。その研究結果と比べると，後期更新世の層準でわずかに出土している絶滅種が完新世や時代未詳の層準では見られないこと，ハタネズミ属の割合が後期更新世の層準でさらに高くなっていることを除くと，後期更新世の群集は完新世や時代未詳の層準の群集によく似ていることがわかる。後期更新世から完新世にかけてのヨーロッパや北アメリカでは，激しい環境変化に伴って哺乳類の動物相にも大きな変化があったが，この洞窟ではさほど大きな変化は見られない。後期更新世から完新世にかけての変化は，わずかに生き残っていた絶滅種が絶滅したことや，草原的な環境の中でやや森林が増えたと考えられることくらいである。河村（2014）は第四紀の日本が「変化の穏やかな森の国」という仮説を考えているが，本州最北端のこの遺跡でも草原的な要素は多いものの，全体としてはそれを支持するデータが得られたことになる（草原的要素といっても現在の本州に分布する種類で，大陸の草原要素とはまったく異なる）。

ウ　他の遺跡・化石産地の完新世の群集との比較

　本州にある他の遺跡・化石産地で，完新世の小型哺乳類遺体が詳しく研究されているのは，岩手県のアバクチ洞穴遺跡と風穴洞穴遺跡（河村 2003a・b），広島県の帝釈観音堂洞窟遺跡と帝釈大風呂洞窟遺跡，帝釈穴神岩陰遺跡，豊松堂面洞窟遺跡（Kawamura 1988, 丹羽・河村 2000 など），山口県の狸穴（Kawamura 1988 など）が主なものである。これらの遺跡・化石産地で遺体を出土するのは，すべて洞窟堆積物である。それらの遺体群集と尻労安部洞窟の完新世や時代未詳の層準の群集を比較すると，共通点と相違点が見られる。共通点としては次のものがあげられる。

1) 群集を構成する種類はごく一部の例外を除いて，すべてが現在の本州に生息する現生種かそれに近いもので，絶滅種や現在の本州に分布しない種類を含んでいない。
2) 現在，本州の平地や山地に分布する種類が遺体群集のほとんどを占め，シントウトガリネズミやヒメヒミズのような高山に生息する種類はわずかに含まれるか，まったく含まれていない。
3) 種類構成では森林棲の種類が多く，草原や草原的な環境を好むものは少ない（出土割合は場所によって異なる）。

　このような共通点は，本州の完新世の動物相の特徴と考えられ，本州最北端の尻労安部洞窟でもこのような特徴が見られたことは，完新世の本州に広く同様の動物相が広がっていたことを示している。またこのような特徴は，現在の本州の平地や山地の動物相にも見られるものであり，現在の動物相が完新世から変わらずに続いてきたことを示している。

　一方，相違点としては以下のものがあげられる。

1) 尻労安部洞窟の群集では，齧歯目でハタネズミ属の出土割合が他の遺跡・化石産地の群集よりか

234　第5章　出土遺物の研究

なり高い。

2) 尻労安部洞窟の群集では，齧歯目でスミスネズミ属（トウホクヤチネズミに近似の種類を含む）やアカネズミ，ヒメネズミの出土割合が他の遺跡・化石産地よりも低い。

3) 尻労安部洞窟の群集ではトガリネズミ形目や翼手目の出土割合が他の遺跡・化石産地よりかなり低い。

　このような違いのうち1) と2) は尻労安部洞窟の周辺の環境と，他の遺跡・化石産地周辺の環境の違いによるものと考えられる。すなわち前者ではより草原が卓越する環境であり，後者ではより森林的な環境であったと解釈できる。また3) のうち尻労安部洞窟で翼手目の出土割合が低いことは，この遺跡のある洞窟が，他の遺跡・化石産地の立地する洞窟よりも小さいことによっているのであろう。

　これら本州の遺跡・化石産地のほか，北海道では静川22遺跡の完新世の小型哺乳類遺体群集がよく研究されている（河村 2002）。この遺跡は，洞窟に立地しているのではなく開地遺跡であるため，翼手目はまったく産出していないが，トガリネズミ形目と齧歯目は尻労安部洞窟のものと比較できる。静川22遺跡の遺体群集は現在の北海道の動物相とよく似ていて，その群集のトガリネズミ形目はオオアシトガリネズミとバイカルトガリネズミのみで，尻労安部洞窟のものとはまったく異なっている。齧歯目でも静川22遺跡ではシマリス（*Tamias sibiricus*）やタイリクヤチネズミ（*Myodes rufocanus*），ヒメヤチネズミ（*M. rutilus*）などが出土していて，尻労安部洞窟の齧歯目の群集とは大きく異なっている。現在，津軽海峡以北の北海道と以南の本州では哺乳類の動物相が大きく異なっているが，そのような違いは完新世にはすでにでき上がっていたことが，これら2遺跡の遺体群集の比較から推定できる。

(7) まとめ

　2003～2012年の発掘調査で，尻労安部洞窟の完新世の層準とその下位にある時代未詳の層準（第75表）から採取された堆積物は，篩を用いて精密に水洗処理された。水洗・篩別された堆積物のうち，2003年と2004年の発掘調査のものについては，9～4 mmと4～2 mmと2～0.5 mmの粒度の堆積物から，2005年の発掘調査のものについては4～2 mmと2～0.5 mmの粒度の堆積物から，2006年から2013年までの発掘調査のものについては2～0.5 mmの粒度の堆積物から，それぞれ小型哺乳類遺体を抽出した。ただし水洗・篩別の際に，2 mm目の篩として用いられたものには，一部に2.8 mm目のものもあった。ここでは，そのような堆積物から抽出した遺体のうち，属または種のレベルまで同定できたものに限定して，その系統分類学的研究を行った。そのように限定しても，研究した遺体は5,514点に達した。それらはトガリネズミ形目，翼手目，兎目，齧歯目の4目に分類されたが，その大部分は齧歯目であった。それらについての研究結果の概要を以下にまとめる。

1) トガリネズミ形目の遺体で完新世の層準から得られたものは，シントウトガリネズミ，ニホンジネズミ，ヒメヒミズ，モグラ属（種不明）の5種類であった。時代未詳の層準から得られたものは，シントウトガリネズミ，ニホンジネズミ，ヒメヒミズ，ヒミズの4種類であった。

2) 翼手目の遺体で完新世の層準から得られたものは，キクガシラコウモリ，コキクガシラコウモリ，ノレンコウモリに近似の種類，？チチブコウモリ属（種不明），ウサギコウモリ，コテングコウモリ

の 6 種類であった。時代未詳の層準から得られたものは，キクガシラコウモリ，コキクガシラコウモリ，ノレンコウモリに近似の種類，ウサギコウモリの 4 種類であった。

3) 兎目の遺体はノウサギ属（種不明）が 1 種類のみで，時代未詳の層準から得られたものである。

4) 齧歯目の遺体で完新世の層準から得られたものは，ニホンリス，ムササビ，モモンガ，トウホクヤチネズミに近似の種類，ハタネズミ，ハタネズミ属（種不明），アカネズミ，ヒメネズミ，ヤマネに分類された。ハタネズミを含むハタネズミ属の遺体には，種まで同定できる部位と属までしか同定できない部位があり，ハタネズミと同定したものは前者の部位，ハタネズミ属（種不明）としたものは後者の部位である。これらは同一の種類である可能性が高いので，これらを 1 種類と数えると，完新世の層準の齧歯目は 8 種類となる。

5) 齧歯目の遺体で時代未詳の層準から得られたものは，完新世の層準の 8 種類から，ニホンリスとムササビを除いた 6 種類であった。

6) 以上のような多くの種類には，絶滅種や現在の本州に分布しない種類は含まれていない。そのすべては現在の本州に分布する種類かそれに近いもので，この洞窟の完新世や時代未詳の層準の遺体群集は，現在の本州の動物相と同様の種類構成をもっている。

7) これらの層準の遺体群集では，ハタネズミとハタネズミ属（種不明）を合わせたハタネズミ属が非常に高い割合を占める。それ以外の種類はそれよりはるかに低い割合であった。

8) 完新世や時代未詳の層準の遺体群集では，全体として見ると種類構成や各種類の出土割合は層によってあまり変化していない。このことは，これらの層準の堆積物が堆積した時代には，この地域の動物相にあまり変化がなかったことを示している。

9) ハタネズミ属は草原的な環境を好む種類なので，完新世や時代未詳の層準の堆積物が堆積した時代には，この洞窟周辺では草原的な環境が卓越していたと考えられる。

10) 一方でそれらの遺体群集では，出土割合は低いが，多様な森林棲の種類（ニホンリス，ムササビ，モモンガ，トウホクヤチネズミに近似の種類，ヒメネズミ，ヤマネ）も出土している。

11) したがって，この洞窟周辺では草原に森林が点在する環境，あるいは草原に接して森林が広がる環境が，時代未詳の層準から完新世の層準の時代までずっと維持されてきたことが推定される。

12) この洞窟の完新世と時代未詳の層準の遺体群集を後期更新世のものと比較すると，後者では絶滅種がわずかに出土していることを除くと，両者は互いによく似ている。そのため，この遺跡の周辺では後期更新世から完新世にかけても動物相にあまり大きな変化がなかったと考えられる。

13) この洞窟の完新世と時代未詳の層準の遺体群集を，他の本州の遺跡・化石産地の完新世の群集と比較すると，共通点と相違点が見られた。

14) 共通点から，完新世の本州ではその最北端に至るまで現在と同じ動物相が広がっていたと考えられる。

15) 相違点は，尻労安部洞窟とその周辺の環境が他の遺跡・化石産地のものと異なっていたことによると考えられる。

16) 北海道の完新世の遺体群集との比較では，相互の間に大きな違いが見られた。その違いは，現在の本州と北海道の動物相の違いと同じであるため，そのような違いは完新世にはすでにでき上がっていたと考えられる。

なお，ここにまとめた研究をおこなうにあたっては，愛知教育大学の卒業生の方々（隅田幸江，藤岡杏子，大塚泰信，伊藤真理子，酒井雅也，村瀬　愛，鈴木雅樹，大清水千香の各氏）に，堆積物の水洗，遺体の抽出と整理，予察的な分類などの作業を行っていただいた。また，愛知教育大学河村研究室の関係者の方々（利渉幾多郎，中川良平，西岡佑一郎の各氏）にも研究に協力していただいた。遺体の一部については，中華民国の国立自然科学博物館で現生標本との比較を行ったが，その際には張鈞翔，陳彦君，張海寧の各氏にお世話になった。また，本研究に要した経費の一部には，筆者の一人河村善也が代表の JSPS 科研費（21340145，24650587）と，慶應義塾大学佐藤孝雄教授が代表の JSPS 科研費（25284152）を使用した。

（河村善也・河村　愛・村田　葵）

註

1) McKenna and Bell（1997）の哺乳類の分類による．従来，食虫目（Insectivora）に一括されていた種類の大部分を含むグループのこと．
2) コテングコウモリの学名は，中国南部のものと同一種と考えて *Murina aurata* が使われてきたが（今泉 1960・1970, Corbet 1978 など），近年は北東アジアのものと同一種として *M. ussuriensis* という学名が使われている（阿部 2007, 阿部ほか 2008, Ohdachi et al. 2009 など）．ここでは後者の考えにしたがっている．なお，Yoshiyuki（1989）はこれを日本の固有種と考えて，その学名を *M. sylvatica* としている．
3) ここでのネズミ類の分類方式は，McKenna and Bell（1997）にしたがっている．すなわち，それの代表的な 3 グループ（キヌゲネズミ類，ハタネズミ類，狭義のネズミ類）をネズミ科（Muridae）に一括し，3 グループのそれぞれはその中の亜科として取扱う．これら 3 グループをそれぞれ独立の科として取り扱う分類方式もある．
4) Kawamura（1988）は，ともに日本の固有種で主に本州中部以北に分布するトウホクヤチネズミと，主に中部以西に分布するスミスネズミが中期更新世のヤチネズミ属（ここで用いている学名は *Myodes* で註 5 参照）の化石種であるニホンムカシヤチネズミ（*Myodes japonicus*）を祖先として後期更新世～完新世の本州・四国・九州に現れたと考えた．その過程でニホンムカシヤチネズミの臼歯は歯根の形成時期が遅くなり，ついには無根化して，トウホクヤチネズミやスミスネズミの無根の臼歯が生じたと考えた．そのため，ヤチネズミ属とスミスネズミ属の移行段階，つまり 1 つの化石群集の中で大部分が無根の臼歯で，ごく一部に有根の臼歯が見られる場合は，そのような臼歯群を一括してヤチネズミ属とスミスネズミ属の移行型の種類（*Clethrionomys-Phaulomys* transitional form）と呼んだ．このように考えると，トウホクヤチネズミやスミスネズミは，多くの現生哺乳類の研究者が採用している考え，つまり中国南部のビロードネズミ（*Eothenomys melanogaster*）を模式種とするビロードネズミ属（*Eothenomys*）に含まれるという考えとは異なり，それとは別系統の日本固有のグループに属していることになり，その属名としてスミスネズミ属（*Phaulomys*）が使われることになった．ここでは，このような Kawamura（1988）の考えにしたがって，トウホクヤチネズミとスミスネズミをスミスネズミ属の構成員とし，その学名をそれぞれ *Phaulomys andersoni* と *P. smithii* としている．なお，Musser and Carleton（2005）のように歯根の有無によって属を区別しないのであれば，これらの種はすべてヤチネズミ属に含まれることになり，トウホクヤチネズミの学名は *Myodes andersoni*，スミスネズミの学名は *M. smithii* となる．
5) ヤチネズミ属の学名としては，*Clethrionomys* Tilesius 1850 が古くから使われてきたが，最近 Musser and Carleton（2005）は *Myodes* Pallas 1811 の先取権を認めて，その学名をこれに改めた．ただし，彼らは臼歯の歯根の有無を，この属が他から分けられる特徴とはせず，註 4 に述べたスミスネズミ属もこれに含めている．このグループの分類や系統には諸説があって議論が複雑になるので，ここでは従来のようにヤチネズミ属を臼歯が有根のものに限り，学名のみを *Myodes* にするという便宜的な取扱いをすることにした．

引用文献

阿部　永（2007）日本産哺乳類頭骨図説（増補版）．北海道大学出版会，290pp．

阿部　永・石井信夫・伊藤徹魯・金子之史・前田喜四雄・三浦慎悟・米田政明（2008）日本の哺乳類（改訂2版）．東海大学出版会，206pp．

今泉吉典（1960）原色日本哺乳類図鑑．保育社，196pp., 68pls．

今泉吉典（1970）日本哺乳動物図説　上巻．新思潮社，350pp．

河村　愛・河村善也（2013）白保竿根田原洞穴遺跡の後期更新世と完新世の小型哺乳類遺体．沖縄県立埋蔵文化財センター（編）白保竿根田原洞穴遺跡―新石垣空港建設工事に伴う緊急発掘調査報告書―．沖縄県立埋蔵文化財センター，pp. 154-175．

河村善也（1990）ハタネズミ類の臼歯とその進化．哺乳類学，30: 59-74．

河村善也（1991）日本産の第四紀齧歯類化石―各分類群の特徴と和名および地史的分布―．愛知教育大学研究報告（自然科学），40: 91-113．

河村善也（1992a）小型哺乳類化石標本の採集と保管．哺乳類科学，31: 99-104．

河村善也（1992b）日本産第四紀食虫類の歯の記載用語．愛知教育大学研究報告（自然科学），41: 25-43．

河村善也（2002）北海道苫小牧市静川22遺跡から出土した縄文時代前期の小型哺乳類．苫小牧市埋蔵文化財調査センター（編）苫小牧東部工業地帯の遺跡群IX―苫小牧市静川22遺跡発掘調査報告書―．苫小牧市埋蔵文化財調査センター，pp. 755-773．

河村善也（2003a）アバクチ洞穴の完新世小型哺乳類遺体．百々幸雄・瀧川　渉・澤田純明（編）北上山地に日本更新世人類化石を探る―岩手県大迫町アバクチ・風穴洞穴遺跡の発掘―．東北大学出版会，pp. 156-184．

河村善也（2003b）風穴洞穴の完新世および後期更新世の哺乳類遺体．百々幸雄・瀧川　渉・澤田純明（編）北上山地に日本更新世人類化石を探る―岩手県大迫町アバクチ・風穴洞穴遺跡の発掘―．東北大学出版会，pp. 284-386．

河村善也（2014）日本とその周辺の東アジアにおける第四紀哺乳動物相の研究―これまでの研究を振り返って―．第四紀研究．53: 119-142．

河村善也・河村　愛・村田　葵（2015）旧石器時代の動物遺体：精密水洗によって得られた小型哺乳類遺体．本書，pp. 59-79

河村善也・西岡佑一郎（2011）四国で発見されたハタネズミ属化石の意義．日本古生物学会第160回例会講演予稿集，19．

酒井琢朗・花村　肇（1969）食虫目の歯の形態学的研究 I. トガリネズミ科．愛知学院大学歯学会誌，7: 1-26．

酒井琢朗・花村　肇（1973）食虫目の歯の形態学的研究 II. モグラ科．歯科基礎医学会雑誌，15: 333-346．

酒井琢朗・花村　肇（1976）翼手目の歯の形態学的研究 I. キクガシラコウモリ科．歯科基礎医学会雑誌，18: 442-455．

酒井琢朗・花村　肇・戸田喜之（1978）翼手目の歯の形態学的研究 II. ヒナコウモリ科．歯科基礎医学会雑誌，20: 738-755．

澤浦亮平・澤田純明・佐藤孝雄（2015）縄文時代以降の動物遺体：中・大型哺乳類．本書，pp 238-256．

丹羽良平・河村善也（2000）広島県神石町の帝釈大風呂洞窟遺跡から産出した完新世の哺乳類―精密水洗によって得られた遺体の研究（その1）―広島大学文学部帝釈峡遺跡群発掘調査室年報，14: 77-99．

Corbet G. B. (1978) The Mammals of the Palaearctic Region: A Taxonomic Review. British Museum (Natural History) and Cornell University Press, 314pp.

Kawamura Y. (1988) Quaternary rodent faunas in the Japanese Islands (Part 1). Memoirs of the Faculty of Science, Kyoto University, Series of Geology and Mineralogy, 53: 31-348.

Kawamura Y. (1989) Quaternary rodent faunas in the Japanese Islands (Part 2). Memoirs of the Faculty of Science, Kyoto University, Series of Geology and Mineralogy, 54: 1-235.

McKenna M. C. and Bell S. K. (1997) Classification of Mammals above the Species Level. Columbia University Press, 631pp.

Musser G. G. and Carleton M. D. (2005) Superfamily Muroidea. Wilson, D. E. and Reeder, D. M. (eds.) Mammal Species of the World: A Taxonomic and Geographic Reference (Third Edition). The Johns Hopkins University Press, pp. 894-1531.

Ohdachi S. D., Ishibashi Y., Iwasa M. A., and Saitoh T. (eds.) (2009) The Wild Mammals of Japan. Shoukadoh, 549pp.

Repenning C. A. (1967) Subfamilies and genera of the Soricidae. Geological Survey Professional Paper, 565: 1-74.

Yoshiyuki M. (1989) A Systematic Study of the Japanese Chinoptera. National Science Museum, 242pp.

7. 中・大型哺乳類遺体

(1) はじめに

下北半島で出土動物の定量的報告がなされた縄文時代の遺跡は少なく，フルイを用いてサンプリングされた尻労安部洞窟の動物遺体は，往時の生業を解明する上で重要な資料となろう。本稿では，縄文時代中期後葉から後期前葉を中心とする完新世の哺乳類遺体について種組成と出土量を報告し，周辺遺跡における哺乳類出土様相との比較を踏まえつつその特徴について若干の考察を試みる。

(2) 資料と方法

ア 資料

堆積が比較的安定していたB列以北の調査区では，II層（縄文中期後葉〜後期前葉），III〜VI層（縄文早期〜中期），VII〜X層（更新世末〜完新世初頭？）の発掘において，掘削時の目視確認および2mm目フルイを用いた水洗選別により動物遺体を採集した。これらのうち，以下1〜10のいずれかの基準に合致する，目以下まで同定された哺乳類遺体を資料とした（食虫目・翼手目・齧歯目ネズミ科を除く）。(1) 歯の植立する上・下顎骨，(2) 歯種を識別できる遊離歯，(3) 環椎，(4) 軸椎，(5) 骨端が保存される四肢長骨（上腕・橈・尺・大腿・脛・腓骨），(6) 距骨，(7) 踵骨，(8) シカ・カモシカの中手・中足骨，(9) 傷病変を有する骨，(10) 人為的損傷ないし焼痕を有する骨。この基準とは別に，本州北部で出土例の僅少なネコ科については，同定し得た全ての出土骨を資料に加えた。なお，2mm目フルイを通過した一部堆積物については0.5mm目フルイで水洗選別し，小型哺乳類を採集している。その内容は本書の河村ほかによる報告（第5章第2節第4項6）を参照されたい。

イ 同定

肉眼観察による現生骨標本との比較を通じ，出土哺乳類遺体の種と部位を同定した。比較標本には，東北大学歯学部口腔器官構造学分野，慶應義塾大学民族学考古学研究室，日本歯科大学新潟生命歯学部解剖学講座，聖マリアンナ医科大学解剖学講座の所蔵する骨・歯標本を利用した。同定した動物遺体の定量的評価に関して，分類群ごとに同定標本数（NISP: Number of Identified Specimens）と重量を示し，属ないし種まで同定された動物については最小個体数（MNI: Minimum Number of Individuals）も表した。最小個体数は，同一部位の重複出土数や成長段階の異同をもとに，時期別および完新世全体のそれぞれで算定した。

ウ 計測・観察方法

計測の方法は原則 Driesch（1976）に準じたが，ノウサギ属の歯の計測法に限り宮尾ほか（1984）の方法にも従った。計測にはデジタルノギス（NTD12P-15PMX, Mitutoyo）を用い，計測者間誤差を防ぐため執筆者の1名（澤浦）のみが担当した。また人為的関与の検討のため，カットマーク，スパイラル状の破断面，および焼痕の有無を記録した。

(3) 同定結果
ア 出土動物の概要

同定し得た資料総数は 1,711 点（NISP）を数え，5目10科15属からなる。同定標本数（NISP）と最小個体数（MNI）を第1表，出土部位一覧を第2表に示す。最多はノウサギ属で1202点（70.3%）に上り，シカ属（135点，7.9%）とムササビ（49点，2.9%）がこれに続く。その他に，ニホンモモンガ（1点），種不明リス科（43点），ニホンザル（24点），キツネ（16点），タヌキ（15点），イヌ（4点），種不明イヌ科（16点），テン（18点），アナグマ（1点），イタチ（19点），オコジョ（4点），種不明イタチ属37点，オオヤマネコと思われるネコ科（5点），ニホンアシカ（1点），オットセイ（1点），種不明食肉目（22点），イノシシ（18点），カモシカ（4点），種不明反芻亜目（74点），種不明偶蹄目（2点）を確認した。このうちイヌは，宮城県田柄貝塚から出土した縄文時代犬（茂原・小野寺1984）に近いサイズであり，同種のニホンオオカミ（*Canis lupus hodophilax*）ではなく，イエイヌ（*Canis lupus familiaris*）に比定される。

洞窟棲の種がみられず，後述するように人為的損傷や焼痕を有する骨を含んでいたことから，出土哺乳類の大半はヒトによって洞窟に持ち込まれたとみてよい。一般に縄文貝塚・洞窟遺跡ではシカやイノシシが出土動物の主体をなすことが多く，ノウサギ属が過半を占めた尻労安部洞窟の種組成は特異的といえる。ノウサギ属の他にムササビ，ニホンモモンガ，テン，イタチ，オコジョといった多種多様な小型陸獣が出土していることも注目に値しよう。出土哺乳類のうち，シカ属，イノシシ，オオヤマネコは縄文時代における下北半島の動物相が現在と異なっていたことを示唆してくれる。現生種の生態に照らせば，出土哺乳類の生息域は草原地帯や山裾から山地帯の森林にまで及んでおり，洞窟利用者たちが多様な環境で狩猟活動を展開していた様子が窺える。

イ 出土状況

哺乳類遺体はいずれも散乱状態で出土した。時期・地区別の哺乳類出土量を第60図に示す。II層（縄文中期後葉〜後期前葉）では岩壁に近いF12区からとりわけ多くの哺乳類を得たが，同区からは貝類や魚類，土器も多数の出土をみた。F12区から南西および北東方向にかけて哺乳類出土量の多い地区が広がっており，当時の人々の活動域もしくは遺物が堆積しやすい微地形を反映したものと考えられる。

III〜VI層（縄文早期〜中期）でもF12区およびその周辺から哺乳類が多出した。これらの層準におけるノウサギ属の出土量はII層のそれを上回るのに対し，他の哺乳類の出土量は概してII層より少なく（第83表），動物の出土状況に層間で若干の異同がみられた。とはいえ，ノウサギ属を主体とする様相は各層で共通しており，種組成の特徴は縄文時代を通して概ね類似すると考えてよい。

第83表 完新世層準から出土した哺乳類遺体

		II層 (縄文中期後葉～後期前葉)			III～VI層 (縄文早期～中期後葉)			VII～X層 (更新世末～完新世初頭?)			完新世全体		
		NISP(%)	MNI	重量	NISP(%)	MNI	重量	NISP(%)	MNI	重量	NISP(%)	MNI	重量
ウサギ目	Lagomorpha												
ノウサギ属	Lepus sp.	345 (47.1)	12	86.76	683 (89.5)	32	76.38	174 (80.9)	10	15.51	1202 (70.3)	50	178.65
齧歯目	Rodentia												
ムササビ	Petaurista leucogenys	24 (3.3)	6	4.25	19 (2.5)	3	1.41	6 (2.8)	1	0.27	49 (2.9)	8	5.93
ニホンモモンガ	Pteromys momonnga	1 (0.1)	1	0.06							1 (0.1)	1	0.06
リス科 (種不明)	Sciuridae indet.	13 (1.8)	—	1.03	24 (3.1)	—	1.86	6 (2.8)	—	0.33	43 (2.5)	—	3.22
霊長目	Primates												
ニホンザル	Macaca fuscata	21 (2.9)	2	14.88	3 (0.4)	1	10.74				24 (1.4)	2	25.62
食肉目	Carnivora												
キツネ	Vulpes vulpes	15 (2.0)	2	8.61				1 (0.5)	1	0.18	16 (0.9)	2	8.79
タヌキ	Nyctereutes procyonoides	12 (1.6)	1	14.85	3 (0.4)	1	4.38				15 (0.9)	1	19.23
イヌ	Canis lupus familiaris	3 (0.4)	1	4.16	1 (0.1)	1	0.09				4 (0.2)	1	4.25
イヌ科 (種不明)	Canidae indet.	15 (2.0)	—	9.88				1 (0.5)	—	1.14	16 (0.9)	—	11.02
テン	Martes melampus	16 (2.2)	3	15.33	2 (0.3)	1	0.63				18 (1.1)	3	15.96
アナグマ	Meles meles				1 (0.1)	1	0.81				1 (0.1)	1	0.81
イタチ	Mustela itatsi	18 (2.5)	4	7.51	1 (0.1)	1	0.25				19 (1.1)	4	7.76
オコジョ	Mustela erminea	4 (0.5)	3	0.33							4 (0.2)	3	0.33
イタチ属	Mustela sp.	25 (3.4)	—	2.82	12 (1.6)	—	1.36				37 (2.2)	—	4.18
ネコ科 (種不明)	Felidae indet.	3 (0.4)	1	1.83	1 (0.1)	1	0.40	1 (0.5)	1	0.56	5 (0.3)	1	2.79
オットセイ	Callorhinus ursinus							1 (0.5)	1	0.07	1 (0.1)	1	0.07
ニホンアシカ	Zalophus japonicus	1 (0.1)	1	4.65							1 (0.1)	1	4.65
食肉目 (科不明)	Carnivora indet.	17 (2.3)	—	2.09	5 (0.7)	—	1.49				22 (1.3)	—	3.58
偶蹄目	Artiodactyla												
イノシシ	Sus scrofa	17 (2.3)	1	12.79	1 (0.1)	1	0.15				18 (1.1)	1	12.94
シカ属	Cervus sp.	116 (15.8)	4	441.62	3 (0.4)	1	21.79	16 (7.4)	2	32.83	135 (7.9)	5	496.24
カモシカ	Capricornis crispus	4 (0.5)	1	1.05							4 (0.2)	1	1.05
反芻亜目 (科不明)	Ruminantia indet.	61 (8.3)	—	143.94	4 (0.5)	—	5.32	9 (4.2)	—	4.49	74 (4.3)	—	153.75
偶蹄目 (科不明)	Artiodactyla indet.	2 (0.3)	—	2.96							2 (0.1)	—	2.96
合計	Total	733	43	781.40	763	44	127.06	215	16	55.38	1711	86	963.84

※ NISP:Number of Identified Specimens（同定標本数），MNI:Minimum Number of Individuals（最小個体数）。
※ 重量の単位は g，以下の表も同様。

第 84 表　各動物の層位・部位別の出土量（頭部の骨）

層位	種	頭蓋骨	上顎骨		下顎骨	
			左	右	左	右
II	ノウサギ属			(P3-P4)×1	(di3-M1)×1	(P3-M1)×1；(P3-P4)×1；(M2)×1；(P3)×1；(P3-M3)×1；(P3-P4)×1
	ムササビ			(P4-M2)×1；(M1-M2)×1		
	ニホンモモンガ		(P3-M2)×1			
	ニホンザル	front.×1	(M2)×1	(dp4-M3)×1		
	キツネ				(P2)×1	
	タヌキ				(C)×1	
	テン				(P2-M1)×1	(P2-M1)×1
	イタチ	(左：P4, M1, 右：P4)×1；(左：P3, 右：P3)×1；(左：P3-M1, 右：P3-M1)×1			(C, M1)×1；(P3, M1)×1；(M1)×2	(M1)×4
	オコジョ		(P3-M1)×1	(M1)×1	(P2-M1)×1	
	イタチ属	(左：P2, M1, 右：M1)×1	(P3)×1	(P4-M2)×1	(M1)×1	(P4-M2)×1；(M1)×3
	シカ属					(dp3, dp4, M1)×1
III	イタチ					(P3, M1)×1
	シカ属	occi.×1				
IV	ニホンザル	front.×1；左 temp.×1				
VIII	シカ属				(dp4)×1	

※ 表中の略号　front.：前頭骨，temp.：側頭骨，occi.：後頭骨，di：乳切歯，dp：乳前臼歯，C：犬歯，P：前臼歯，M：後臼歯
※ 略号のあとの数字は歯の順位，×数字で出土点数を表した。
※ 植立して残存していた歯は括弧の中に示した。

（4）主な哺乳類遺体の観察所見

ア　ノウサギ属（*Lepus* sp.）

II 層から 345 点，III～VI 層から 683 点，VII～X 層から 174 点，計 1,202 点が出土した。保存に優れる歯が 1099 点と全体の約 9 割を占めたのに対し，骨の出土数は 103 点であった。最小個体数は左下顎第 3 乳切歯から 50 体と算定した。

日本列島の現生ノウサギ属は，本州から九州にノウサギ（*Lepus brachyurus*），北海道にユキウサギ（*Lepus timidus*）が分布する。本州の縄文時代遺跡でユキウサギは確認されていないが，出土ウサギの主体をなす歯はノウサギとユキウサギの識別が困難な部位であり，北海道に近い本洞窟の地理的環境を考慮して，ウサギ類の同定は属（*Lepus* sp.）にとどめた。

ノウサギ属の部位別出土量を第 88 表，骨の計測値を第 89 表，歯の計測値を第 90 表に示す。骨の出土部位をみるに，多孔性で脆弱な上顎骨や椎骨は各層を通して僅少であり，下顎骨や四肢骨など比較的頑丈な部位が多い。遊離歯を除く骨格各部位の％ MAU を算出して部位別出現頻度を検討したところ，頭部（下顎）・前肢・後肢の出現頻度に顕著な差はなく（第 67 図），捕獲したウサギの全身を遺跡内に持ち込んで消費したものと推察し得た。本洞窟の部位別出現頻度は，本洞窟と同じく多量のウサギが出土した三内丸山遺跡の第 6 鉄塔地区（縄文前期，データは斉藤（2013）による）における傾向とよく類似しており，両遺跡のウサギの利用状況に一定の共通性があったことを窺わせる。ただし，斉藤慶吏が指摘する同種四肢骨の骨器素材としての利用が（斉藤，2013），三内丸山遺跡同様，当洞窟の資料にも認められるか否かについては，今後体系的な観察を行った上で，慎重に議論しなければならない。

第85表 各動物の層位・部位別の出土量（遊離歯）

層位	種	遊離歯 左	遊離歯 —	遊離歯 右
II	ノウサギ属	Udi2×11;UP2×9;Ldi3×8;LP3×13;LPM×2	Udi2×4;UPM×112;Ldi3×7;LP3×1;LM3×1;LPM×30;PM×36	Udi2×11;UP2×11;Ldi3×11;LP3×9;LPM×3
II	ムササビ	UP4×1;UM1×1;UM2×2;LP4×1;LM1×1;LM2×1;LM3×1		UP4×1;UM1×4;UM2×1;LP3×1;LP4×1;LM1×2;LM2×1;LM3×1
II	リス科	LI×7	UI×3;LI×2	LI×1
II	ニホンザル	UC×1;Udm×1;LI1×1;LI2×1;LP4×1;LM1×1		Udi1×1;Udi2×1;Udp3×1;Udp4×1;UI2×1;UP3×1;Ldp4×1;LM1×2;LM2×2
II	キツネ	UI3×1;UC×1;UP3×1;UP4×1;LC×1;LP2×1;LP3×2;LP4×1;LM1×1		UM2×1
II	タヌキ	LC×1;LM1×1;LM2×1	LM1×1;LM×1	
II	イヌ	LP4×1		
II	イヌ科	UI3×1;UC×1;UP1×2;UM2×1;LI2×1;LM2×1	LI2×1;LM2×1	
II	テン	LP3×2		UP3×1;LC×1
II	イタチ	LP4×1		UP4×2;LC×1
II	オコジョ	LM1×1		
II	イタチ属	UI3×1;UC×2;LP4×1;LM1×3	C×2	UC×2;UP4×1
II	ネコ科	LP4×1		LP3×1
II	食肉目	UI3×1;UC×1;LI3×1;LP1×1;LM1×1	dpm×1;C×1;PM×2	UI3×1;UM1×1;LC×1;LP3?×1;LM1×2
II	イノシシ	Ldi2×1;Ldp2×1	Ldi×1;PM×9	UM1×1;Ldi1×1;Ldp4×1;LI2×1;LP3×1
II	シカ属	Udp2×1;Udp3×2;Udp4×1;UP2×2;UP3×1;UP4;UM1×1;UM3×2;UM2 or UM3×1;Ldi1×1;Ldi2×3;Ldi3×1;Ldp3×3;Ldp4×3;LI1×3;LI2×3;LP3×1;LP4×1;LM1×1;LM1?×1;LM2×4	Udp3×2;Udp4×2;UM1×2;UM2×1;UM3×1;Ldi1×1;Ldi2×2;Ldp2×1;Ldp4×2;LI1×3;LI2×1;LP2×2;LP4×1;LM2×3	
II	カモシカ			Udp2×1;LI or LC×2;Ldp3×1
II	反芻亜目	Udp2×1;Ldp4×1;LM3×1;LM2 or LM3×1;LM×1	UM×3;LM×1;PM×29	Ldi or Ldc×1
II	偶蹄類		Ldi or Ldp?×1	
III	ノウサギ属	Udi2×3;UP2×4;Ldi3×7;LP3×11;LM3×1	Udi2×3,UP2×2;UPM×70;Ldi3×2;LP3×2;LM3×4;LPM×16;PM×15	Udi2×6;UP2×8;Ldi3×9;LP3×5;LM3×1
III	ムササビ	UP4×1;LM1×1;LM2×1		
III	リス科	UI1×1	LI×1	UI×2;LI×1
III	テン			LC×1
III	イタチ属	UC×1;LC×1		
III	食肉目		dp?×1	
III	シカ属	LM1×1		
IV	ノウサギ属	Udi2×13;UP2×7;Ldi3×15;LP3×6	Udi2×5;UPM×72;Ldi3×8;LP3×3;LM3×1,LPM×2;PM×10	Udi2×5;UP2×10;Ldi3×8;LP3×9
IV	ムササビ	UP4?×1;UM2×3;LP4×1	PM×1	UM1×2;LM1×1;LM2×1;LM3×1
IV	リス科	UI×5;LI×1	UI×1	UI×4;LI×1
IV	イタチ属	UP4×1		
IV	ネコ科			LP3 or LP4×1
IV	食肉目		PM×1	
V	ノウサギ属	Udi2×5;UP2×2;Ldi3×3;LP3×2;LM3×1	Udi2×5;UP2×2;UPM×28;Ldi3×2;LP3×1;LPM×4;LM3×1	Udi2×7;UP2×2;Ldi3×8;LP3×3;LM3×1
V	ムササビ	LM2×1		
V	リス科	UI×1		UI×1
V	イヌ			LP3×1
V	反芻亜目		PM×1	
VI	ノウサギ属	Udi2×16;UP2×8;Ldi3×8;LP3×9;LM3×1	Udi2×11;UP2×4;UPM×83;Ldi3×9;LPM×9;PM×29	Udi2×13;UP2×10;Ldi3×14;LP3×7;LM3×1
VI	ムササビ	UM1×1	PM×1	
VI	リス科		LI×3	LI×1
VI	イタチ属			UC×1
VI	食肉目	LP3×1		
VI	イノシシ			LP2×1
VII	ノウサギ属	Udi2×3;UP2×1;Ldi3×7;LP3×2	Udi2×2;UPM×16;Ldi3×2;LP3×1;LM3×1;LPM×2;	Udi2×1;UP2×2;Ldi3×2;LP3×4
VIII	ノウサギ属	Udi2×5;UP2×3;Ldi3×6;LP3×2;LM3×1	Udi2×2;UP2×1;UPM×22;Ldi3×1;PM×14;	UP2×1;Ldi3×3;LP3×3
VIII	ムササビ	UM1×1;UM2×1;LM3×1		LM3×1
VIII	リス科	LI×3		
VIII	ネコ科			LM1×1
VIII	オットセイ		PM×1	
VIII	シカ属	Ldi3×2;LI2×1;LP2×2		UM1×2;LI3×2;LP3×3;LM3×2
VIII	反芻亜目		PM×3	
X	ノウサギ属	Udi2×4;UP2×1;Ldi3×1;LP3×6	Udi2×6;UP2×1;UPM×18;Ldi3×2;LP3×3;LPM×4;PM×6	Udi2×1;UP2×1;LP3×4
X	ムササビ	UM3×1		LM1×1
X	リス科	UI×1;LI×1		UI×1
X	キツネ	UP3×1		
X	シカ属	UP2×1;UP4×1;Ldi3×1		UM1×1;LI2×1
X	反芻亜目		PM×5	

※ 表中の略号 di：乳切歯　dp：乳前臼歯，dm：乳後臼歯，I：切歯，C：犬歯，P：前臼歯，M：後臼歯，PM：臼歯
※ 略号のあとの数字は歯の順位，×数字で出土点数を表した。例えばUdi2×4は上顎第2乳切歯が4点出土したことを意味する。

第86表 各動物の層位・部位別の出土量（環椎・軸椎・前肢）

層位	種	環椎	軸椎	上腕骨			橈骨		尺骨		中手骨	
				左	―	右	左	右	左	右	―	右
II	ノウサギ属	w×1	w×1	w×1;ds×2;d×6		w×1;ps×1;ds×3;d×4	p×1;ds×2	ps×2	ps×2	ps×5		
	ムササビ			d×1								
	キツネ	w×1										
	タヌキ					p×1						
	イヌ						d×1					
	イヌ科	fr×1				p×1						
	テン	fr×1		ds×1		p×1	w×1		w×1	w×1		
	イタチ					w×1						
	イタチ属			w×1		d×1	ds×1			ps×1		
	ニホンアシカ						s×1					
	シカ属	fr×1		p×1;d×2			p×1;ps×1;d×1	d×1			s×3	p×1
	反芻亜目				p×1;s×1	d×1	s×1					
III	ノウサギ属			p×1;d×2		d×2	p×2;ps×2	p×1;d×1				
	ムササビ			ds×1								
	タヌキ			d×1								
	イタチ属	w×1	fr×1							ps×1		
	食肉目						w×1					
IV	ノウサギ属			d×1		d×1		p×1				
	タヌキ									p×1		
	反芻亜目					ds×1						
VI	ノウサギ属			d×1								
	イタチ属								p×1			
VIII	ノウサギ属			d×1								
	シカ属						d×1					
X	反芻亜目								s×1			

※ 表中の略号　w：ほぼ完存，p：近位端，s：骨幹部，d：遠位端，fr：破片
※ ×数字で出土点数を表した。

イ　リス科（Sciuridae）

ムササビ（*Petaurista leucogenys*）が49点（うち43点が遊離歯）と多く，他にニホンモモンガ（*Pteromys momonnga*）1点と，属以下の検索が困難な種不明リス科43点が出土した。ムササビの最小個体数は右上顎第1後臼歯から8体と算定した。

ウ　ニホンザル（*Macaca fuscata*）

II層から21点，IV層から3点が出土，全24点のうち18点が遊離歯である。最小個体数は左下顎第1切歯，右下顎第1後臼歯および右下顎第2後臼歯から2体と算定した。

エ　イヌ科（Canidae）

キツネ（*Vulpes vulpes*）16点，タヌキ（*Nyctereutes procyonoides*）15点，イヌ（*Canis lupus familiaris*）4点，科以下の検索が困難な不明イヌ科16点が出土した。キツネの最小個体数は左上顎第3前臼歯，左下顎第2前臼歯，左下顎第3前臼歯および左距骨から2体と算定，タヌキとイヌの最小個体数は各1体であった。II層から出土した犬骨には，骨折後，治癒の過程で癒合したとみられる左第4・5中足骨が含まれていた。

第87表 各動物の層位・部位別の出土量（後肢・その他）

層位	種	大腿骨 左	大腿骨 —	大腿骨 右	脛骨 左	脛骨 右	腓骨 左	腓骨 右	距骨 左	距骨 右	踵骨 左	踵骨 右	中足骨 左	中足骨 —	中足骨 右	その他
II	ノウサギ属	d×1			s×1; d×1	p×4; ds×1			w×5; fr×2	w×1; fr×1	w×3; fr×3	w×4; fr×3				
	ムササビ			ps×1												
	キツネ								w×2							
	タヌキ			w×1			ds×1	ds×1	w×1		w×1					
	イヌ															左第4・5中足骨×1
	イヌ科			ds×1; d×1							fr×1					橈骨？s×1
	テン			p×1						w×1	w×1	w×1				
	イタチ				ps×1											
	イタチ属	w×1														
	ネコ科															第3・4基節骨w×1
	食肉目								w×1		fr×1					
	シカ属				p×2; s×1; ds×1; d×1	p×2; s×3; d×2			fr×2	w×1; fr×3		ps×1; s×2	s×5		ps×2; s×1	角fr×2; 中手・中足骨d×13
	カモシカ															
	反芻亜目	s×1	p×2		s×3	s×2				fr×1	fr×1		s×1			脛骨？s×2; 中手・中足骨s×2, d×2
	偶蹄類															上腕骨or大腿骨 s×1
III	ノウサギ属				p×2; d×1	d×1	d×1			w×1						
	ムササビ				ps×1											
	タヌキ					ds×1										
	テン										w×1					
	アナグマ									w×1						
	イタチ属				p×1											
	食肉目	ps×1														
	シカ属										fr×1					
	反芻亜目												s×1			
IV	ノウサギ属	p×1				p×1			fr×1							
	ニホンザル															第1末節骨×1
	反芻亜目															中手・中足骨d×1
V	ノウサギ属								fr×1							
VI	ノウサギ属				d×1	s×1	p×1; s×1									舟状骨（足）×1
	イタチ属															中手・中足骨fr×1; 基節骨fr×2
VIII	イヌ科									w×1						
	シカ属												s×2			
X	ノウサギ属								w×1; fr×1							

※ 表中の略号　w：ほぼ完存，p：近位端，s：骨幹部，d：遠位端，fr：破片
※ ×数字で出土点数を表した。

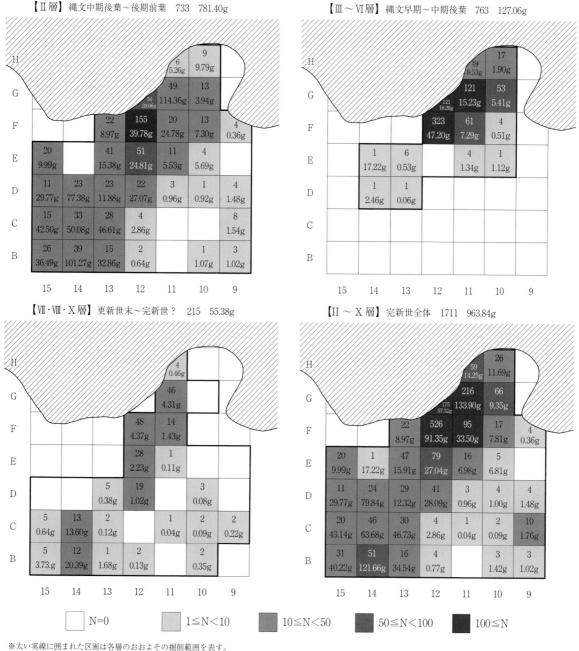

第66図　完新世哺乳類遺体の調査区別出土量

オ　イタチ科（Mustelidae）

テン（*Martes melampus*）18点，アナグマ（*Meles meles*）1点，イタチ（*Mustela itatsi*）19点，オコジョ（*Mustela erminea*）4点，およびイタチ属に同定をとどめた資料（*Mustela* sp.）37点が出土した。各種の最小個体数は，テンが左下顎第3前臼歯から3体，アナグマ1体，イタチが右下顎骨から5体，オコジョは左下顎第1後臼歯から3体と算定した。

カ　ネコ科（Felidae）

Ⅱ層から右下顎第3前臼歯と左下顎第4前臼歯および基節骨，Ⅳ層から右下顎第3ないし第4前臼歯，

第88表　ノウサギ属の部位別出土量

	II層 NISP 左	II層 NISP 中	II層 NISP 右	II層 NISP －	II層 MNE	II層 重量	III～VI層 NISP 左	III～VI層 NISP 中	III～VI層 NISP 右	III～VI層 NISP －	III～VI層 MNE	III～VI層 重量	VII～X層 NISP 左	VII～X層 NISP 右	VII～X層 NISP －	VII～X層 MNE	VII～X層 重量
上顎骨		1			1	2.36											
下顎骨	1	6			5	7.95											
上顎第2乳切歯	11	11	4		10	2.31	37	31	24	20		6.44	12	2	11	7	1.45
上顎第2前臼歯	9	11			11	1.37	21	31	8	25		4.02	5	4	4	5	0.89
上顎臼歯				104		12.65				252		32.04			56		5.93
下顎第3乳切歯	10	11	7		9	3.56	33	39	21	32		9.21	14	5	5	10	2.33
下顎第3前臼歯	14	8	2		11	3.72	28	24	7	23		7.68	10	11	4	10	2.38
下顎臼歯	1	3		32		4.32	3	3		38		4.39	1		7		0.60
臼歯破片				36		2.00				54		3.04			20		1.45
環椎		1			1	0.78											
軸椎		1			1	0.94											
上腕骨	8	10	3			16.53	5	3	3			2.23	1			1	0.11
橈骨	3	2			2	0.21	4	2	3			1.18					
尺骨	2	5			5	4.98											
大腿骨		1			1	0.96	1	4	2			2.49					
脛骨	3	5			3	5.71	2	4	1			2.10					
距骨	7	2			7	3.08	1	1	1			0.36	2			2	0.39
踵骨	6	7			4	11.17	1		1			0.65					
舟状骨（足）								1			1	0.52					

	NISP(%)	MNE	重量	NISP(%)	MNE	重量	NISP(%)	MNE	重量
上・下顎骨	8(2.3)	5	10.31						
遊離歯	274(79.7)	11	29.93	654(95.8)	32	66.82	171(98.3)	10	15.04
環椎・軸椎	2(0.6)	1	1.72						
前肢骨	30(8.7)	5	21.72	14(2.0)	3	3.41	1(0.6)	1	0.11
後肢骨	30(8.7)	7	21.09	15(2.2)	2	6.12	2(1.1)	2	0.39

※歯のMNEの算出には咬合面を有する歯を用いたため，各歯種のNISPの最大値とMNEは必ずしも一致しない。

第89表　出土ノウサギ属の骨計測値

計測項目		Driesch*	N	計測値(mm) 平均	標準偏差	範囲
上顎骨	臼歯列長（左）	9	1	20.0	—	—
下顎骨	歯列全長	1	1	38.3	—	—
	臼歯列長（右）	2	1	18.9	—	—
	歯隙長	4	2	15.7	5.4	11.8-19.5
環椎	最大幅	GB	1	28.3	—	—
	全長	GL	1	14.2	—	—
	全高	H	1	11.5	—	—
軸椎	全長	LCDe	1	20.6	—	—
	全高	H	1	17.4	—	—
上腕骨	最大長	GL	2	88.8	2.6	87.0-90.6
	近位端幅	Dp	2	15.2	1.0	14.5-15.9
	骨幹最小幅	SD	3	6.0	0.2	5.8-6.2
	遠位端幅	Bd	16	10.8	0.7	9.7-11.9
橈骨	近位端幅	BP	2	8.1	0.4	7.8-8.3
	骨幹最小幅	SD	1	5.9	—	—
	遠位端幅	Bd	3	8.5	0.8	8.0-9.4
尺骨	肘頭前後径	SDO	7	9.3	0.6	8.4-10.1
	鉤状突起幅	BPC	7	7.3	0.5	6.4-7.9
大腿骨	遠位端幅	Bd	2	17.4	0.5	17.0-17.7
脛骨	骨幹最小幅	SD	1	6.9	—	—
	遠位端幅	Bd	2	14.3	1.6	13.1-15.4
	遠位端前後径	Dd	2	9.1	0.3	8.9-9.3
距骨	最大長	GL	7	15.3	0.4	14.6-15.8
踵骨	最大長	GL	6	29.9	1.1	28.5-31.9
	最大幅	GB	8	9.8	1.9	5.7-11.7

*Driesch(1976)の計測項目番号・記号

VIII層から右下顎第1後臼歯が出土した。いずれも現生のイエネコ（*Felis silvestris catus*）よりかなり大きく，更新世から縄文時代晩期まで日本列島に生息していたオオヤマネコ（*Lynx lynx*）に該当する可能性が高い。最小個体数は1体。青森県の遺跡から出土したオオヤマネコは，国立歴史民俗博物館が保管する直良信夫コレクションの「尻労洞窟」14例と「平貝塚」1例が知られるのみであり（国立歴史民俗博物館，2008），本洞窟の資料は県下の縄文時代層準から得られたネコ科標本として貴重である。

キ　アシカ科（Otariidae）

II層からニホンアシカ（*Zalophus japonicus*）の幼獣の左橈骨，VIII層からオットセイ（*Callorhinus ursinus*）の幼獣の上顎右もしくは下顎左前臼歯が出土した。海岸の近くに立地し，貝

第90表　出土ノウサギ属の歯冠計測値

	N	近遠心径（mm）			頬舌径（mm）			頬舌径／近遠心径		
		平均	標準偏差	範囲	平均	標準偏差	範囲	平均	標準偏差	範囲
上顎第2前臼歯	28	1.92	0.24	1.50-2.44	3.63	0.63	2.72-4.86	189.08	21.31	151.63-236.26
下顎第3前臼歯	19	4.00	0.48	2.86-4.78	3.19	0.39	2.65-3.78	79.93	7.50	69.75-93.71

※計測には左側の歯を用いた。

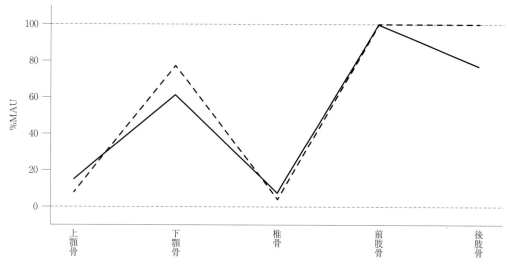

第67図　尻労安部洞窟と三内丸山遺跡から出土したノウサギ属の部位別出現頻度
※実線：尻労安部II～X層，破線：三内丸山（斉藤2013）

殻と魚骨も多出した当洞窟にあって，海獣骨がわずか2点しか確認されなかった点は注目に値する。

ク　偶蹄類（Artiodactyla）

イノシシ（*Sus scrofa*）20点，シカ属（*Cervus* sp.）159点，カモシカ（*Capricornis crispus*）5点，科不明反芻亜目（Ruminantia）74点，科不明偶蹄目2点が出土した。中型シカ科の種の識別は枝角の形態に基づいておこなわれる（Kawamura, 2009）。日本列島の完新統から報告されているシカ属はほとんどがニホンジカ（*Cervus nippon*）であり，本洞窟のシカ属もこれに該当する可能性が高いが，良好な枝角標本が出土していないことから，同定は属（*Cervus* sp.）にとどめた。なお，科不明反芻亜目はシカ属ないしカモシカ，科不明偶蹄目はイノシシ，シカ属，カモシカの判別が困難な資料である。

イノシシの最小個体数は1体を数えるにすぎない。出土資料が同一個体に由来すると仮定し，林ほか（1977）の方法に基づいて歯の形成・萌出状態を検討した結果，生後7～20ヶ月齢（林ほか（1977）のAge group IないしII）と推定された。

シカ属の最小個体数は，歯種の重複および咬耗度を総合的に考慮して5体と算定した。大泰司（1980）の方法に基づき，下顎の第1乳切歯，第1切歯，後臼歯の咬耗度から年齢を推定したところ，0歳2体，1.5歳1体，2.5歳1体，3.5-4歳1体の結果を得た。シカ属の四肢骨の計測値を第91表，歯の咬耗度および歯冠高と摩滅面径を第92表に示す。

第91表　出土シカ属の四肢骨計測値

	標本番号	計測項目	Driesch*	左右	層位	計測値（mm）
橈　骨	SA07-2a-B14-003	近位端幅	BP	左	II	30.1
	SA10-2a-C14-001	近位端幅	BP	左	II	40.8
	SA10-2a-C14-001	近位関節面幅	BFp	左	II	38.3
脛　骨	SA07-2a-B14-015	遠位端幅	Bd	右	II	35.1
	SA10-2a-D15-011	遠位端幅	Bd	右	II	35.5
距　骨	SA07-2a-B13-013	外側最大長	GLl	右	II	47.2
	SA07-2a-B13-013	内側最大長	GLm	右	II	44.6
	SA07-2a-B13-013	外側高	Dl	右	II	23.3
	SA07-2a-B13-013	遠位端幅	Bd	右	II	27.4
踵　骨	SA10-3-E14-001	最大幅	GB	左	III	26.4

*Driesch(1976) の計測項目記号

第92表　出土シカ属の歯の咬耗度と推定年齢

	標本番号	左右	層位	摩滅指数	歯冠高（mm）	摩滅面径（mm）	推定年齢（yrs）
下顎第1乳切歯	SA10-2a-B14-019	右	II	1 or 2	—	—	0
下顎第1乳切歯	SA？-2-G11-049	右	II	1 or 2	—	—	0
下顎第1乳切歯	SA？-2-G10-011	左	II	1 or 2	—	—	0
下顎第1切歯	SA10-2a-B14-032	右	II	I	—	—	1.5
下顎第1切歯	SA07-2a-B13-005	右	II	II	—	—	2.5
下顎第1切歯	SA10-2a-B14-018	右	II	III_1	—	—	3.5-4
下顎第1切歯	SA？-2-？-001	左	II	I	—	—	1.5
下顎第1切歯	SA07-2a-B14-004	左	II	I-II	—	—	1.5-2.5
下顎第1切歯	SA07-2a-C14-027	左	II	III_1	—	—	3.5-4
下顎第1後臼歯	SA07-2a-B14-006	右	II	5	15.9	2.9	—
下顎第1後臼歯	SA？-2-E10-004	左	II	2	6.5	5.8	—
下顎第2後臼歯	SA10-2a-B15-009	右	II	4	13.8	3.6	—
下顎第2後臼歯	SA06-2a-C13-003	右	II	5	17.4	2.1	—
下顎第2後臼歯	SA04-2b-D12-003	右	II	5	17.6	1.2	—
下顎第2後臼歯	SA07-2a-B14-012	左	II	5	14.4	3.6	—
下顎第2後臼歯	SA10-2a-B15-015	左	II	4	12.9	3.8	—
下顎第2後臼歯	SA04-2b-E12-023	左	II	5	17.5	1.5	—
下顎第3後臼歯	SA07-8b'-C14-001	右	VIII	4	16.4	3.9	—

※ 摩滅指数の判定法および歯冠高・摩滅面径の計測法は大泰司（1980）による。

(5) 人為的損傷および焼痕がみられた動物遺体

　人為的損傷に関して，カットマークおよびスパイラル状の長骨破断面を探索した。カットマークが存在するのはII層から出土したシカ属の左脛骨1点のみで，骨幹後面の中央部に，外側上方から内側下方にかけて走向する2条の切創痕を認めた。スパイラル状の破断面は新鮮長骨が破砕されたときに生じるとされ（小野，2001），骨髄食あるいは骨器素材の獲得を目的とした骨の打割によって形成されることが多い。出土資料ではII層5点とIV層1点が該当し，いずれもシカ属もしくは反芻亜目の四肢骨と同定することができた。スパイラル状の破断面の認められた資料については第93表に一覧した。

　焼痕がみられた資料はII層5点，IV層4点，VI層4点の計13点である（第94表）。種別ではノウサギ属4点，ニホンザル1点，イヌ1点，イタチ属3点，シカ属2点，反芻亜目2点と多岐にわたる。このうち，シカ属の右中足骨に認められた黒色の焼痕は，近位端関節面のごく狭い範囲に限局していた。これは，解体時に関節の連結部が外された後，おそらくは骨体の周囲が皮膚などの軟部組織に覆われた状態にありながら，露出した関節面のみが火を受けたことを示唆するものであり，動物利用の具体的様相を復元し得る例として興味深い。

第93表 スパイラル状破断面がみられた哺乳類遺体

	部位	標本番号	左右	層位
シカ属	脛骨骨幹部	SA06-2b-F13-012	右	II
反芻亜目	上腕骨遠位部	SA03-4-G12-017	右	IV
反芻亜目	脛骨骨幹部	SA07-2a-B14-004	左	II
反芻亜目	脛骨骨幹部	SA?-2-G11-056	右	II
反芻亜目	脛骨?骨幹部	SA?-2-G11-057	—	II

第94表 焼痕がみられた哺乳類遺体

	部位	標本番号	左右	層位	色調
ノウサギ属	上腕骨遠位端	SA03-4-G11-027	左	IV	黒色,白色
ノウサギ属	上腕骨遠位端	SA03-4-F12-024	右	IV	灰色
ノウサギ属	距骨	SA03-4-G11-029	右	IV	黒色,白色
ノウサギ属	舟状骨(足)	SA05-6-F12-227	右	VI	灰色
ニホンザル	第1末節骨	SA03-4-F12-036	—	IV	黒色
イヌ科	上顎第2後臼歯	SA?-2-G12-021	左	II	黒色
イタチ属	中手/中足骨遠位端	SA05-6-F12-212	—	VI	黒色,灰色
イタチ属	基節骨	SA05-6-F12-201	—	VI	黒色
イタチ属	基節骨遠位端	SA05-6-F12-202	—	VI	黒色
シカ属	中足骨近位端	SA?-2-G11-055	右	II	黒色
シカ属	中手・中足骨遠位端	SA?-2-H10-002	—	II	暗茶色,黒色
反芻亜目	臼歯歯冠	SA02-2-G11-036	—	II	黒色
反芻亜目	踵骨片	SA?-2-H11-007	左	II	黒色,灰色

(6) 渡島半島南部および北部本州出土遺体群との比較

それでは,尻労安部洞窟のII～X層から出土した哺乳類遺体群と,既報の縄文遺跡から出土した資料群との間には,いかなる特徴の異同を指摘できるのだろうか。本項では,以下,渡島半島南部および北部本州に位置する縄文時代遺跡において,出土動物の定量的な議論に耐える9遺跡[石倉貝塚,戸井貝塚,寺町貝塚,札地貝塚,二枚橋(2)遺跡,田小屋野貝塚,三内丸山遺跡,二ツ森貝塚,東道ノ上(3)遺跡](第68図左)の資料を比較対象とし,この点を検討してみたい。

第10表に比較対象とした上記遺跡群の出土哺乳類の同定標本数(NISP)および最小個体数(MNI)を一覧し,第68図右にその種組成比(% NISP)を尻労安部洞窟出土資料とともに示した。これらの図表からは,まず,津軽海峡の沿岸ないし近傍の遺跡群に,アシカ科(ニホンアシカ,トド,オットセイ)を主体とする鰭脚類遺体の多出例が目立つ点を確認できる。渡島半島南岸に位置する寺町貝塚(縄文時代中期後葉～後期),戸井貝塚(後期初頭)の遺体群の場合,それぞれ同定標本総数の約23%,36%を鰭脚類が占めていた(西本・新美1988;西本1993)。また,篩別採集資料でこそないものの,下北半島北岸に位置する札地貝塚(晩期)では,同定標本総数に占めるアシカ科の割合が約7割にも達した(金子1967,吉冨・佐藤2005)。石倉貝塚(後期?,新美・西本1999)および二枚橋(2)遺跡(晩期,奈良2001)から採集された遺体の内容を踏まえても,津軽海峡沿岸および近傍に位置する既知の縄文遺跡群の出土哺乳類組成は,総じてアシカ科を主体とする鰭脚類が高率を占める点に特徴付けられるといえよう。

ところが,尻労安部洞窟では,その鰭脚類遺体を,これまでのところ,オットセイとアシカの幼獣各1体に由来するわずか2点しか確認できていない。同定標本総数の7割以上をウサギ,ムササビをはじめとする小型獣が占める当洞窟の哺乳類組成は,下北半島最北部に位置する遺跡群のそれと比べ異例というほかなく,興味深いことに,むしろ青森平野(陸奥湾南岸)に位置する三内丸山遺跡第6鉄塔地区(前期後半)の事例と似る。

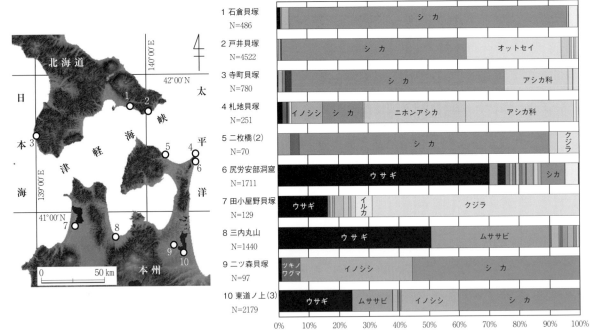

第 68 図　渡島半島南部および北部本州の縄文時代遺跡群における出土哺乳類種の組成（％ NISP）

各遺跡のデータは，石倉：新美・西本 1999，戸井：西本 1993，寺町：西本・新美 1988，札地：金子 1967；吉冨・佐藤 2005，二枚橋(2)：奈良 2001，田小屋野：西本ほか 1995，三内丸山：西本 1998，二ツ森：小林 1992，東道ノ上（3）：斉藤 2006 に基づく。尻労安部は II～X 層出土資料。石倉貝塚のイヌとオットセイは NISP が不明なため集計していない。5％ 以下の動物は種名を省略した。それらは表 10 に示した。

　無論，シカ，イノシシの組成比が 10％ にもみたないこうした陸獣組成は，本州以南の多くの縄文貝塚にみられるそれと様相を異にするものの，冬季の積雪を嫌う両種が今日東北地方にあっても比較的降雪量の少ない太平洋側に多く生息することに鑑みれば（e.g. 高槻 2006），本州最北部に展開した縄文時代人の陸獣利用の様相をよく表していると理解することもできよう。事実，斉藤慶吏（2012）も指摘した通り，円筒土器が伴う前期・中期，小川原湖周辺から津軽地方にかけて東道ノ上（3）遺跡（前期，斉藤 2006）や田小屋野貝塚（前期，西本ほか 1995）などウサギ遺体が主体的に出土する遺跡が目立つ。この点も踏まえたなら，津軽平野以北の本州縄文時代人は，関東地方から奥羽山脈に沿った太平洋沿岸の東北地方よりも，小型陸獣への依存度が高かった可能性は充分に考え得る。

　ただし，ここで注目すべきは，海獣骨が主体的に伴う下北半島北端部の遺跡群のなか，ひとり尻労安部洞窟の哺乳類遺体群が特異な組成を示した点であろう。もとより，下北半島北岸のそれらも含め，ここで比較の対象とした遺跡群はいずれも開地に形成された集落遺跡や貝塚にほかならず，尻労安部洞窟と異なる性格をもつとみられる。加えて，陸奥湾北岸に位置し，むしろ，三内丸山遺跡以上に尻労安部洞窟 II～X 層と形成時期も近い最花貝塚（中期後葉）には，定量的な種組成評価は難しいものの，ツキノワグマ，イヌを主体とする哺乳類遺体群が確認されたという（金子 1967，直良 1998）。それらも勘案するなら，尻労安部洞窟を利用した人々と三内丸山遺跡の形成者の動物資源利用の在り方を安易に同一視することは慎まなければなるまい。

(7) まとめ

　尻労安部洞窟の完新世層準（II～X 層）から出土した哺乳類遺体は，5 目 10 科 15 属からなる 1,711 点を

第95表　渡島半島南部および北部本州の縄文時代遺跡から出土した哺乳類の種組成

		石倉貝塚	戸井貝塚	寺町貝塚	札地貝塚	二枚橋(2)遺跡	田小屋野貝塚	三内丸山遺跡	二ツ森貝塚	東道ノ上(3)遺跡
		後期?	後期初頭	中期後葉〜後期	晩期	晩期	前期	前期後半	中期後半	前期
		篩使用	篩使用	篩使用	篩未使用	篩使用	篩使用	篩使用	篩使用	篩使用
		NISP	NISP (MNI)	NISP (MNI)	NISP (MNI)	NISP (MNI)	NISP (MNI)	NISP (MNI)	NISP (MNI)	NISP (MNI)
ウサギ目	Lagomorpha									
ユキウサギ	Lepus timidus	6	3 (2)	1 (1)						
ノウサギ	Lepus brachyurus				4 (1)		21 (1)	731 (26)	1 (1)	527 (33)
齧歯目	Rodentia									
ムササビ	Petaurista leucogenys						3 (2)	564 (33)		291 (18)
霊長目	Primates									
ニホンザル	Macaca fuscata									
食肉目	Carnivora									
ヒグマ	Ursus arctos	2	23 (3)	2 (1)						
ツキノワグマ	Ursus thibetanus				4 (2)	2 (1)		9 (2)	6 (1)	5 (1)
キツネ	Vulpes vulpes	12	29 (6)	10 (3)				38 (4)		33 (4)
タヌキ	Nyctereutes procyonoides		1 (1)	8 (3)			1 (1)	8 (2)		14 (3)
イヌ	Canis lupus familiaris	○	3 (2)	13 (1)	1 (1)					
オオカミ	Canis lupus hodophilax		5 (2)	2 (1)	1 (1)					4 (1)
テン	Martes melampus			1 (1)				7 (1)		2 (1)
アナグマ	Meles meles						1 (1)			
イタチ	Mustela itatsi							26 (5)		3 (1)
オコジョ	Mustela erminea									
イタチ属	Mustela sp.						1 (1)			
カワウソ	Lutra lutra		2 (1)		2 (1)			1 (1)		6 (1)
オットセイ	Callorhinus ursinus	○	1417 (125)		1 (1)			1 (1)		
ニホンアシカ	Zalophus japonicus	2	124 (20)		85 (30)		2 (1)			
トド	Eumetopias jubatus		27 (9)				1 (1)			
アシカ科(種不明)	Otariidae indet.			165 (15)	90 (5)	2 (1)	2 (1)	11 (3)		
ゴマフアザラシ	Phoca largha		32 (12)							
アザラシ科(種不明)	Phocidae indet.	1	14 (5)	11 (4)						
偶蹄目	Artiodactyla									
イノシシ	Sus scrofa				25 (3)			28 (2)	36 (2)	418 (12)
シカ属	Cervus sp.	448	2781 (172)	551 (45)	34 (3)	58 (8)		13 (2)	54 (2)	876 (31)
カモシカ	Capricornis crispus						4 (1)			
クジラ目	Cetacea									
ハクジラ亜目(科不明)	Odontoceti indet.	14	20 (1)	2 (1)	2 (2)		7 (1)	3 (1)		
クジラ目(科不明)	Otariidae indet.	1	41 (1)	14 (1)	2 (1)	5 (1)	89 (1)			
合計	Total	486+	4522 (362)	780 (77)	251 (51)	70 (13)	129 (10)	1440 (83)	97 (6)	2179 (106)

※ 各遺跡のデータは石倉貝塚：新美・西本1999, 戸井貝塚：西本1993のIII層, 寺町貝塚：西本・新美1988, 札地貝塚：金子1967；吉冨・佐藤2005, 二枚橋(2)遺跡：奈良2001, 田小屋野貝塚：西本ほか1995, 三内丸山遺跡：西本1998, 二ツ森貝塚：小林1992, 東道ノ上(3)遺跡：斉藤2006に基づく。
※ 石倉貝塚のイヌは幼獣丸々1体分の出土し, オットセイは海獣類の中で最も多く出土したとされるがNISPは不明である。

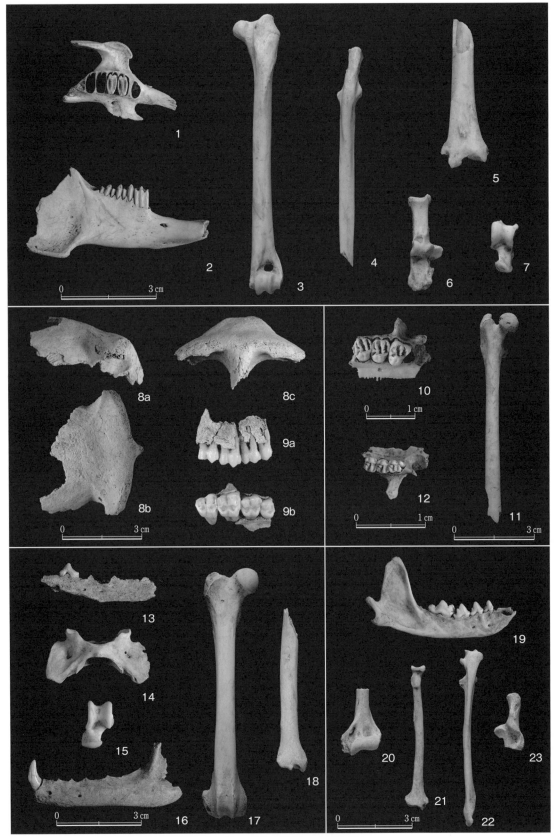

写真32 完新世の層準から出土した哺乳類遺体（1）

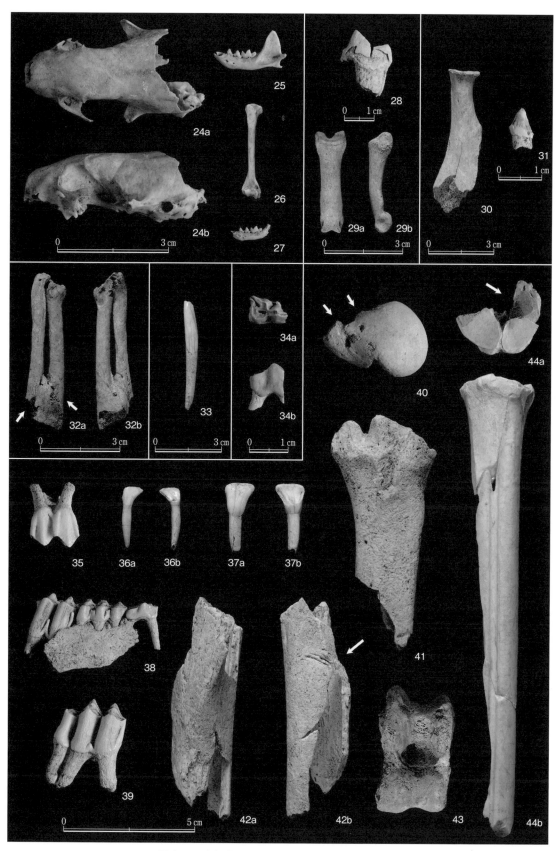

写真33　完新世の層準から出土した哺乳類遺体（2）

写真 32・33 説明

ノウサギ属 *Lepus* sp. 1：右上顎骨・切歯骨，咬合面（標本番号：SA?-2-G11-013） 2：右下顎骨，外側面（標本番号：SA?-2-F11-001） 3：左上腕骨，前面（標本番号：SA?-2-G11-010） 4：左尺骨，後面（標本番号：SA?-2-G11-024） 5：右脛骨，前面（標本番号：SA03-2-G12-003） 6：右踵骨，上面（標本番号：SA03-2-G12-002） 7：右距骨，上面（標本番号：SA03-2-G12-038）

ニホンザル *Macaca fuscata* 8：前頭骨・鼻骨，a 右側面，b 背面，c 前面（標本番号：SA03-4-F12-002） 9：右上顎骨，a 外側面，b 咬合面（標本番号：SA?-2-F12-324）

ムササビ *Petaurista leucogenys* 10：右上顎骨，咬合面（標本番号：SA?-2-F11-016） 11：右大腿骨，前面（標本番号：SA?-2-G11-007）

ニホンモモンガ *Pteromys momonga* 12：左上顎骨，咬合面（標本番号：SA07-2a-C14-011）

キツネ *Vulpes vulpes* 13：左下顎骨，外側面（標本番号：SA06-2b-E13-028） 14：環椎，腹面（標本番号：SA?-2-G11-025） 15：左距骨，上面（標本番号：SA03-2-G12-002）

タヌキ *Nyctereutes procyonoides* 16：左下顎骨，外側面（標本番号：SA05-2a-D12-001） 17：右大腿骨，前面（標本番号：SA06-2-D13-001） 18：右脛骨，前面（標本番号：SA?-3-H11-005）]

テン *Martes melampus* 19：右下顎骨，外側面（標本番号：SA?-2-G11-032） 20：左上腕骨，前面（標本番号：SA03-2-G12-035） 21：左橈骨，後面（標本番号：SA?-2-F11-009） 22：左尺骨，後面（標本番号：SA?-2-G11-033）]

アナグマ *Meles meles* 23：右踵骨，上面（標本番号：SA?-3-F12-001）

イタチ *Mustela itatsi* 24：頭蓋骨，a 背面，b 左側面（標本番号：SA?-2-G11-009） 25：左下顎骨，外側面（標本番号：SA?-2-H11-001） 26：右上腕骨，前面（標本番号：SA03-2-F12-019）

オコジョ *Mustela erminea* 27：左下顎骨，外側面（標本番号：SA10-2a-B15-021）

ネコ科の一種 *Felidae* indet. 28：右下顎第 1 後臼歯，頬側面（標本番号：SA?-8b-B14-001） 29：第 3・4 基節骨，a 背面，b 側面（標本番号：SA03-2-G12-001）

ニホンアシカ *Zalophus japonicus* 30：左橈骨，後面（標本番号：SA03-2-G12-008）

オットセイ *Callorhinus ursinus* 31：上顎右もしくは下顎左前臼歯，側面（標本番号：SA07-8b'-C14-009）

イヌ属 *Canis* sp. 32：第 4・5 中足骨，a 上面，b 底側面（標本番号：SA04-2b-D12-005），＊矢印は骨折を起こしたと推定される箇所を示す．

イノシシ *Sus scrofa* 33：左下顎第 2 乳切歯，唇側面（標本番号：SA02-2-E11-010）

カモシカ *Capricornis crispus* 34：右下顎第 3 乳臼歯，a 咬合面，b 頬側面（標本番号：SA07-2a-D14-001）

シカ属 *Cervus* sp. 35：左上顎第 2 後臼歯，頬側面（標本番号：SA10-2a-C15-006） 36：左下顎第 1 乳切歯，a 唇側面，b 舌側面（標本番号：SA?-2-G10-011） 37：左下顎第 1 切歯，a 唇側面，b 舌側面（標本番号：SA07-2a-B14-004） 38：右下顎骨，外側面（標本番号：SA07-2a-B14-006） 39：右下顎第 3 後臼歯，頬側面（標本番号：SA07-8b'-C14-001） 40：左上腕骨（上腕骨頭破片），上外側面，（標本番号：SA?-2-G11-053），＊矢印は小中型食肉目による噛み痕と見られる箇所を示す 41：左橈骨，後面（標本番号：SA10-2a-C14-001） 42：左脛骨，a 前面，b 後面（標本番号：SA10-2a-D14-007），＊矢印はカットマークが残されている箇所を示す 43：右距骨，上面（標本番号：SA07-2a-B13-013） 44：右中足骨，a 近位関節面，b 前面（標本番号：SA?-2-G11-055），＊矢印は焼痕が認められる箇所を示す．

数えた。その7割をウサギが占め，ムササビ，テン，イタチ，オコジョといった小型陸獣も比較的多く出土したが，一般に縄文貝塚の優占種として知られるシカ・イノシシは少なく，海獣類についてもアシカ科2点を認めたのみであった。

　津軽海峡の沿岸および近傍に位置する縄文遺跡群において鰭脚類の多出が報告されるなか，小型獣が主体を占めた本洞窟の種組成はきわめて特異的であり，その様相は青森平野に位置する三内丸山遺跡に類似していた。もっとも既報資料はいずれも開地遺跡から得られており，洞窟から出土した本資料を比較する際には遺跡立地の特殊性にも留意する必要がある。

　なお，出土動物遺体の比較標本の利用に際しては，東北大学大学院歯学研究科の市川博之教授に御高配を賜った。また文献および青森県内の動物遺体出土状況に関して，青森県埋蔵文化財調査センターの斉藤慶吏氏から有益なご教示も得た。末文ながら記して感謝申し上げたい。

（澤浦亮平・澤田純明・佐藤孝雄）

引用・参考文献

大泰司紀之（1980）遺跡出土ニホンジカの下顎骨による性別・年齢・死亡季節査定法．考古学と自然科学，13: 51-74.

小野　昭（2001）打製骨器論：旧石器時代の探求．東京大学出版会，pp. 1-290.

金子浩昌（1967）下北半島における縄文時代の漁猟活動．九学会連合下北調査委員会，下北―自然・文化・社会，平凡社，pp. 117-128.

国立歴史民俗博物館（2008）直良信夫コレクション目録．国立歴史民俗博物館資料目録，7: 1-246.

小林和彦（1992）動物遺存体．青森県立郷土館，青森県立郷土館調査報告　第31集　考古―9　小川原湖周辺の貝塚―三沢市山中（2）遺跡・天間林村二ツ森貝塚発掘調査報告―，青森県立郷土館，pp. 85-88.

斉藤慶吏（2006）動物遺体．青森県埋蔵文化財調査センター，青森県埋蔵文化財調査報告書　第424集　東道ノ上（3）遺跡　相坂川左岸農業水利事業に伴う遺跡発掘調査報告（第1分冊），青森県教育委員会，pp. 300-344.

斉藤慶吏（2012）貝塚出土獣骨からみた円筒土器文化圏内における狩猟活動の地域性．博古研究，22 (2): 13-23.

斉藤慶吏（2013）第6鉄塔地区から出土した骨角器の製作残滓と出土獣骨の部位別組成―骨角器素材における部位の選択性に関する検討―．青森県教育庁文化財保護課，特別史跡三内丸山遺跡　年報　16，青森県教育委員会，pp. 29-39.

茂原信生・小野寺覚（1984）田柄貝塚出土の犬骨について．人類學雜誌，92 (3): 187-210.

高槻成紀（2006）シカの生態誌．東京大学出版会，pp. 1-480.

直良信夫（1998）青森県最花貝塚の脊椎動物遺体．動物考古学，11: 99-108.

奈良正義（2001）グリッド出土動植物・遺存体について．大畑町教育委員会，二枚橋（2）遺跡発掘調査報告書―町運動場造成工事に伴う緊急発掘調査―　本文編，大畑町教育委員会，pp. 88-98.

新美倫子・西本豊弘（1999）石倉貝塚出土の動物遺体．函館市教育委員会，函館市　石倉貝塚　函館空港拡張整備工事用地内埋蔵文化財発掘調査報告書　第1分冊　A地区本文遺構編，函館市教育委員会，pp. 399-414.

西本豊弘（1998）三内丸山遺跡第6鉄塔地区出土の鳥類・哺乳類遺体．青森県教育庁文化課，三内丸山遺跡IX，青森県教育委員会，pp. 53-60.

西本豊弘・樋泉岳二・小林和彦（1995）動物遺体．青森県立郷土館，青森県立郷土館調査報告　第35集　考古－10　木造町田小屋野貝塚―岩木川流域の縄文前期の貝塚発掘調査報告書―，青森県立郷土館，pp. 70-76.

西本豊弘・新美倫子（1988）寺町貝塚遺跡出土の動物遺存体．松前町教育委員会，寺町貝塚　団体営農道江良寺町線改良工事に伴う発掘調査報告書，松前町教育委員会，pp. 149-158.

西本豊弘（1993）第5章　動物遺体　第8節　哺乳類．戸井町教育委員会，戸井貝塚III，戸井町教育委員会，pp.

146-174.

林　良博・西田隆雄・望月公子・瀬田季茂（1977）日本産イノシシの歯牙による年令と性の判定．日本獸醫學雑誌，39: 165-174.

宮尾嶽雄・子安和弘・西沢寿晃（1984）早期縄文時代長野県栃原岩蔭遺跡出土の哺乳動物：第5報，ノウサギの歯と頭蓋骨の大きさ．歯科基礎医学会雑誌，26: 1012-1022.

吉冨えりか・佐藤孝雄（2005）下北郡東通村札地貝塚の脊椎動物遺体．動物考古学，22: 138.

Driesch A.（1976）A Guide to the Measurement of Animal Bones from Archaeological Sites. Peabody Museum Bulletin, 1: 1-136.

Kawamura Y.（2009）Fossil Record of Sika Deer in Japan. In: McCullough D. R., Takatsuki S., and Kaji K.（eds.）, Sika Deer: Biology and Managemant of Native and Introduced Populations, Springer, pp. 11-25.

第5項　人　骨

　遺跡から出土する人骨研究は，近年ではその形態学的研究による成果が得られるのみならず，理化学的方法による分析技術の目覚ましい発達により新たな研究分野へと広がりを見せている。なかでも人骨そのものから得られる放射性炭素による年代測定，安定同位体比分析からの食性復元，ミトコンドリアDNAなどの遺伝情報によって系統関係や疾病の有無などの研究は急速に進歩し，その情報量は飛躍的に増加している。本項では，人骨の分析を形態学的研究，炭素・窒素安定同位体分析および放射性炭素年代測定，DNA解析の3篇にわけ報告する。

1. 形態学的検討

　本発掘調査の目的の一つが更新世の人類化石の発見であるが，2013年の調査終了時点では，該期のヒトの骨は出土していない。現在までのところ確認されているヒトの骨は縄文時代に相当する層から出土している。ヒトの骨は解剖学的位置関係を保って出土したものはなく，所謂散乱人骨の状態で発見された。発掘時ヒトとして取り上げたものは147点であるが，整理作業段階でヒト以外に同定されたものを除くと総数142点である（第96・97表）。成人と乳児の骨が出土しているのでそれぞれ別々に記載する。成人骨の計測法は，Martin and Saller（1957）・馬場（1991）に，乳児骨はFazekas and Kósa（1978）・Scheuer and Black（2000）に準拠して行った。歯の計測法は藤田（1949）に従った。

(1) 成人骨

ア　出土状況

　発掘調査で出土した成人骨は110点である。人骨は比較的広範囲に散らばり，層位はII層を中心としてI〜III層の間で出土している。人骨は全て10 cm以下の破片で，その多くは発掘後の水洗選別作業中に見つかったものであるため，詳しい出土位置や出土状況は不明であり，解剖学的位置を保っているものは確認できなかった。出土した層は石灰岩の礫を大量に含み，その間を粘性の強い土で充填された堆積なので，墓坑等の遺構確認は困難であり，発掘時の所見から埋葬人骨かどうかは判断できなかった。しかし，F12区内で半数近い57点もの人骨が集中的に出土していること，個々の人骨は磨滅しておらず保存状況は良好なことから，F12周辺に埋葬されていた人骨が，後世の攪乱を受け現在の出土状況になったと思われる（第69図左）。また，長さ数cm程度の手根骨・足根骨・中手骨・中足骨・手足の指骨などが遺存状

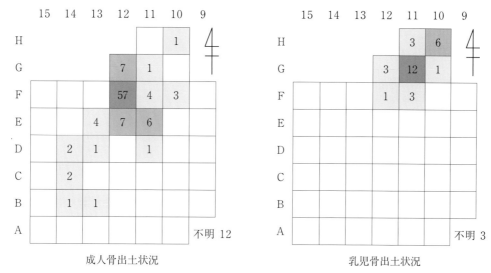

第69図　成人骨・乳児骨出土状況

態良好で比較的多く出土していることから，成人骨が他の場所から本場所に改葬されたとは考えにくく，死後本場所に埋葬された一次葬の可能性が指摘できる。ただ，第5章第2節第1項で指摘されているように本遺跡の土器が甕棺として利用されていたとすると，青森県薬師前遺跡の後期の複数の甕棺改葬墓からは手・足の指の骨が確認されていることから（森本・加藤1998），末端の骨が発見されていることを根拠に一次葬だと判断するには慎重を期すべきである。さらに，一般に残りやすいと言われる大腿骨や上腕骨などの四肢長骨がほとんど出土していないことから，人骨は本場所に埋葬後，現在までに他の場所に改葬された，あるいは本調査団の発掘以前に他の調査者によって発掘され，頭骨や大腿骨などの目につきやすい骨は持ち出されたことを想起させる。この想定を裏付ける可能性のある以下のような証言が存在する。尻労で生まれ育った小笠原正義氏によれば1950年頃，当時16歳だった小笠原氏は田名部高校教師中島全二氏に連れられ尻労安倍洞窟を発掘，洞窟奥から壺が出土，その周囲から人骨が見つかり，言われるままに双方を袋に収納したとのことである。その後の土器と人骨の行方に関しては記憶がないという（2002年9月塩釜にて聞き取り）。以上の出土状況と聞き取り調査，および以下に述べる人骨の遺存状況で骨の重複がないことから，動物や水流により運ばれてきたとは考えにくく，攪乱を受けていて詳細は不明ながらも葬送儀礼の一環として取り扱われた人骨の一部だと思われる。

イ　遺存状況

骨は解剖学的位置関係を保って出土してはいないが，重複部位がないことや歯の咬耗状況が同程度であることから，成人1個体分の出土と考えられる。長管骨の多くの部位は遺存していないが，手・足の骨を中心に完形で遺存している。遺存している部位の保存状況は良好である。同定できた部位は第70図の黒塗り部分で示した。この他にも，頭骨片が2点，椎骨破片が13点，肋骨片が3点，中手骨が2点，手の基節骨が7点，手の中節骨が7点，手の末節骨が5点，中足骨が1点，寛骨片が1点，脛骨片が1点，足の基節骨が6点，足の中節骨が1点，足の末節骨が5点出土している。四肢長骨などの大きな骨は破片のみの出土であるが，逆に数cm程度の指骨が完形で多く出土している（写真34）。この一因は，出土状況で述べたように大きな骨は改葬あるいは持ち出された可能性があること，本洞窟の調査がサンプリングエ

258　第5章　出土遺物の研究

第96表　出土人骨一覧 (1)

ID	層位	調査区	部位	左右	残存状態	年齢	写真番号	備考
SA-Homo-027	Ⅰ	D・E・F13	頭頂骨	左	乳突角	成人	66	SA-Homo-40と接合
SA-Homo-040	Ⅰ	D・E・F13	頭頂骨	左	前頭縁・後頭縁・矢状縁を欠く	成人	66	SA-Homo-27と接合
SA-Homo-045	Ⅱ	C14	頭頂骨	右	前頭角	成人	64	
SA-Homo-059	Ⅰ	E13	後頭骨	─	後頭鱗部	成人	65	
SA-Homo-114	Ⅱ？	大岩上崩落土	頬骨	右	ほぼ完形	成人	67	
SA-Homo-130	Ⅰ	F12	鼻骨	右	完形	成人	68	
SA-Homo-035	Ⅱ	F11	上顎中切歯	右	完形の遊離歯	成人		咬耗度はブロカの2度
SA-Homo-128	Ⅱ	F12	上顎中切歯	左	完形の遊離歯	成人		
SA-Homo-070	Ⅱ	C14	上顎側切歯	右	完形の遊離歯	成人		
SA-Homo-024	Ⅱ	B13	上顎犬歯	右	完形の遊離歯	成人		咬耗度はブロカの2度
SA-Homo-115	清掃土	F11	上顎犬歯	左	完形の遊離歯	成人		
SA-Homo-021	Ⅰ	B14	上顎第一大臼歯	左	完形の遊離歯	成人		咬耗度はブロカの3度
SA-Homo-002	Ⅱ	G12	上顎第二大臼歯	右	完形の遊離歯	成人		咬耗度はブロカの2度，DNA解析・年代測定試料
SA-Homo-116	Ⅱ	F12	上顎第三大臼歯	右	完形の遊離歯	成人		
SA-Homo-117	Ⅱ	F12	上顎第三大臼歯	左	完形の遊離歯	成人		
SA-Homo-022	清掃土	─	下顎中切歯	左	完形の遊離歯	成人		咬耗度はブロカの2～3度
SA-Homo-127	Ⅱ	F12	下顎側切歯	右	完形の遊離歯	成人		
SA-Homo-023	Ⅱ	E12	下顎側切歯	左	完形の遊離歯	成人		咬耗度はブロカの2度
SA-Homo-001	Ⅱ	F12	下顎第二大臼歯	左	完形の遊離歯	成人		咬耗度はブロカの2度，DNA解析・年代測定試料
SA-Homo-020	Ⅲ	F12	下顎第三大臼歯	右	完形の遊離歯	成人		咬耗度はブロカの2度，咬合面に齲蝕
SA-Homo-071	Ⅱ	F12	軸椎	─	完形	成人	69	
SA-Homo-005	Ⅰ	F12	上位胸椎	─	椎体右半	成人		
SA-Homo-047	Ⅰ	D・E・F13	上位胸椎	─	椎弓左半	成人		
SA-Homo-051	Ⅰ	F10	上位または中位胸椎	─	椎体左半	成人		
SA-Homo-016	Ⅰ	F12	上位または中位胸椎	─	椎体右半	成人		
SA-Homo-011	Ⅰ	F12	中または下位胸椎	─	椎弓	成人		
SA-Homo-068	Ⅰ	F12	中位胸椎	─	椎体	成人		
SA-Homo-069	Ⅰ	F12	中位胸椎	─	椎体	成人		
SA-Homo-033	Ⅰ	D・E・F13	下位胸椎	─	椎体前半を欠く	成人	70	
SA-Homo-065	Ⅱ	D11	胸椎	─	椎体左1/4	成人		
SA-Homo-014	Ⅰ	F12	下位胸椎または腰椎	─	椎体の左下半	成人		
SA-Homo-132	Ⅰ	F12	椎骨	─	椎体片	成人		
SA-Homo-133	Ⅰ	F12	椎骨	─	椎体片	成人		
SA-Homo-134	Ⅰ	F12	椎骨	─	椎体片	成人		
SA-Homo-030	Ⅱ	E11	肋骨	右	肋骨頭から肋骨角まで残存	成人	71	
SA-Homo-048	Ⅱ	E11	肋骨	左？	肋骨体	成人		
SA-Homo-135	Ⅰ	F12	肋骨	右	肋骨頭	成人		
SA-Homo-126	Ⅱ	F12	肩甲骨	右	肩峰片	成人		
SA-Homo-028	Ⅱ	E12	上腕骨	左	遠位端	成人	1	
SA-Homo-125	Ⅱ	F12	橈骨	右	遠位端	成人		
SA-Homo-124	Ⅱ	F12	第一中手骨	左	外側1/2残存，近位端を欠く	成人		
SA-Homo-091	Ⅱ	E11	第二中手骨	右	遠位端を欠く	成人	10	
SA-Homo-031	Ⅱ	E12	第三中手骨	右	完形	成人	11	
SA-Homo-088	Ⅱ	F12	第四中手骨	右	完形	成人	12	
SA-Homo-122	Ⅱ	F12	第五中手骨	右	近位半分	成人		
SA-Homo-137	Ⅱ	H10	中手骨	不明	骨頭	成人		
SA-Homo-140	Ⅱ	D14	中手骨	不明	骨幹部	成人		
SA-Homo-095	Ⅰ	F12	月状骨	左	完形	成人	2	
SA-Homo-081	Ⅱ	E12	三角骨	右	完形	成人	3	
SA-Homo-110	清掃土	F12	三角骨	左	完形	成人	4	
SA-Homo-098	Ⅱ	F12	大菱形骨	右	完形	成人	5	
SA-Homo-017	Ⅱ	E12	小菱形骨	右	完形	成人	6	
SA-Homo-106	Ⅱ	G12	小菱形骨	左	完形	成人	7	
SA-Homo-015	Ⅱ	E12	有鉤骨	右	ほぼ完形	成人	8	
SA-Homo-009	Ⅱ	E11	有鉤骨	左	完形	成人	9	
SA-Homo-025	Ⅱ	E13	手の第一基節骨	右	ほぼ完形	成人	20	SA-Homo-104と対をなす
SA-Homo-104	Ⅱ？	大岩上崩落土	手の第一基節骨	左	完形	成人	21	SA-Homo-25と対をなす
SA-Homo-003	Ⅱ	E11	手の基節骨	不明	完形	成人	19	
SA-Homo-010	Ⅱ	D13	手の基節骨	不明	近位端を欠く	成人	15	
SA-Homo-039	清掃土	─	手の基節骨	不明	完形	成人	13	
SA-Homo-044	Ⅱ	D14	手の基節骨	不明	完形	成人	18	
SA-Homo-066	Ⅱ	E11	手の基節骨	不明	近位端を欠く	成人	16	
SA-Homo-108	Ⅱ	F12	手の基節骨	不明	遠位端を欠く	成人	14	
SA-Homo-113	Ⅱ	F12	手の基節骨	不明	遠位端	成人	17	
SA-Homo-038	Ⅱ	F10	手の中節骨	不明	遠位端を欠く	成人	27	
SA-Homo-041	Ⅱ	E13	手の中節骨	不明	完形	成人	23	
SA-Homo-043	Ⅱ	E12	手の中節骨	不明	完形	成人	22	
SA-Homo-080	Ⅱ	G12	手の中節骨	不明	完形	成人	26	
SA-Homo-083	Ⅱ	F12	手の中節骨	不明	完形	成人	24	
SA-Homo-084	Ⅱ	F12	手の中節骨	不明	完形	成人	25	

第2節　縄文時代以降　259

第97表　出土人骨一覧（2）

ID	層位	調査区	部位	左右	残存状態	年齢	写真番号	備考
SA-Homo-107	Ⅱ	F12	手の中節骨	不明	完形	成人	28	
SA-Homo-053	Ⅱ	E13	手の末節骨	不明	完形	成人	32	
SA-Homo-075	清掃土	—	手の末節骨	不明	完形	成人	31	
SA-Homo-082	Ⅱ	F12	手の末節骨	不明	完形	成人	29	
SA-Homo-120	Ⅱ	F12	手の末節骨	不明	完形	成人	30	
SA-Homo-121	Ⅱ	F12	手の末節骨	不明	完形	成人	33	
SA-Homo-072	Ⅱ	F12	寛骨	右	腸骨片	成人	34	
SA-Homo-141	Ⅱ	F12	寛骨	右	坐骨結節	成人	35	
SA-Homo-074	Ⅱ	F12	寛骨	左	恥骨結合面下半	成人	36,73	
SA-Homo-123	Ⅱ	F12	寛骨	左	寛骨臼片	成人		
SA-Homo-129	Ⅱ	F12	寛骨	左	耳状面	成人	37,72	耳状面前溝あり
SA-Homo-131	Ⅰ	F12	寛骨	不明	恥骨結合面	成人		
SA-Homo-100	Ⅱ	G12	膝蓋骨	右	完形	成人	38	
SA-Homo-147	Ⅱ	F12	脛骨	不明	骨幹前縁	成人	40	
SA-Homo-008	Ⅱ	F12	腓骨	右	外果	成人		
SA-Homo-118	Ⅱ	F12	腓骨	左	近位側の骨幹部	成人	39	
SA-Homo-019	Ⅱ	F12	内側楔状骨	左	ほぼ完形	成人	48	
SA-Homo-012	Ⅱ	F12	中間楔状骨	右	ほぼ完形	成人	47	
SA-Homo-056	Ⅱ	F10	外側楔状骨	右	ほぼ完形	成人	46	
SA-Homo-034	Ⅱ	G12	第一中足骨	左	完形	成人	45	
SA-Homo-006	Ⅱ	F12	第二中足骨	右	骨頭を欠く	成人	44	
SA-Homo-087	Ⅱ	F12	第三中足骨	右	完形	成人	43	
SA-Homo-007	Ⅰ	F12	第四中足骨	右	骨頭を欠く	成人	42	
SA-Homo-078	清掃土	—	第五中足骨	右	完形	成人	41	
SA-Homo-138	Ⅰ	F12	中足骨	不明	骨幹部	成人		
SA-Homo-085	Ⅱ	F12	足の第一基節骨	右	ほぼ完形	成人	49	
SA-Homo-079	Ⅱ	F12	足の基節骨	右	完形	成人	53	
SA-Homo-105	Ⅱ	F12	足の基節骨	右	完形	成人	54	
SA-Homo-103	Ⅱ	F12	足の基節骨	左	完形	成人	55	
SA-Homo-013	Ⅱ	F11	足の基節骨	左？	完形	成人	52	
SA-Homo-054	Ⅱ	G11	足の基節骨	不明	完形	成人	50	
SA-Homo-073	Ⅱ	G12	足の基節骨	不明	完形	成人	51	
SA-Homo-050	Ⅱ	G12	足の中節骨	不明	ほぼ完形	成人	56	
SA-Homo-109	Ⅱ	F12	足の第一末節骨	右	完形	成人	58	
SA-Homo-057	Ⅱ	E12	足の第一末節骨	左	完形	成人	57	
SA-Homo-052	Ⅲ	F11	足の末節骨	不明	完形	成人	61	
SA-Homo-086	Ⅱ	F12	足の末節骨	不明	完形	成人	63	
SA-Homo-089	清掃土	F12	足の末節骨	不明	完形	成人	59	
SA-Homo-096	清掃土	—	足の末節骨	不明	完形	成人	62	
SA-Homo-097	清掃土	—	足の末節骨	不明	完形	成人	60	
SA-Homo-018	Ⅱ	G11	後頭骨	—	底部	乳児	74	
SA-Homo-092	Ⅰ	F12	後頭骨	—	左外側部	乳児	75	
SA-Homo-060	Ⅱ	G11	後頭骨？	—	脳頭蓋片	乳児		
SA-Homo-036	Ⅰ	G11	頭骨	—	脳頭蓋片	乳児		
SA-Homo-055	Ⅱ	G11	頭骨	—	脳頭蓋片	乳児		SA-Homo-136と接合
SA-Homo-099	Ⅱ	G11	頭骨	—	脳頭蓋片	乳児		
SA-Homo-112	Ⅱ	G11	頭骨	—	脳頭蓋片	乳児		
SA-Homo-136	Ⅱ	G11	頭骨	—	脳頭蓋片	乳児		SA-Homo-55と接合
SA-Homo-139	Ⅲ	H11	頭骨	—	脳頭蓋片	乳児		
SA-Homo-077	Ⅱ	G12	下顎骨	左	左半	乳児	76	
SA-Homo-004	Ⅱ	H10	上位または中位胸椎	右	椎弓	乳児		
SA-Homo-026	Ⅱ	H11	下位胸椎または腰椎	右	椎弓	乳児		
SA-Homo-042	Ⅱ	H10	軸椎	右	椎弓	乳児	82	
SA-Homo-093	不明	—	上位胸椎	右	椎弓	乳児	83	
SA-Homo-094	Ⅱ	G	顎椎	右	椎弓	乳児		
SA-Homo-101	Ⅱ	G12	環椎	右	椎弓	乳児	78	
SA-Homo-037	Ⅱ	G12	上位胸椎	左	椎弓	乳児		
SA-Homo-102	Ⅱ	G11	環椎	左	椎弓	乳児	79	
SA-Homo-029	Ⅱ	F11	椎骨	—	椎弓	乳児		
SA-Homo-046	Ⅱ	H10	椎骨	—	椎弓	乳児		
SA-Homo-090	Ⅱ	G11 H側壁面	肋骨	右	肋骨体の胸骨側を欠く	乳児	86	ネズミの齧痕あり
SA-Homo-049	Ⅱ	H10	肋骨	左	肋骨体	乳児		
SA-Homo-062	Ⅰ	H10	鎖骨	右	完形	乳児	77	
SA-Homo-032	Ⅰ	H10	鎖骨	左	完形	乳児	80	
SA-Homo-145	Ⅱ	F11	肩甲骨	右	外側縁	乳児	81	
SA-Homo-063	Ⅱ	G11	肩甲骨	左	上角および下角を欠く	乳児	84	
SA-Homo-061	Ⅰ	G11	上腕骨	右	骨幹遠位部	乳児	85	
SA-Homo-064	Ⅰ	—	尺骨	左	遠位端を欠く	乳児	87	
SA-Homo-067	Ⅱ	G11	大腿骨	左	遠位端を欠く	乳児	88	
SA-Homo-142	Ⅱ	F11	基節骨または中節骨	不明	完形	乳児		
SA-Homo-143	Ⅱ	G10	基節骨または中節骨	不明	完形	乳児		
SA-Homo-144	Ⅲ	H11	基節骨または中節骨	不明	完形	乳児		

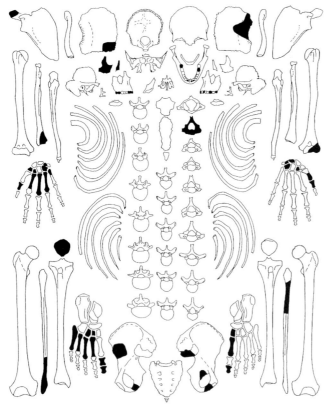

第70図　成人遺存部位

ラーを防ぐ目的で遺物包含層のすべての土をフルイで水洗しているために，通常の発掘調査では見落とされがちな数cm程度の小さな骨の出土数が多くなったのではないかと考えられる。

　ウ　年　齢

　仮に成人1個体という推定が正しいとしてこの個体の年齢を推定してみる。第3大臼歯に咬耗がみられたこと，中手骨，中足骨など骨端部が遺存する四肢骨に骨端線が認められず化骨が終了していることから，成人段階には達していた。さらに，遺存する左寛骨恥骨結合面下半の形状は，横溝が消失し，周縁がなく結合面が凹凸を呈していることから（写真35の73），熟年以上と推定される。左寛骨に幅1cm以上の前耳状面溝が発達していることからも若い個体の可能性は低い。また，確認できる椎体および中足骨の近遠端などに加齢性の骨棘などは観察されず，老年の可能性は低い。以上のことから年齢は熟年程度と思われる。

　エ　性　別

　左寛骨恥骨体内側に明瞭な腹側弓が発達し，恥骨下枝が恥骨下凹を呈することから女性と思われる（第5章第2節第5項3の大臼歯からのDNA解析結果も女性である）。

　オ　形態学的特徴

　歯は全て遊離歯で14個出土している。歯種における重複は見られないことから同一個体の可能性が高いと思われる。計測値は，第98表に示す。

　歯の非計測的形質に関して，特記すべきものを以下に示す。

SA-Homo-001（下顎左第二大臼歯）

　4咬頭で溝型は＋である。歯根は単根であるが，頰側面および舌側面に縦溝が残る。

SA-Homo-002（上顎右第二大臼歯）

　遠心舌側咬頭を欠く3咬頭である。歯根は単根であるが，頰側面および遠心面に縦溝が残り，やや分離傾向にある。

SA-Homo-020（下顎右第三大臼歯）

　4咬頭で溝型はXである。歯根は単根であるが，頰側面および舌側に縦溝が残り，やや分離傾向にある。咬合面は対向歯であるSA-Homo-116の上顎右第三大臼歯との間で嵌合関係にあったことが確

第 98 表　永久歯の計測値　　　　　　　　　　　　　　　　　　　（単位：mm）

ID	部位	左右	近遠心径	唇／頰舌径	備考
SA-Homo-001	下顎第2大臼歯	左	10.82	10.04	
SA-Homo-002	上顎第2大臼歯	右	9.06	11.00	
SA-Homo-020	下顎第3大臼歯	右	10.69	9.64	
SA-Homo-021	上顎第1大臼歯	左	9.78	11.56	
SA-Homo-022	下顎中切歯	左	4.84	5.60	咬耗強いため近遠心径は参考値
SA-Homo-023	下顎側切歯	左	5.49	6.04	咬耗強いため近遠心径は参考値
SA-Homo-024	上顎犬歯	右	8.16	7.88	
SA-Homo-035	上顎中切歯	右	7.97	7.15	咬耗強いため近遠心径は参考値
SA-Homo-070	上顎側切歯	右	6.99	6.63	咬耗とエナメル質欠損のため近遠心径は参考値
SA-Homo-115	上顎犬歯	左	8.20	7.96	
SA-Homo-116	上顎第3大臼歯	右	8.22	9.69	
SA-Homo-117	上顎第3大臼歯	左	8.33	10.14	
SA-Homo-127	下顎側切歯	右	4.67	5.75	
SA-Homo-128	上顎中切歯	左	7.99	7.26	

認できる形状に咬耗している。

SA-Homo-021（上顎左第一大臼歯）

　咬耗が進行し，咬合面形態の詳細は不明である。歯根は3根に開離する。

SA-Homo-035（上顎右中切歯）

　歯冠切縁側1/2まで咬耗が進行しているために明瞭ではないが，辺縁隆線は平坦であり，舌側面のシャベルは観察されない。

SA-Homo-070（上顎右側切歯）

　歯冠切縁側1/2まで咬耗か進行し，また隣接面のエナメル質が一部で欠落する。残った舌側面には軽度に隆起した辺縁隆線が確認され，舌側面窩の凹みはわずかに認められる。

SA-Homo-116（上顎右第三大臼歯）

　咬耗が進行し，咬合面の詳細は不明であるが，歯冠の輪郭からは遠心舌側咬頭を欠く3咬頭性であったと判断される。歯根は単根であるが，遠心面に微かに縦溝が残り，わずかに分離傾向にある。咬合面は対向歯である SA-Homo-020 の下顎右第三大臼歯との間で嵌合関係にあったことが確認できる形状に咬耗している。

SA-Homo-117（上顎左第三大臼歯）

　咬耗が進行し，咬合面の詳細は不明であるが，歯冠の輪郭からは遠心舌側咬頭を欠く3咬頭性であったと判断される。歯根は単根であるが，遠心面および頰側面の根尖側1/2の範囲で縦溝が残り，やや分離傾向にある。

　体幹・四肢骨は多くは破片で形態学的特徴を確認できないが，膝蓋骨，手根骨，中手骨，指骨など末端の骨を中心に完形で遺存している。これらの中で最大長などの主な計測値が取れたものを第99表に示す。手足の骨で男女の計測値が判明している岩手県蝦島貝塚の縄文時代人（Yamaguchi 1990・1991）と比較した結果，10項目のいずれも男性の平均値を超えたものはなく，女性の平均値を下回る値が8項目，上回った2項目も1標準偏差の範囲内であり，概して蝦島縄文人女性と同程度の体格の持ち主の骨と想定でき，成人女性1個体との推定と矛盾するものではない（第100表）。右膝蓋骨（SA-Homo-100）は完形で加齢性

262 第5章　出土遺物の研究

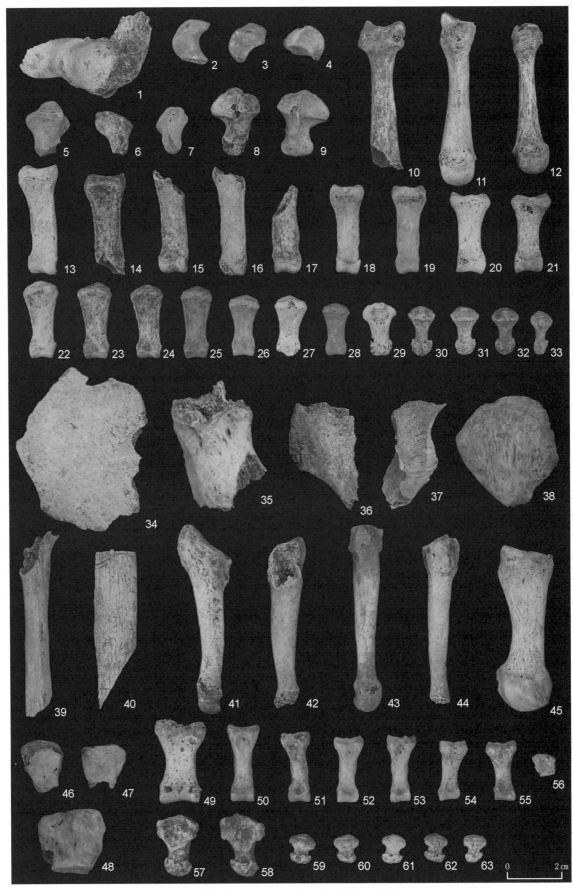

写真34　尻労安部洞窟出土人骨（成人四肢骨）

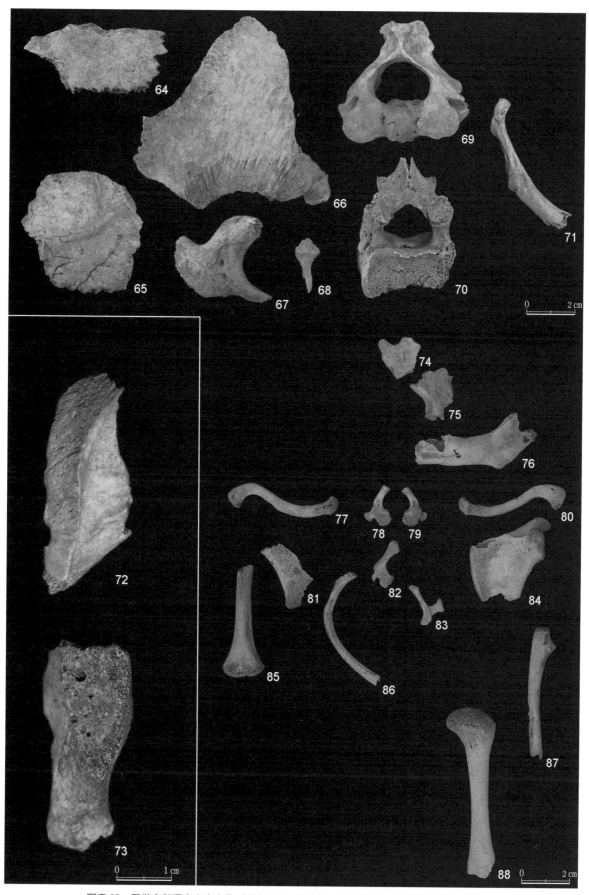

写真35　尻労安部洞窟出土人骨（成人頭骨・体幹骨・耳状面前溝・恥骨結合面・乳児骨）

第99表　成人四肢骨の計測値　　（単位：mm）

計測項目	ID	右	左
月状骨			
1. 月状骨長	SA-Homo-106	14.4	
2. 月状骨最大幅	SA-Homo-106	11.9	
3. 月状骨高	SA-Homo-106	15.6	
三角骨			
1. 三角骨最大長	SA-Homo-081, SA-Homo-110	12.0	11.4
2. 三角骨最大幅	SA-Homo-081, SA-Homo-110	14.2	14.6
3. 三角骨最大高	SA-Homo-081, SA-Homo-110	14.2	14.5
大菱形骨			
1. 大菱形骨最大長	SA-Homo-098	16.4	
2. 大菱形骨最大幅	SA-Homo-098	20.6	
3. 大菱形骨最大高	SA-Homo-098	14.8	
小菱形骨			
1. 小菱形骨最大長	SA-Homo-017, SA-Homo-106	14.5	14.0
2. 小菱形骨最大幅	SA-Homo-017, SA-Homo-106	10.1	9.8
3. 小菱形骨最大高	SA-Homo-017, SA-Homo-106	14.6	14.4
有鉤骨			
1. 有鉤骨最大長	SA-Homo-015, SA-Homo-009	17.3	19.8
2. 有鉤骨最大幅	SA-Homo-015, SA-Homo-009	17.4	16.2
3. 有鉤骨全高	SA-Homo-015, SA-Homo-009	22.9	23.8
第3中手骨			
2. 第3中手骨長	SA-Homo-031	62.9	
第4中手骨			
2. 第4中手骨長	SA-Homo-088	53.5	
膝蓋骨			
1. 膝蓋骨最大高	SA-Homo-100	40.6	
2. 膝蓋骨最大幅	SA-Homo-100	41.7	
内側楔状骨			
2. 中部長	SA-Homo-019		19.8
3. 上部長	SA-Homo-019		20.7
5. 遠位関節面高	SA-Homo-019		26.9
中間楔状骨			
1. 上部長	SA-Homo-012	16.4	
2. 中央上幅	SA-Homo-012	15.8	
外側楔状骨			
1. 上部長	SA-Homo-056	22.2	
2. 中央上幅	SA-Homo-056	14.5	
第1中足骨			
1. 第1中足骨長	SA-Homo-034		57.8
3. 第1中足骨幅	SA-Homo-034		10.9
3/1. 中足骨長幅示数	SA-Homo-034		18.8
第3中足骨			
1. 第3中足骨長	SA-Homo-087		66.7
3. 第3中足骨幅	SA-Homo-087		6.8
3/1. 中足骨長幅示数	SA-Homo-087		10.2
第5中足骨			
1. 第5中足骨長	SA-Homo-078		58.4
3. 第5中足骨幅	SA-Homo-078		7.2
3/1. 中足骨長幅示数	SA-Homo-078		12.3

計測項目名に付記した数字はマルチン番号を示す。

第2節 縄文時代以降　265

第100表　尻労安部洞窟と蝦島貝塚手・足の計測値の比較　　　　　　　　　　（単位：mm）

計測項目	尻労安部洞窟			蝦島縄文人男性*			蝦島縄文人女性*		
	ID	左右	計測値	個体数	平均値	標準偏差	個体数	平均値	標準偏差
月状骨									
3. 月状骨高	SA-Homo-106	右	15.6	5	17.7	1.1	8	16.6	0.6
有鉤骨									
1. 有鉤骨最大長	SA-Homo-009	左	19.8	6	22.0	1.0	5	21.1	1.8
第3中手骨									
2. 第3中手骨長	SA-Homo-031	右	62.9	11	63.5	3.8	13	61.9	3.8
第4中手骨									
2. 第4中手骨長	SA-Homo-088	右	53.5	11	58.2	2.9	13	55.8	3.7
第1中足骨									
1. 第1中足骨長	SA-Homo-034	左	57.8	13	60.0	3.0	11	56.4	2.9
3. 第1中足骨幅	SA-Homo-034	左	10.9	13	13.5	1.7	11	12.2	0.7
3/1. 中足骨長幅示数	SA-Homo-034	左	18.8	13	22.5	2.7	11	21.7	1.2
第3中足骨									
1. 第3中足骨長	SA-Homo-087	左	66.7	10	71.1	2.3	10	66.7	2.9
3. 第3中足骨幅	SA-Homo-087	左	6.8	10	7.5	0.8	10	6.6	0.5
3/1. 中足骨長幅示数	SA-Homo-087	左	10.2	10	10.5	1.4	10	9.9	0.5
第5中足骨									
1. 第5中足骨長	SA-Homo-078	左	58.4	8	62.9	2.8	9	60.1	3.6
3. 第5中足骨幅	SA-Homo-078	左	7.2	8	10.0	0.9	9	9.3	0.7
3/1. 中足骨長幅示数	SA-Homo-078	左	12.3	8	15.8	1.1	9	15.5	0.9

計測項目に付記した数字はマルチン番号を示す。
*Yamaguchi（1990, 1991）

の骨棘など認められない。腓骨（SA-Homo-118）は左側の近位部が約7cm遺存するが近位端は欠く。骨幹部外側面はわずかに凹んでおり，縄文時代人に特徴的な形態とされる樋状腓骨であった可能性がある。腓骨最小周は29mmであり，縄文時代中期女性平均32.8mm（N=12, SD±5.6, 本研究）や後晩期女性平均33.3mm（N=64, SD±2.9, 本研究）と比較してやや華奢である。

カ　妊娠・出産痕

　左寛骨に幅1cm以上の前耳状面溝が発達している（写真35の72）。前耳状面溝は，男性にも出現することがあるが，その発達は弱く痕跡的である。一方，女性には，幅広く，深く明瞭なものが観察できる個体がある（五十嵐1992）。その違いから出産時の仙腸関節の動きと関連するものと捉えられることの多い形態だが，溝の形態と出産数の関係など明らかにされていない。

キ　病　変

　出土した14個の歯のうち下顎第3大臼歯（SA-Homo-020）の咬合面のみに齲蝕が認められ，齲歯率は7.1%である。縄文時代の齲歯率は，北海道と本州（四国・九州を含む）では大きく違うことが知られている（大島1996）。本州の14.7%に対して北海道は2.2%と極めて低い。この要因は本州と北海道における食生活等の違いに求める意見もあるが，明らかではない。本洞窟の出土歯数が多くないので，本洞窟の齲歯率が低いのは参考程度にすべきだが，本州最北端という地理的環境を考えると興味深い。ただ，安定同位体の分析では，本洞窟は三陸海岸に位置する中沢浜貝塚中期人骨と同様の傾向を示し，北海道的ではない。齲歯の発症は，食生活のみならず，飲料水のpH値やフッ素含有量，さらに抜歯との関連などあらゆる角

度からの検討が必要である。齲蝕以外に病変は認められなかった。

(2) 乳　児

　ア　出土状況

　乳児の人骨に関してこれまでの発掘で出土したのは32点である。出土範囲はG11区を中心とした3m四方であり，層位はⅠ～Ⅱ層の間でまとまって出土している（第69図右）。多くは，2cm以下の破片で発掘後の水洗選別作業中に見つかったものであるため，詳しい出土位置や出土状況は不明である。G11区を中心に全身の部位の骨が出土していることと個々の骨が磨滅しておらず保存状態が良好なことから，この付近に乳児が遺棄されたか埋葬された可能性が高いと思われる。乳児の骨が比較的良好な保存状態で出土しているのは，アルカリ性の作用をもち酸性の土壌を中和するはたらきをもつ石灰岩洞窟という遺跡の立地に関係していると思われる。

　イ　遺存状況

　保存状況は良好であるが，多くの骨が破片の状態で出土している。重複部位がなく，また骨の成長段階が一致していることから，乳児1個体分の骨であると考えられる（写真35の74～88）。上肢骨では鎖骨が完形と左肩甲骨がほぼ完形で遺存しており，下肢骨では遠位端を欠いた左大腿骨のみが確認できる。また頭骨では，後頭骨底部，左後頭骨外側部，癒合前の下顎骨の左半分が出土しているが，歯は遺存していない。同定できた部位は第71図の黒塗り部分で示した。この他にも，頭骨片が7点，肋骨片が2点，椎骨破片が10点，指骨3点が出土している。

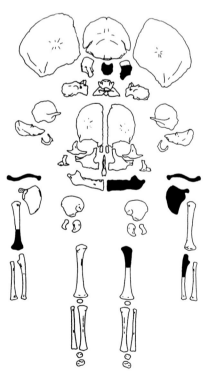

第71図　乳児遺存部位

　ウ　年　齢

　乳児の推定年齢に関して，骨の癒合状況及び計測値から検討する。

骨の癒合状況からの検討　乳児人骨は破片で出土しているものが多いが，癒合状況から年齢を検討できる部位が遺存しているので，骨の成長程度から推定を試みる。

　環椎：左右後弓が出土している。2つの骨が癒合していないことから胎齢7週から3～4歳までの成長段階であると推定される。

　軸椎：右後弓が出土している。椎弓が未癒合であることから胎齢7～8週から3～4歳までの成長段階であると推定される。

　下顎骨：左下顎骨が出土している。左右の下顎骨が未癒合であることから胎齢約10週から生後1年までの成長段階であると推定される。

　骨の癒合状況では1歳以下の乳児と推定される。

骨の計測値からの検討　本遺跡の乳児人骨において，計測値から年齢推定を行なえる部位は，後頭骨底部，下顎骨，左右の鎖骨及び左肩甲骨であった。後頭骨底部（SA-Homo-018）の最大幅は17

mm であり，Fazekas and Kosa（1978）らによると胎齢 40 週の平均は 15.2 mm であり，20 mm を超えるのは生後 6 ヵ月を超えてからである。左下顎骨（SA-Homo-077）の最大長は 52.7 mm であり，Fazekas and Kosa（1978）らによると胎齢 40 週の平均は 49.7 mm であり，ほぼ同じ値を示すことから出生前後の成長段階に相当する。左右の鎖骨（SA-Homo-032, SA-Homo-062）は両側ともに鎖骨最大長が 45 mm であり，Scheuer and Black（2000）に基づくと出生から生後 6 ヶ月までの成長段階に相当する。また，東北大学医学部所蔵の現代日本人胎齢 10 ヶ月の胎児の鎖骨最大長の平均は 41.8 mm（n＝28，SD±2.2，本研究）であることからも同様の推定が可能であろう。さらに左肩甲骨（SA-Homo-063）の形態学長は約 35 mm であり，Scheuer and Black（2000）に基づくと出生から生後 6 カ月までの成長段階に相当する。

　以上の骨に関する癒合状況・計測値から本遺跡出土の乳児人骨の年齢は新生児から生後 6 カ月程の乳児であったと考えられる。

エ　性　別
この年齢段階の個体の性別推定は困難であり，現時点では不明である。

オ　病　変
明らかな病変箇所は認められなかった。

（3）まとめ

2001〜2012 年まで尻労安倍洞窟発掘調査において縄文時代の人骨が出土した。散乱した状態で出土したが，総数 142 点は成人骨と乳児骨に分類された。いずれも重複する骨がなく，推定年齢幅も同程度の骨から構成されていたので，それぞれ 1 個体の可能性が高い。成人骨は，熟年女性，乳児骨は新生児から生後 6 カ月程度と推定された。　　　　　（奈良貴史・鈴木敏彦・佐伯史子・萩原康雄・波田野悠夏・冨田啓貴）

引用・参考文献
大島直行（1996）北海道の古人骨における齲歯頻度の時代的推移．人類学雑誌，104（5）: 385-397.
五十嵐由里子（1992）縄文人の出生率の地域差について―妊娠痕の分析―．人類学雑誌，100（3）: 321-329.
馬場悠男（1991）人骨計測法．人類学講座別巻 1 ―人体計測法，雄山閣．
藤田恒太郎（1949）歯の計測基準について．人類学雑誌，61: 27-31.
森本岩太郎　加藤克知（1998）薬師前遺跡出土の甕棺内改装人骨について．薬師前遺跡―縄文時代後期集合改葬土器棺墓調査―．青森県三戸郡倉石村教育委員会．pp. 52-77.
Fazekas I. Gy. and Kósa F.（1978）Forensic Fetal Osteology. Akademiai Kiado.
Martin R. and Saller K.（1957）Lehrbuch der Anthropologie. Bd. 1. G. Fischer, Stuttgart
Scheuer L. and Sue Black S.（2000）Developmental Juvenile Osteology. Academic Press.
Yamaguchi B.（1990）The hand bones of the Jomon remains from the Ebishima（Kaitori）shell mound in Hanaizumi, Iwate Prefecture. Bulletin of the National Science Museum, Ser. D, 16: 31-38.
Yamaguchi B.（1991）The foot bones of the Jomon remains from the Ebishima（Kaitori）shell mound in Hanaizumi, Iwate Prefecture. Bulletin of the National Science Museum, Ser. D, 17: 9-19.

2. 洞窟出土ヒト大臼歯における炭素・窒素安定同位体分析および放射性炭素年代測定

(1) はじめに

　本州最北端の下北半島北東部に位置する尻労安部洞窟から出土したヒト大臼歯2点について，残存する有機物を抽出して，炭素・窒素安定同位体比を測定し，さらに放射性炭素年代を測定した。分析試料が出土したⅡ層は考古学的には縄文時代中期後葉〜後期前葉と比定されており，東北地方北部における縄文時代の狩猟採集民の食生態を明らかにする上で極めて重要な資料である。とくに，太平洋に面した尻労安部洞窟を利用した縄文人が，北海道に類似する海産物利用があったのか，それとも本州で広く見られる陸上資源と海産資源を組み合わせた生業活動であったのかを明らかにできる点は重要である。

(2) 試料と方法

　2008年の発掘によって尻労安部洞窟第Ⅱ層から出土したヒト大臼歯2本 [(試料番号 SA-Homo-001，SA-Homo-002 (本項3. の写真36・37を参照)] の歯根部より残存する有機物を抽出し，炭素・窒素安定同位体比分析および放射性炭素年代測定を実施した。試料は，発掘時に出土地点が確認されておらず，水洗選別によって回収された資料である。

　放射性炭素年代測定および安定同位体分析のために，続成作用の影響を受けにくいコラーゲンを，加熱によって水に可溶化するゼラチンとして抽出した (Longin et al. 1971, Yoneda et al. 2002)。まず，0.25 g 程度の歯根部をダイヤモンドカッターで切断し，超音波洗浄によって表面付着物を除去した。次に，0.2 mol/L の水酸化ナトリウム溶液に約12時間浸けて，フミン酸やフルボ酸などの土壌有機物を除去して，試料を凍結粉砕した。粉末試料をセルロース膜に封入して，1 mol/L 塩酸で骨無機分画 (ハイドロキシアパタイト) を溶解した。最後に残存した有機物を純水中で90℃に加熱することでコラーゲンのみを可溶化し，ガラス濾紙で濾過することで精製した。

　抽出したゼラチンから約0.25 mg を分取して，炭素・窒素安定同位体比分析に供した。同位体比測定には，元素分析計 (EA: Carlo Erba NA1500) で試料を燃焼し，生成された二酸化炭素および窒素を連続フロー型安定同位体比質量分析器 (IRMS: Finnigan MAT 252) で測定した。通常の測定精度は炭素同位体比 ($\delta^{13}C$ 値) で0.1‰程度，窒素同位体比 ($\delta^{15}N$ 値) で0.25‰程度である。同時に炭素と窒素の含有量を測定して，炭素と窒素の含有量，C/N比を基準として，コラーゲンの保存状態と汚染状況を検討した。

　抽出・精製されたコラーゲンを脱気した石英ガラス管に酸化銅および還元銅，銀箔とともに封印し，850℃で酸化させることで二酸化炭素を発生させた (Minagawa et al. 1984)。同時に発生する窒素および水と二酸化炭素を真空ラインで冷媒を用いて分離精製して，炭素1 mg相当の二酸化炭素，水素，触媒(鉄粉) 1 mgを封管して650℃に加熱することで，グラファイト状の固形炭素に還元する (Kitagawa et al. 1993)。このグラファイトと鉄触媒の混合物を，東京大学タンデム加速器研究施設 (MALT，実験室コード MTC) で，加速器質量分析法 (AMS) を実施し，放射性炭素の存在比を測定した (Matsuzaki et al. 2007)。測定結果である放射線炭素年代に含まれる半減期のずれ，大気中放射性炭素濃度の変動などを較正するために，較正年代データセット IntCal13 および Marine13 を用いて，較正年代を計算した (Reimer et al. 2013)。較正年代の計算には OxCal4.2 を用いた (Bronk Ramsey 2009)。

第101表　試料の前処理，元素分析，安定同位体分析の結果

試料	出土グリッド	未処理試料 (mg)	ゼラチン (mg)	回収率 (%)	炭素含有率 (%)	窒素含有率 (%)	C/N比 (atomic)	炭素同位体比 (PDB, ‰)	窒素同位体比 (AIR, ‰)
SA-Homo-001（ヒト左下顎第3大臼歯）	F12区	126.7	11.6	9.2	46.0	16.8	3.2	−15.7	13.7
SA-Homo-002（ヒト右上顎第2大臼歯）	G12区	216.3	19.5	9.0	42.5	15.7	3.2	−15.8	13.1

第102表　放射性炭素年代と海洋リザーバ効果を補正（70%）した場合の較正年代

試料	未較正年代 (BP)	δ^{13}C (AMS, ‰)	測定コード	較正年代 (68.2%, calBP)	較正年代 (95.4%, calBP)
SA-Homo-001（ヒト左下顎第3大臼歯）	4048±66	−15.7	MTC-13627	4286-4080	4381-3983
SA-Homo-002（ヒト右上顎第2大臼歯）	4044±66	−15.9	MTC-13628	4280-4080	4383-3985

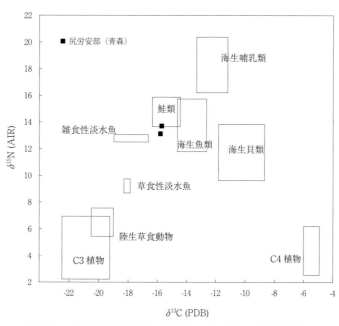

第72図　尻労安部洞窟出土大臼歯における炭素・窒素同位体比
食資源の値にコラーゲン形成時の濃縮分，炭素同位体比で4.5‰，窒素同位体比で3.5‰を加えて補正した。

(3) 分析結果

　第103表に歯根部からコラーゲンを抽出する前処理と元素分析，安定同位体比分析の結果を示す。古人骨では長年にわたる堆積中にコラーゲンの分解・変性が進み，同位体比および放射性炭素年代に影響を与える場合がある。保存状態の良いコラーゲンを主成分とするゼラチンでは，C/N比（2.9〜3.6; DeNiro 1985），ゼラチン回収率（>1%），炭素含有率（>30%），窒素含有率（>14%）で一定の基準を満たしていた（van Klinken 1999）。よって，試料から回収されたゼラチンではいずれも非常に保存状態のよいコラーゲンから成ると考えられた。

　次に，炭素・窒素安定同位体比をみると，2点の炭素・窒素同位体比は非常に近似していた。また，炭素同位体と窒素同位体のいずれもが比較的高い値を示したことから，この2点のコラーゲンは海産物に由

来するタンパク質の影響を強く受けていることが示唆された（第72図）。コラーゲンの炭素同位体比でみられる約4.5‰の濃縮を補正して，陸上の代表値としてC3植物の平均値（-25.4‰），海洋の代表値として海産魚類（-18.2‰）の間で直線的に混合したとして海産物からの寄与率を計算すると，SA-Homo-001で71.7％，SA-Homo-002で70.2％と推定された。

第102表に放射性炭素年代測定の分析結果を示す。本研究で解析した2試料の放射性炭素年代（未較正）は，SA-Homo-001については4048±66 BP, SA-Homo-002出土資料については4044±66BPと測定された。ただし，古人骨の放射性炭素年代では，海産物を摂取することで放射性炭素が減衰した海水の無機炭素の影響，すなわち海洋リザーバ効果を考慮する必要がある。そこで，上で炭素同位体比から推定した海産物寄与率に基づいて，大気・陸上の較正曲線（IntCal13）と海水の較正曲線（Marine13）を混合して，較正放射性炭素年代を計算した。津軽海峡の地域的な海洋リザーバ年代の補正値として，函館湾の34±42 ^{14}C年も加えて計算した結果（Yoneda et al. 2007），SA-Homo-001は4286-4080 calBP（68.2％），SA-Homo-002は4280-4080 calBP（68.2％）と極めてよい一致をみた。未較正年代を比較すると，χ二乗分布にしたがう総計量Tは0.000であり両者は同一の測定結果と見なしてよい（5％水準 T＝3.841; Wilson and Ward 1981）。

(4) 考　察

今回分析した資料は上顎第2大臼歯および下顎第3大臼歯と考えられる歯の歯根部であるため，通常同位体分析に供する骨とは形成時期が異なる点には注意が必要である。歯根部は組織形成後の代謝が少ないので，第2大臼歯の場合は8～12才頃，第3大臼歯の場合は10代後半における食生活が今回の同位体分析には反映されると考えられる（Ubelaker 1989）。授乳期間中は窒素同位体比が母乳摂取により上昇するが，大臼歯の歯根部には影響しないと考えられる。10代後半と大人の食生活が異なる可能性は否定できないが，集団内で一般的な食生活を反映していると考えてよいだろう。

これまでに縄文時代人骨の分析からは，北海道と本州ではかなり傾向が異なる食生態があったことが指摘されている（Minaga and Akazawa 1992, 米田2012）。今回分析した尻労安部洞窟の結果と比較するために，第73図に北海道（八雲コタン温泉遺跡，臼尻B遺跡，テンネル遺跡），岩手県（中沢浜貝塚），千葉県（下太田遺跡，向台遺跡，根郷遺跡，姥山遺跡），長野県（北村遺跡）から出土した縄文時代中期人骨における炭素・窒素同位体比を示した。尻労安部洞窟の結果は，岩手県の中沢浜貝塚で出土した中期人骨（1997年1号人骨）と近似する結果を示した（米田2001）。また，東京湾の沿岸に位置する千葉県の縄文時代中期の遺跡群に比べるともっとも海産物が多い個体と近似する同位体比を示している。

一方，北海道の集団とは明らかに異なっており，利用した海産資源の内容がことなっていたものと推定される。北海道および千葉県の貝塚遺跡から出土した資料と比較すると，本洞窟は貝塚ではないが，海生魚類を中心とした海産資源と陸上の植物を組み合わせた生業を有しており，千葉県の貝塚遺跡と基本的な適応戦略は共通していると考えられた。

海産物摂取によって見かけ上の放射性炭素年代が古くなる海洋リザーバ効果を海産物摂取に応じて約70％の炭素が海洋リザーバ由来として補正した（第102表参照）。もしも，海産物の影響がなかったとして較正した場合，1標準偏差でSA-Homo-001は4784～4424 calBPの間に，SA-Homo-002は4783～4423 calBPの間に収まる。反対に，全ての炭素が海洋リザーバに由来すると仮定して較正すると，SA-Homo-

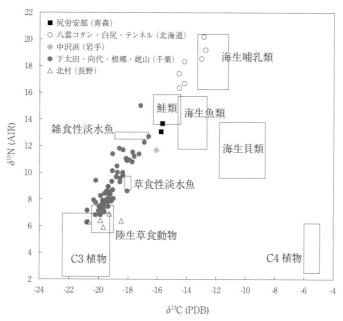

第73図　尻労安部洞窟出土大臼歯と縄文時代中期人骨における炭素・窒素同位体比の比較
食料資源の炭素・窒素同位体比については第72図を参照。

001は4169〜3967 calBPの間に，SA-Homo-002は4163〜3963 calBPの間に収まる。縄文時代中期は，南西関東地方では5470 calBPから4420 calBPと見積もられている（小林2008）。海産物が70%よりも多かった場合は，縄文時代後期初頭に位置することになるが，炭素・窒素安定同位体比の推定が正しければ，今回分析した2点のヒト大臼歯は縄文時代中期の終わり頃の年代に相当すると考えられる。　（米田　穣）

引用・参考文献

赤澤　威・米田　穣・吉田邦夫（1993）．北村縄文人骨の同位体食性分析．「（財）長野県埋蔵文化財センター発掘調査報告書14 中央自動車道長野線埋蔵文化財発掘調査報告書11―明科町内―北村遺跡」pp. 445-468．日本道路公団名古屋建設局・長野県教育委員会・（財）長野県埋蔵文化財センター．

小林謙一（2008）縄文時代の暦年代．「縄文時代の考古学2 歴史のものさし―縄文時代研究の編年体系―」（小杉康・谷口康浩・西田泰民・水之江和同・矢野健一編），同成社，pp. 257-269.

米田　穣（2001）．中沢浜貝塚出土人骨における同位体食性分析と放射性炭素年代測定．「陸前高田市文化財調査報告書20 中沢浜貝塚1997―遺構・土器・土製品・石器編―」（陸前高田市教育委員会編），陸前高田市教育委員会．pp. 81-88.

米田　穣（2012）縄文時代における環境と食生態の関係：円筒土器文化とブラキストン線．季刊考古学　118, 91-95.

Bronk Ramsey C. (2009) Bayesian analysis of radiocarbon dates. Radiocarbon, 51 (4): 337-360.

DeNiro M. J. (1985) Postmortem Preservation and Alteration of Invivo Bone-Collagen Isotope Ratios in Relation to Paleodietary Reconstruction. Nature, 317: 806-809.

Kitagawa H., Masuzawa T., Nakamura T., and Matsumoto E. (1993) A Batch Preparation Method for Graphite Targets with Low-Background for AMS C-14 Measurements. Radiocarbon, 35: 295-300.

Longin R. (1971). New method of collagen extraction for radiocarbon dating. Nature, 230, 241-242.

Matsuzaki H., Nakano C., Tsuchiya Y. S., Kato K., Maejima Y., Miyairi Y., Wakasa S., and Aze T. (2007) Multi-nuclides AMS performances at MALT. Nuclear Instruments and Methods in Physics Research, B259: 36-40.

Minagwa M., Winter D. A., and Kaplan I. R. (1984) Comparison of Kjeldahl and combustion methods for measurement of nitrogen isotope ratios in organic matter. Analytical Chemistry, 59: 1859-1861.

Minagawa M. and Akazawa T. (1992). Dietary patterns of Japanese Jomon hunter-gatherers: stable nitrogen and carbon isotope analyses of human bones. In (C. M. Aikens and S. N. Rhee, eds.) Pacific Northeast Asia in Prehistory, pp. 59-73, Washington University State Press.

Reimer P. J., Bard E., Bayliss A., Beck J. W., Blackwell P. G., Bronk Ramsey C., Buck C. E., Cheng H., Edwards R. L., Friedrich M., Grootes P. M., Guilderson T. P., Haflidason I. Hajdas H., Hatte C., Heaton T. J., Hoffmann D. L., Hogg A. G., Hughen K. A., Kaiser K. F., Kromer B., Manning S. W., Niu M., Reimer R. W., Richards D. A., Scott E. M., Southon J. R., Staff R. A., Turney C. S. M., and Van der Plicht J. (2013) IntCal13 and Marine13 radiocarbon age calibration curves 0-50,000 years cal BP. Radiocarbon, 55 (4): 1869-1887.

Ubelaker D. H. (1989) Human Skeletal Remains, Second Edition. Taraxaum.

van Klinken G. J. (1999) Bone collagen quality indicators for palaeodietary and radiocarbon measurements. Journal of Archaeological Science, 26: 687-695.

Wilson S. R. and Ward, G. K. (1981) Evaluation and clustering of radiocarbon age determinations: Procedures and paradigms. Archaeometry, 23, 19-39.

Yoneda M., Hirota M., Uchida M., Tanaka A., Shibata Y., Morita M., and Akazawa T. (2002) Radiocarbon and stable isotope analyses on the Earliest Jomon skeletons from the Tochibara rockshelter, Nagano, Japan. Radiocarbon, 44: 549-557.

Yoneda M., Uno H., Shibata Y., Suzuki R., Kumamoto Y., Yoshida K., Sasaki T., Suzuki A., and Kawahata H. (2007) Radiocarbon marine reservoir ages in the western Pacific estimated by pre-bomb molluscan shells. Nuclear Instruments and Methods in Physics Research, B259: 432-437.

3. 洞窟出土ヒト大臼歯におけるDNA解析

(1) はじめに

　遺跡から出土した複数の人骨試料が同一人物に由来するか否かを明らかにしようとする場合，通常それらの試料が相互に矛盾なく接合するかが確認される。接合が確認出来ない場合，当該試料が部位的に重複しないこと，さらに同時代のものと考えて矛盾しないことを証明する必要がある。しかし，こうした条件を満たした場合でも，試料の解剖学的肢位が保たれていない場合や，断片化が進んでいる場合には，その由来を明らかにすることは困難である。

　こうした場合，現代の法医学的鑑定では，核DNAのShort Tandem Repeat (STR) 解析をおこなうのが一般的である。核DNA中には数塩基を1単位とした配列が繰り返される領域（座位）があり，配列の繰り返し回数には個人差が大きい。このSTR座位における繰り返し回数を検出し，複数の座位の解析結果を組み合わせることで，極めて精度の高い個人識別をおこなうことが可能となる。具体的には，古人骨DNA解析で通常利用されるミトコンドリアDNA (mtDNA) 解析の場合，解析結果が一致したとしても，それは試料が母系の親族同士であることを示しているに過ぎず，同一個体由来ということはできない。これに対し，STRの結果が一致すれば，それらの試料は高い確率で同一個体由来であると判断できる。しかしSTRの座位は，1座位につき細胞1個あたり1コピーしか存在しないため，DNAが分解および変性している場合が多い古人骨に，STR解析が適用された例はそれほど多くない（Kurosaki et al. 1993, Burger et al. 1999, Clisson et al. 2002, Haak et al. 2008, Baca et al. 2012, Oh et al. 2012 など）。

　本研究では，尻労安部洞窟から出土した2本の大臼歯について，ミトコンドリアDNA (mtDNA) 解析，

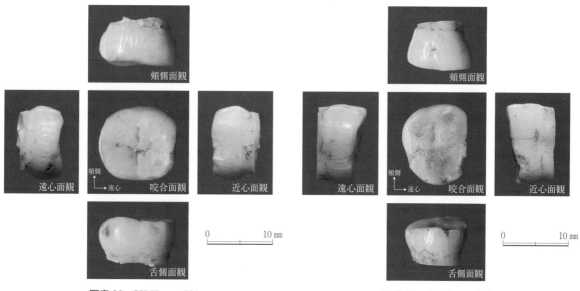

写真36　SH-Homo-001　　　　　　　　　写真37　SH-Homo-002

STR解析を組み合わせて，これらの試料が同一人物に由来するか否かを検討した。

(2) 試料および方法

ア　試料

尻労安部洞窟より発掘されたヒト大臼歯2本（試料番号SA-Homo-001（写真36）およびSA-Homo-002（写真37）を試料として用いた。いずれの試料も，2008年の発掘調査において，縄文時代中期後葉〜後期前葉と推定されたII層より出土した。発掘作業中に取り上げられた試料ではないため，出土地点の座標値は記録されていない。しかし，発掘区を1m四方のグリッドに分割して層序ごとに土壌を採取し，水洗による篩別作業をおこなった際に検出されたものであるため，同一層位に包含されていたことは確実と考えられた。形態人類学的に，SA-Homo-001は下顎第三大臼歯もしくは下顎第二大臼歯（顎側は左），SA-Homo-002は上顎第二大臼歯（顎側は右）と考えられた。以上の結果から，2本の歯の歯種は異なり，これらは同一個体に属するものと考えて矛盾しなかった。また本項2.で示したとおり，較正放射性炭素年代で，SA-Homo-001は4286-4080 calBP（68.2%），SA-Homo-002は4280-4080 calBP（68.2%）と極めてよい一致をみたことから，2点の試料は同時代のものと考えて矛盾しなかった。

イ　DNA分析

現代人DNAによる試料汚染への対策　実験は全て，古人骨DNA解析専用の部屋および実験器具を用いておこなった。実験者はディスポーザブルのガウン，帽子，手袋，マスクを装着し，試薬類，およびピペットチップやプラスティックチューブ等の実験消耗品類は全てDNase/RNase free gradeで滅菌済みのものを使用した。ピペットチップについては，サンプル間でのクロスコンタミネーションの可能性を排除するため，エアロゾル防止フィルター付きのものを用いた。DNA抽出およびPCR反応の際にはそれぞれ陰性対象を設置し，PCR反応での両者の陰性を確認した。さらに，現代人DNAによる試料汚染を可及的に検出するため，本試料の発掘と整理，形態学的研究に主体的に関わった人員，並びに解析担当者，合計5名について，試料におこなったものと同様のmtDNA解析をおこなって，試料の結果との不一致を確認

した。

DNA 抽出 DNA の抽出方法については Adachi et al.（2011）の方法に従っておこなった。即ち，試料を 13％ 次亜塩素酸ナトリウム溶液に 15 分間浸漬後，DNase/RNase free water で洗浄し，紫外線照射下で乾燥させた。その後，試料の表面をデンタルドリルで削り落とし，再度上記の洗浄と乾燥をおこなった。さらに，歯根部を切除し，切断面からデンタルドリルを挿入して歯髄腔を研削し，試料の粉末を得た。この粉末約 0.4 g を 8 ml の 0.5 M EDTA（pH. 8.0）で脱灰し，脱灰した試料から市販の DNA 抽出キット（FAST ID DNA extraction kit, Genetic ID, Fairfield, IA）を用いて DNA 溶液を得た。

mtDNA 解析 mtDNA の高多型領域 1 の塩基番号 15999 から 16366，高多型領域 2 の塩基番号 128 から 256，およびコーディング領域の塩基番号 10287 から 10425（塩基番号はそれぞれ Andrews et al., 1999 に準拠）の 3 つの領域の塩基配列を，Adachi et al.（2013）の方法に基づいて PCR・ダイレクトシークエンス法により決定した。さらに，コーディング領域の一塩基多型を amplified product-length polymorphism（APLP）法（Umetsu et al. 2005）で検査した。これらの解析は 2 回以上おこない，結果の再現性を確認した。得られた結果をもとに，現代人のミトコンドリア DNA の系統樹（Van Oven and Kayser 2009）を参照して，各試料の mtDNA のハプログループを決定した。上記の解析結果のみではハプログループの決定が確実でない場合，解析結果から推定されたハプログループを決定する一塩基多型部位を，PCR・ダイレクトシークエンス法により解析した。

Short Tandem Repeat（STR）解析 mtDNA 解析が成功した試料について，AmpFℓSTR Identifiler Plus PCR Amplification Kit および AmpFℓSTR MiniFiler PCR Amplification Kit（共に Applied Biosystems, Foster City, CA）を用いて，キットのマニュアルに従って核 DNA の 15 座位の STR，および性別判定用のアメロゲニン遺伝子を増幅し，GeneMapper ID software（Applied Biosystems）を装備した ABI PRISM 310 genetic analyzer（Applied Biosystems）を用いて電気泳動およびフラグメント解析をおこなった。解析は Identifiler Plus Kit については計 3 回，MiniFiler kit については計 2 回おこない，各々のキットにおける結果を総合して各 STR 座位における結果を判定した。

(3) 結　果

　ア　mtDNA 解析

　mtDNA 解析の結果を第 103 表および写真 38 に示す。観察された塩基置換は全て一致していた。2 点の試料は共に高多型領域で塩基番号 16325，16362 番に塩基置換を持ち，コーディング領域では塩基番号 3010，5178，10400 番に塩基置換を持っていた。この塩基置換パターンから，これらの試料のハプログループは共に D4h2 に分類される可能性が高いものと考えられた。そこで，D4h2 を規定する塩基置換の一つである 15236 番の塩基置換の有無を検査するため，新規のプライマーセット（第 104 表）を用いて，PCR・ダイレクトシークエンス法により塩基番号 15181 から 15284 番までの塩基配列を決定した。その結果，2 点の試料には共に塩基番号 15236 番に塩基置換が確認され，ハプログループ D4h2 に分類された。なお，DNA 抽出および PCR 反応の際に設置した陰性対象は，mtDNA 解析時の PCR 反応でいずれも陰性であった。さらに，試料の発掘と整理，形態学的研究に主体的に関わった人員，並びに解析担当者のハプログループは D4a が 2 名，D4b が 1 名，D4j が 1 名，N9b が 1 名であり，いずれも試料のそれとは異なっていた。これらの結果から，現代人 DNA による試料の汚染はないものと考えられた。

イ　STR 解析

　STR 解析の結果を第 105 表に示す。いずれの試料についても，Identifiler Plus および MiniFiler kit の結果を組み合わせて判定することで，解析した全ての座位が判定可能であった。結果は全て一致し，性別は女性と判定された。

　第 105 表の読み方であるが，数字は父親あるいは母親から由来した 2 つの染色体上の，数塩基を 1 単位とした塩基配列の繰り返し回数を示す。例えば TH01 を例に取ると，この座位においては片方の染色体は $[AATG]_7$（AATG の 4 塩基を 1 単位とする配列が 7 回反復），もう一方の染色体においては $[AATG]_9$ という塩基配列を持ち，結果として 7-9 型と表記される。D8S1179 の判定結果には 15 という数字 1 つしか記載されていないが，これは，この座位において 2 つの染色体がいずれも $[TCTA]_1 [TCTG]_1 [TCTA]_{13}$ という塩基配列で一致しているためで，こうした場合，15-15 ではなく 15 型と表記される。D21S11 型においては 30-32.2 型と，小数点を含んだ記載がされているが，これはこの座位の塩基配列が単純な繰り返し配列でないためである。具体的には，D21S11 型における 30 とは，$[TCTA]_6 [TCTG]_5 [TCTA]_3$ TA $[TCTA]_3$ TCA $[TCTA]_2$ TCCA TA $[TCTA]_{11}$ という塩基配列を示す。繰り返し配列の合計は 30 回であるが，反復配列でない配列が内部に含まれている。32.2 であるが，通常の 32 が $[TCTA]_6 [TCTG]_5 [TCTA]_3$ TA $[TCTA]_3$ TCA $[TCTA]_2$ TCCA TA $[TCTA]_{13}$ という配列なのに対し，32.2 は，$[TCTA]_5 [TCTG]_6 [TCTA]_3$ TA $[TCTA]_3$ TCA $[TCTA]_2$ TCCA TA $[TCTA]_{12}$ TA TCTA という塩基配列を示し，2 塩基分鎖長が長くなっている。

(4) 考　察

　上述の如く，形態的に 2 つの歯は明らかに歯種が異なることから，同一人物の歯として矛盾はなかった。また，年代測定の結果，これらの試料は同時代のものと考えて矛盾しなかったことから，やはり 2 点の試料は同一個体に由来すると考えて矛盾しなかった。加えて，mtDNA 解析，および核 DNA の STR 解析の結果は，2 点の試料で完全に一致した。現代日本人集団において，今回解析した全 15 座位の STR の判定結果が，任意の 2 人の間で偶然一致する確率は 1.8×10^{-17} と報告されている（Yoshida et al. 2005）。ただし，この値は現代日本人集団における計算値であり，STR の各座位における遺伝子型の出現頻度が現代日本人と縄文時代人では異なる可能性があることから，この値が縄文時代人集団にそのまま当てはまるか否かは不明とせざるを得ない。また，今回解析した 2 つの試料は同一遺跡出土の同時期のものであることから，両者の間に血縁関係が存在する可能性は低くはなく，その点からも上記の計算値を今回の事例にそのまま用いるのは困難である。加えて，mtDNA 解析にせよ STR 解析にせよ，現代人を対象にした解析においてさえ，複数の試料が別人由来であることは断定できても，同一人物由来であることを 100％ 保証することはできず，同一人物である可能性を確率論的に示すに留まる。しかし，これらの制約があるとはいえ，上記の結果は，2 点の試料が同一人物に由来することを強く示唆するのは間違いない。よって，今回解析した 2 点の試料は同一人物に由来する可能性が極めて高いものと考えられた。

　本研究で解析した試料のように，解剖学的位置関係を保たず，かつ破片断面の一致が確認出来ない人骨試料が，同一人物に由来するか否かを証明することは形態学的解析では困難であり，年代測定の結果，試料の同時代性が否定されないことを踏まえた上で，DNA 鑑定をおこなうことが最も確実な手段といえる。本研究はこの手順に則り，確実性の高い個人識別をなし得た事例であり，STR 解析が可能であった事例

第103表　尻労安部洞窟出土試料にみられたミトコンドリアDNA多型

	ハプログループ	塩基配列解析[1]				APLP解析[2]		
		15999-16366 (16000+)	128-256	10287-10425 (10000+)	15181-15284 (15000+)	3010 (D4)	5178 (D)	9 bp (B)
SA-Homo-001	*D4h2*	223 *325 362*	CRS	398 *400*	*236*	*A*	*A*	2
SA-Homo-002	*D4h2*	223 *325 362*	CRS	398 *400*	*236*	*A*	*A*	2

1) 塩基置換部位の塩基番号は revised Cambridge reference sequence（Andrews et al. 1999）に準拠した。
CRS は解析範囲に塩基置換がみられなかったことを示す。ハプログループの決定に用いた塩基置換は太字で示した。
2) 塩基置換塩基置換部位の塩基番号は revised Cambridge reference sequence に準拠した。
ハプログループの決定に用いた塩基置換は太字・斜体で強調してある。用いなかった部位については割愛した。

第104表　塩基番号15236の多型を検出するためのプライマーセット

プライマー	プライマーのシークエンス* （5'-3'）
L15180	TCA TTC TgA ggg gCC ACA gT
H15285	AAg ggC AAg ATg AAg TgA AAg g

＊グアニン（G）については，シトシン（C）との誤認を避けるため，小文字で表記した。

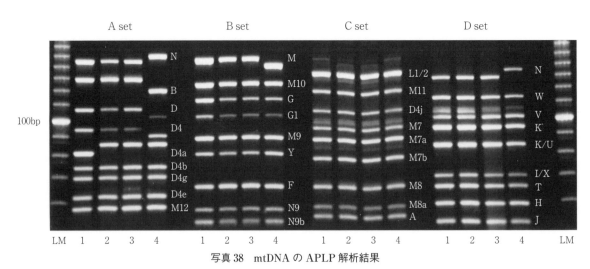

写真38　mtDNA の APLP 解析結果

各セットの右端に，そのセットによって解析されるハプログループの種類を示す．
LM：10 bp ラダーマーカー（Invitrogen）
サンプル1：現代人DNA（ハプログループD4a）
サンプル2：SA-Homo-001
サンプル3：SA-Homo-002
サンプル4：現代人DNA（ハプログループB4）
A set において，2つの古人骨試料はハプログループD，およびそのサブタイプであるD4の解析部位に塩基置換を持ち，共にハプログループD4に分類された．

第105表 尻労安部洞窟出土試料のSTR解析結果

座位	D8S1179	D21S11	D7S820	CSF1PO	D3S1358	TH01	D13S317	D16S539	D2S1338	D19S433	vWA	TPOX	D18S51	D5S818	FGA	XY
SA-Homo-001																
総合判定[1]	15	30-32.2	12	7-12	17	7-9	11-13	10	19	14	14-17	9	14	12	19-23	X
ID-1回目[2]	15	30-32.2	12	7	17	7-9	11-13	10	—	14	14-17	9	14	12	19-23	X
ID-2回目	15	30-32.2	12	7-12	17	7-9	11-13	10	19	14	14-17	9	14	12	19	X
ID-3回目[3]	15	30	12	7	17	7-9	11-13	10	19	13*-14	14-17	9	14	12	19-23	X
MF-1回目[4]		30-32.2	12	7-12			11-13	10	19				14		19-23	X
MF-2回目		30-32.2	12	7-12			11-13	10	19				14		19-23	X
SA-Homo-002																
総合判定	15	30-32.2	12	7-12	17	7-9	11-13	10	19	14	14-17	9	14	12	19-23	X
ID-1回目	15	30-32.2	12	7	17	7-9	11-13	10	19	14	14-17	9	14	12	19-23	X
ID-2回目	15	30-32.2	12	—	17	9	11-13	10	19	14	14-17	9	14	12	19-23	X
ID-3回目	15	30	12	—	17	7-9	—	10	19	14	14-17	—	14	12	19-23	X
MF-1回目		—	12	7-12			11	10	19				14		19-23	X
MF-2回目		30-32.2	—	7-12			11-13	10	19				14		19-23	X

1) Identifiler Plus kit および MiniFiler kit の結果を総合した判定結果
2) Identifiler Plus kit の結果。判定結果中の（—）はその座位が判定不能であったことを示す。
3) SA-Homo-001 の判定3回目、D19S433 における 13 は 14 のピークより低く、スタッターピークが強く出たものである可能性があるため、特に 13* と表記した。
4) MiniFiler kit の結果。判定結果中の（—）はその座位が判定不能であったことを示す。
   Identifiler Plus kit には含まれるが MiniFiler kit には含まれない。座位については空欄にしてある。

としては本邦最古である。

　今回解析した試料の mtDNA のハプログループは D4h2 であった。このハプログループは，アムール川下流域の先住民・ウリチに約 2.5%（Sukernik et al., 2012），北海道縄文時代人に約 16.7%（Adachi et al., 2011）にみられる他は報告例のない稀な遺伝子型である。下北半島の北端部という遺跡の立地を考えれば，この結果は，北海道と本州最北端の人類集団が遺伝的にかなり近縁であったことを示している可能性がある。この仮説を証明するためには，試料の遺伝的特徴を詳細に明らかにする目的で，大規模な核 DNA 解析をおこなう必要がある。通常，核 DNA は 1 細胞あたり 1 コピーしか存在しないため，古人骨試料において信頼性の高い解析結果を得ることは難しい。ところが本試料では，増幅産物の長さが Identifiler Plus kit で 300 塩基対を越える STR 座位（D2S1338, D18S51, FGA）まで正確に判定されていることから，試料中の DNA の状態は古人骨としては例外的に良好であると考えられる。今後，本試料を用いた次世代シークエンサー解析により，縄文時代人の遺伝的情報を詳細に明らかにすることができるものと期待される。

　なお，本研究は日本学術振興会科学研究費補助金（課題番号 23570280；研究代表者・安達 登），および日本学術振興会研究拠点形成事業（北方圏における人類生態史総合研究拠点：研究代表者・加藤博文）の補助を得ておこなったものであり，本稿は Anthropological Science（Japanese series）122 巻 2 号に掲載された論文の要約である。

（安達　登・梅津和夫）

引用・参考文献

Adachi N., Shinoda K., Umetsu K., Kitano T., Matsumura H., Fujiyama R., Sawada J., and Tanaka M. (2011) Mitochondrial DNA analysis of Hokkaido Jomon skeletons: Remnants of archaic maternal lineages at the southwestern edge of former Beringia. American Journal of Physical Anthropology, 146: 346-360.

Adachi N., Sawada J., Yoneda M., Kobayashi K., and Itoh S. (2013) Mitochondrial DNA Analysis of the Human Skeleton of the Initial Jomon Phase Excavated at the Yugura Cave Site, Nagano, Japan. Anthropological Science, 121 (2): 137-143.

Andrews R. M., Kubacka I., Chinnery P. F., Lightowlers R. N., Turnbull D. M., and Howell N. (1999) Reanalysis and revision of the Cambridge reference sequence for human mitochondrial DNA. Nature Genetics, 23: 147.

Baca M., Doan K., Sobczyk M., and Węgleński P. (2012) Ancient DNA reveals kinship burial patterns of a pre-Columbian Andean community. BMC genetics, 13: 30. http://www.biomedcentral.com/1471-2156/13/1/30.

Burger J., Hummel S., Herrman B., and Henke W. (1999) DNA preservation: A microsatellite-DNA study on ancient skeletal remains. Electrophoresis, 20: 1722-1728.

Clisson I., Keyser C., Francfort H. P., Crubezy E., Samashev Z., and Ludes B. (2002) Genetic analysis of human remains from a double inhumation in a frozen Kurgan in Kazakhstan (Berel site, early 3rd century BC). International Journal of Legal Medicine, 116: 304-308.

Haak W., Brandt G., De Jong H. N., Meyer C., Ganslmeier R., Heyd V., Hawkesworth C., Pike A. W. G., Meller H., and Alt K. W. (2008) Ancient DNA, Strontium isotopes, and osteological analyses shed light on social and kinship organization of the later Stone Age. Proceedings of the National Academy of Sciences of the USA, 105 (47): 18226-18231.

Kurosaki K., Matsushita T., and Ueda S. (1993) Individual DNA identification from ancient human remains. American Journal of Human Genetics, 53: 638-643.

Oh S. C., Lee S. J., Park J. B., Lee S. D., Seo S. B., Kim H. Y., Kim J., Kim Y-S., and Shin D. H. (2012) Autosomal short tandem repeat analysis of ancient DNA by coupled use of mini-and conventional STR kits. Journal of Forensic Sciences, 57 (3): 820-825.

Sukernik R. I., Volodko N. V., Mazunin I. O., Eltsov N. P., Dryomov S. V., and Starikovskaya E. B. (2012) Mitochondrial genome diversity in the Tubalar, Even, and Ulchi: Contribution to prehistory of Native Siberians and their affinities to Native Americans. American Journal of Physical Anthropology, 148: 123-138.

Umetsu K., Tanaka M., Yuasa I., Adachi N., Miyoshi A., Kashimura S., Park K. S., Wei Y. H., Watanabe G., and Osawa M. (2005) Multiplex amplified product-length polymorphism analysis of 36 mitochondrial single-nucleotide polymorphisms for haplogrouping of East Asian populations. Electrophoresis, 26: 91-98.

Van Oven M., and Kayser M. (2009) Updated comprehensive phylogenetic tree of global human mitochondrial DNA variation. Human Mutatation 30 (2): E386-E394. http://www.phylotree.org.

Yoshida K., Takahashi K. -I., and Kasai K. (2005) Allele frequencies of 15 loci using AmpFℓSTR Identifiler Kit in Japanese population. Journal of Forensic Sciences 50 (3): 718-719.

第6章　総括

はじめに

　本調査の目的は，旧石器時代の研究を総合的な視点から検討するために，石器や骨角製品などの人工遺物と動物やヒトの骨が伴った状態で発見を目指すものである。そのために2001年に調査地の選定から始め，2012年夏までの14次に及ぶ発掘調査は延べ184日にも達した。しかしながら，それから2年が経過した2014年現在，当初の目的にはいまだ完全には到達していない。その観点から云えば，この総括には発掘調査の成果のみならず，目的を達成しなかった反省や今後の課題も述べなければならない。ただ，本報告は2001〜2012年までの調査内容であり，調査は，その後2013年・2014年と継続され，今後も予定されているので，この総括は，最終的なものではなく，あくまでも2012年までの調査に対するそれであることを冒頭で述べておきたい。

調査の意義

　更新世の人工遺物と人骨を含めた動物遺体を同時に発見するためには，石器が出土し，かつ骨も消失せずに遺存している遺跡を発掘調査する必要がある。日本列島では10,000を超える旧石器時代の遺跡が知られているが，この条件を満たしている遺跡は僅かしか存在しない。1995〜2000年まで発掘調査を実施した岩手県アバクチ洞穴と風穴洞穴からは，ともに更新世の哺乳類化石が出土したが，発掘土壌を全量水洗選別してなお1片の旧石器の発見にも至らなかった。また，同時期におこなわれた岩手県ひょうたん穴遺跡の発掘調査でもねつ造された石器以外，更新世の層から石器が出土することはなかった。そこで，上記2つの洞窟での発掘が不調に終わった経験も踏まえ，周辺に旧石器遺跡群が存在する石灰岩洞窟に狙いを定め，尻労安部洞窟を調査対象に選定，新たな発掘調査に着手した。

　調査開始から7年の歳月を要したが，幸いにもナイフ形石器を発見するに至り，第一関門は突破した。最大で地表下3mを掘り下げての石器の発見は，日本列島における旧石器時代の洞穴遺跡数の少なさが，様々な要因により旧石器文化層に至る以前に発掘を停止していることに起因する可能性を説く渡辺（2012）の指摘の妥当性を支持する事例となる。ナイフ形石器や台形石器が確認されたXIII〜XV層に集中してウサギを中心とする哺乳類化石が多数出土し，旧石器時代の石器と動物骨を同時に発見するという目標にも到達した。もっとも，残る人骨の発見という目標には，残念ながら今なお到達できていない。その点からすると調査は成功したと言えないが，いつヒトの骨が出土してもおかしくない状況までたどり着いたことは評価に値しよう。

　周知の通り，琉球諸島を除く日本列島にあって，更新世人類化石の出土例は唯一静岡県浜北遺跡に知られるのみである。この例数は，琉球諸島に更新世人類化石の出土遺跡が11も知られているのと比べ，明らかに少ない。一般にその原因は，北海道から九州地方に至る表層地質土の大半が酸性土壌に覆われている点に求められる傾向にある。しかしながら，本土においても，更新世の層までおよぶ石灰岩洞窟の調査例は増加しており，発掘面積や土量だけみればむしろ琉球諸島よりも多いかもしれない。したがって，遺存条件の違いというタフォノミーの観点のみからその原因を説明することには，なお検討の余地があろう。

実際，海外に目を転じても，西ヨーロッパでは，フランスのクロマニョン岩陰やイタリアの幼児洞窟のように後期旧石器時代に岩陰や洞窟を埋葬地として利用された事例が数多く知られる。フランス，イタリア，イギリスの人骨が出土した20遺跡中19遺跡までが岩陰か洞窟に当たり，アジアにおいても，中国の山頂洞，柳江，韓国のスンフ洞穴，グナン洞穴，マレーシアのニアー洞穴等，著名な人骨化石の多くがやはり洞穴から発見されている。しかながら，その一方，報告によれば東ヨーロッパのチェコスロバキアとロシアの場合，人骨が出土した7遺跡の全てが開地遺跡である（Binant 1991）。それだけに，日本列島における更新世人骨の発見例にみる僅少性についても，単に遺存条件の違いによるものか，それとも洞窟利用方法の違いよるものかはなお慎重に議論しなければならない。

国内においても，「旧石器時代の墓」として報告された遺構が，これまで北海道湯の里4遺跡，大阪府はさみ山遺跡などに知られているが，人骨をともなわないこれらの遺構が墓である確証はない。また，そもそも日本列島に暮らした旧石器時代人は，墓を作らなかったと考える向きもある（山下1991）。こうした状況下，尻労安部洞窟の一部を発掘調査した段階で，旧石器時代において岩陰・洞窟を埋葬地として利用されなかったと判断するのは難しい反面，今後調査を続ければ確実に人類化石が出土するという保証もない。発見を信じて地道に調査すればいつかは女神が微笑むかもしれないが，毎年調査団を組織し，発掘調査を継続するには尋常ではない労力を要する。人骨が発見される可能性があることに期待をかけ当洞窟の調査を続けるべきか，更新世人類化石を発見することを優先させ，より有望な他の遺跡に調査対象を移すべきか常に問い続けなければならないだろう。いずれにしても調査をどのように継続させるか厳しい決断が我々には待ち構えている。

成　果

本発掘調査の成果としては，まずもって，旧石器時代の人工遺物と動物遺体を同一層序の同一地点から発見できたことが特筆に値する。発見した人工遺物は石器のみであり，これまでのところ骨製の狩猟具や装飾品は出土していない。有機質遺物や骨角製品の評価は石器や土器とは違いタフォノミーを考慮しなければならないが，骨や歯牙が遺存する遺跡にもかかわらず狩猟具や装飾品に用いられたとおぼしき骨・角・歯牙製品が出土しないことは，日本列島における旧石器時代人の「道具箱」の中身を考える上から興味深い。

出土した石器は，ナイフ形石器2点，台形石器1点，二次剥離剥片1点，剥片1点と，他の旧石器時代遺跡と比べ極端に少なかった。しかも，XI～XVI層の掘削土を全て2mm目のフルイを用いて水洗選別したにもかかわらず，石器製作の過程で生じる微細剥片等が一切確認されなかった。日本列島における旧石器時代遺跡の大多数が開地の石器製作址であるなか，このように使用された石器のみが伴った当洞窟は，旧石器時代におけるハンティング・キャンプと推測し得る国内でも稀有な遺跡にほかならない。

出土動物遺体の同定・観察結果から洞窟を利用した旧石器時代人の狩猟活動を具体的に明らかにし得た意義も大きい。第5章第1節第2項「動物遺体」で詳述された通り，同定し得た900点以上の脊椎動物化石の大半はウサギの遊離歯によって占められていた。それらについては，大型のタカ類やフクロウ類が吐瀉したペレットに由来するとおぼしき消化痕も認められないことから，人の猟果に由来するとみて間違いない。また，焼骨片も出土し，そのうちの一部が骨組織形態学的検討から小型哺乳類に由来することも確認された。これらの同定・観察結果は，旧来ともすると大型哺乳類への依存が強調されてきた旧石器時代

の狩猟活動に見直しを迫るものとなろう。加えて，当洞窟からは，小型哺乳類の化石に加え，すでに絶滅し今日の日本列島から姿を消した大型哺乳類の化石も出土した。こうした化石群の組成は，ナウマンゾウやヘラジカなどの大型哺乳類の絶滅後に小型哺乳類の利用が本格化したわけではないことも示唆してくれる。残念ながら現在までのところ本洞窟の出土遺物群総体として帰属年代が 20,000～39,000 年 calBP の後期更新世後葉とまでしか推定されていない。今後の調査で，さらに良好な分析資料を増加させ，年代を絞り込む必要がある。

もとより，津軽海峡の入り口部に位置する当洞窟の発掘成果は，北海道・本州間における動植物や人の移動史，文化交流史を考える上でも示唆に富む。旧石器については，北海道に出土例が知られていないナイフ形石器が，本州最北端の下北半島で確認されたことが注目に値する。阿部は極少数の例外を除きナイフ形石器が本州以南において排他的に出土する現象を「文化的ブラキントン線」という語で説明し，文化的境界線の存在を指摘した（阿部 2010）。しかしながら，台形石器は海峡を挟んだ北海道上磯郡知内町の湯の里 4 遺跡と同じ技法によるものだという。海峡を越える道具，超えない道具の存在は旧石器時代における北海道・本州双方の地域の生業活動の異同とも関連づけて議論すべき課題となろう。

出土動物遺体についても，生物境界線（ブラキストン線）も設置される津軽海峡の存在を抜きに語ることはできない。まず，陸産貝類では，最終氷期最寒冷期においても，現在北海道のみに分布するような種は認められず，また北方系の種が優占することもなかった。また，小型哺乳類の遺体にも，今日北海道以北に分布する種の資料を見出すことはできなかった。このことは，津軽海峡が陸産貝類や小型哺乳類にとって移動の障壁となっていたことを示唆してくれる。他方，哺乳類遺体のなかでも大型哺乳類には寒冷地適応の進んだ「マンモス動物群」の構成種たるヒグマや大型偶蹄類の歯が出土した。すなわち，この事実は，大型動物は海峡を越えられたが，小型哺乳類は超えられなかったことを窺わせ，河村（1985）による「津軽海峡氷橋説」も支持する証左となる。

無論，縄文時代の出土遺体群についても，生物境界線たる津軽海峡の存在を念頭におき，その南北双方の沿岸域に立地する遺跡群の資料と比較・検討が重要となるが，目下のところ，既報の他遺跡出土遺体群に当洞窟の出土資料と定量的な比較に耐える資料が少ない点が惜しまれる。目の細かいフルイ上で得られた動物遺体の整理と同定には多大な労力を必要とするが，出土資料の基礎的かつ精確な数量情報を提示することの重要性を，考古学調査に携わる者として改めて肝に銘じたい。

さらに，縄文時代中期末の年代測定値を得た出土人骨の DNA 分析と安定同位体分析からも，興味深い知見がもたらされた。DNA 分析の結果，mtDNA のハプログループは D4h2 であった。アムール川下流域の先住民・ウリチに約 2.5%（Sukernik et al., 2012），北海道縄文時代人に約 16.7%（Adachi et al., 2011）確認されているものの，本州では稀なこのハプログループは，北海道と本州最北端の人類集団が遺伝的にかなり近縁であったことを示唆してくれる。一方，炭素・窒素安定同位体分析の結果からは，出土人骨が海棲魚類を中心とした海産物と陸上の植物を主体的に摂取していた人物に由来することが示唆された。当洞窟出土人骨の炭素・窒素安定同位体比が，北海道の縄文集団ではなく，岩手県中沢浜貝塚から出土した縄文時代中期末人骨と近似した値を示したことは注目に値する。海峡を越えた人類集団の移動・交流があっても，生活はそれぞれの地域に根差していたことを物語る証しと捉えるべきなのであろうか。出土した縄文時代後期の土器も既知の土器型式に当てはまらず，二孔が穿たれた釣り針の類例を見いだせていない。これらのことは，本州最北端という遺跡立地が関係しているとも考えられ，今後の調査研究が待たれる。

今後の課題

　2014年の調査ではこれまで調査が及んでいなかった洞窟奥部の更新世の堆積層の調査が始まり，2015年以降も継続される予定である。洞窟の中に行くほど化石骨の遺存状況が良くなり，その出土数も増える傾向にあるので，今後動物遺体に関してさらなる知見が増えると期待される。そこで我々が，まず取り組まなければならないのは，石器の正確な年代値を得ることである。出土層位が明確で年代測定に適した化石から試料のサンプリングを行い，分析過程を検証できる調査研究機関と共同で測定研究を行う必要がある。また，最初の10年間の多くは石器発見に費やされたので，尻労安部洞窟以外に積極的に目を向けることはなかった。今後は，津軽海峡の地形・地理学的視点を加えて北海道を含めた周辺地域との関連性，さらには石材供給に関しては大陸をも含んだ巨視的に解析を進めて行き，総合的に旧石器時代を研究するという当初からの目的に一歩でも近づきたい。

（奈良貴史）

引用・参考文献

阿部祥人（2010）日本列島における旧石器時代の研究の特徴と課題．国際シンポジウム　後期旧石器時代のシベリアと日本—最終氷期における人類の環境適応行動，慶應義塾大学，pp. 11-15.

河村善也（1985）最終氷期以降の日本の哺乳動物相の変遷．月刊地球，7: 349-353.

山下秀樹（1991）旧石器時代の埋葬．山岸良二編原始・古代日本の墓制，同成社，pp. 31-47.

渡辺丈彦（2012）日本列島に旧石器時代における洞穴・岩陰利用の可能性について．奈良文化財研究所創立60周年記念論文集　文化財論叢 IV，pp. 39-60.

Binant P. (1991) La Préhistoire de la mort France: Les premières sépultures en Europe, Editions France.

Contents

I   Purpose of the research   Takashi Nara

II   Environment around the cave

  i   Natural environment (Physical geography)

    1   Location of the cave   Shiho Takata and Gaku Takata

    2   Fauna and flora   Tomonari Takahashi

    3   Distribution of stone resources   Shungo Takeuchi

  ii   Historical background (Human geography)

    1   Sites in the Shimokita Peninsula and the past researches of them

                                                      Kaori Adachi, Hikaru Ishimori and Yuto Kimura

    2   Folkways in the Shimokita Peninsula   Kanako Narusawa and Takehiko Watanabe

III   Details and methods of the research

  i   Details of the research   Takashi Nara

  ii   Progress in the research

    1   Research of the cave distributions   Takehiko Watanabe

    2   Progress of the excavations   Ryohei Sawaura

    3   Result presentations for local communities   Ayako Kanai

  iii   Research Methods

    1   Methods of the excavations   Ryohei Sawaura

    2   Sieving methods   Ayako Kanai

IV   Formation of the cave and inner sediments

  i   Formation period of the cave: physical geographic studies around the cave   Akiko Matsubara

  ii   Sediments in the cave

    1   Stratigraphy   Ryohei Sawaura

    2   Dating of the sediments

      (1)   Radiocarbon dates of organic remains   Ayako Kanai and Minoru Yoneda

      (2)   Key tephra detected from the sediments   Kenji Yahagi and Makio Hashimoto

V   Unearthed artifacts and faunal remains

  i   Paleolithic period

    1   Lithics   Takehiko Watanabe, Ryo Tanaka and Yu Hirasawa

    2   Faunal remains

      (1)   Land snail remains   Taiji Kurozumi

(2) Small mammal remains collected by fine-mesh screen washing

　　　　　　　　　　　　　　　　　　　　Yoshinari Kawamura, Ai Kawamura and Aoi Murata

　　　(3) Vertebrate remains　　　　　　　Ryohei Sawaura, Junmei Sawada and Takao Sato

　　　(4) Histomorphological species identification of burnt bone fragments

　　　　　　　　　　　　　　　　　　　　　　　Junmei Sawada, Fumiko Saeki and Takashi Nara

ii　Jomon and later cultural periods

　1　Potteries　　　　　　　　　　　　　　　　　Tsuyoshi Chiba and Satomi Takayama

　2　Lithics　　　　　　　　　　Takehiko Watanabe, Ryo Tanaka and Yusuke Yajima

　3　Bone and antler implements　　　　　　　　　　　Tsuyoshi Chiba and Moe Funaki

　4　Faunal remains

　　　(1) Marine invertebrate remains　　Akiko Yoshinaga, Taiji Kurozumi and Takao Sato

　　　(2) Land snail remains　　　　　　　　　　　　　　　　　　　　　Taiji Kurozumi

　　　(3) Marine fish remains　　　　　　　　　　　　　Akiko Yoshinaga and Takao Sato

　　　(4) Reptiles and amphibian remains　　Tomonari Takahashi, Junmei Sawada and Takao Sato

　　　(5) Bird remains　　　　　　　　　　　　　　　　　　　　　　　　　　Masaki Eda

　　　(6) Small mammal remains　　　Yoshinari Kawamura, Ai Kawamura and Aoi Murata

　　　(7) Medium and large mammal remains　　Ryohei Sawaura, Junmei Sawada and Takao Sato

　5　Human bones

　　　(1) Morphological researches　　　　　　Takashi Nara, Toshihiko Suzuki, Fumiko Saeki,

　　　　　　　　　　　　　　　　　　　　Yasuo Hagiwara, Yuka Hatano, Hirotaka Tomita

　　　(2) Carbon and nitrogen stable isotope analysis and ^{14}C dating of the human molars unearthed

　　　　from the cave　　　　　　　　　　　　　　　　　　　　　　　　　Minoru Yoneda

　　　(3) DNA analysis of the human molars unearthed from the cave

　　　　　　　　　　　　　　　　　　　　　　　　　　　　Noboru Adachi and Kazuo Umetsu

VI　Summary　　　　　　　　　　　　　　　　　　　　　　　　　　　　Takashi Nara

English Summary　　　　　　　　　　　　　　　　　　　　Takashi Nara and Takao Sato

Postscript　　　　　　　　　　　　　　　　　　　　　　　　　　　　　　Takashi Nara

Summary

Introduction

The aim of this investigation is to discover artifacts such as stone and bone implements that are associated with animal and human bones in order to consider Palaeolithic research from a comprehensive perspective. The excavation lasted 184 days in total, beginning with the selection of the survey area in 2001, and continuing through 14 layers until the summer of 2012. However, now in 2014, the initial aim of the study has yet to be accomplished. Therefore, this summary must present not only the results of the excavation, but also a reflection on not having achieved this aim and a presentation of some future issues. Note that this report considers survey data from 2001 to 2012; the investigation has continued through 2013 and 2014, and indeed, there are also plans to continue in the future. Thus, it may be best stated here that this summary is not final, and represents a report of the investigation up until 2012.

Significance of the survey

In order to discover both animal and human remains associated with cultural artifacts from the Pleistocene, it is necessary to conduct excavation surveys of intact bone remains and areas in which stone tools may be found. There are over 10,000 known Palaeolithic remains across the Japanese archipelago, but only very few fulfil these criteria. Pleistocene mammal fossils were found in both the Abakuchi Cave and Kazaana Cave sites in Iwate Prefecture, where excavations were conducted from 1995 until 2000. Yet, after waterscreening material from the entire excavation, not even one lithic artifact was discovered. Furthermore, aside from fabricated stone tools, no stone tools from the Pleistocene were unearthed during surveys of the Hyōtan-ana Cave site in Iwate Prefecture, which was conducted at the same time. Thus, drawing from the experience of unsuccessful excavations at these two sites, we focused on limestone caves around which scatters of Palaeolithic remains exist. We chose Shitsukari-Abe Cave for investigation, and engaged in a new excavation survey.

It took seven years from the start of the survey, but fortunately, a backed knife was discovered, clearing the first hurdle. The discovery of a stone implement having dug, at most, 3 metres below surface supports the claims by Watanabe (2012). He proposes that the small number of Palaeolithic remains across the Japanese archipelago may be attributable to the fact that, due to various causes, excavations have stopped before reaching the Palaeolithic cultural strata. Particularly at Layers XIII–XV (at which backed knife and trapeze were identified), mammal fossils (mainly those of hares) were unearthed in large quantities. Thus, the aim of discovering Palaeolithic stone tools associated with animal bones was achieved. Unfortunately, however, the survey has not yet reached the stage of discovering human bones. In light of this, the survey cannot be deemed a success, but we may consider its merit in that we have reached a situation whereby it would be surprising if human bones were not found at some point.

As is commonly known, the only case of Pleistocene human fossils found in the Japanese archipelago (with the exception of the Ryukyu Islands) is at the Hamakita Site in Shizuoka Prefecture. This frequency is evidently small when compared to the 11 examples of Pleistocene human fossils unearthed across the Ryukyu Islands. There is a general tendency to attribute this to the acidic soil covering most of the surface-level ground in the area from Hokkaido to the Kyushu region. The number of surveys of Pleistocene strata or limestone caves is increasing within the Japanese mainland, however, if we consider the excavation surface area and soil quantity alone, bones may in fact be more numerous than in the Ryukyu Islands. Therefore, there may be room for further discussion about deducing reasons behind this phenomenon solely from a taphonomic perspective, that is, considering differences in the conditions for preserving remains.

If we look overseas, in Western Europe there are many known cases showing that rockshelters and caves were used as burial sites in the late Palaeolithic, such as the Cro-Magnon rockshelter in France, and the Infant Cave in Italy. Amongst the 20 sites where human bones have been unearthed in France, Italy, and Britain, as many as 19 were rockshelters or caves. In Asia, too, many well-known human fossils were found in caves, e. g. Shanding Hollow and Liujiang in China, the Seonhu and Gunan Caves in Korea, Neah Cave in Malaysia, to name a few. Eastern Europe, however, stands in contrast, with all of the seven sites from which human bones were found in Russia and the Czech Republic apparently having been settlements (Binant 1991). For this reason alone, when considering the scarcity of cases in which Pleistocene human bones have been discovered in the Japanese archipelago, we must carefully discuss whether the cause simply lies in preservational conditions or differences in the use of caves.

Within Japan are remains that have also been reported as 'Palaeolithic-era graves'such as the Yunosato 4 Site in Hokkaido and Hasamiyama Site in Osaka Prefecture. However, these sites do not include human bones, and there is no conclusive proof that they are graves. There are also those who believe that Palaeolithic people who lived in the Japanese archipelago did not actually build graves (Yamashita 1991). Under such circumstances, we are now at the stage of having conducted excavation surveys of part of Shitsukari-Abe Cave. Whilst it may be difficult to conclude that rockshelters and caves were not used as burial sites in the Palaeolithic, there is also no guarantee that human fossils will be found if the survey continues in the future. If we are to trust our findings and resolutely conduct the survey, luck may eventually come our way, but considerable labour would be required to organise survey teams each year and continue the excavation. We must always continue to question whether we should expect that human bones may be discovered, continue surveying this cave, and prioritise the discovery of Pleistocene human fossils, or instead shift the focus to other, more promising sites. In any case, the tough decision of how to continue the investigation remains.

Results

Amidst the results of this excavation, particularly noteworthy is that animal bones and cultural artifacts from the Palaeolithic were found in the same stratigraphic context and the same geographical area. The cultural artifacts are limited to stone implements, and as of yet no hunting tools or decorative items made of bone have been found. Appraisal of organic remains and items made from bone or antler principally differs from that of stone and clay tools in that taphonomy must be considered. Nonetheless, despite these being sites in which bones and teeth were preserved, we found no items made from bone, antler, and teeth that appeared to have been used as hunting tools or decorative items. This is of great interest considering the contents of 'toolkits'of Palaeolithic people found across the Japanese archipelago.

The stone implements unearthed comprised two backed knives, one trapeze, one retouched flake, and one flake; compared with other Palaeolithic sites, these artifacts were extremely limited. Yet, despite having waterscreened the entirety of material from Layers XI-XVI of the excavation using a 2 mm mesh sieve, absolutely no fine debitage created when producing stone tools was identified. Considering that the majority of Palaeolithic sites across the Japanese archipelago are stone tool production sites in settlements, we can be sure that this cave represents a rare site even within Japan. The site may have been a Palaeolithic hunting camp.

Also of great significance is the concrete clarification of hunting activities of Palaeolithic people who used the cave, based on the identification and observation of animal remains. As detailed in 'Animal Remains' (Paragraph 2, Section 1, Chapter 5),t he majority of identified vertebrate fossils (over 900 specimens) were isolated hare teeth. These fossils undoubtedly originated from hunting by humans, as there were no traces of digestion suggesting they originated as pellets vomited by large hawks or owls. Furthermore, charred bone fragments were also found; bone structure examination confirmed that a portion of these fragments was originally from small mammals. These analytical results may demand review of Palaeolithic hunting activities—traditionally, reliance on large mammals has been emphasised. In addition to small mammal fossils, also discovered in this cave were bones of large mammals that have since become extinct and disappeared from the Japanese archipelago. This composition of fossils suggests that it is not necessarily true that small mammal exploitation expanded after the extinction of large mammals such as the Naumann's elephant and the elk. Unfortunately, at present, the date of these animal remains can only been estimated to between 20,000 and 39,000 cal. BP, i. e. the very late Pleistocene. In future investigations, it will be necessary to increase the number of materials for dating to refine these dates further.

This cave is situated at the mouth of the Tsugaru Strait, and the results of its excavation are rich with indicators concerning the history of cultural exchange and the movement of plants, animals, and humans between Hokkaido and Honshu. Noteworthy is that a backed knife—the first ever discovered in Hokkaido—was identified on the Shimokita Peninsula, i. e. the northernmost part of Honshu. Abe (2010) described the phenomenon whereby backed knives are unearthed exclusively south of Honshu, suggesting the existence of cultural boundaries. However, the trapeze was created using the same technique evident in the Yunosato 4 Site in Shiriuchi, Kamiiso, Hokkaido, which lies across the Strait. The existence of tools that either did or did not cross the Strait may be a matter to discuss in relation to the similarities and differences between subsistence activities in both Hokkaido and Honshu.

As for the animal remains, we must also discuss the Tsugaru Strait as having been a biological borderline known as the Blakiston's Line. First, the example of land snails: no species that is distributed only in present-day Hokkaido has been identified in the coldest period of the last ice age, nor was a northern-type species predominant. Regarding small mammal remains, we have been unable to find any material concerning species spreading north of present-day Hokkaido. These facts indicate that the Tsugaru Strait was an obstacle to movement for land snails and small mammals. Amongst mammal remains, we found teeth from large mammals such as brown bears and large Artiodactyla—'mammoth fauna'species that were well adapted to cold climates. In other words, this evidence shows that large mammals could cross the Strait whilst small mammals were unable to do so, providing evidence supporting Kawamura's 'Tsugaru Strait ice bridge theory' (1985).

Bearing in mind the existence of the Tsugaru Strait as a biological borderline, it is also important to compare and examine material from Jomon sites situated in the coastal areas of both the north and south shores. However, regrettably, there is currently little material from previously reported remains found at other sites that would be worthy of quantitative comparison with the material found at the cave in question. Extensive labour is required for sorting and identifying animal remains from the fine-meshed sieve. Moreover, it is also hoped that as members engaged in archaeological survey, we should once more appreciate the importance of presenting basic and precise quantitative information about discovered materials.

Furthermore, interesting information was revealed from DNA and stable isotope analyses of the human bones that were dated to the end of the middle Jomon period. The mtDNA haplogroup identified by the analysis was D4h2. Whilst this haplogroup is identified in approximately 2.5% of Ulch people, indigenous to the region along the lower Amur River (Sukernik et al., 2012) and 16.7% of Jomon people in Hokkaido (Adachi et al., 2011), it is extremely rare in Honshu. This indicates that human groups in Hokkaido and the northernmost part of Honshu are quite closely genetically related. Meanwhile, the results of the stable carbon/nitrogen isotope analysis indicated that the human bones were originally from people who consumed seafood (primarily sea-dwelling fish) and land plants. It is noteworthy that the carbon/nitrogen isotope ratio of these showed a similar value not to Jomon groups in Hokkaido, but rather to late middle Jomon human bones from the Nakazawa Bay shellmound in Iwate Prefecture. This should perhaps be taken as evidence that various lifestyles were firmly rooted in various respective regions, regardless of movement, and mingling with human groups that crossed the Strait. The late Jomon potteries also do not match the potteries' types known until now, and no similar examples of two-hole fishhooks were found. It is thought that these facts are connected to the site in the northernmost part of Honshu, but we await future survey and research.

Future issues

In 2014, we began surveying the Pleistocene sedimentary layer in parts of the cave that had not been previously included in the investigation; there are also plans to continue the survey from next year. There is a trend whereby the farther we go into the cave, the more fossilised bones are unearthed, and the better their state of preservation. It is therefore expected that we will gain further information concerning animal remains in the future. What we must first address is how to achieve accurate dating of stone tools. It is necessary to take samples from fossils whose excavation stratum is clear, which are suitable for dating, and to conduct the measurements in cooperation with an archaeological research institution that may examine the analytical process. Furthermore, as most of the initial ten years were spent on finding stone tools, there was no active effort to consider matters outside the Shitsukari-Abe Cave. From now on, we hope to look into the relationships among surrounding regions including Hokkaido, in addition to the topography and geographical perspective of the Tsugaru Strait. In addition, we hope to conduct holistic analysis (also considering the continent) of the supply of lithic raw materials. It is our hope that we will thus take even small steps towards nearing the study's initial aim of researching the Palaeolithic in a comprehensive manner.

(Takashi NARA, Takao SATO)

References

Abe Y. (2010) Characterisitics and issues of Palaeolithic research in the Japanese archipelago. International Symposium, Siberia and Japan in the Late Paleolithic Period: Adaptive Strategies of Humans in the Last Glacial Period, Keio University, pp. 11-15.

Kawamura Y. (1985) Changes in Japan's mammals after the final ice age, Gekkan Chikyū, 7: 349-353 (in Japanese).

Watanabe T. (2012) On the possible uses of caves and rock shelters in the Japanese archipelago in the Palaeolithic Era. Collection of essays contributed in celebration of the 60th anniversary of the founding of the Nara National Research Institute for Cultural Properties: Bunkazai essay collection IV, pp. 39-60 (in Japanese).

Yamashita H. (1991) Palaeolithic-era burials. Burial systems in prehistoric and ancient Japan, ed. YAMAGISHI Ryōji, Dōseisha, pp. 31-47 (in Japanese).

Binanta P. (1991) La Prehistoire de la mort: Les premieres sepultures en Europe, Paris, Editions Errance.

写真図版

図版1

尻労安部洞窟遠景（南西から）

尻労安部洞窟中景（西から）

図版2

尻労安部洞窟近景（左：落石防止防護ネット敷設前，右：落石防護ネット敷設後）

2002年本格調査開始前の尻労安部洞窟

図版3

桑畑山南西麓の石灰岩露頭

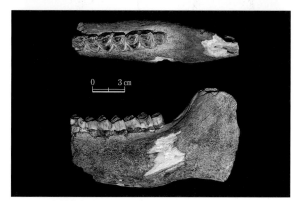

絶滅動物骨が発見された石灰岩坑道入口（上）
同所発見とされるオオツノシカの下顎骨（下）

尻労安部洞窟近辺からみた猿ケ森砂丘

図版4

2002年調査　E～H-10・11区 IV層上面検出状況（南から）

2002年調査　E～H-10区東壁土層断面

図版5

2003年調査　D～H12区西壁土層断面（東から）

2003年調査　H10区北壁土層断面（南から）

2004年調査　F～H区Ⅷ層上面検出状況（南から）

図版6

2004年調査　F・G11区XII層上面検出状況・同西壁土層断面（南東から）

2005年調査　E・F-12区XIII層上面検出状況・F12区北壁土層断面（南から）

図版 7

2006年調査　C〜F13区, C・D12区完掘状況（東から）

2006年調査　C・D12区深掘り状況（東から）

C・D12区最下部土層断面（XV・XVI層）

図版8

2007年調査　B11〜14区X層上面検出状況（東から）

2007年調査　B14区II層遺物出土状況（縄文土器と動物骨）

図版9

2008年調査　D・E-12・13区 X層上面検出状況（南から）

2008年調査　D・E-12・13区 XIV層上面検出状況（南東から）

2009年調査　A・B-12～14区 XIII層上面検出状況（南東から）

2009年調査　A・B-12～14区　XIV層上面検出状況（南から）

2009年調査　A・B-12〜14区　XV層上面検出状況（北から）

2009年調査　A・B-14区西壁土層断面

図版 12

2011 年調査　B〜D-10・11 区 XIV 層上面検出状況（南西から）

テフラ分析用コラムサンプルの採取

2012 年調査　E・F-9〜10 区 XV 層上面検出状況（南西から）

XIV層動物骨出土状況（左：2009年B12区　中：2012年D12区　右：2012年D13区）

調査風景写真（1）

図版 14

調査風景写真（2）

あとがき

故　阿部祥人先生　　　故　橘　善光さん

　本来ならば，本調査報告の総括およびあとがきは調査団長である阿部祥人がまとめる予定であったが，本人が2013年1月1日に食道癌のため63歳で逝去したため，奈良がその任を務めることとなった。

　本調査は，当初，阿部・奈良・渡辺が10万円ずつを出費して始めた手弁当によるものだったが，その後の調査規模の拡大に伴い大学研究費・科研費等も取得し，継続を図った。その間，不足する調査費のほとんどを阿部が負担し，その額は，10年間で数百万円におよんだ。本調査が阿部の存在なくして語れないのは，無論費用面に限ったことではない。その最たるものが，調査続行の決断である。調査開始から7年間，旧石器は1片のかけらも出土せず，誰もが調査の継続を危ぶむ中，調査団の前に立ちはだかっていた巨礫を業者に頼んで割り，掘り進める決断を下したのは彼であった。もし今シーズンで石器が出なければ調査は止めると宣言。結果は賭けに勝利し，ナイフ形石器が出土。続いて同一層序の同じ地点から大量のウサギの歯，および絶滅動物化石の発見へと続いた経緯は忘れがたい。また，10年以上におよぶ長い調査年月は，阿部の他に当初からこのプロジェクトに献身的にご協力いただき，長年，下北半島の考古学を専門にしておられた橘善光氏を2007年不慮の事故で失った。お二方の墓前に本報告書を捧げることができ，調査を引き継いだものとして任を果たした思いである。改めてご冥福をお祈りする。

　発掘調査には，合計128人が参加した。学閥の枠を超えた体制作りを目指した本調査に，実に多くの機関から研究者・学生を迎え入れることとなったが，実際学生の大多数を占めてきたのは慶應大学の学生であり，良くも悪くも慶應の現場であった。この現場で初めて発掘調査を体験し，その後研究者となるものまで現れたことは調査を指揮した者の一人として望外の喜びである。実習の授業ではなく，学生自身の意志による発掘参加であり，調査もできるだけ院生を中心に学生主体で行ってもらうように心掛けた。我々が十分に用意したのはビールだけ。発掘の装備なども必ずしも満足に用意してやれなかったなか，発掘後の整理作業に至るまで献身的に従事してくれた学生諸君には頭が下がり，感謝に堪えない。多くの学生にとって，本調査への参加機会は在学中の数回に限られるが，それでも彼らは，貴重な夏休みを費やしたこの調査に卒業後もなお特別な思いを寄せてくれている。次ページの絵はそうした思いを象徴する一枚にほかならない。洞窟の調査風景に出土動物遺体として確認されたウサギ，ヘラジカも描き込まれたこの絵は，現地説明会用のポスター（p.25）を作成した下島綾美によって描かれたイメージ画である。多くの参加者に深謝申し上げる次第である。

　最後に，尻労安部洞窟を発掘したいという我々の勝手な願いに対して，長きにわたり理解と協力を賜った地元尻労の皆様，小山卓二さんをはじめとする東通村教育員会関係者各位，また，岩屋の相馬旅館の女将相馬イトさんに感謝申し上げる。

（奈良貴史）

尻労安部洞窟発掘調査のイメージ（作画：下島綾美）

報告書抄録

ふりがな	あおもりけんしもきたぐんひがしどおりむらしつかりあべどうくつ
書　名	青森県下北郡東通村 尻労安部洞窟Ⅰ
副書名	2001～2012年度発掘調査報告
編者名	奈良貴史・渡辺丈彦・澤田純明・澤浦亮平・佐藤孝雄
編集機関	尻労安部洞窟発掘調査団
所在地	〒108-8345　東京都港区三田2-15-45　慶應義塾大学 文学部 民族学考古学研究室内　TEL 03-5427-2013
発行年月日	2015年3月10日

ふりがな 所収遺跡	ふりがな 所在地	コード		北緯	東経	発掘期間	発掘面積	発掘原因
		市町村	遺跡番号					
しつかりあべどうくつ 尻労安部洞窟	あおもりけんしもきたぐんひがしどおりむら 青森県下北郡東通村 おおあざしつかりあざあべ 大字尻労字安部	02424	134	41°22′32″	141°27′09″	20010808～ 20010812	2 m²（試掘）	学術調査
						20020801～ 20020812	8 m²	
						20030731～ 20030812	12 m²	
						20040731～ 20040812	10 m²	
						20050817～ 20050829	8 m²	
						20060731～ 20060812	8 m²	
						20070731～ 20070812	7 m²	
						20080729～ 20080812	12 m²	
						20090729～ 20090812	6 m²	
						20100730～ 20100813	13 m²	
						20110726～ 20110810	15 m²	
						20120729～ 20120811	12 m²	

所収遺跡名	種別	主な時代	主な遺構	主な遺物	特記事項
尻労安部洞窟	洞窟	旧石器時代・縄文時代	無	（旧石器時代） 石器（ナイフ形石器・台形石器・二次剥離剥片等）・動物骨等 （縄文時代） 石器・縄文土器・骨角製品・動物骨・人骨等	ナイフ形石器，台形石器，二次剥離剥片等の旧石器と，ノウサギ属，ヒグマ，大型偶蹄類等の動物遺体とが地表下3.0m下のⅩⅣ層下部～ⅩⅤ層上面の同一層準中から出土した。

要　約	尻労安部洞窟は，青森県下北半島東北端，桑畑山東南麓標高33mの海岸段丘上に立地し，南南西に開口する石灰岩洞窟である。2002年から2012年にかけて合計50m²の面積が発掘調査され，地表下約3mのⅩⅥ層までが確認された。Ⅰ・Ⅱ層を中心に縄文時代中期・後期を中心とする遺物が，Ⅳ層を中心に同早期の遺物が，そしてⅩⅣ層・ⅩⅤ層上面を中心に旧石器時代の遺物が出土している。特筆すべき点は，旧石器時代の遺物として，ナイフ形石器，台形石器などの旧石器と，ノウサギ属，ヒグマ，大型偶蹄類の動物遺体が同一層中から出土した点にある。このような遺物の出土状況を確認した例は日本列島では極めて稀であり，旧石器時代の狩猟採集活動を復元する上で貴重な事例となった。

編著者一覧

奈良貴史　（新潟医療福祉大学医療技術学部・教授）
渡辺丈彦　（慶應義塾大学文学部・准教授）
澤田純明　（聖マリアンナ医科大学医学部・講師）
澤浦亮平　（東北大学・大学院生）
佐藤孝雄　（慶應義塾大学文学部・教授）

執筆者一覧（五十音順）

安達香織	（総合地球環境学研究所）	安達　登	（山梨大学医学部・教授）
石森　光	（慶應義塾大学・通信教育課程学生）	梅津和夫	（山形大学医学部・准教授）
江田真毅	（北海道大学総合博物館・講師）	金井紋子	（放送大学・研究補助員）
河村　愛	（大阪市立大学・大学院生）	河村善也	（愛知教育大学理科教育講座・教授）
木村優人	（慶應義塾大学卒業生）	黒住耐二	（千葉県立中央博物館）
佐伯史子	（日本人類学会・会員）	鈴木敏彦	（東北大学歯学部・准教授）
高田　学	（開智中学・高等学校）	高田史穂	（開智中学・高等学校）
高橋鵬成	（慶應義塾大学・大学院生）	高山理美	（慶應義塾大学・学部生）
竹内俊吾	（神奈川県埋蔵文化財センター）	田中　亮	（札幌市埋蔵文化財センター）
千葉　毅	（神奈川県立歴史博物館）	冨田啓貴	（慶應義塾大学・学部生）
成澤加奈子	（一橋大学・大学院生）	萩原康雄	（新潟医療福祉大学・大学院生）
橋本真紀夫	（パリノ・サーヴェイ株式会社）	波田野悠夏	（日本歯科大学・学部生）
平澤　悠	（慶應義塾大学・大学院生）	舩城　萌	（船橋市役所）
松原彰子	（慶應義塾大学経済学部・教授）	村田　葵	（駿台予備校）
矢島祐介	（善徳寺）	矢作健二	（パリノ・サーヴェイ株式会社）
吉永亜紀子	（日本動物考古学会・会員）	米田　穣	（東京大学総合研究博物館・教授）

青森県下北郡東通村
尻労安部洞窟Ⅰ―2001～2012年発掘調査報告書―

2015年3月10日　初版発行

編　者　奈良貴史・渡辺丈彦・澤田純明・澤浦亮平・佐藤孝雄

発行者　八木　唯史

発行所　株式会社　六一書房
〒101-0051　東京都千代田区神田神保町2-2-22
TEL　03-5213-6161　　　FAX　03-5213-6160
http://www.book61.co.jp　　Email　info@book61.co.jp
振替　00160-7-35346

印　刷　株式会社　三陽社

ISBN 978-4-86445-057-7 C3021　　Ⓒ 尻労安部洞窟発掘調査団 2015　　Printed in Japan